情报研究论

王延飞　杜元清　钟灿涛　等 编著

北京大学出版社
PEKING UNIVERSITY PRESS

图书在版编目(CIP)数据

情报研究论/王延飞等编著. —北京: 北京大学出版社,2017.3
ISBN 978-7-301-28551-0

Ⅰ. ①情… Ⅱ. ①王… Ⅲ. ①情报学 Ⅳ. ①G250.2

中国版本图书馆 CIP 数据核字(2017)第 158934 号

书　　　　名	情报研究论	
	QINGBAO YANJIU LUN	
著 作 责 任 者	王延飞　等 编著	
责 任 编 辑	黄　炜	
标 准 书 号	ISBN 978-7-301-28551-0	
出 版 发 行	北京大学出版社	
地　　　　址	北京市海淀区成府路 205 号　100871	
网　　　　址	http://www.pup.cn　新浪微博:@北京大学出版社	
电 子 信 箱	zpup@ pup.cn	
电　　　　话	邮购部 62752015　发行部 62750672　编辑部 62754271	
印 刷 者	北京大学印刷厂	
经 销 者	新华书店	
	730 毫米×980 毫米　16 开本　22 印张　416 千字	
	2017 年 3 月第 1 版　2017 年 3 月第 1 次印刷	
定　　　　价	50.00 元	

本书编委会

主　编　王延飞
副主编　杜元清　钟灿涛
委　员　赵柯然　于　洁　陈美华
　　　　王　伟　张　帆　闫志升
　　　　何　芳　迟玉琢　刘芝玮

前　言

　　情报是一种特殊的信息，这是情报学界的共识，然而对"特殊"二字的理解却多有不同。从情报工作实践出发，可以从"难"和"用"两个角度来理解情报信息的特殊性。所谓"难"是指对作为情报的信息获取和信息理解往往存在困难和障碍；所谓"用"则是指情报产品用于管理决策过程。情报工作发挥"耳目""尖兵""参谋"的作用，其本质是要解决管理决策过程中信息不完备的问题。

　　对于情报工作者而言，解决信息不完备的问题不外乎两种方式：一是运用适当的信息搜集和检索工具，遵循信息资源的建设、布局和管理规律，获取必要的信息资料；二是在已掌握的信息资源基础上，运用各种专业知识、工具和技能对未掌握的数据、资料进行评估和预测。两种方式中，前者常被纳入信息服务和信息管理的工作范畴，后者则是情报研究的中心内容。

　　情报研究历来是情报工作的核心业务，也是情报科学理论发展的实践基础。人、事、物和信息之间的关系是情报研究的主要对象，对关系的探索可说是情报研究的标志性工作。情报界对于情报工作的一个基本要求就是减少"意外"、防范"突袭"，这里的意外或突袭用英文表达都是 surprising。为达成减少意外的目的和提高预警、规划的效率，情报机构需要对分布范围广泛的特定对象进行长期系统的监控扫描，实施态势感知、评估，预测发展趋势。此类工作是情报业务的常规动作，在涉及战略创新议题判断时则是必选的要件。在赛博空间风起云涌的时代大潮中，面向战略管理探索现代情报研究的规律，是情报工作者不能回避的义务，也是情报专业教育中的重要议题。

　　北京大学的情报学教育历史悠长，在兼顾理论实践、服务国家战略、培养专门人才方面具有不可复制的鲜明特色。"情报分析"是北京大学情报专业研究生的入门必修课程，注重针对实践需求塑造情报意识，强调体会方法工具，鼓励探索理论升华。学生在修读课业的同时还可以参加情报科学读书沙龙。该沙龙是由北京大学信息管理系、中国国防科技信息中心和中国科技信息研究所的情报领域专家学者发起组织的读书研讨活动。每两月组织一次的活动已经持续 6 年，影响范围涵盖在京的科技情报研究和学术机构。读书沙龙每年都有核心议题，诸如赛博空间（2012）、大数据（2013）、情报分析（2014）、跨界与批判性思维（2015）、融（2016）、

"治"与"智"(2017)等。学生们在参加此类活动的过程中既能保持与相关领域前沿认知的互动,又能接受优秀情报专家学者家国情怀的熏陶,积蓄持续发展的能力。

随着相关教学科研活动的进行,有关情报分析的研究资料日渐充实,研究心得逐渐成型,亟待组织整理和提炼升华,本书即为此而成。为体现情报学的教育和研究特色,本书编辑委员会特别邀请情报研究专家、情报研究协同管理专家和情报分析课程亲历者参加。

本书由王延飞负责宏观策划,由杜元清和钟灿涛协助拟定结构提纲,收集部分资料,由编委会成员分头补充资料并执笔撰写,具体分工如下:第 1 章(陈美华),第 2 章(赵柯然、王伟、张帆),第 3、4 章(杜元清),第 5 章(赵柯然、陈美华),第 6 章(于洁),第 7 章(王伟、张帆),第 8 章(陈美华),第 9 章(赵柯然),第 10 章(王延飞),附录案例(王伟、张帆)。全书由王延飞统稿,赵柯然编辑校对。

在编纂本书的过程中借鉴使用了多种媒介上的成果,亦有辗转摘抄的资料无法一一注明出处,在此向同行学者表示敬意和谢意。

我的同事张浩达教授贡献了封面故事图、文,在情报研究、信息表达和视觉传播之间搭起一座引人遐思的魅力之桥。在此表示深深的谢意。

感谢北京大学出版社的黄炜老师为本书出版付出的艰苦劳动。

衷心欢迎读者朋友提出宝贵意见。

王延飞

2017 年元月于燕园

目　　录

1 导 论

1.1 术语简释

1.1.1 情报

情报是一种普遍存在于人类社会的社会现象。在人类社会生活中,在自觉或不自觉的情况下,普遍存在着情报的发送、传递、接收和利用的现象,所以,只要存在着人类的社会交往,就存在情报的交流。早期的情报概念十分简单,最初起源于战争中的军事活动,1915 年版《辞源》解释"定敌情如何,而报于上官者,是为情报",这一定义,既关涉到情报(成果),也关涉到行动(搜集、分析、通报传递),还隐含地关涉到情报机构和情报用户;1939 年版的《辞海》中解释"战时关于敌情之报告,曰情报";1965 年版的《辞海》中解释为"情报是作为存储、传递和转换对象的知识,亦泛指一切最新的情况报道,如科学技术情报";1999 年版《辞海》中解释"获取的地方有关情况以及对其分析判断的成果,按内容和性质分为政治情报、经济情报、军事情报和科技情报等"[①]。

美国现代情报理论先驱谢尔曼·肯特(Sherman Kent)在其《战略情报:为美国世界政策服务》中,将全书分为三大部分,三部分的题目采用定义句式,分别为:"情报是一种知识(Intelligence is knowledge)""情报是一种组织(Intelligence is

---

① 甄桂英.情报概念的内涵、外延与相关学科的分析评述[J].情报理论与实践,2011,(03):6—9.

organization)""情报是一种行动(Intelligence is activity)"①。钮先钟先生将三者连贯起来,得出"情报"定义是:"情报是某种组织为追求特定的知识而采取的行动"。其实,循此连贯之法,还可以得出另外两个定义:一是,"情报是为追求特定的知识而采取行动的某种组织";二是,"情报是某种组织通过行动而追求的特定的知识"②。

随着情报内容范围的扩大,情报概念相关的探讨一直是情报界从未停止过的问题。1983年黄耀煌在《情报学刊》上列举了37种情报定义以及29个元素的说法③。根据石慧的统计,截至2010年,关于情报概念的说法已有上百种④。20世纪末,情报改信息的做法引起轩然大波,两个概念的混淆影响了情报学研究的健康发展。随后关于情报和信息等同与区分的争论更是延续多年,也引发了有关情报实质的"真假情报"论之争和有关情报实践范围的"大小情报观"之争。国内外学者对情报的概念均进行了大量的探讨,本书提取其中的三种主要观点进行概括:信息论、知识论、认知论,具体如下:

(1)信息论:情报是一种特定的信息

王崇德通过情报一词的起源以及最初的定义等认为,情报与信息是种属关系:情报是特定的信息;信息是泛指的情报。在语言表达中,当以情报表示社会领域中的一切消息时,用信息来替换均可成立。反之社会中的一切流通的信息,却不能一律以情报替换。例如市场情报、人才情报、商品情报等,均可说成市场信息、人才信息、商品信息,而且这样表达更为妥切。反之,军事情报、科技情报,改成军事信息、科技信息都有争议之处。科技情报改称为科技信息后,其对应的学科却不能叫信息学,仍以情报学为宜。因为信息学是另外一个学科领域⑤。

(2)知识论:情报是一种知识

国外对于情报的知识论有很多典型的认识:苏联的情报学家米哈依洛夫认为:"情报——作为存贮、传递和转换的对象的知识";英国的情报学家布鲁克斯认为:"情报是使人原有的知识结构发生变化的那一小部分知识";日本《情报组织概论》一书认为:"情报是人与人之间传播一切符号系列化的知识"。在我国,钱学森的情报思想受到情报界的支持和赞同,并普遍认为其情报的理解具有提供思想基础的理论意义。钱学森对情报的定义是:情报是为了解决特定问题需要的激活、活化了的知识。这个定义是钱学森的著名论断,对我国情报工作和情报学研究影

① Kent S. Strategic: for American World Policy[M]. NJ: Princeton Univ Press, 1949.
② 张晓军. 美国军事情报理论研究[M]. 北京:军事科学出版社,2007.
③ 黄耀煌. 近两年我国情报概念争鸣的剖析[J]. 情报学刊,1983,(01):23—27.
④ 石慧. 1976—2010年我国情报概念研究计量分析[J]. 河南图书馆学刊,2011,31(04):15—18.
⑤ 王崇德. 情报学引论[M]. 天津:天津大学出版社,1994,04:8—11.

响深远①。情报的本质体现在三个方面：情报是知识，是真实的；情报是为了解决特定问题而存在的，要满足及时性、针对性的要求；情报要经过一个活化、激活的过程，即情报分析和研究②。

（3）认知论：情报是一种认知

情报学认知论关注人对情报的利用与吸收，强调知识结构、知识能力、认知风格等主观因素在情报的感知、接收及创造活动中的关键作用，主张情报系统和情报服务以实现用户与系统在认知层面而非物理层面上的交互作用为目标③。

传统情报学认知学派的代表人物及其主要观点有：DeMay 的"世界模型"理论、Dervin 的"意义构建理论(sense making theory)"等。在我国，王知津认为："认知论是情报活动向人的知识需求的回归"④。人对信息的需求是情报学发展的原动力，而本质上这种需求正是人类对外部认知的需求，因此认知是情报学的逻辑起点；同时情报技术作用于信息的一系列活动的结果是信息能够被人们所利用，即认知的实现。因此，认知又是情报活动的归宿。池建文认为："情报是关于他方事实的本来面目和深层次原因的判断，是新信息与旧知识融合所形成的新认知"⑤。

综上，结合情报工作的实际需求可以将术语"情报"表述为：情报是人类社会特有的产物，是为解决管理决策过程中信息不完备问题所需要的特殊信息，具有针对性、及时性、传递性和实用性，并能产生经济或社会效益。当然，由于情报概念的使用场所不是固定不变的，概念的使用会随着情报社会功能的扩展而增添新的含义。

1.1.2　情报研究

1949 年，谢尔曼·肯特所著《战略情报：为美国外交政策服务》一书的出版，被认为是情报研究的开端。在我国情报研究已经有 60 年的历史，在很多文献著作中，我国情报研究工作者都曾对情报研究的概念进行了阐述。对这些概念阐述进行概括分析，并总结我们对情报研究的理解认识，有利于进一步加深我们对情报研究的理解。

1990 年，在《情报研究方法论》一书中，包昌火对情报研究的基本含义做了如下的表述："情报研究是根据特定需要对情报信息进行定向选择和科学抽象的研究活动，是情报工作和科技工作相结合的产物，是一类科学劳动的集合。所谓定向

---

① 钱学森. 科技情报工作的科学技术[J]. 情报学刊，1983，(4)：75—83.
② 卢胜军，赵需要，栗琳. 钱学森科技情报理论体系及其意义[J]. 情报科学，2012，(09)：1418—1423.
③ 杨韬，邹永利. 情报学的认知学派及其研究进展[J]. 情报杂志，2008，(6)：114—116.
④ 王知津. 情报学的人性化趋势：认知、领域分析与社会认知[J]. 图书情报知识，2016，(01)：62—65.
⑤ 池建文."守正"是促进情报研究兴旺发达的起点[J]. 情报理论与实践，2010，(05)：1—3.

选择，就是根据特定的需要进行的情报搜集和信息整序工作。所谓科学抽象，就是透过现象，揭示研究对象的本质、规律和联系的思维过程。定向选择和科学抽象的结果，必然形成新的情报或情报集合。没有定向选择就缺乏情报性，没有科学抽象就缺乏研究性。情报性和研究性的结合形成了情报研究的基本特色"①。此论述表明，情报研究的基本含义就是对信息的获取和分析，并形成新的情报产品，因此是一种知识创造活动。他还认为，情报研究也是一种 information 的 intelligence 化活动②。1997 年，包昌火在《对我国情报研究工作认识和对策研究》一文中认为，"情报研究是根据社会用户的特定需求，以现代的信息技术和软科学研究方法论为主要手段，以社会信息的采集、选择、评价、分析和综合等系列化加工为基本过程，以形成新的、增值的情报产品，为不同层次的科学决策服务为主要目的的一类社会化的智能活动"③。相比之前的定义侧重情报研究的本质，此定义进一步强调了情报研究的方法论以及目的。

蒋沁认为，情报研究是针对用户需要或接受用户委托，制定研究课题，然后通过文献调查和实情调查，搜集与该课题有关的大量知识和信息，研究期间的相互关系和作用，经过归纳整理、去伪辨新、演绎推理、审议评价使科技知识得以系统化、综合化、科学化、适用化，以揭示事物或过程的状态和发展（诸如背景、现状、动态、趋势、对策等）④。情报研究的成果形式是各种类型的情报研究报告，它为各个层次的科学决策服务。李又华认为，从狭义上讲，"情报研究是指情报专业人员根据特定的用户需求，在广泛收集情报资料的基础上，经过分析鉴别、综合归纳、判断推理的研究加工，提出有依据、有分析、有评价、有预测性意见所进行的综合性研究，即研究如何把知识转化为用户所需求的情报的理论方法，研究怎样取得有关的信息和知识，以及怎样把这种信息和知识加工成用户所需求的情报这样一种过程和规律"⑤。

史秉能等人认为，"情报研究是在信息搜索、积累和分析研究的基础上，获得解决特定问题所需要的知识的研究工作。也可以说是根据特定的社会需求，以信息工作手段和科学研究方法，采集、鉴别相关领域的信息，通过分析、综合、评估和科学抽象，揭示特定对象的发生、发展和未来发展趋势以及客观发展规律与热点以及它与其他事物的联系，形成情报研究成果，为相应的决策服务的一类研究工作"⑥。

---

① 包昌火. 情报研究方法论[M]. 北京：科学技术文献出版社，1990，1—26.
② 包昌火. Intelligence 和中国的情报学研究[J]. 情报理论与实践，1996，(6)：6.
③ 包昌火. 对我国情报研究工作的认识和对策研究（上）[J]. 情报理论与实践，1997，(03)：133—135.
④ 蒋沁. 情报研究[M]. 武汉：武汉大学出版社. 1989，1—2.
⑤ 李又华. 情报研究[M]. 北京：中国科学院文献情报中心. 1990，4—5.
⑥ 史秉能. 情报研究概论[M]. 北京：国防工业出版社. 2006，7—13.

1.2　情报研究史

作为科学技术和国民经济发展的产物,情报研究是科学技术情报工作的一个组成部分,它的产生使情报工作进入了一个崭新的阶段。20 世纪 50 年代以后,发达国家相继建立了科技情报机构,并在科学技术快速发展的背景下迅速发展。

情报研究是在图书馆工作和翻译工作的基础上发展起来的。早期,图书馆提供文献的线索和文献,但随着文献量的增加,用户要求提供专门的内容,情报研究就在图书馆出现,目前在许多图书馆仍然设有研究部门。美国国会图书馆的研究服务部,是专门为国会议员提供分析研究报告的部门。翻译工作通过翻译,提供国外文献,但单纯的翻译不能满足用户需要,出现了摘译、摘编、综述等形式的产品,逐步发展为情报研究。我国是最早重视文摘应用的国家之一。为了使知识更适合用户使用的需求,使读者摆脱"情报污染"的困扰,文摘工作逐渐发展到情报研究、情报分析。我国情报研究发展的过程可分为如下几个阶段:

第一阶段:情报研究的萌芽和兴起(20 世纪 50 年代至 60 年代)。

1956 年 10 月 15 日,中国科学情报研究所正式成立,同年,国务院批准了《关于开展科学技术情报工作的方案》,规定把上述科学情报所上调给国家科委,更名为"中国科学技术情报研究所",作为全国的科技情报中心,并着于建立国家行政系统的各级科技情报研究所,形成纵向垂直的情报系统,标志着我国科技情报研究工作全面起步。初期的情报研究工作以文献为主,其基本任务是摸清世界各国科学技术的先进水平,为社会主义建设的总路线服务,重点配合国家科学发展规划与经济发展规划的制定、科研与生产攻关项目的实施,以及提高科研、仿制和生产的能力,全面、及时、准确地反映国外科技发展的新水平、新动向。这一阶段情报研究工作主要以编辑报道为主,创办了一大批动态报道刊物。

1958 年,第一次全国科技情报工作会议正式赋予我国科技情报机构"耳目、尖兵、参谋"的使命。这种使命决定了它不同于西方文献工作的性质,强调了情报研究即参与决策的研究,强调了参谋作用。

1962 年制定的科学技术发展 10 年规划明确指出:"首先应当针对科学技术 10 年发展规划中的重点项目,深入系统地摸清国际上有关学科和专业的发展水平和趋势,……同时深入了解国内的科学技术动态,结合国内情况,提出综合的和专业的技术经济情报和科学技术情报研究报告。"为国家规划、重点项目攻关和科技管理决策服务。这个阶段的情报研究工作以专业研究为主,主要研究科学技术的现状与发展,同时,注意国内外对比分析,出版了大量的综述、评述和专题的研究报告[①]。

第二阶段:情报研究停滞阶段(1966—1975 年"十年动乱"阶段)

早期的情报调研由于进行了大量的编译工作,接触外文资料多,在"文革"中首当其冲,受到严重摧残,工作被迫停顿。1974 年第四次全国情报工作会议召开,情况才开始好转。这次会议把三大中心工作的顺序倒转过来,把情报调研提到第一位,为新时期情报研究的发展做好了准备。

第三阶段:情报研究成熟阶段(20 世纪 70 年代末至 80 年代)

基于社会的广泛需要,此阶段情报研究的任务转变成以决策服务为核心,情报研究工作也逐步提升到以综合研究和决策研究为主,研究内容从单纯的科技研究扩展更大范围、跨行业、多学科、多因素的研究。为科学决策提供依据和对策,如发展战略和方针政策研究,表明我国情报研究已进入成熟发展阶段,发挥了智库的作用。

第四阶段:全面进入决策咨询领域(20 世纪 90 年代至今)。在科技体制改革的推动下,随着"两条腿走路"政策的贯彻和竞争情报的引进,为我国情报研究工作开拓了一个新的领域。科技情报部门开始以用户需要为导向,在为主管部门服务的同时,也面向社会用户的需求,逐渐成为我国信息咨询业的生力军。

1.3 情报研究概念详解

1.3.1 情报研究的定义

根据近 60 年来情报研究在理论和实践中的发展,我们对情报研究的概念做出如下表述:

情报研究是以各类用户的特定社会需求为依据制定研究课题,并通过相关信息技术或者软科学研究方法进行与课题相关的信息或知识的采集、加工、分析、综合和评估,最终形成用户所需的情报产品,从而为用户的决策提供依据。

通过此描述对情报研究定义进一步揭示:

① 从情报研究的选题来源来看,主要基于各类用户的特定社会需求选定的,因此其研究范围属于知识或者信息领域,但是研究内容具有很强的针对性,研究过程中目的性较为明确,而且是一种专业性较强的活动。

---

① 包昌火,刘诗章.我国情报研究工作的回顾与展望[J].情报学报,1996,15(5):345—350.

② 从情报研究过程来看,与传统情报研究不同的是,当前越来越侧重于信息技术和软科学方法的广泛应用。在强调方法的同时,实现信息深加工,并最终生成用户所需的情报产品,是情报研究过程所遵循的主线。

③ 情报研究生成的情报产品,是由 information 转化为 intelligence 的最终体现,它的形式可以具有多样性,如报告、论文、手册等,但其作用主要是为不同用户做出科学决策提供服务,所以它一定是具有较强的增值性、智能性和政策性的产品。

1.3.2　情报研究的基本属性

对情报研究内涵的不同理解主要集中在它是不是一种科学研究活动,为此有必要阐述一下上述定义中的概念。让我们考察一下情报研究与科学研究在基本属性上的共同点。

（1）继承性

任何研究均基于前人的研究成果进行的,系统地继承已成为体系的知识,了解尚未解决的问题,是从事科学研究的基本前提条件。情报研究的继承性既体现在研究工作的过程中,也反映在研究工作的目的上。任何情报研究都需要基于文献调查和社会调查进行,对已知信息的搜集和整理,是情报研究工作必不可缺的部分。情报研究的主要目的,就是保证研究对象在继承的基础上发展,以达到信息资源的有效交流和利用。

（2）创造性

创造性是科学研究的本质和灵魂,科学研究的目的是为了发现新规律、创造新知识、研制新产品。情报研究是一项对情报信息的重组和开发工作。如同不同的元素可以组成各式各样的化合物,形成变幻莫测的物质世界一样,不同的情报单元也可以相互组合和重构,从而形成新的情报和情报集合。情报的可分析性和可综合性是情报研究的重要基础,也是新情报创造的客观依据。情报研究的结果通常是形成某种新的认识、观点、建议或方案,从而提高和丰富了人们对自然和社会的认识。

（3）探索性

探索未知,解决尚未解决的问题,是科学研究的重要特点。情报研究总是针对问题开展,从情报信息的角度,提供解决问题的背景和素材,汇集解决问题的知识和思路,探索解决问题的途径和方案。情报研究既是科学研究的一个方面,本身又是一项不确定性很大、探索性很强的研究工作。

由于情报研究具有科学研究的基本属性,因此把科学研究当作情报研究的属性概念是理所当然和合乎逻辑的。

1.3.3　情报研究的外延

从国内外情报研究工作的现实来看,情报研究的外延,按内容分,主要包括以下四种:

① 科学情报研究。如研究科学的发展现状、重大成就、最新进展、重点产品、关键技术、制造工艺、测试手段、发展前途以及各种技术数据等。

② 技术情报研究。如研究技术的发展现状、重大成就、最新进展、重点产品、关键技术、制造工艺、测试手段、发展前途以及各种技术数据等。

③ 经济情报研究。包括从科技角度出发,研究技术经济问题,如可行性论证、成本效益分析、价值工程等;从产品角度出发,研究市场问题,如消费需求分析、市场需求预测等。

④ 管理情报研究。包括科学技术和国民经济发展的目标、规划、政策、措施等有关的宏观管理研究和企事业的微观管理研究。

按时间分,主要包括以下三种。

i. 历史研究。如研究对象的发展历程、经验教训等。

ii. 现状研究。如研究对象的当前水平、最新动态、基本差距、基础数据等。

iii. 未来研究。如研究对象的发展趋势、发展战略等。

由此可见,虽然情报研究的核心范围是对科学技术的现状、发展和问题的研究,但随着情报研究工作向经济、社会各方面的延伸和扩展,它的外延是非常宽广的,边界也是比较模糊的,存在着不同层次和类型。因此,它是一类研究活动的集合,是一条宽广的谱带。

毋庸置疑,类似于科技情报研究的情报研究工作,同样也存在于政治、军事、经济和社会的各个领域,并非科技部门所专有,只是有些鲜为人知而已。

1.3.4　情报研究的内容

与科学研究不同,情报研究缺乏严格的分类,其核心内容是管理决策的依据,因此所涉及的范围比科学研究多。历来相关学者也先后对情报研究的内容进行了分类,划分的方法很多,如按照服务对象划分,情报研究主要面向的主体有决策人员、管理人员和科技人员;按情报机构划分,主要有综合性情报机构、专业性情报机构、科研院所或高等院校的情报研究;按专题划分,有政策情报、管理情报、技术引进、新产品开发等情报研究。这些情报研究会涉及科学研究的各个领域,内容组织形式也各不相同,如包括综述类、述评类和技术经济类等。本书基于情报研究经常涉及的科技、经济和社会方面的内容,按照科技、生产和市场来划分,将情报研究划分为科学技术情报研究、技术经济情报研究和市场情报研究三大类,具体如下:

1.3.4.1　科学技术情报

（1）科技领域发展的情报研究

科技领域发展的情报研究主要包括科学技术的发展历史、现状以及未来动向，通过总结国内外科技发展的经验教训和水平动态，预测和填补国内外科技发展的空白，以加强决策者的情报观念，确定科技路线和方案，制定科技政策和科研规划等。

（2）科技发展条件的情报研究

如同其他任何事物的存在和发展一样，科学技术的发展是在相关条件因素的影响和作用下实现的。其发展不仅受内因支配，还受外部条件因素的影响。任何一门新兴科学技术的出现都是在这些条件因素的作用下形成的，在客观上具备了一定的必要性和可能性之后才得以兴起。情报研究的主要内容之一是对条件因素的研究。

影响科学技术发展的条件种类繁多，内容复杂。但归纳起来不外乎从自然条件和社会条件两个方面着手研究。自然条件包括地理状况、资源状况和生态环境状况等。社会条件包括经济状况、社会状况、政策管理状况和科学技术状况等。

（3）科学技术管理的情报研究

科学技术的研究包括基础研究、应用研究和开发研究。科学技术管理是指科学技术研究过程中的管理工作。凸显科技现代化，管理工作首当其冲。在正确的科技政策的前提下，只有进行有效的科技管理，才能保证科技的顺利向前发展。

科学技术管理的核心是制定和执行科学规划，具体制定和执行的程序为：确立目标、选择科研项目、开发科学研究、成果鉴定、推广应用、信息反馈。科技管理自始至终都离不开情报研究，它的作用具体表现在：

为科技管理决策者确立科研目标提供宏观调研报告；为科研规划制定者选择科研项目提供定题依据；为研究人员科研开发工作提供有关信息；为加强科技管理提供调控信息；为科研成果的推广应用提供情报信息；为提高成果推广效益提供反馈信息。

（4）科学技术政策的情报研究

科技政策是为一定历史阶段内科学技术和国民经济的发展，科技与经济、社会的关系调节而制定的指导原则和行动纲领。良好的科技政策能够为科学技术和国民经济的发展指明方向，通过指出具体的措施和所需条件，引领其健康有序发展。科学技术政策的情报研究主要包括对相关领先国家科技政策动态变化的了解、国内科技政策动态变化的研究、掌握并分析主要科技政策的内容、对科技政策背景的研究以及对外科技政策的研究。

1.3.4.2　技术经济情报

技术经济情报主要是为各种技术经济方案提供信息,从宏观层面看,研究国民经济各部门的发展速度、比例和结构,对重大技术发展提供决策依据,为国家制定经济发展规划、地区开发规划、跨地区开发规划、就业开发规划及跨行业开发规划提供各种方案和信息;从微观层面看,技术经济情报为企业开发新产品,引进新技术,加强材料、设备、技术和产品的更新换代,进行技术改造,挖掘生产潜力等提供各种方案和信息,通过分析、计算和比较,对各种方案进行评估和论证,选择技术上先进、生产上可行、经济上合理的最优方案付诸实施。

1.3.4.3　市场情报

市场情报就是应用科学方法、针对特定目标,全面系统地调查和搜集有关市场营销方面的情报信息,进行综合分析后,从中发现和预测技术产品需求关系的客观规律,以便正确地指导企业部门的计划和行动。

当代社会的一切科技和经济活动离不开市场,特别是在强调科技面向经济建设的今天,市场情报不仅已成为国家发展经济的重大资源,而且日益成为发展科技必不可少的条件。科技、生产和市场已结合成一个整体。科研生产部门要真正掌握自己的命运,推行"定需定产"政策,确定科研和生产的规模,选择适用的科研和生产的项目,确立科研、生产方向,加快科研、生产速度,做到科研、生产一条龙,都必须以市场情报作为决策依据。同时,加强科研企业部门内部或科研企业之间的协作,进行社会主义竞争,也离不开市场信息的调查和预测。

市场情报分为两类,即产品市场情报和技术市场情报。

① 产品市场情报具有综合性、广泛性和时效性等特点,其功能在于预测、决策和信息反馈,主要研究内容包括:对市场环境情况的调查研究,如有关的政策法令、经济状况、人口状况、社会状况等,对市场需求量的调查、消费倾向、销售情况、流通渠道的情况、产品情况、竞争者的情况、协作者的情况、国际市场的研究。

② 技术市场实际上是一个沟通供需双方关系的过程,它的开拓要受到多种因素的影响,不仅与供方提供技术的先进性、适用性、经济性和完整性有关,而且与受方的需求、购买力、技术开发能力、投资水平、规模和产品市场有关,因而技术供需双方都必须进行市场调研,主要是对技术行情和市场环境进行调研。另外供方需要对用户需求、同行业进行调查;受方则需要对供方的相关情况进行调查,并分析自身的条件。

1.4　情报研究的作用

根据情报研究的定义、内涵、外延等内容,我们可以看出在用户决策的过程中,情报研究发挥着重要的作用。基于情报研究对用户决策的影响力,我们可以推测它在社会、经济和科技的发展中起到间接的推动作用,因此本书总结了情报研究的作用,主要包含以下几个方面:

(1) 对于客观知识体系而言,情报研究是认识过程中的重要一环

根据波普尔提出的著名的"三个世界"理论,情报研究在广义的角度上看,是世界 2 和世界 3 之间的相互作用,揭示它们之间的转换规律,从而更有助于客观知识的有效组织和利用,同时还能够实现知识的创新,创造情报形态下的新知识。从狭义的角度来看,情报研究是指以客观知识信息为研究对象而进行的有针对性的分析研究活动,它一方面可以使知识信息在迅速增长的过程中能够得以整序和集中,另一方面能够有效地控制情报流。因此,情报研究在认识的过程中是不可缺少的重要环节,并且在人类社会认识的过程中起着承上启下的作用。

(2) 情报研究在科研生产工作中具有先导性、启迪性和依据性的作用

在科学研究工作中,可以采用情报研究的预测性研究对当前及未来的科研工作进行先期的预判性分析,体现出情报研究先导性作用。准确可靠的科技情报是情报研究顺利进行的保障,尤其在科研项目的选题和立项中,这一特性尤为重要。科研人员在进行选题之前,一般先通过查询大量的国内外文献资料,来了解国内外的研究动态和方向,同时需基于情报部门的科技查新工作,进行课题的选题和立项,避免未来科研工作的重复性[①]。

对于科研人员来说,情报研究具有很好的启迪作用。一方面,科研人员依据情报研究人员提供的国内外相同或相似课题的研究进展、研究重难点以及相关研究经验,可以避免研究工作中的方向性错误,缩短科研周期。另一方面,由于情报研究涉及学科广泛,其综合性较强,能够实现大量信息的综合性研究,因此能够反映学科间的相互交叉、渗透的现象,为科研人员提供新的概念、创造性的设想以及构思,从而在烦琐的工作中,发现新的线索或得到新的启示。另外,这一启迪作用还表现在情报工作者可以提供与此课题或研究相关的科研成果,从看似无关的资料中提炼分析出有用的情报闪光点,开拓科研人员的思路,以益于课题攻关[②]。

科技情报不仅具有先导、启迪作用,同时还在一定条件下具有提供依据的作用。除了在课题立项和评估、验收阶段,利用情报查新工作获悉课题的新颖性和创新性以外,科研人员还可以根据高质量的情报成果了解国内外某方面的研究趋势和发展现状,为课题立项提供依据,同时为科研管理决策层指定科研工作研发方向提供依据。

---

① 徐露萍,郑亚宁,王振宇.如何发挥科技情报研究在科研生产工作中的指导作用[J].图书情报工作,2013,(06):48—50.

② 蒋沁,王昌亚.情报研究[M].武昌:武汉大学出版社,1989,14—22.

（3）情报研究有利于科学管理中科学化的决策

科学决策保障了政治、经济、科技、军事等各项事业发展战略目标的顺利实现。在对管理的一切职能进行贯彻执行之中会时刻渗透着决策的思想和方法，换句话说，科学管理的首要任务和核心内容是决策。而科学化的决策依赖于对决策方案的优化，优化的过程又是以必要的情报为条件的。因此情报研究是进行科学化决策的基础[①]。

首先，决策是一种有目的的活动，其方向和目标必须明确清晰的，同时要有具体性和实际性。这需要建立在对研究对象的历史、现状和未来社会经济和科技的发展情况与趋势的解读之上。广泛的情报搜集、加工、处理与综合分析是决策方向目标确定的前提。

其次，从整体目标出发，进行系统地综合评估，以形成整体最优决策方案，达到最理想的目标。在决策之前必须对决策对象、决策环境、决策后果进行系统全面的调查和综合分析，才能确定整体的发展目标，这就需要对各方面的情报进行参考、借鉴和相互比较。决策的过程是情报研究成果的综合运用过程。没有准确、及时、充分的情报保障和支持，决策就没有科学依据，就可能失去方向。因此，情报研究是决策科学化的基础。

参考文献

[1] 甄桂英.情报概念的内涵、外延与相关学科的分析评述[J].情报理论与实践，2011，（03）：6—9.

[2] 张晓军.美国军事情报理论研究[M].北京：军事科学出版社，2007.

[3] 黄耀煌.近两年我国情报概念争鸣的剖析[J].情报学刊，1983，（01）：23—27.

[4] 石慧.1976—2010年我国情报概念研究计量分析[J].河南图书馆学刊，2011，31（04）：15—18.

[5] 王崇德.情报学引论[M].天津：天津大学出版社，1994，8—11.

[6] 钱学森.科技情报工作的科学技术[J].情报学刊，1983，（4）：75—83.

[7] 卢胜军，赵需要，栗琳.钱学森科技情报理论体系及其意义[J].情报科学，2012，（09）：1418—1423.

[8] 杨韬，邹永利.情报学的认知学派及其研究进展[J].情报杂志，2008，（6）：114—116.

[9] 王知津.情报学的人性化趋势：认知、领域分析与社会认知[J].图书情报知识，2016，（01）：62—65.

---

① 符福山亘.论管理决策科学化与综合性情报研究工程[J].情报理论与实践，2004，（05）：449—453.

［10］池建文."守正"是促进情报研究兴旺发达的起点[J].情报理论与实践,2010, (05)：1—3.

［11］包昌火.情报研究方法论[M].北京：科学技术文献出版社,1990,1—26.

［12］包昌火.Intelligence 和中国的情报学研究[J].情报理论与实践,1996,(6)：6.

［13］包昌火.对我国情报研究工作的认识和对策研究(上)[J].情报理论与实践, 1997,(03)：133—135.

［14］蒋沁.情报研究[M].武汉：武汉大学出版社.1989,1—2.

［15］李又华.情报研究[M].北京：中国科学院文献情报中心,1990,4—5.

［16］史秉能.情报研究概论[M].北京：国防工业出版社,2006,7—13.

［17］包昌火,刘诗章.我国情报研究工作的回顾与展望[J].情报学报,1996,15 (5)：345—350.

［18］徐露萍,郑亚宁,王振宇.如何发挥科技情报研究在科研生产工作中的指导作 用[J].图书情报工作,2013,(06)：48—50.

［19］蒋沁,王昌亚.情报研究[M].武昌：武汉大学出版社,1989,14—22.

［20］符福山亘.论管理决策科学化与综合性情报研究工程[J].情报理论与实践, 2004,(05)：449—453.

［21］周军.情报研究引论[M].北京：蓝天出版社,1999.

［22］江涌,李岱素.试论跨世纪高级情报研究人员应具备的素质[J].图书馆论坛, 1998,(06)：21—23.

［23］史秉能.情报研究概论[M].北京：国防工业出版社,2006.

［24］秦铁辉.情报研究概论[M].北京：北京大学出版社,1991.

［25］王松俊.研究生教育导论[M].北京：军事医学科学出版社,2010.

［26］中国科学技术情报学会.情报工作和情报科学发展战略 2000 年的中国研究 [M].北京：科学技术文献出版社,1988,03.

［27］Kent S.Strategic：For American World Policy.NJ：Princeton Univ Press,1949.

2 情报研究的方法

情报研究工作主要包含三个过程，即信息的收集和整理、情报分析以及情报研究方案（情报研究成果）。其中，信息的收集和整理是情报研究的基础，情报分析是关键，情报研究的成果表现为具体的判断、预测或解决方案。在情报研究工作中，贯穿于这三个过程，所使用的方法称为情报研究方法。概括地说，情报研究方法是指个人或组织在对信息资源进行收集、整理、分析，并最终形成判断、预测和解决方案的情报过程中所使用的方法的总和。在情报研究过程的信息收集阶段，主要以信息检索方法为主，因此这种只在情报研究基础阶段发挥作用的方法在严格意义上不属于情报研究方法。同样，通过非正常手段直接获取信息，由于没有经过情报分析过程，也不属于情报研究方法。伴随不断发展的科技水平，为了满足不同用户的情报需求，情报研究需要从不同角度切入，于是涌现出各类情报研究方法。

2.1 情报研究的一般方法

在宏观上，就分析方式而言，既有定性研究和定量研究，也有定性和定量相结合的研究方法。由于两者功能各异，优势互补，越来越多的情报研究工作已经不再孤立地使用其中一种方法，而是更多地将两者结合起来开展情报研究工作。

定性分析方法是情报研究的基本方法。它以认识论和思维科学领域的有关理论为基础，根据有关课题的原生信息及其各种相关关系，对研究对象进行比较、评价、判断、推理、分析、综合，从而揭示出研究对象本身所固有的、本质的规律。定性研究方法具有定性分析、推论严密、直感性强等特点，在情报研究中，对于那些不需要、不容易或不能够用定量数据进行分析的研究对象,定性研究方法具有无与伦比的优越性。这种方法的缺点在于其推论虽严密但不够精确,分析问题虽深刻但不够具体,特别是所得出的结论仅仅是一种定性的认识或描述,没有强劲的说服力。在情报研究中,定性研究方法主要应用于这样几种场合:一是为定量分析做准备;二是对定量分析的结果进行验证或评价;三是在缺乏定量分析条件或不需要进行定量分析的情况下独立使用。

定量研究方法以基础数学、数理统计、应用数学以及其他数学处理手段为基础,通过分析研究揭示出研究对象本身所固有的、内在的数量规律性。定量研究方法具有定量分析、结论具体、高度抽象等特点,在情报研究中有十分广泛的应用,例如利用文献增长模型判断文献内容的新颖性和适用性,利用投入产出模型进行经济分析、经济预测和经济政策模拟,利用马尔科夫链对产品或服务的市场占有率和利润期望值进行预测等。这种方法的缺点在于其不能完全替代人脑进行创造性思维。此外,定量研究方法所构造的曲线、模型或公式仅仅是客观事物抽象化和理想化的结果,与复杂的、多参量的、动态变化的客观事物本身相比,仅仅是一种近似的、简单的、静态的描述,因此,其结论在许多情况下仅具有参照意义。在具体实践中,人们往往根据课题的条件和要求交叉使用定性研究方法和定量研究方法,以达到相互补充、相互完善的效果。

在微观上,就分析单元而言,也有学者将情报研究方法分为 5 种:即基于数据的情报研究方法、基于文献的情报研究方法、基于人的情报研究方法、基于组织的情报研究方法、基于认知的情报研究方法[①]。根据信息加工的深度和精度来分,也可将情报研究的方法分为创造性思维方法、逻辑思维方法和数学方法[②]。

2.1.1 常用逻辑方法

2.1.1.1 分析和综合

（1）分析

客观事物是复杂多样、普遍联系的。一方面,某一事物的存在不是孤立的,它总会以各种各样的方式与其他事物发生这样那样的联系;另一方面,对于某一事物本身,其各组成部分也并非彼此孤立,而是相互联系、相互影响的。分析就是把客观事物整体按照研究目的需要逻辑地分解为各个要素及其关系,并根据事物之间或事物内部各要素之间的特定关系,通过由此及彼、由表及里的研究,达到认识事物目的的一种逻辑方法。

在分析某一事物时,常常要将事物逻辑地分解为各个要素。只有通过分解,才

① 冷伏海,冯璐.情报研究方法发展现状与趋势[J].图书情报工作,2009,02:29—33.
② 王延飞,秦铁辉,等.信息分析与决策[M].北京:北京大学出版社,2010,190—191.

能找到这些要素,才能通过研究找出这些要素中影响客观事物发展变化的主要要素或关键要素。但是,光有这些简单的分解、罗列和研究还远远不够,因为在客观事物中,构成整体的各个要素本来是相互连接、不可分割的。例如,化学研究工作者对蛋白质进行分解,找出它的组成元素是碳、氢、氧、氮。但对蛋白质的认识停留在这几种孤立元素的阶段显然仍未达到对蛋白质本质的认识。可见,科学的分析必须在此基础上进行各要素的地位、作用和相互关系的研究,具体来说,就是把构成客观事物整体的各个要素放到矛盾的诸方面的相互联系中去,放到事物的矛盾运动中去。从实践上看,事物之间以及构成事物整体的各要素之间的关系是错综复杂、形式多样的,如因果关系、表象和本质关系、一般和特殊关系、主要矛盾和次要矛盾关系、目标和途径关系以及其他相关关系等。分析就是透过由上述各种关系织构而成的错综复杂的表面现象,把握其本质的规律或联系的一种研究方法。

分析的基本步骤是:① 明确分析的目的。② 将事物整体逻辑地分解为若干个相对独立的要素。③ 分别考察和研究各个事物以及构成事物整体的各个要素的特点。④ 探明各个事物以及构成事物整体的各个要素之间的相互关系,进而研究这些关系的性质、表现形式、在事物发展变化中的地位和作用等。

分析通常不能一次完成,而是要经历若干次由此及彼、由表及里、由浅入深的分析。在每深入一层进行分析时,通常要重新对事物进行分解。可见,将事物分解成各个要素并不是分析的最终目的,而只是认识的一种手段。在分析过程中,每次分解出来的要素可能不同,分解的方法也可能不一样,但最终目的都是为了透过现象把握本质的规律或联系。

(2)综合

综合是同分析相对立的一种方法。它是指人们在思维过程中将与研究对象有关的片面、分散、众多的各个要素(情况、数据、素材等)联系起来考虑,以从错综复杂的现象中,探索它们之间的相互关系,达到从整体的角度把握事物的本质和规律,通观事物发展的全貌和全过程,获得新的知识、新的结论的一种逻辑方法。综合把对研究对象的各个要素之间的认识统一为整体的认识,是从整体上把握事物的本质和规律。它不是主观地、任意地把研究对象的各个要素简单地综合在一起,而是按照各个要素在研究对象内部的有机联系从总体上去把握事物。它不是抽象地、从外部现象的联系上来理解事物,而是抓住事物的本质,即抓住事物在总体上相互联结的矛盾特殊性,研究这一矛盾怎样制约事物丰富多彩的属性,怎样在事物的运动中展现出整体的特征。

综合的基本步骤是:① 明确综合的目的;② 把握研究对象的各个要素;③ 确定各个要素的有机联系形式;④ 从事物整体的角度把握事物的本质和规律,从而获得新的知识和结论。

在情报分析中,综合是一种行之有效的方法。综合可以将各种来源的、分散、片面、内容各异的有关信息(情况、数据、素材等)按特定的目的汇集、整理、归纳和提炼,从而形成系统、全面、新颖的知识和结论。从时间发展的连续性角度考察,通过综合,可以总结有关课题的历史、现状,并探索其发展的规律和趋势;从空间分布的整体性角度研究,通过综合,可以掌握各个国家、地区或部门的有关情况及其变化规律;从内容范畴的内在逻辑联系角度研究,通过综合,可以恢复和揭示出内容范畴之间本质的、固有的联系,概括、提炼出其中的共性或特性,从而获得新的思想、新的观念、新的结论。此外,还可以将时间、空间和内容范畴三个角度结合起来综合研究,以使管理者、决策者或其他信息用户对有关课题的各个时期、各个国家(地区或部门)、各个方面内容的有关信息有一个总体的、全貌的了解,掌握事物发展的规律和趋势,从而为管理者、决策者或其他信息用户提供经验教训方面的信息。例如,可持续发展是当今世界各国经济和社会发展过程中普遍关心的问题。可持续发展通常涉及资源、环境、人口、资本和技术等方面。综合研究各个国家在各个历史发展时期的资源、环境、人口、资本和技术等方面的有关情况,就会发现,在人类历史上,资源的永续利用、生态环境平衡的维持、"适度"人口的控制、资本和技术的投入在总体上是相互联系,共同影响可持续发展的状况和水平的。这一结论为人类正确制订和实施 21 世纪议程,实现社会可持续发展提供重要的参考依据。

常用的综合方法主要有简单综合、系统综合和分析综合。

简单综合是对与研究课题有关的信息(情况、数据、素材等)进行汇集、归纳和整理。例如,将当前世界各国有关"三废"污染、噪声污染、水资源枯竭、土地沙漠化、温室效应、大气臭氧层破坏、核污染等方面的有关情况集中起来,进行归纳整理,就可形成当前全球生态环境正在遭受严重破坏,并直接威胁到人类生存和社会经济发展的结论。

系统综合是从系统论的观点出发,对与研究课题有关的大量信息进行时间与空间、纵向与横向等方面的结合研究。系统综合不是简单的信息搜集、归纳和整理,而是一个创造性的深入研究的过程。例如,在进行企业竞争情报研究时,既要从纵的方面综合企业自身、竞争对手、竞争环境、竞争战略等因素的历史、现状和未来趋势,又要从横的方面对与企业竞争有关的这些因素之间的相互关系进行通盘的研究和把握。只有这样,才能为企业竞争战略的制订和实施提供可靠的依据。

分析综合是对所搜集到的与研究课题有关的原生信息,在进行对比、分析和推理的基础上进行综合,以认识课题的本质、全貌和动向,获得新的知识和结论。分析与综合并不是彼此割裂的,整个认识过程是分析和综合的统一。分析和综合的辩证统一首先表现在分析和综合的相互依存、相互渗透中。综合必须以分析为基础,没有分析,认识不能深入,对总体的认识就只能是抽象的、空洞的。只有分析而没有综合,认识就可能囿于枝节之见,不能统观全局。事实上任何分析总要从某种整体性出发,总不能离开关于对象的整体性认识的指导,否则分析就会有很大的盲目性。分析和综合的统一还表现在它们的相互转化上。人的认识是一个由现象到本质、由一级本质到二级本质不断深化的过程。在这个过程中,从现象到本质、从具体到抽象的飞跃是以分析为主的;一旦达到了对事物的本质的认识,就要用这个本质说明原有的现象,这就是提出假说、建立理论(或模型)的过程,这个过程就以综合为主。随着认识的推移,当新的事实与原有的理论发生矛盾时,认识又可能在新的层次上转入分析。人们的认识就是在这种分析—综合—再分析—再综合的过程中不断前进的。

2.1.1.2 归纳和演绎

推理,是指建立在人们已有知识结构的基础上,由一个或几个已知判断推出一个未知判断的思维过程。推理由前提、过程和结论三个要素组成。前提是指推理所依据的一个或几个判断;过程是指由前提到结论的逻辑关系形式;结论是指由已知判断推导出新的判断。推理方法是沟通未知事物和已知事物的桥梁,它将新的、未知的知识通过逻辑推理的思维活动转变为已知的知识,是人们学习和探索的重要思维形式。正因为如此,推理方法是进行情报研究时经常用到的一种方法,通常以搜集到的一些事实、资料、数据及相关信息为前提,通过一定的逻辑推理,从已知信息中概括出一般性结论,或对某些理论或事件进行证明,或从某些相似事件中找出共通点,从而产生新的思想或创造等。归纳和演绎是常见的两种推理形式。

（1）归纳推理

归纳推理是由一系列个别现象概括出一般性结论的方法。它由前提和结论两部分组成,前提为若干已知的个别现象,由前提经过推理得到的一般性猜想即为结论。

人们对事物的认识,总是从个别逐步扩大到一半,只有认识了许多不同事物的特殊本质,才有可能进一步概括同类事物的共同本质。归纳正是这样一个从个别到一般的认识过程,采用归纳推理,可以从众多信息中整理归纳出一般性的结论,形成某些概念或观点以提供给研究人员、用户或读者;可以从特殊现象出发,论证具有普遍性的结论的科学性和合理性;可以探索客观世界各个方面的相互联系,从而得出客观事物之间的规律性认识,为开展广泛的科学研究提供大量课题。根据前提中是否考察了某类事物的全部对象,归纳推理可以分为完全归纳和不完全归纳两种类型。

完全归纳指在前提中考察了某类事物的全部对象,并且所有对象都具有(或不具有)某种属性,从而推出该类事物具有(或不具有)该种属性的结论。完全归纳的推理形式可表示为：

S_1 是(或不是)P；

S_2 是(或不是)P；

S_3 是(或不是)P；

……

S_n 是(或不是)P；(S_1,S_2,S_3,…,S_n 是 S 中的全部对象)

所以,所有的 S 都是(或不是)P。

完全归纳因为需要考察全部对象,在某事物包含对象少的情况下,只要前提正确,且毫无遗漏地考察了所有对象,就可以得出可靠的结论。但是在实际研究中,人们面对的通常是数量繁多、极为复杂的对象,这时想要考察全部对象就成为不可能任务,所以,在大多数情况下,人们使用的是不完全归纳。

不完全归纳指仅在前提中考察某类事物的部分对象,若这些被考察的对象具有(或不具有)某种共同属性,则可以推出该类事物都具有(或不具有)这种属性的结论。根据对象和属性之间是否具有因果关系,不完全归纳又可以分为简单枚举归纳和科学归纳两种类型。

简单枚举归纳,是考察某类事物中的部分对象都具有(或不具有)某种属性,从而推出该类事物中的所有对象都具有(或不具有)这种属性的逻辑思维方法。该类方法因为没有考察全部对象,无法判断是否有对象不具备该性质,所以得到的结论带有或然性。可以用增加样本数量,扩大考察范围等方法来提高结论的可靠性。简单枚举归纳的推理形式可以表示为：

S_1 是(或不是)P；

S_2 是(或不是)P；

S_3 是(或不是)P；

……

S_n 是(或不是)P；(S_1,S_2,S_3,…,S_n 是 S 中的部分对象,并且在枚举过程中没有出现与之矛盾的情况)

所以,所有的 S 都是(或不是)P。

科学归纳,是通过分析某类事物中的部分对象与其属性之间具有因果关系,从而推出该类事物中的所有对象都具有这种属性的逻辑思维方法。科学归纳的推理形式可以表示为：

S_1 是(或不是)P；

S_2 是(或不是)P；

S_3 是(或不是)P；

……

S_n 是(或不是)P;($S_1,S_2,S_3,\cdots,S_n$ 是 S 中的部分对象,在枚举过程中没有出现与之矛盾的情况,且 S 与 P 存在因果关系)

所以,所有的 S 都是(或不是)P。

需要说明的是,因为不完全归纳在前提中只考察了某类事物的部分对象,所以其结论带有或然性,也就是说,即使前提中的每一个判断都是正确的,也不能保证推理的结论一定是正确的,只能说在一定程度上是正确的。为了提高推理结论的真实性,研究人员应该尽可能扩大考察对象的数量和范围,因为考察的对象越多,论证就越充分,结论的可靠性就越高。

(2)演绎推理

所谓演绎推理,是指运用逻辑证明或数学运算的方法,以一般原理为前提,推导出个别或特殊结论的逻辑思维过程。它是一种利用某类事物中所具有的一般属性来推断出该类事物中个别事物所具有的特殊属性的方法。

人们在得到对同类事物共同本质的认识后,会以此为依据,继续研究尚未认识的各种具体事物,找出其特殊本质,以进一步丰富和发展对这种共同本质的认识。演绎推理正是这样一个从一般到个别的过程,在情报研究中的作用主要表现为:它是获得新的认识的重要途径,是论证科学假说和理论的有力工具,是提出科学解释和预见的重要手段。

演绎推理一般分为三段论、假言推理和选言推理等形式。

三段论,是演绎推理中最普遍的一种形式,它是以两个直言判断为前提,借助于一个共同的概念,把这两个直言判断联结起来从而推导出结论(另一个直言判断)的演绎推理。在三段论中有三个概念:大项、小项和中项。大项和小项作为结论中的谓项和主项出现在结论当中,而不包含在结论中的、起到沟通大项和小项的关系作用的概念,即为中项。在两个前提中,包含大项的叫大前提,包含小项的叫小前提。三段论的推理形式可以表示为:

大前提:所有 M 是(或不是)P;

小前提:所有 S 是(或不是)M;

结论:所有 S 是(或不是)P。

假言推理,是以一个假言判断为前提的演绎推理。它首先提出一个假设性判断,这个判断包括前件和后件两个部分,通过顺次推出其后件或逆向推出其前件,来检验预先提出的假设性判断是否正确。如果推导过程顺利,则说明前提与结论之间存在逻辑关系,假设性判断即被证实为真;如果推导过程不合逻辑,则说明假设性判断不成立。假言推理分为纯假言推理和混合假言推理两种。纯假言推理的前提和结论都是假言判断;混合假言推理的大前提是假言判断,小前提和结论是直言判断。

选言推理,是以一个选言判断为前提的演绎推理。选言推理的大前提包括两个或两个以上的选言肢,根据选言肢是否相容可以将选言推理划分为相容选言推理和不相容选言推理两种形式。

相容选言推理是以相容选言判断为前提的推理,它的选言连接词为"或",推理所遵循的原则是:如果小前提否定大前提的部分选言肢,那么结论就肯定是大前提的另一部分选言肢。其形式可以表示为:

大前提:P 或 Q;

小前提:非 P(或 Q);

结论:所以,Q(或 P)。

不相容选言推理是以不相容选言判断为前提的推理,它的选言连接词是"要么……要么……"。不相容选言推理所遵循的原则是:如果小前提肯定是大前提的一个选言肢,那么结论就否定大前提的其他选言肢;如果小前提否定大前提的除一个之外的其他选言肢,那么结论就肯定大前提的那个一未被否定的选言肢。其形式可以分别表示为:

大前提:要么 P,要么 Q;

小前提:P(或 Q);

结论:所以,非 Q(或非 P)。

大前提:要么 P,要么 Q;

小前提:非 P(或非 Q);

结论:所以,Q(或 P)。

2.1.1.3 比较研究法

比较就是对照各个事物,以确定其间差异点和共同点的逻辑方法。事物间的差异性和同一性是进行比较的客观基础。完全相同或完全不同的事物均无法进行比较。比较是人类认识客观事物、揭示客观事物发展变化规律的一种基本方法。有比较才能有鉴别,有鉴别才能有选择和发展。比较通常有时间上的比较和空间上的比较两种类型。时间上的比较是一种纵向比较,即将同一事物在不同时期的某一(或某些)指标(如产品的质量、品种、产量、性能、成本、价格等)进行对比,以动态地认识和把握该事物发展变化的历史、现状和走势。空间上的比较是一种横向比较,即将某一时期不同国家、不同地区、不同部门的同类事物进行对比,以找出差距,判明优劣。在实际工作中,时间上和空间上的比较往往是彼此结合的。在比较时,应注意以下几点:

第一,要注意可比性。所谓可比性,是指进行比较的各个对象具有共同的基础。它包括时间上的可比性、空间上的可比性和内容上的可比性三层含义。时间上的可比性是指所比较的对象必须是同期的,例如,国内外软件市场发展规模的比较应该是同一年份的比较;空间上的可比性是指在比较时要注意国家、地区、行业、部门等的差异,例如,在进行世界各地微机销量比较时,就不能简单地将西欧与美国、中国某个省进行比较;内容上的可比性是指在比较时要注意所比较的对象内容范畴的一致性。例如,在进行企业技术经济指标比较时,就不能把合格率与成材率、全员劳动生产率与生产工人劳动生产率等混为一谈。

第二,要确立一个比较的标准。比较必须要有一个客观可行的标准,没有标准就无法比较,即使比较了,也是表面的、非本质的、不可靠的。例如,将规模很小的乡镇企业与规模庞大的跨国企业集团进行比较,其间的差异点远多于共同点,比较的结果很难用于企业的实际决策。

第三,要注意比较方式的选择。不同的比较方式会产生不同的结果,并可用于不同的目的。例如,时间上的比较可反映某一事物在时间轴上的动态变化趋势,可用于预测未来;空间上的比较可找到不同比较对象之间的水平和差距,可帮助人们在科学决策、研究与开发、市场开拓时注意扬长避短、学习借鉴。

第四,要注意比较内容的深度。在比较时,应注意不要被所比较对象的表面现象所迷惑,而应该深入到其内在的本质深处。深入的程度越深,比较的结果就越精确、越有价值。例如,在进行某一时期各国自然资源占有情况的比较时,就不能简单地运用资源总储量这一指标,因为不同的国家人口数量是不一样的。比如,我国地大物博,不少资源的总储量名列世界前茅,但这些资源的绝对数量若和庞大的人口总数相比,则人均资源占有量排位就名落孙山。民谣"张家有财一千万,九个邻居穷光蛋,平均起来算一算,个个都是张百万"十分形象地说明了正确地运用比较方法的重要性。

在情报研究中,比较的应用是非常广泛的,如政策、规划的比较,科学技术发展历史、现状和走势的比较,科学技术发展条件的比较,企业技术经济指标的比较,技术经济方案的比较,市场营销状况的比较,人口、教育、城市化、生态环境、社会基本结构等的比较,竞争态势的比较,竞争潜力的比较等。这些比较既可以是在时间上的动态、纵向比较,也可以是在空间上的静态、横向比较;既可以是宏观上的比较,也可以是微观上的比较;既可以是定性的描述性比较,也可以是定量化色彩较浓的数据比较或图表比较。总之,在信息分析中,只要符合比较的基本规范,比较方法就可以以各种形式在各种场合应用。比较在情报分析中的作用主要体现在:

第一,揭示事物的水平和差距。通过比较,可以发现事物间本质上的异同,揭示国家、地区、行业、部门等当前的水平和差距,以便于扬长避短、相互借鉴或明确赶超目标。

第二,认识事物发展的过程和规律。通过对事物不同时期发展状况和水平的比较,可以认识事物的过去和现在,了解其发展轨迹,揭示其发展规律,判明其发展方向，以便于总结经验、吸取教训。

第三，判定事物优劣、真伪。通过比较不同的方案，可以明确优劣、真伪，从而为识别、判断和选择提供依据。

2.1.2　引文分析法

在科学文献体系中，科学文献之间并不是孤立的，而是相互联系的。科学文献的相互关系突出地表现在文献的相互引用方面。大家知道，一篇文章或一本著作在编写过程中，一般都需要参考其他有关文献。因此，在发表科学论文或著作时，作者往往采用尾注或脚注等形式列出其"参考文献"或"引用书目"。这样就形成了科学文献之间的引用与被引用的关系，引用文献是科学文献的基本属性之一，科学文献的相互引用关系是引文分析的主要依据。

所谓引文分析（Citation Analysis），就是利用各种数学及统计学的方法和比较、归纳、抽象、概括等逻辑方法，对科学期刊、论文、著者等各种分析对象的引用与被引用现象进行分析，以便揭示其数量特征和内在规律的一种文献计量分析方法[①]。

2.1.2.1　引文分析的原理

科学文献的引用与被引用，说明了科学知识和情报内容的继承和利用，标志着科学的发展。科学文献的作者总不会在论文中无缘无故地引用与其论述主题完全无关的文章。文献的相互引用有多方面的原因，一般来说有以下 15 种：

- 对开拓者表示尊重；
- 对有关著作给予荣誉；
- 核对其所用的方法及仪器；
- 提供背景阅读材料；
- 对自己的著作予以更正；
- 对别人的著作予以更正；
- 评价以前的著作；
- 为自己的主张寻求充分的论证；
- 提供研究者现有的著作；
- 对未被传播，很少被引或未被引证的文献提供向导；
- 鉴定数据及物理常数等；
- 核对原始资料中某个观点或概念是否被讨论过；
- 核对原始资料或其他著作中的起因人物的某个概念或名词；

---

① 邱均平.信息计量学（九）第九讲文献信息引证规律和引文分析法［J］.情报理论与实践，2001，03：236—240.

- 承认他人的著作或概念；

- 对他人的优先权要求提出争议。

从根本上说，文献的相互引用是由科学本身的发展规律和研究活动规律所决定的。科学学的研究反复表明，科学知识具有明显的累积性、继承性；任何新的学科或新的技术，都是在原有学科或技术的基础上分化、衍生出来的，都是对原有学科或技术的发展；也就是说，科学技术的发展是连续的。同时，由于科学的统一性原则，现有的各个学科之间都是彼此联系、相互交叉、相互渗透的。因此，任何一项科学研究，都必须在前人成果的基础上，吸取他人的经验来进行。这样，作为科学知识的记录和科研成果的反映的科学文献也必须是相互联系的。在创作科学论文时，作者不可避免地要引用其他有关的文献，为论证自己的观点寻找依据，查考资料。在发表科学论著时，作者列出其所引用过的参考文献，一方面是为了说明引用资料的出处，以强调其可靠性；同时也便于读者查考、核对，或在此基础上进行更深入的研究；另一方面也说明作者讲究科学道德，尊重他人劳动。这都是科学活动中必须遵循的行为准则。由此看来，科学文献的相互引用是科学发展规律的表现，也是科学活动中普遍存在的一种必然现象。

2.1.2.2 引文分析的基本步骤

利用引文分析方法进行研究时，一般都有以下几个基本步骤：

① 选取统计对象。根据所要研究的学科的具体情况，选择该学科中有代表性的较权威的杂志，确定若干期及若干篇相关论文作为统计的对象。

② 统计引文数据。在选取的若干篇论文中，分项统计每篇论文后面引文的数量，引文的出版年代、语种、类型，论文作者的自引量等。统计项目可根据具体的研究目的和要求，灵活掌握，自行确定。或者直接从《科学引文索引》等工具中，选取有关的引文数据，作为引文分析的基础。

③ 引文分析。在获取的引文数据基础上，根据研究的目的，从引文的各种指标或其他不同的角度进行分析。例如，引文量的理论分布分析；引文量的集中、离散趋势分析；引文量随时间增长规律的分析；引文的主要指标分析，包括自引量、引文语种、文献类型、年代、国别等项目的分析。

④ 做出结论。根据引文分析原理和其他一般原则进行判断和预测，从而做出相应的分析结论。

在引文分析的基本步骤中，引文统计是关键的一环。我们无论采用哪种类型的引文分析，都必须在引文统计数据的基础上进行。因此，引文统计是引文分析的前提。

在进行引文统计，搜集引文数据时，首先必须选准统计对象，即可提供引文资料的文献源。可供引文统计时利用的文献源有许多种，例如，述评性期刊以及其他基本出版物等;还可以直接从原始期刊中的论文来统计引文数据。

目前,最为有用的可供进行引文分析的工具主要是美国《科学引文索引》(SCI)和《期刊引证报告》(JCR)以及《中国科学引文索引》等。事实上,也只有引文索引能够反映科学论文之间的引用和被引用关系;只有期刊引证报告能够反映期刊之间的引用和被引用关系。在进行引文分析时,可根据分析所要达到的目的和要求,选择适当的工具作为统计分析的对象。

2.1.2.3 引文分析法的应用

测定学科的影响和重要性。通过文献引用频率的分析研究可以测定某一学科的影响和某一国家某些学科的重要性。

① 研究科学结构。科学引文与被引文之间往往有着学科内容上的联系。通过引文聚类分析,特别是从引文间的网状关系进行研究,能够探明有关学科之间的亲缘关系和结构,划定某学科的作者集体,分析推测学科间的交叉、渗透和衍生趋势,还能对某一学科的产生背景、发展概貌、突破性成就、相互渗透和今后发展方向进行分析,从而揭示科学的动态结构和某些发展规律。

② 研究学科情报源分布。通过文献间的相互引证关系,分析某学科(或专业)文献的参考文献的来源和学科特性,不仅可以了解该学科与哪些学科有联系,而且还能探明其情报的来源及分布特征,从而为制订本学科的情报管理方案和发展规划提供依据。

③ 研究情报用户的需求特点。利用引文分析法进行情报用户研究是一种重要途径。根据科学文献的引文可以研究情报用户的情报需求的特点。一般来说,附在论文末尾的参考文献是用户(作者)所需要和利用的最有代表性的主要文献。因此,从引文的特点,可基本上反映出用户利用正式渠道获得情报的主要特点。尤其是某特定的情报中心对其所服务的用户所发表的论文的引文分析,更具有直接的指导意义。

④ 科学水平和人才的评价。通过对科学文献的被引率和持续时间等指标分析,可以对有关国家或学术机构的科学能力和学术水平进行比较和评估。在人才评价方面,也常采用引文分析方法。这是因为某著者的论文被别人引用的程度可以是衡量该论文的学术价值和影响的一种测度。同时,也从科研成果被利用的角度反映了该著者在本学科领域内的影响和地位。因此,引文数据为人才评价提供了定量依据。

⑤ 确定核心期刊。引文分析法是确定核心期刊的常用方法之一。这种方法的主要特点是从文献被利用的角度来评价和选择期刊,比较客观。加菲尔德通过引文分析,研究了文献的聚类规律。他将期刊按照其被引用率的次序排列,发现每门学科的文献都包含有其他学科的核心文献。这样,所有学科的核心文献加在一

起就可构成一个科学整体的、多学科的核心文献,而刊载这些核心文献的期刊不过1000种左右。

⑥ 研究科学交流和情报传递规律。利用科学文献的"引文链"和"引文网络"研究情报流的方向、过程、特点和规律,从而分析科学发展的历史和规律,研究文献老化和情报利用规律。

2.1.3 社会网络分析

社会网络分析法是在人类学、心理学、社会学、数学以及统计学等领域中发展起来的,已经经历了70多年的历史。至今,社会网络分析法已经形成了一系列专有术语和概念,被广泛应用于社会学研究中,成为社会科学研究的一种新的范式。作为一种非常有用的方法,社会网络分析法早已突破了社会学领域的范围,为其他领域的学者所采用。一直善于借助其他学科研究方法为自身所用的情报学领域也开始关注这一有效的研究方法,并取得了一些成果。

"社会网络"指的是社会行动者(Actor)及其间的关系的集合。也可以说,一个社会网络是由多个点(社会行动者)和各点之间的连线(行动者之间的关系)组成的集合。社会网络中所说的"点"是各个社会行动者,而社会网络中的"边"指的是行动者之间的各种社会关系。关系可以是有向的,也可以是无向的。同时,社会关系可以表现为多种形式,如人与人之间的朋友关系、上下级关系、科研合作关系等,组织成员之间的沟通关系,国家之间的贸易关系等。社会网络分析(Social Network Analysis,SNA)就是要对社会网络中行为者之间的关系进行量化研究,是社会网络理论中的一个具体工具。

图论是社会网络分析的基础数学理论之一,社会网络的形式化描述可分为社会关系网络图及社会关系矩阵。在图论中,网络可以分为有向网络和无向网络。因此,社会关系网络也可以分为有向和无向两种。社会关系网络图由一组节点 $N = \{n_1, n_2, \cdots, n_k\}$ 及节点间的连线 $L = \{l_1, l_2, \cdots, l_m\}$ 所组成。在无向网络中,节点之间的连线是没有方向的,用直线表示,如图 2-1 所示。

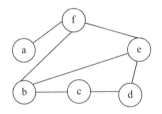

图 2-1　社会关系网络图(无向)

在有向网络中,节点之间的连线是有方向的,用带箭头的直线表示,图 2-2 就是一个简单的有向网络图。

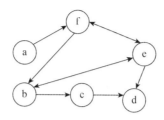

图 2-2　社会关系网络图(有向)

用网络图的方式表现社会关系比较直观,可以很清晰地观察社会网络的成员及他们之间的关系。但是当所研究的社会网络规模比较大时,社会关系网络图将变得十分复杂。同时,这种表达方式也不利于对社会关系进行定量分析,而社会关系矩阵则可以避免这种弊端。社会关系矩阵是由社会关系网络图转换而来的,矩阵元素表示行为者之间的关系。社会关系矩阵的表达形式比较规范,利于计算机进行处理,是计算机存储及进行定量分析的基础。

为了简单明了地说明问题,下面就以无向网络为例。假设在该无向社会网络关系中,仅考虑行动者之间有无关系,而不考虑关系的强度,因此用 1 表示两者之间存在某种关系,而 0 表示两者之间不存在某种关系。表 2-1 是由图 2-1 转换而来的简单的社会关系矩阵,从中可以看出,用二值表示的无向网络关系的矩阵是对称矩阵。

表 2-1　社会关系矩阵

	a	b	c	d	e	f
a	0	0	0	0	0	1
b	0	0	1	0	1	1
c	0	1	0	1	0	0
d	0	0	1	0	1	0
e	0	1	0	1	0	1
f	1	1	0	0	1	0

经过多年的发展,社会网络分析法已经形成了比较完整的理论体系,涉及的概念和术语很多,这里仅解释几个重要概念。

① 度数。在社会网络图中,如果两个点由一条线相连,则称这两个点为"相邻的"。与某点相邻的那些点称为该点的"邻点",一个点 n_i 的邻点的个数称为该点的"度数"(Nodal Gegre),记做 $d(n_i)$,也叫关联度。在无向网络中,一个点的度数

就是与该点相连的线的条数。在有向网络中,点的度数分为点入度和点出度。一个点的点出度是网络中以该点为起点的有向边的数目,点入度是网络中以该点为终点的有向边的数目。

② 密度。密度(Density)是社会网络分析最常用的一种测度,是图论中一个得到广泛应用的概念。密度是网络中实际存在的关系数目与可能存在的最多关系数目之比。如果一个网络的密度为1,则意味着该网络中的每个点都和其他点相连,反之,若该网络的密度为0,则意味着该网络中任何点都不相连。密度表达的是网络中点之间关系的紧密程度。对一个规模确定的网络来说,点之间的连线越多,则该图的密度越大。

③ 捷径。捷径(Geodesics,也译为测地线)即两点之间最短的途径。在图 2-1 中,a-f-b,a-f-e-b,a-f-e-d-c-b 都是途径。a-f-b 经过了 2 条线,a-f-e-b 经过了 3 条线,而 a-f-e-d-c-b 则经过了 5 条线,因此 a-f-b 为从 a 到 b 的捷径。

④ 距离。两点之间的捷径的长度叫作两点之间的距离。因此图 2-2 中 a 和 b 之间的距离为 2。如果两点之间不存在途径,即两点之间不存在直接关系,也不能通过其他点建立其联系,则称两者之间的距离是无限的。

⑤ 关联图。如果在一个网络图中,在任何一对节点之间都存在途径使之相连,则此图是关联图(Connected Graph)。图 2-1 就是一个关联图。如果一个图不是关联的,则称之为"不关联图"(Dis-connected Graph)。

基于文献的情报研究领域内有关社会网络的研究主要集中在两个方面:合著网络的研究以及引文网络的研究。

● 合著网络研究。合著网络方面的研究成果比较多。在这些研究成果中,作者往往根据各自的研究目的选取一定范围的学者,或者是某一数据库中有关一个特定主题的所有文献的作者,或者是一个专业数据库中所有文献的作者。在构建社会网络时,将这些作者作为网络中的节点,而作者之间的合著关系则构成作者之间的连线,然后应用社会网络分析法对合著网络进行分析。

● 引文网络研究。大多数情报学家对引文分析都很熟悉,但是对社会网络分析比较陌生。不过网络分析人员的出发点是"社会结构可以用网络来表示——用一组节点和一组关系来表示他们之间的交互"。这种方法和引文分析家所使用的方法是一致的。因此,引文分析学者得出的结论是,社会网络分析将扩展他们的研究方法。由于认识到这一点,国外很多学者都积极应用社会网络分析法进行引文分析,取得了丰富的研究成果。

从国内已有的研究成果来看,情报学领域应用社会网络分析法的学者和文献日益增多,涉及的主题包括社会网络在竞争情报中的应用、图书馆资源配置,在互联网中的应用等。

● 在竞争情报中的应用。主要是使用社会网络分析法分析人际网络在竞争情报中的应用。这方面最早的文献是包昌火等人的《社会网络分析》。这篇文献在描述人际网络基本内容的基础上,论述了人际网络的构建和分析,为人际网络在竞争情报中的应用提供了理论和方法指导①。除此之外,在其他文献中,有些文献侧重于理论研究,如研究基于不同社会网络理论的企业人际情报网络模型及其构建策略;有些文献则侧重于实证分析,比如对竞争对手企业的人际网络的分析。

● 在知识管理方面的应用。这方面的研究成果集中于探讨社会网络理论与知识管理的关系,研究如何应用社会网络理论和社会网络分析法促进组织中的知识共享,特别是隐性知识的共享②。

2.1.4 统计分析法

任何事物都是由"量"和"质"构成的,而任何事物的发展规律又都在这两个方面表现出来。统计则是从事物的量和质的辩证统一中主要研究其数量规律的,因此,统计学有着普遍的适用性。目前,它已广泛应用于许多学科领域和工作部门。"统计"一词起源于拉丁语"status",意指各种现象的状态和情况。现在提到"统计",一般是指统计资料、统计工作和统计学这三个既有联系又有区别的概念。所谓统计资料,是指反映大量现象的特征和规律性的数字资料;统计工作则是搜集、整理和分析统计资料并进行推论的工作。统计资料是统计工作的结果,而统计学则是整个统计工作在理论上的概括和升华。统计学是一门研究统计的原理和方法的学问,其基本内容是对研究对象的数据资料进行调查、归纳、分析和解释,并据以揭示其数量特征和客观规律。就其性质而言,统计学属于应用学科或方法论。一般来说,统计学方法的功能可以概括为三个方面:① 认识和改造事物的重要工具;② 科学管理的有力武器;③ 宏观控制和微观调节的必要手段。常用的统计分析法有回归分析法、时间序列法等。

2.1.4.1 回归分析法

回归分析是处理两个或两个以上变量之间依赖关系的一种数学方法。它不仅提供了建立变量之间依赖关系的数学表达式(通常称为经验公式)的一般途径,而且通过计算对所建立的经验公式的有效性进行分析,使之能有效地用于预测和控制。目前,这一方法已在情报研究领域获得广泛的应用。

① 一元线性回归。一元线性回归方程参数的求解信息分析的对象及其影响因素通常牵涉许多变量,这些变量之间常常存在各种各样的相关关系,如价格与需

---

① 包昌火,谢新洲,申宁.人际网络分析[J].情报学报,2003,22(3):365—374.

② 朱庆华,李亮.社会网络分析法及其在情报学中的应用[J].情报理论与实践,2008,02:179—183,174.

求、收入与支出、投资与收益等。一元线性回归分析法主要用于研究两个变量之间的线性相关关系。

② 多元线性回归。一元线性回归分析讨论的回归问题只涉及了一个自变量，但在实际问题中，影响因变量的因素往往有多个。因此，在许多场合，仅仅考虑单个变量是不够的，还需要就一个因变量与多个自变量的联系来进行考察，才能获得比较满意的结果。这就产生了测定多因素之间相关关系的问题。研究在线性相关条件下，两个或两个以上自变量对一个因变量的数量变化关系，称为多元线性回归分析，表现这一数量关系的数学公式，称为多元线性回归模型。多元线性回归模型是一元线性回归模型的扩展，其基本原理与一元线性回归模型类似，只是在计算上更为复杂，一般需借助计算机来完成。

具体地说，多元线性回归分析主要解决以下几方面的问题：

① 确定几个特定的变量之间是否存在相关关系，如果存在的话，找出它们之间合适的数学表达式；

② 根据一个或几个变量的值，预测或控制另一个变量的取值，并且可以知道这种预测或控制能达到什么样的精确度；

③ 进行因素分析。例如，在对于共同影响一个变量的许多变量（因素）之间，找出哪些是重要因素，哪些是次要因素，这些因素之间又有什么关系等等。

2.1.4.2 时间序列法

所谓时间序列，就是具有均匀时间间隔的各种社会、自然现象的数量指标依时间次序排列起来的统计数据。时间序列分析是通过对历史数据变化的分析，来评价事物的现状和估计事物的未来变化。这种方法在科学决策、R&D 和市场开拓活动中的许多场合有广泛的应用，如市场行情分析、产品销售趋势预测等。

时间序列亦称为动态数列或时间数列（Time Series），就是把反映某一现象的同一指标在不同时间上的取值，按时间的先后顺序排列所形成的数列。对事物从时间序列的角度来分析可以描述事物在过去时间的状态，分析事物发展变化的规律，对事物的发展变化趋势进行预测。

时间序列数据按性质不同可分为绝对数、相对数和平均数时间序列数据。数据是客观事物发展变化的记载，因此作为研究基础的数据必须具备真实性（包括数据的客观性和代表性）、可比性（包括时间区间、总体范围大小选择的一致以及指标内容和计算方法的统一）。这些都是研究的前提。在情报研究中，应用时间序列法可以研究现状和未来。通过对历史数据变化的分析，可以评价事物的现状和估计事物未来的变化。

时间序列分析与因果分析不同，它不需要知道影响变量的因素，也不去寻求因果关系，只要有足够的历史统计数据可以用来构成一个合理长度的时间序列，就可以采用时间序列分析方法。时间序列分析主要用于系统描述、系统分析、预测未来、决策控制等。

2.1.5　专家调查法

2.1.5.1　头脑风暴

头脑风暴法(Brain Storming)是借助专家的创造性思维来探索事物发展变化的未知或未来状态的一种直观预测方法。这种方法的原意是指精神病患者在疾病发作时的胡言乱语,后转用来指无拘无束、自由奔放地思考问题。头脑风暴法早在20世纪50年代就在国外得到普及,甚至被看作是一种万能的方法。20世纪60年代后,随着运筹学和决策学的发展,这种方法开始从作为"找到决策捷径的最重要思想和方法来源"[①],变为分析和决策时的一种辅助工具。但尽管如此,在20世纪70年代,这种方法仍然在预测方法中占有8.1%的比例(德尔菲法为5.5%)。头脑风暴法一般用于对战略性问题的探索,例如,美国国防部曾邀请50名专家,就美国制定长远科技规划的工作文件,举行了为期两周的头脑风暴会议。其任务是首先向与会专家分发事先准备好的工作文件,然后由专家进行质疑和提出建议,最后通过讨论将工作文件变为协调一致的报告。通过这次会议,原有文件中的结论只有1/4左右被认为仍然有效,其他结论都被修改了。

(1) 头脑风暴法的类型

按智能结构划分,头脑风暴法可分为个人头脑风暴法和集团头脑风暴法。其中,个人头脑风暴法通过专家个人的创造性思维来探索事物发展变化的未知或未来状态。它一般是在一个偶然的场合,某专家由于受到外界的刺激而萌发出一种富有创见的想法,或者找到了解决某一问题的办法;集团头脑风暴法通过专家集体(即头脑风暴会议)的创造性思维来探索事物发展变化的未知或未来状态。这种方法的优点是:通过信息交流和相互启发,使专家们的思维产生"共振"和"组合效应",从而达到相互补充的效果。

按性质划分,头脑风暴法可分为直接头脑风暴法和质疑头脑风暴法。其中,直接头脑风暴法就是组织专家对所要预测的课题,各持己见地进行对话,以便集思广益;质疑头脑风暴法又称破坏头脑风暴法,它以头脑风暴会议的方式来进行,主要用来对过去已制定的计划、方案或工作文件提出异议或评论,如论证其无法实现的理由,指出限制其实现的因素,提出排除这些限制性因素的措施等。其常用句式为:"这样是不可能的,因为……如果要使其可行,必须利用……"经过专家质疑,往往可以有效地去掉不合理或不科学的部分,补充不具体或不全面的部分,使计

[①]　顾镜清编著.未来学概论[M].贵阳:贵州人民出版社,1985.

划、方案或工作文件趋于完善。前面提到的由美国国防部主持的头脑风暴会议,所采用的就是质疑头脑风暴法。

（2）头脑风暴会议的组织原则

除了偶发性的个人头脑风暴外,我们在绝大多数场合里所说的头脑风暴法是指以头脑风暴会议为基础的集团头脑风暴法。根据国外经验,为了在头脑风暴会议上创造一种无拘无束、自由奔放的环境,激发专家的创造性思维,达到预期的效果,组织头脑风暴会议时应注意遵守以下原则:

① 会议的组织领导工作一般由熟悉研究对象和头脑风暴法的信息分析人员来承担。这些人员可以在会上引导与会专家迅速进入自由讨论的活泼氛围,围绕主题开展讨论,激发创造性思维灵感。在会后也可以迅速、熟练地进行数据处理。

② 专家的选择经验表明,专家的人数一般以 5 至 15 人为宜。人数少了,难以形成必要的头脑风暴气氛;人数多了,组织者难以控制会议局面。专家的选择要与预测的对象相一致,通常由方法论专家(如信息分析专家)、专业领域专家、专业领域高级分析专家和具有较高推断思维能力的演绎专家共同组成。这些专家最好是互不认识的;如果是彼此认识的,则应从同一职称或级别中挑选。在会议上不公布专家的单位、年龄、职称或职务等信息。

③ 会议讨论的时间一般以 20 至 60 分钟为宜。如果要讨论的问题较多,可以多召集几次会议。

④ 会议的氛围。组织者在会议的一开始就要注意创造一种良好的、使专家能够真正自由发挥的环境。为此,会议一般采用"圆桌会议",组织者要事先说明有关事项,使专家消除思想上的顾虑,做到知无不言、言无不尽。为了保证有上述会议氛围,会议一般事前约法三章:一是思想自由奔放,想到什么说什么,不要求全面系统;二是讨论中各说各的,不评论别人的意见,不互相争论;三是联系别人的思路,结合或改善别人的意见,多提方案或者建议。

（3）头脑风暴法的优点和缺点

头脑风暴法是一种即兴的直观预测方法,我们仍以集团头脑风暴法为例介绍其优点和缺点。集团头脑风暴法的优点表现在:① 通过信息交流,有利于捕捉瞬间的思路,激发创造性思维,产生富有创见性的思想"火花"。② 通过头脑风暴会议,获取的信息量大,考虑的因素多,所提供的计划、方案等也比较全面和广泛。

集团头脑风暴法的缺点表现在:① 它是专家会议调查的一种类型,因而具备专家会议调查法的一些缺陷,如专家缺乏代表性,易受"权威"、会议"气氛"和"潮流"等因素的影响,易受表达能力的限制等。② 由于是即兴发言,因而普遍存在着逻辑不严密、意见不全面、论证不充分等问题。由于集团头脑风暴法具有以上缺点,因此在实际应用时要注意扬长避短,如在组织头脑风暴会议时严格遵循有关原则、严格做好专家的遴选工作、提交必要的背景性材料、会后再走访专家了解详情等。此外,也可以将集团头脑风暴法同其他信息分析方法结合起来使用,这样可以达到相互印证的目的。

2.1.5.2　德尔菲法

德尔菲法是系统分析方法在意见和价值判断领域内的一种有益延伸,是在专家个人调查法和专家会议调查法相结合的基础上产生的一种新型专家预测法。

德尔菲法是早期的专家预测(调查)法在多年的实践过程中发展而来的,专家预测法是利用专家的知识、经验和创造性逻辑思维,由专家通过调查研究对问题作出判断、评价和预测的一种直观预测法。随着社会的进步,科技的发展,信息量的迅速增长,社会活动的影响因素越来越多,各种人为的因素使社会活动日益复杂,从事社会活动的管理人员也越来越注重"专家"在预测和决策中的作用。在许多情况下,只有依靠专家才能作出判断和评估,因此,专家预测法也伴随着社会的发展逐步成熟起来,由专家个人调查法、专家会议调查法发展到了德尔菲法。

（1）德尔菲法的特点

调查咨询并统计专家意见得到预测结果,是早期专家预测法的发展和完善,具有匿名性、反馈性和统计性三个基本特点。

① 匿名性。与专家会议调查面对面的讨论形式不同,德尔菲法采用匿名调查表形式向专家进行调查咨询,参加预测的专家之间互不公开身份,不见面。德尔菲法的匿名性保证了专家在预测过程中的独立性,避免各种心理因素对专家造成的影响。专家可以充分地发挥自己的主观判断能力,大胆地发表个人的观点,很大程度上保证了预测结果的可靠性。

② 反馈性。多轮反馈是德尔菲法的核心。考虑到每个专家特有的知识结构和主观判断能力的局限性对预测结果的影响,德尔菲法采取多轮反馈的形式,经过多次发放和回收调查表,并将必要的统计数据反馈给专家,使专家之间通过反馈信息进行交流,了解到其他专家的看法,相互启发,再进一步做出评价和判断。反馈在保证专家独立思考的基础上,通过问卷形式开辟了专家之间的沟通渠道,既避免了专家个人调查法的片面性,同时又避免了专家会议调查法中心理因素对专家的影响,是预测结果全面性的保证。德尔菲法反馈是受控的,即引导专家围绕预测目标就答,防止出现偏离中心目标的情况。

③ 统计性。德尔菲法对回收的专家意见采用一定的统计方法进行分析和描述,由于每一轮调查表的数据都来自于多个专家,组织人员有必要将这些分散的数据进行归纳和整理,并进行统计处理,以概率的形式反映出专家意见的集中程度和协调程度,并将其反馈给专家,使专家们对预测结果产生明确的定量的认识。组织人员也需要根据统计数据,对预测结果的有效性进行评价。

综上所述,德尔菲法为专家提供了足够的空间和时间进行独立思考,为专家之间的信息交流开辟途径,既能充分利用专家个人的知识和经验,又能最大限度地发挥专家集体的智慧,是一种比较科学的以专家为信息索取对象的调查方法。

（2）德尔菲法的用途

德尔菲法的预测结果是专家意见的统计分布,是由众多专家根据其知识和经验对研究对象做出的判断。就其本质而言,德尔菲法是建立在专家们的知识经验和主观判断能力的基础之上的,因此,德尔菲法特别适用于以下两类课题:

第一,缺乏历史数据,缺乏自身固有的发展规律的领域。由于没有情报资料和历史数据的支持,情报人员无法获得有关研究对象发展变化的规律和目前的状态,信息的缺乏导致预测工作无法继续进行,这时,只能依靠该领域的专家们,凭借他们的知识和经验作出判断和预测。

第二,预测对象的发展很大程度上取决于非技术因素领域（如社会、经济、科学技术）的发展,较多地受到社会的、政治的、人为的因素影响,这些非技术因素的重要性往往超出该领域本身的发展因素。此时,情报人员仅仅依赖于历史数据,或其他方法很难对研究对象做出正确的评价和预测。德尔菲法却是这种情况下最有效的定量分析方法,借助于专家的知识和经验,凭借其专业敏感性和专业的判断思维,对研究对象进行分析、评价和预测。

德尔菲法不仅用于科技预测,还广泛用于政策制定、经营预测、方案评估、战略研究等方面。

德尔菲法突破了传统的数量分析限制,使一般问题用定量化方法处理,为合理地制定决策开阔了思路。德尔菲法能够对未来发展中可能出现和期待出现的前景做出概率估计,为决策者提供多方案选择的可能性,深受长远规划者和决策者的重视,是一种重要的规划决策工具。

对于社会公共管理领域,政策和人为的努力时时刻刻影响着社会活动,全面的、详细的历史数据也经常会因为种种原因无法获得。因此,德尔菲法在该领域内的预测和决策中占有举足轻重的地位。采用德尔菲法进行评价和预测,主要用于以下五个方面:

① 预测达到某一目标的条件、途径、手段及其相对重要程度;

② 预测某一事件实现的时间;

③ 评价某方案在总体方案中的最佳比重;

④ 预测某事物的发展趋势和在未来某时间所能达到的状态、性能等;

⑤ 对方案、技术、产品等做出评价,或对若干备选方案、技术、产品评价出相对名次,选出最优者。

2.1.6　层次分析法

层次分析法(Analytic Hierarchy Process,简称 AHP)是美国运筹学家、匹兹堡大学教授萨蒂(T. L. Saaty)于 20 世纪 70 年代中期提出来的一种实用的多准则评价方法。该方法是一种系统化、层次化的分析方法,体现了人类思维活动的基本特征和发展过程(即分解、判断、排序和综合)。

层次分析法是一种具有新意的专门方法,特别是在解决多目标决策问题方面占有优势,目前已广为世界各国所采用。在情报研究中,层次分析法正呈现出勃勃生机,具有非常广阔的应用领域和应用前景。

层次分析法是一种定性与定量完美结合的半定量方法。它根据人类的辩证思维过程,首先将一个复杂的研究对象划分为递阶层次结构,同一层的各元素具有大致相等的地位,不同层次元素间具有某种联系;再对单层次的元素构造判断矩阵以得出层次单排序,并进行一致性检验;最后,为了计算层次总排序,采用逐层叠加的方法,从最高层次开始,由高向低逐层进行计算,推算出所有层次对最高层次的层次总排序值。对每一层的递推,都必须作相应的层次总排序的一致性检验。

AHP 大体经过六个步骤:① 明确问题;② 建立层次结构;③ 构造判断矩阵;④ 层次单排序;⑤ 层次总排序;⑥ 一致性检验。其中后三个步骤在整个过程中需要逐层进行。

(1) 明确问题

为了运营 AHP 进行系统分析,将所包含的因素分组,每一组作为一个层次,按照最高层、若干有关的中间层和最底层的形式排列起来。对于决策的问题,通常可以划分为下面几类层次。

最高层:它表示解决问题的目的,即 AHP 所要达到的目标。

中间层:它表示采用某种措施和政策来实现预定目标所涉及的中间环节,一般又分为策略层、约束层、准则层等。

最底层:便是解决问题的措施或政策。

标明上一层与下一层元素之间的联系。如果某个元素与下一层次所有元素均有联系,那么称这个元素与下一层次存在完全层次关系。经常存在不完全层次关系,即某个元素只与下一层次的部分元素有联系。层次之间可以建立子层次。子层次从属于主层次的某个元素,它的元素与下一层次的元素有联系,但不形成独立层次,层次结构往往用结构图形式表示。

(2) 构造判断矩阵

任何系统分析都以一定的信息为基础。AHP 的信息基础主要是人们对每一层次各元素的相互重要性给出的判断,这些判断用数值表示出来,写成矩阵形式,即所谓判断矩阵。判断矩阵是 AHP 的出发点。构造判断矩阵是 AHP 的关键一步。

判断矩阵表示针对上一层次某元素,本层次有关元素之间的相对重要性。假定 A 层中元素 A_h,与下一层次中元素 $B_1,B_2,B_3,\cdots,B_n$ 有联系,我们构造的判断矩阵取下面形式:

A_h	B_1	B_2	$\cdots$	B_n
B_1	b_{11}	b_{12}	$\cdots$	b_{1n}
B_2	b_{21}	b_{22}	$\cdots$	b_{2n}
.	.	.	.	.
.	.	.	.	.
.	.	.	.	.
B_n	b_{n1}	b_{n2}	$\cdots$	b_{nn}

其中,b_{ij} 表示对于 A_h 而言,B_i 对 B_j 相对重要性的数值表现形式,通常 b_{ij} 取 $1,2,3,\cdots,9$,及它们的倒数,其含义为:

1:表示 B_i 和 B_j 一样重要;

3:表示 B_i 比 B_j 重要一点;

5:表示 B_i 比 B_j 重要;

7:表示 B_i 比 B_j 重要得多;

9:表 B_i 比 B_j 极端重要。

它们之间的数 2、4、6、8 及各数的倒数有相应的类似意义。显然任何判断矩阵都满足:

$$b_{ii} = 1$$

$$b_{ij} = \frac{1}{b_{ji}} \quad (i,j = 1,2,3,\cdots,n)$$

因此,对于 n 阶判断矩阵我们需要对 $n(n-1)/2$ 个元素给出数值。

(3) 层次单排序

所谓层次单排序是指根据判断矩阵计算对于上一层某元素而言,本层次与之有联系的元素的重要性次序的权值。它是对层次所有元素针对上一层次而言的重要性进行排序的基础。

层次单排序可以归结为计算判断矩阵的特征和特征向量问题,即对判断矩阵 $\boldsymbol{B}$,计算满足 $\boldsymbol{BW}=\lambda_{\max}\boldsymbol{W}$ 的特征根与特征向量。式中 $\lambda_{\max}$ 为 $\boldsymbol{B}$ 的最大特征根,$\boldsymbol{W}$ 为

对于 λ_{max} 的正规化特征向量, W 的分量 W_i 即是相应元素单排序的权值。

为检验判断矩阵的一致性,需要计算的一致性指标 CI,定义:

$$CI = \frac{\lambda_{max} - n}{n - 1}$$

显然,当判断矩阵具有完全一致性时,CI=0。$\lambda_{max} - n$ 越大,CI 越大,矩阵的一致性越差。为判断矩阵是否具有满意的一致性,需要将 CI 与平均随机一致性指标 RI 进行比较。对于 1—9 阶矩阵,RI 为

阶数	1	2	3	4	5	6	7	8	9
RI	0.00	0.00	0.58	0.90	1.12	1.24	1.32	1.41	1.45

对于一、二阶判断矩阵,RI 只是形式上的,按照我们对判断矩阵所下的定义,一阶、二阶判断矩阵总是完全一致的。当阶数大于 2 时,判断矩阵的一致性指标 CI 与同阶平均随机一致性指标 RI 之比称为判断矩阵的随机一致性比例,记为 $CR = \frac{CI}{RI}$,当 CR<0.10 时,判断矩阵具有满意的一致性,否则就需要对判断矩阵进行调整。

(4)层次总排序

利用统一层次中所有层次单排序的结果,就可以计算针对上一层次而言本层次所有元素重要性的权值,这就是层次总排序。层次总排序需要从上到下逐层顺序进行,对于最高层下面的第二层,其层次单排序即为总排序。假定上一层次所有元素 $A_1, A_2, A_3, \cdots, A_m$ 的总排序已完成,得到的权值分别为 $a_1, a_2, a_3, \cdots, a_m$,与 a_i 对应的本层次元素 $B_1, B_2, B_3, \cdots, B_n$ 单排序结果为 $b_1^i, b_2^i, \cdots, b_n^i$。这里,若 B_i 与 A_i 无关,则 $b_j^i = 0$,我们有如下的层次总排序表:

层次 A / 层次 B	A_1	A_2	$\cdots$	A_m	B 层次总排序
	a_1	a_2	$\cdots$	a_m	
B_1	b_1^1	b_1^2	$\cdots$	b_1^m	$\sum\limits^{i=1} a_i b_1^m$
B_2	b_2^1	b_2^2	$\cdots$	b_2^m	$\sum\limits^{i=1} a_i b_2^m$
$\vdots$	$\vdots$	$\vdots$	$\vdots$	$\vdots$	$\vdots$
B_n	b_n^1	b_n^2	$\cdots$	b_n^m	$\sum\limits^{i=1} a_i b_n^m$

显然

$$\sum_{j=1}^{n}\sum_{i=1}^{m}a_i b_j^i = 1$$

即层次总排序仍然是归一化正规向量。

（5）一致性检验

为评价层次总排序的计算结果的一致性，需要计算与层次单序类似的检验量：

CI：层次总排序一致性指标；

RI：层次总排序随机一致性指标；

CR：层次总排序随机一致性比例。

它们的表达式分别为：

$$CI = \sum_{i=1}^{m}a_i CI_i$$

式中 CI_i 为与 a_i 对应的 B 层次中判断矩阵一致性指标。

$$RI = \sum_{i=1}^{m}a_i RI_i$$

式中 RI_i 为与 a_i 对应的 B 层次中判断矩阵的随机一致性指标。

$$CR = \frac{CI}{RI}$$

同样 $CR \leqslant 0.10$ 时，我们认为层次总排序的计算结果具有满意的一致性。

2.1.7　内容分析法

20 世纪初，人们提出在常规性阅读文献以获得理解之外，还可采用量化的统计学方法对文献的内容进行系统、客观的分析和解释。这导致了内容分析法（Content Analysis）的提出。内容分析法是一种对研究对象的内容进行分析，透过现象看本质的科学方法。内容分析法是对文献内容进行系统的量化统计和分析的一种专门方法，其目的一般是弄清或测度文献中本质性的事实或趋势。

2.1.7.1　内容分析法的特点

① 统计性。内容分析法是对大量样本进行特征识别的系统方法，具有统计性。在内容分析法操作过程中，需要运用各种统计学方法和工具对所设计和定义的分析单元出现的频次进行统计分析。通过规范性的频数统计，反映统计意义上的相关性。

② 系统性。内容分析法是一种对大量样本进行特征识别的系统分析方法。在分析过程中，要求按照科学的抽样规则对所分析的对象进行抽样，制定合理的分析框架，尽量做到全面性、体系性、连续性和代表性相结合。一般情况下，少量的、零散的资料不能作为分析的依据。

③ 客观性。内容分析法强调用事实和数据说话。为此,一旦分析目的和范围确定,就必须按照严格的程序进行,避免人为因素的干扰,做到客观、公正。内容分析必须基于明确和一致的规则进行。

内容分析法虽然是一种卓有成效的研究方法,但也存在一些局限性,主要体现在:

被研究的文献需具备形式化和统计性两个条件。其中,前者是指能从文献中抽出便于可靠统计的、具有语义特征的分析单元;后者是指要有一定数量的具备统计意义的文献。

该方法运用的背景是归纳法。即研究工作不可能超越和脱离所分析的文献。该方法不是一种发挥想象力的开放式方法。

该方法实施的工作量大,投入时间较长,一般需要采用计算机辅助分析工具。

2.1.7.2 内容分析法的流程

内容分析法是一种从公开资料中萃取秘密信息的方法,可以揭示出隐性的、具有重要利用价值的信息内容。就内容分析法所采用的原始素材而言,既可以是文字形式的,也可以是非文字形式的(如电视和广播节目、影片、演讲录音或录像等)。事实上,在内容分析法中,一些不起眼的信件、日记、报纸文章、会议记录、实况新闻报道、影片、电视广播节目、网上资料等公开资料,都可以作为分析的对象。

从研究思路来看,内容分析法大体上沿着"确定目的—选择样本—定义分析单元—制定分析框架—频数统计—结论汇总"的流程展开,在这一流程中,通常还隐含着建立假设和检验假设的环节,如图2-3所示。

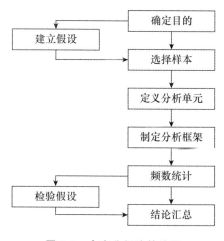

图 2-3　内容分析法的流程

① 确定目的。内容分析的首要环节是明确分析的目的,这是后续各环节实施

的基础。

②　选择样本。样本一般通过抽样的方式获得。样本力求信息量大，连续性强，与分析目的的对应性好，便于统计分析，并尽可能是分析人员所熟悉和方便获取的。

③　定义分析单元。分析单元是内容的"指示器"。一般先依据目的确定分析范畴，即确定符合目的要求的最一般的关键性概念。确定范畴时应避免两个极端：过大的范畴可能使分析结果表面化和简单化；过细的范畴造成几乎重复原文。范畴选择之后，再明确相对应的分析单元。在工作量许可的情况下，分析单元应尽量细化。分析单元是不再细分的测度单位。例如，文献中的词以及意义独立的词组、简单句、段、意群、篇等，均可视作分析单元。其中，词是最小的分析单元。在复杂的内容分析中，可同时采用多种分析单元。

④　制定分析框架。该环节是内容分析法取得成功的关键。要求分析人员根据分析目的和分析单元，确定有意义的逻辑结构。其基本出发点是使分析单元的测度结果能反映和说明实质性的问题。例如，用图书馆中通用的主题词表作词频分析有时意义不大，原因在于通用的主题词表并不是为分析专门问题而设计的。

⑤　频数统计。频数统计是一种规范性、烦琐性的操作，包括计数和数据处理，需要通过大数量的统计反映统计意义上的相关性。这二环节通常需要计算机辅助。在内容分析中，词频统计最具有代表性。

⑥　结论汇总。在统计处理和分析的基础上得出结论，对结论的可靠性、适用性进行评价，并做出必要的说明。

2.1.8　竞争情报常用研究法

2.1.8.1　定标比超法

定标比超法，又称为标杆法、对标法、基准法，其基本思想是通过规范且连续的比较分析，帮助企业寻找、确认、跟踪、学习自己的竞争对手或其他行业的佼佼者，将自己的产品、服务和做法同竞争对手的或其他产业的领袖企业的产品、服务和做法加以比较对照，通过学习他们更好的做法来改善自己的产品、服务和经营绩效，从而提高竞争力，最后达到超越竞争对手的目的。

定标比超法起源于 20 世纪 70 年代末 80 年代初美国学习日本的运动中，首开定标比超法先河的是施乐公司。1976 年，一直在世界复印机市场保持垄断地位的施乐公司遇到了来自日本竞争者的全方位挑战，如佳能、NEC 等公司，产品开发周期短，开发人员少，因此它们能以施乐的成本价销售产品且能获得足够的利润，致使施乐的市场占有率几年内从 49% 直线下降到 22%。面对竞争威胁，施乐公司最先发起向日本企业学习的运动，开展了广泛、深入的定标比超法，从生产成本、周期时间、营销成本、零售价格等领域找出一些明确的衡量标准或项目，然后将施乐公司在这些项目的表现与佳能等主要的竞争对手进行比较，找出了其中的差距，弄清了这些公司的运作机理，全面调整了经营战略、战术，改进了业务流程，很快收到了成效，把失去的市场份额重新夺了回来。

定标比超法既是一种管理工具，同时也是一种竞争情报分析方法。定标比超法是运用情报手段，将本企业的产品、服务或其他业务活动过程与本企业的杰出部门、确定的竞争对手或者行业内外的一流企业进行对照分析，提炼出有用的情报或具体的方法，从而改进本企业的产品、服务或者管理等环节，达到战胜竞争对手的目的，最终赢得并保持竞争优势的一种竞争情报分析方法。

定标比超法强调的是一种持续不断的调查研究和学习过程，不断地优中选优，针对性地寻找差距，从而发现企业自身存在的或潜在的需要改进的环节。它包括将企业以及企业的各个部门与最佳企业进行对比；将企业的业务流程、生产流程与任意行业或所有行业类似的、优秀的流程进行比较，寻找最优秀、最有价值的流程；将企业的产品、服务与最强的竞争对手的产品与流程进行比较。

利用定标比超法，有助于企业博采众长为己用，改善企业的产品或服务质量，降低成本，提高生产力，增加利润，缩短产品上市时间，打破原有的思维模式；有助于企业确认自己的优势和劣势，明智排定各种改进方法的先后顺序与轻重缓急。

（1）定标比超的类型

定标就是要确定标杆，标杆就是榜样，这些榜样在业务流程、制造流程、设备、产品和服务方面所取得的成就，就是后进者瞄准和赶超的标杆或称为基准点。只有明确了标杆才能实施超越计划。无论在管理、经营或生产的各个方面、各个环节有显著优势的企业，都可能成为定标比超分析的目标或基准点，因此，按基准对象进行分类，定标比超可分为内部定标比超、竞争对手定标比超、行业内定标比超和跨行业定标比超几种类型。

① 内部定标比超是基于企业内部的绩效评估活动，其目的是找出企业内部的最佳作业典范，使其他机构能借鉴和利用。因为地理区域、管理人员、员工素质、发展历程等因素，使得一个企业内部的工作流程、管理方式也有很大差异。内部定标比超分析先对企业内部处于不同地理区域的机构进行考察，了解它们各自所从事的业务是否相同或相近，然后对观察到的各种情况进行比较分析，以确定最佳管理实践。内部定标比超分析法是所有定标比超法中最容易实施的，因为它是在企业内部进行，在收集信息时没有阻碍，能获得详细资料而花费又少，却有明显成效。IBM 公司很长时间以来都要求其全球范围内的企业每年一度将那些对生产流程敏感的产品进行标杆分析。

② 竞争对手定标比超是在直接、主要竞争对手之间的绩效评估和比较。企业

进行定标比超分析的一个主要目的就是提高自身竞争力,超越主要竞争对手。竞争对手定标比超就是要对竞争对手的产品、服务模式、工作流程、管理模式等进行全面、认真、细致的分析,找出竞争对手的优势和特长,从而寻求企业自身需要改进之处,最终超越对手。一般来说,企业与主要竞争对手之间的产品结构相似,面临的市场机会相当,生产模式、工作流程、管理方式等方面可比性很强,利用、借鉴的过程也相对简单,有些环节甚至可以直接套用。但也正因为如此,竞争对手定标比超分析的困难就在于难以搜集相关信息,由于直接对立的竞争关系,使许多信息在商业上具有敏感性,在搜集过程中一般不会得到对方的配合,甚至会遇到对抗。因此,在搜集这类信息时一定要讲究方式、方法,不能违法或违背职业道德获取信息。

③ 行业内定标比超是与同行业内最优秀企业之间的比较。这类定标比超的基准点一般是全国或全球范围内最优秀的组织。虽然是同行企业,但由于所处的地域不同或所生产的产品价位相差较大,因而进行定标比超的企业之间所面对的消费群体不一样,并非主要竞争对手,没有直接的利益冲突或冲突较小。企业可以采用行业内定标比超法与这类企业进行深入交流,设计定标比超项目,学习他们先进的管理理念、工作方法、生产模式等等。

④ 跨行业定标比超是将定标比超的流程扩大到行业之外,也就是说,这种方法将非相差行业也纳入定标比超的范围之中。事实上,许多业务流程在不同的行业中都是相似的,如库存管理、生产流程、供应商管理、客户管理、员工管理等等。世界上第一条汽车生产流水线是由福特公司设计的。亨利·福特在参观芝加哥一家屠宰场时,对工人们切肉的过程非常感兴趣。屠宰后的畜体都悬挂在钩子上,而钩子安装在单条传输带上。每个工人完成自己的工作后,就把畜体推向下一个工作台。这个工作流程给福特很大的启发。之后,不到六个月时间,在福特公司的高地公园工厂里出现了世界上第一条流水生产线。这条生产线使得汽车生产历史,甚至整个现代生产的历史出现了变革,而这个变革是从另外一个行业中引入的。施乐公司也是善于向外行学习的高手,它选择美国快运公司以学习其提货单处理和收款程序;选择了西屋公司以学习其条形码处理;选择了美国医院供应公司学习到了自动化库存控制等等。通过对不同行业进行定标比超,你可发现全新的管理方法与实践,从而有助于对企业的产品、服务或流程实施变革与创新。

(2)定标比超的步骤

① 确定定标比超的内容。成功的定标比超分析,首先要求企业在酝酿实施定标比超活动的时候,充分了解企业自身的情况,在企业内部认真挑选想要进行比超的标杆项目,确保这些项目对组织的发展至关重要,一旦这些项目获得明显的改进,就会对企业的竞争地位与竞争优势的形成产生重大的影响。如果没有明确的比超项目,往往导致信息搜集盲目,无法利用定标比超法达到预期目标。因此,定

标比超的前提,是利用竞争情报对企业自身进行深入细致的分析,确定需要改进的环节。由于时间、人力、物力等因素的影响,不可能对所有薄弱环节都进行定标比超,一般来说,要选择那些对利益至关重要的环节进行定标比超。不同的企业由于其性质不同,因此赢利的关键环节也有所不同,因而企业需要根据自己的实际情况选择定标比超的内容。

② 选择进行定标比超分析的企业。这一环节的主要任务是根据确定的定标比超内容选择能够提供值得借鉴信息的企业。通常情况下,竞争对手和行业的领先企业是定标比超的首选对象,这一做法在有些情况下非常有效,它的优点是这些企业的职能、工序与你的企业很相似,借鉴起来很容易;而问题是同行企业(特别是主要竞争对手)由于有利益关系,不容易结成定标比超分析伙伴,但如果双方有相互交换的定标比超项目,可以互利互惠,就有可能形成理想的伙伴关系。

有时也可以在不同行业中选取定标比超的对象。不同行业企业由于性质不同,面对的市场、生产的产品没有共同点,影响企业发展的关键点也截然不同,因此,管理者的思维方式也有区别,在处理一些相似的业务流程时,可能是从一个全新的角度着手,这会得到很大的启发,具有很高的参考价值。摩托罗拉公司想进一步缩短从接到移动电话订单到交货之间的时间,为此它寻找了快餐行业在快速交货方面做得最佳的多米诺比萨饼公司。但是,这种跨行业的定标比超,最大的问题是如何发现不熟悉的行业中在有关领域做得最好的公司,一流的知名企业并不是所有的环节都是一流的,你所需要借鉴的信息不一定存在于这些大企业中,因此要充分发挥竞争情报的作用,帮助你找到一个满意的伙伴并与之合作。

无论选择哪一类的定标比超对象,都存在一定的局限性,因此,一个企业在进行定标比超时,应该根据企业自身的情况选择恰当的对象。

③ 搜集数据,进行分析。用于定标比超的数据来源有原始的实证研究、文献资料以及网络信息等。在实证研究中发调查表、开座谈会、访问、现场参观等都是行之有效的信息获取方式;文献资料主要包括年度报告:公开发表的杂志、企业内部刊物、产业杂志、各种新闻报纸、贸易协会出版物、协会报告、各种会议录等。实证研究和文献资料这些信息源可信度高,质量好,但搜集成本高,费时费力。通过网络搜集信息是最节省人力、物力和时间的方法,现在网络已经涉足所有的行业,信息量大,范围广,并可以利用搜索引擎对搜集到的信息进行初步加工整理,这是一个非常重要的信息源。但由于网络的随意性,信息的可信度偏低,因此对网络信息的使用要慎重。

搜集数据的工作完成后,需要对数据进行分析。数据分析是定标比超过程中的一个至关重要的环节,因为必须将大量的数据和资料重新组织成彼此相互连贯、有用的信息,以便指导形成将来的可能解决问题的方案。在对搜集的信息分析时,先围绕确定的定标比超项目制定一个指标体系,这个指标体系应涵盖定标比超项目的所有关键因素,然后根据指标体系对信息进行分析。

④ 制定变革方案。通过大量的数据分析,找出问题所在,紧接着根据企业现状,制定具体的变革方案,确定行动目标。可以依据手头的大量信息,制定多种变革方案,对每种方案认真研究、仔细推敲,因为,有些在其他企业看起来很有效的流程在自己企业里可能什么作用也没有。在正式实施变革方案前可以在小范围内进行试验,如果效果不错再进行推广。在以成本、流程、服务等环节为比较内容的定标比超中,只要将企业自身与目标企业在关键因素方面的差距归纳起来,就可以有的放矢地提出针对性举措,从而实现定标比超的目标。

2.1.8.2 SWOT 分析法

竞争情报包括竞争环境、竞争对手和企业组织本身状态三方面的内容,只有对三者的相关情报进行充分了解后才能做到"知己知彼,百战不殆"。

SWOT 分析法,又称态势分析法,就是诊断企业自身状态的一种自我诊断法,通过这种方法能够较客观而准确地分析和研究一个企业现实情况。SWOT 是一个缩略语,代表了企业战略决策的四大因素:优势(Strength)、劣势(Weakness)、机会(Opportunity)与威胁(Threat)。SWOT 分析法是在调查、分析、研究的基础上,综合考虑企业内部的优势、劣势,以及外部的机会、威胁四大因素,依照一定的次序将四者按矩阵形式排列,然后用系统分析的思想,把各种因素相互匹配起来加以分析,从而使决策者做出最佳的决策方案和规划的方法。

运用这种方法,可以对研究对象所处的情景进行全面、系统、准确的研究,从而根据研究结果制定相应的发展战略、计划以及对策等。SWOT 分析法被广泛运用在战略管理、市场研究和竞争对手分析领域中,特别是在策略、规划制定中,它是最常用的方法之一。

国外许多企业定期通过 SWOT 分析法了解、明确企业自身的行业地位。通过评估企业自身的内部条件,辅助企业管理人员认清企业的优势和劣势,以此达到"知己"的目的;通过对企业外部环境进行剖析,帮助企业管理人员认清形势,确定企业生存面临的机会和威胁,以此达到"知彼"的目的;根据 SWOT 分析,分清企业面临的问题的轻重缓急,从而确定问题的优先次序和重要性,确认战略目标和战术目标。

SWOT 分析法的实施步骤为:

首先,确定企业的 S、W、O、T 四大因素。

优势(S):企业内部的优势是指企业相对于竞争对手来讲,具有的领先的能力和对手不具备的资源。包括技术优势,拥有专利、核心技术,低成本生产方法,产品质量优于竞争对手;财务状况好,具有资本优势,有充足的资金支持企业发展;市场份额高,具有稳定的市场地位;销售渠道通畅,拥有忠诚的客户群;拥有高素质的管理者和生产者,整个团队富有活力;企业具有良好的社会形象和名誉,企业文化深入人心等等。

劣势(W):企业内部的劣势是指企业做得不好的方面或企业缺少的重要资源。包括缺乏有竞争力的技能和能力;财务状况不好,债务负担过重;没有核心技术,产品技术含量低;设备陈旧,生产率低、成本高,熟练工人比例小;销售渠道缺乏,产品市场占有率下滑;企业形象差,声誉下降等内容。

机会(O):企业的机会是指如果加以利用,就能促进企业发展的市场变化、产业形势或其他环境条件的变动。这些机会包括政府取消对公司不利的管制、银行利息大幅度下调、新的细分市场出现、消费群体增加、人口增长、竞争对手的专利到期、企业核心技术取得重大突破,原材料成本大幅度下降,竞争对手实力变弱等。

威胁(T):企业的威胁是指环境中存在重大不利因素,对企业的生存和发展构成约束和障碍。在企业的外部环境中,总是存在着一些对企业发展的不利因素,管理者应及时确认威胁,并努力使其负面影响降至最低。威胁包括原材料短缺、政府法规导致的高费用、新的竞争对手出现、替代产品的迅速发展、用户需求的转移、利率大幅上调、市场饱和、经济不景气等等。

然后,构建 SWOT 分析矩阵。采用列表的方法,将调查获得的各种因素根据轻重缓急或影响程度等排序,构造 SWOT 矩阵。在此过程中,将那些对企业发展有直接的、重要的、迫切的、久远的影响因素优先排列出来,而将那些间接的、次要的、少许的、不急的、短暂的影响因素排列在后面(表 2-2)。

表 2-2　SWTO 矩阵

内部因素 外部因素	优势(S) S1 S2 S3	劣势(W) W1 W2 W3
机会(O) O1 O2 O3	SO 组合策略 利用企业优势 抓住外部机会	WT 组合策略 利用外部机会 改变企业劣势
威胁(T) T1 T2 T3	ST 组合策略 发挥企业优势 避开或减轻外部威胁	WT 组合策略 直接克服企业劣势 减轻外部威胁

最后,对 SWOT 矩阵进行综合分析。根据矩阵 SWOT 因素的排列组合,将矩阵中的各种因素进行组配分析,在分析过程中要充分发挥企业优势,尽量克服、转变企业劣势,抓住机会,化解、避免威胁,考虑过去,立足当前,着眼未来,运用系统

分析的综合分析方法,得出一系列企业未来发展的可选择策略。

SO 是一种将企业内部的优势与外部环境的机会相匹配,发挥企业内部优势,抓住外部机会,促进企业发展,以达到企业目标的策略,目的在于通过决策的运用,努力使这些因素趋于最大化。

WO 是利用外部机会改变内部劣势的策略,目的是充分利用外部机会,使企业内部劣势得到最大限度的改进,从而优化企业结构。因此,当外部环境存在企业发展所需要的机会时,这正是企业进行内部更新、利用这一机会达到发展目标的好契机。

ST 是利用企业优势,避开或减小外部威胁的策略,目的是努力使企业优势趋于最大化而外部威胁降至最小。

WT 是在改进企业内部劣势的同时尽量减轻外部威胁的策略,目的是努力使劣势和威胁两种因素都趋于最小。

以上四种策略在理论上并无优先次序或高低之分,主要是根据企业的实际情况来决定策略。从理论上分析,SO 策略是一种主动进攻型策略,是企业本身在各方面占有绝对优势情况下最为理想的一种对策;ST 和 WO 策略属于有进有退、攻防兼备的对策,是竞争对手双方势均力敌、处于相互抗衡状态下的对策;WT 策略是一种防御性对策,是企业处于困难的情况下所采取的一种被动对策。

总之,SWOT 分析有助于企业对所处的环境进行全面系统准确的研究,有助于企业管理者在科学地认识企业所处的竞争环境与地位的基础上,制定能卓有成效地达到企业各项组织目标的竞争战略与战术。

2.2 情报研究的现代方法

随着时代特点、技术手段、情报议题的不断演进,情报工作的复杂性也在不断提升,新的问题不断涌现,因此情报工作的内容和形式必然更加多元和具有综合性。情报工作和情报研究的涉及面越来越广,既有内部的因素,又有外部的因素;既有国内的因素,又有国外的因素;既有经济的因素,又有政治、法律、文化等因素,甚至还要顾及可持续发展方面的问题;既要对历史成因进行分析,又要对现时的状况进行调查,还要对未来的发展趋势进行预测。因此,只有发展出更符合时代特点的情报研究新方法,才能在更广范围内捕捉到环境变化的消息,才能认识到自己的优、劣势,采取相应的对策。在情报研究的新方法中,具有全局性、预测性、基础性、前瞻性以及适应网络环境下的方法最引人注目,例如全谱分析、情景分析、地平线扫描等,下面对这些情报研究的新方法进行阐述。

2.2.1　全谱分析

2.2.1.1　全谱分析的内涵、原则与优势

（1）全谱分析的内涵

全谱分析（Full Spectrum Analysis）是 21 世纪以来逐渐流行的一种情报分析方法，国内杜元清等人从情报工作实际出发总结了全谱分析的思想及相关应用表现。全谱分析严格来说并不是一种特定的情报分析方法，而是一种在现代复杂情报工作环境下指导具体情报分析实践的思维方式。从方法论的角度看，全谱分析强调情报分析工作的系统性、全面性，力求通过结构化和框架化的方式对情报工作进行分解、组织与重构，以实现对情报工作及其对象的"全面覆盖，互不重叠"，即对于一个重大的议题，能够做到不重叠、不遗漏的分类，借此能够有效地把握问题的核心，并找到解决问题的方法。"全面覆盖"则意味着全面、周密；而"互不重叠"意味着问题的分类是在同一维度上，明确区分，不可重叠。

全谱分析的核心是"全方位，成谱系"，它特别适合运用在问题复杂和资料众多的研究问题中，擅长借助事物的本质进行分类（分解）并按照一定的逻辑和需求对其进行重构（图 2-4）。

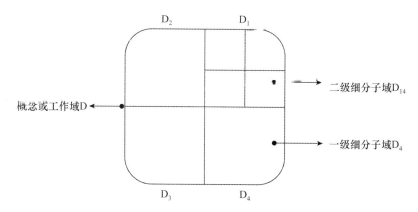

图 2-4　全谱分析"全面覆盖，互不重叠"内涵示意图

（2）全谱分析的原则

在进行全谱分析时需要坚持两个基本原则：第一是完整性，即对项目、工作或对象进行分解时不要漏掉某项，要保证完整性；第二是独立性，强调了每项工作之间要独立，每项工作之间不要有交叉重叠。如果分类没有涵盖问题的所有方面，那么最终推演出来的方案或者得出的结论就有可能以偏概全；如果分类有很多是重叠的，那么我们就无法厘清议题背后真正的原因。

（3）全谱分析的优势

全谱分析的优势主要体现在三个方面：

① 全面性。通过明确问题的边界，情报研究者可以对复杂问题进行限定，防止研究范围无限扩大；同时，可利用关键维度对问题进行框定和组织，沿着相关维度逐渐展开，保证不遗漏关键因素和重要信息。

② 科学性。通过全谱分析，我们能够建立共同的框架基础，便于在同一体系下讨论问题，防止缺乏逻辑的叙述造成的混乱，同时，框架的建立为研究议题提供了可证伪性，便于后期检验。

③ 有序性。通过对议题和对象的全面、有效组织，可以降低对象的不确定性，将对象状态由无序混乱变为有序系统，因而情报研究及其成果就容易被理解。同时，由于研究是在特定框架下进行的，因此随着时间的变化，同样的研究可以被复制和模仿；此外，经过处理的情报产品也因此更具备传播价值和生命力。

2.2.1.2 全谱分析的一般步骤

一般可以通过以下四个步骤来落实全谱分析。

① 确定范围。确定范围的作用是明确研究的议题到底是什么，以及研究的需求和目的是什么。问题的范围决定了研究的边界。只有在明确边界的情况下，"全面覆盖"才能成为可能。

② 寻找"切入点"。所谓的"切入点"是指：针对具体问题，寻找合适的分类方法或划分维度。一般来说，切入点需要根据问题和对象的共同特征，比如，颜色、大小、时间序列、重要性等。寻找切入点的过程一般最具有难度，但也最关键。在找切入点的时候，一般要依照"以始为终"的原则进行，即需要反复思考最初要解决的问题或目的是什么，而不能脱离具体的目的进行分类。此外，在上一级分类的基础上，还应根据需求对每一类或每一层级的具体特点进行再分解，形成较为完善的体系。

寻找切入点的常用方式是"有选择的借鉴"，正如《麦肯锡方法》里提到的："不要试图重新发明轮子"，世界上已经有很多分析模型可供使用，这些模型大多数都符合全谱分析的全面性和独立性原则，可以直接拿来使用，比如 SWOT 分析、PEST 分析、波特五力模型、波士顿矩阵、营销 4P 模型、战略分析 3C 模型。

③ 检查是否存在遗漏或重复。在确定范围和划分类别的基础上还必须重新检视，以发现明显的遗漏或重复，并进行相应的调整与修改。一种可行的方式是画出金字塔结构图，用可视化的方式来检查是否有重复项。此外，对于无法划分到现有类别体系中的事物可以做保守处理，例如列入"其他项"中。

2.2.1.3 全谱分析的典型应用

全谱分析在现实中有大量的应用，在情报分析领域，如基于主题领域和目的的"战略情报谱系分析"；基于时间谱系的"技术年谱分析"；基于空间的"五大空间谱系分析";基于问题的"兰德问题谱系分析";基于要素的"要素全谱分析";基于"层级"的情报工作全谱分析,及基于工作流程的"输入端全谱、方法端全谱、输出端全谱等"。部分应用实例介绍如下:

(1)基于主题和目的的战略情报谱系

战略情报是创建和实施战略所必需的情报,特别是较大的战略所需的情报,如这种战略通常是国家层面上的战略①。从全谱分析的角度看,战略情报可以分为不同的类别。

① 按照主题领域划分,战略情报可以简单地划分为八个类别,即所谓的"BESTMAPS"②。每个字母代表的含义如下:

B—人物传记情报(biographic intelligence);

E—经济情报(economic intelligence);

S—社会情报(sociological intelligence);

T—交通与电信情报(transportation and telecommunications intelligence);

M—军事地理情报(military geographical intelligence);

A—军力情报(armed forces intelligence);

P—政治情报(political intelligence);

S—科学与技术情报(scientific and technical intelligence)。

每一个大的情报类型下还可以分为若干个小的战略情报类别。

② 按照目的用途划分,战略情报可以分为基础类情报、动态类情报、推测/预测类情报。

● 基础类情报的目的是更深入了解对象,进行情报储备,了解对象的本底情报、基本情况、过去和现在的情况与事件等。基础类的情报主要有:百科全书式文献、概览;其他类情报的基石;特定事件的基础性情报等。

● 动态类情报的主要目的是跟踪世界范围内影响国家政策和国家利益的事件,它往往因时而变,不断更新原有结论分析和判断,在新事件频发时,动态情报生产活动变得尤为紧张。

● 推测/预测类情报在现实中有许多不同的表现,比如预测外国在近期或可预见将来从事某活动、发展某能力、与某国结盟的可能性;防被突袭,了解外国决策者的意图,以及根据当前实力、现实进行预测。

---

① what are the five basic components of strategic intelligence? [EB/OL]. [2016-12-17]. https://www.coursehero.com/tutors-problems/Other-Homework/8599578-what-arethe-five-basic-components-of-strategic-intelligence-why-is-i/.

② BESTMAPS. [EB/OL]. [2016-12-17]. http://www.globalsecurity.org/intell/library/policy/army/fm/fm34-52/chapter7.htm/.

（2）基于时间轴的技术年谱分析

在研究技术发展路径的众多研究中，特别是与颠覆性技术相关的研究中，研究者需要对技术发展路径进行分析和概述，一种实用的方法是基于时间顺序来展现技术之间的演变和替代关系。2014 年，美国国防部负责研究与工程的部长助理沙佛尔在其关于"国防部研究与工程战略"的演讲稿中按照时间顺序梳理了一战以来在战争和冲突中发挥重要作用的技术，并用可视化的方式进行展现，最后基于过去的技术年谱分析，提出了关于下一次冲突中的关键技术设想（图 2-5）。

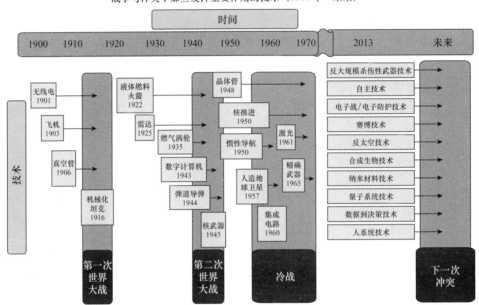

图 2-5　沙佛尔演讲稿中关于战争与冲突中的关键技术的谱系示意图

（3）基于"要素"的赛博空间定义

20 世纪以来，计算机技术的飞速发展，特别是与现代通信技术相结合的互联网技术的普及，使得人们在虚拟世界中的活动越来越频繁，由此产生了所谓的人类活动的"第五维空间"赛博空间①。传统的政治、经济、军事、文化、外交形态及观念

---

①　赛博空间（cyberspace）这个词由威廉·吉布森（William Gibson，加拿大籍美国人）1982 年在美国 *Omni* 杂志上发表的科幻小说 *Burning Chrome* 中首次使用。1984 年他又在小说 *Neuromancer* 使用了 cyberspace（想象中的共享的虚拟现实网络空间）。*Neuromancer* 赢得了科幻小说方面的大奖，cyberspace 这个词也随之风靡世界。现在，人们一般用这个词表示像 INTERNET 这样的网络环境，如 Webster 词典就把 cyberspace 解释为"the online world of computer networks"，意思是"在线的计算机网络世界"。

在这个空间中发生着急剧变化,人们不得不正视赛博空间带来的巨大影响。

"赛博空间"本意是指以计算机技术、现代通信网络技术,甚至还包括虚拟现实技术等信息技术的综合运用为基础,以知识和信息为内容的新型空间,这是人类用知识创造的人工世界,一种用于知识交流的虚拟空间,因此采用电脑空间等译法都不能表达其广博的内涵。

进入 21 世纪,美国政府和军队把"赛博空间"纳入视野,不断深化认识和理解,形成了"赛博空间""是信息环境中的一个'全球公域',由相互关联的信息技术基础设施网络构成,这些网络包括国际互联网、电信网、计算机系统以及嵌入式处理器和控制器。通常还包括影响人们交流的虚拟心理环境"的基本定义,完成了从抽象到具体、从单纯虚拟空间到物理、信息、认识、社会多维空间的认识转变。

美国国防大学信息资源管理学院教授屈尔(Dan Kuehl)博士从要素的角度对"赛博空间"提出了一种具有代表性的定义。他认为,"赛博空间"是一个运用电子装备和电磁频谱,通过基于信息—通信技术(ICT)的互联系统及相关基础设施,进行信息生产、存储、修改、交换和利用的作战(行动、作业)疆域[①]。这种定义建立在"赛博空间"的四要素框架上,即:空间—ICT—应用—联通四种要素的框架。

"赛博空间"定义的第一个要素是空间。"赛博空间"是人类借助必要技术就可进入其中去活动,并产生效果的一种空间。在这个空间里活动的效果,可以发生在"赛博空间"内,也可以发生在陆、海、空、天等疆域内,因此,从活动的角度看,这个空间可以和陆、海、空、天这四个疆域相提并论。

"赛博空间"定义的第二个要素是 ICT[②] 技术。屈尔博士明确指出,创建和进入"赛博空间"的必要技术是运用电磁频谱特性的电子技术。例如:① 类似于陆上的车辆、水中的舰船、空中的飞机、天上的卫星,是人类创造出来借以利用陆、海、空、天疆域的装备;② 电子装备(如嵌入式处理器)、cyber craft 则是人们制造出来用以利用"赛博空间"的装备;③ 要进入大气飞行,往往要搭乘飞机;要进入太空轨道,往往要搭乘宇宙飞船,要进入"赛博空间",往往要开启一个计算终端(如入了网的耳麦、手机或计算机等电子技术装备)。

"赛博空间"定义的第三个要素是应用,即明确"利用赛博装备来做什么",在赛博疆域,人们利用电子技术与装备来创造(采集)、存储、修改、交换、利用信息。"赛博空间"对信息世界的作用是现实世界的其他技术所难以企及的。通过让信息在赛博世界中流动就能够解决许多问题,免去了在"陆、海、空、天"领域中的车马劳

---

① Kuehl D T. From cyberspace to cyberpower: Defining the problem[J]. Cyberpower and National Security,2009,26—28.

② ICT 是信息、通信和技术三个英文单词的词头组合(Information Communications Technology,简称 ICT)。它是信息技术与通信技术相融合而形成的一个新的概念和新的技术领域。

顿,从而大大提升了人们解决问题的能力。

"赛博空间"定义的第四个要素是联通。互相连接的信息和通信技术系统及相关基础设施所构成的网络,是"赛博空间"得以存在的环境条件。这些系统和基础设施或直接部署在陆、海、空、天疆域内,或部署在那些运行在陆、海、空、天疆域内的载具中,是国家基础设施的重要组成部分互连所形成的独特力量,这种力量遵从麦特卡菲定律,即 N 台互连的信息和通信技术装备给人们带来的效益与 N 的平方成正比。同样一个 3G 手机若未接入网络,就无法发送和接收关键指令,无法实现任何指挥与控制的操作。一颗在轨卫星若因其中嵌入的遥测信号收发装置失效而与地面失去联系,无法完成其任务,卫星就变成了太空垃圾。因此,没有联通,人们就无法接入和利用"赛博空间","赛博空间"也难以存在。

从全谱分析的角度看,这四要素所形成的框架是"赛博空间"构建的必要支柱,缺一不可。反过来,人们对"赛博空间"的认识、利用与改造也要围绕着这四个要素展开。

2.2.2 情景分析法

2.2.2.1 情景分析法的源起

情景分析法(Scenario Analysis),又称前景描述法、脚本法等,是预测工具的一种,但情景分析又不是传统意义上的预言或预测,而是对未来各种不可知现象的一种描述方法。第二次世界大战后,国家、军队、企业面临着越来越多变的战略环境,传统的基于历史数据的定量统计预测方法在揭示未来长远发展战略时的局限性日益凸显,各方急需一种面向未来分析的有效工具。20 世纪五六十年代,兰德(RAND)公司的研究员赫尔曼·卡恩(Herman Kahn)在其研究中率先提出了情景"scenario"一词,并将这一术语引入军事战略研究中,之后兰德公司在其承担的美国国防部导弹防御计划的咨询项目中进一步发展了这种方法。1960 年,卡恩出版了《论热核战争》一书,公开讨论美国与苏联之间可能发生的核战争,直至 1962 年,古巴导弹危机爆发,卡恩及情景分析的思想也因此声名大噪。1967 年,卡恩和维纳(Wiener)合作出版了《2000 年:关于未来 33 年猜想的框架》(*The Year 2000: A Framework for Speculation on the Next Thirty-Three Years*),该书被公认为情景分析方法的历史里程碑,卡恩也因此被称为"情景分析之父"①。

20 世纪 60 年代末,荷兰皇家壳牌公司(Royal Dutch/Shell)在其战略规划中使用了情景分析法,这一方法帮助该公司成功应对了 70 年代的石油危机。荷兰皇家壳牌公司皮埃尔·沃克(Pierre Wack)于 1971 年正式提出了情景分析的概念,随

---

① 娄伟.情景分析方法研究[J].未来与发展,2012,09:17—26.

后,情景分析法逐渐受到西方国家和企业的重视,逐渐成为受欢迎的一种战略分析工具①。今天,情景分析法已经成为壳牌公司、戴姆勒—奔驰公司、波音公司等跨国公司所青睐的预测方法。20世纪90年代情景分析法被引入我国,目前在许多领域中得到成功应用,如能源预测、环境预测、经济预测等②。

2.2.2.2　情景分析的定义与特点

目前对情景分析并没有明确的定义。卡恩和维纳等人认为:情景是指事物所有的未来发展态势的描述,这里的"描述"既包括对各种态势基本特征的定性、定量描述,同时还包括各种态势的可能性的描述。而情景分析则是在对经济、产业或技术的重大演变提出各种关键假设的基础上,通过对未来详细地、严密地推理和描述来构想未来各种可能的方案,并随时监测影响因素的变化,对方案做出相应调整③。

可见情景分析法是一种在推测的基础上,对可能的未来情景加以描述,同时将一些有关联的单独预测集成一个总体的综合预测的方法,它是一项提供环境全景描述的方案。因此,情景分析的结果至少应包含三方面的内容:未来可能发展态势的确认、各态势的特性及发生可能性的描述以及各种态势可能的发展路径。结合以上对情景分析的定义,我们可以看出情景分析具有以下几方面的特点④:

① 承认未来的发展是多样化的,有多种可能发展的趋势,其预测结果也将是多维的;

② 承认人在未来发展中的"能动作用",把分析未来发展中决策者的群体意图和愿望作为情景分析中的一个重要方面,并在情景分析过程中与决策者之间保持畅通的信息交流;

③ 在情景分析中,特别注意对组织发展起重要作用的关键因素和协调一致性关系的分析;

④ 情景分析中的定量分析与传统趋势外推型的定量分析区别在于:情景分析在定量分析中嵌入了大量的定性分析,以指导定量分析的进行,所以是一种融定性与定量分析于一体的新的预测方法;

⑤ 情景分析是一种对未来研究的思维方法,它所使用的技术方法手段大都

---

① Bradfield R,Wright G,Burt G,et al. The origins and evolution of scenario techniques in long range business planning[J]. Futures,2005,37(8):795—812.

② 孙建军,柯青. 不完全信息环境下的情景分析方法——情景分析法及其在情报研究中的应用[J]. 图书情报工作,2007,51(2):63—66.

③ Kahn H,Wiener A J. The Year 2000:a Framework for Speculation on the Next Thirty-three Years. 1967.

④ 宗蓓华. 战略预测中的情景分析法[J]. 预测,1994,02:50—51,55,74.

来源于其他相关学科,重点在于如何有效获取和处理专家的经验知识,这使得情景分析具有心理学、未来学和统计学等学科的特征。

2.2.2.3 情景分析法的分类

娄伟等研究者认为,按照不同的标准,情景分析可以分为不同的类型,例如定性与定量的情景分析;前推式与回溯式情景分析;演绎式与归纳式情景分析;预测性、探究性与预期性情景分析等①。

(1) 定性情景分析与定量情景分析

定性情景分析通常指在目前所掌握的信息的基础上,借助不同专家的知识和能力,对某一事件在一定时间范围内的发展和可能存在的不同结果进行较为主观的预测与判断的方法,它最终表现为可视化的图表、大纲、图谱、关键词和情景故事等(表2-3)。这种方法的优势在于易于理解、观点有代表性,可以通过洞见获取数据分析无法得出的结论;劣势在于较为主观、缺乏数据支持、分析基于难以证明的假设。

定量情景分析通常是基于数字化的信息,利用较为严谨的数学方法进行模型构建和理论推导,从而对未来情景进行判断的方法(表2-3)。这种方法的优势在于:有可检验的模型,论证过程较为严谨并可以进行重复检验;劣势在于无法充分地概括复杂的现实世界,许多对未来产生重大影响的因素往往是不可以量化的,而且这种方法不容易展现价值观、社会结构、生活观念等方面的变化。

表 2-3 定性与定量情景分析特点比较

情景分析方法	定性情景分析	定量情景分析
特点比较	未来发展的故事性描述,一般表现为故事情节、大纲、图谱、关键词等	未来发展的数值估计,一般表现为模型、图表等

(2) 前推式情景分析和回溯式情景分析

前推式(Forward)情景分析模仿人们预测未来的一般方式,它从目前的状态和可能的发展路径作为开端,目标是推导出最终的状态,即基于某些关键驱动因素的状态及未来延伸,概括将来的可能性(表2-4)。这种情景分析法想说明的是:我们将到哪里?

回溯式(Backcasting)情景分析则是在确定未来若干种状态的前提下,再反过来推导可能导致这些状态的现时因素,目的是在确定目标的情况下,找到最重要的影响因素,并对其进行推动或抑制(表2-4)。这种方法解答的是:我们如何到达我们想到的地方?

---

① 娄伟.情景分析方法研究[J].未来与发展,2012,09:17—26.

表 2-4　前推式与回溯式情景分析特点比较

情景分析方法	前推式情景分析	回溯式情景分析
特点比较	情景是固定的,使用已选定的情景来探究可选择的未来	情景是自由的,已选的未来是固定的,通过已选择的未来来规划情景路径

（3）演绎式情景分析与归纳式情景分析

演绎式情景分析是通过构建逻辑框架,再在这个逻辑框架内对影响未来的不确定因素进行判断和分析,从而推导出未来可能的情景的一种方法。这种方法是对未来情景的一种线性接近,其目的在于逐渐减少不确定性（表 2-5）。

归纳式情景分析则是非线性的分析,通过各种现有的资料、观点和现象,总结出未来可能的情景,而并不预先设置逻辑框架（表 2-5）。

表 2-5　演绎式与归纳式情景分析特点比较

情景分析方法	演绎式情景分析	归纳式情景分析
特点比较	线性接近,基于减少未来的不确定性	非线性接近,基于松散的关键因素、不确定性和聚焦事件

（4）预测性、探究性与预期性情景分析

预测性情景分析（Predictive/Forecast Scenarios）应用在未来相对确定的情形,主要回答"将要发生什么"的问题,一般采用"要是—怎样（What-if）"情景。预测性情景对未来的预测有较大把握,一般作为基准情景（Business As Usual,BAU）。

探究性情景分析（Exploratory Scenarios）是基于目前的情形,然后推导出未来情景。一般回答"能发生什么"问题,如果想思考未来几种可能的结果,探索性情景分析可能是有用的（表 2-6）。

预期情景分析（Anticipatory Scenarios）是从描述未来情形出发,然后向后推,描述未来情景如何出现,一般回答"如何实现特定目标"问题（表 2-6）。

表 2-6　探究性与预期性情景分析特点比较

情景分析方法	探究性情景分析	预期性情景分析
特点比较	基于目前情形推导出未来情景,根据可能发生的事件,启发全社会思考,引导务实的政策制定者	从描述未来情形出发,然后向后推,描述未来情景图和出现的可能性 目标是在社会上激发有远见的思考及讨论引导有眼光的政策制定者,并激励其行动

2.2.2.4　情景分析法的一般步骤

在实际应用中,情景分析有着不同的步骤,但是总体思想是相近的,常见的情景分析法如下:

（1）直觉逻辑情景分析法

"情景分析之父"沃克提出的直觉逻辑（Intuitive Logics）是常用的定性情景分析方法之一，直觉逻辑法的一般步骤为：① 界定情景分析的主题、难点与焦点；② 识别和检查关键因素；③ 识别关键不确定性；④ 确定情景逻辑（通常使用情景矩阵）；⑤ 编写情景故事；⑥ 评估情景对各方面的影响与意义；⑦ 提出解决方案或应对策略[①]。

（2）吉尔伯特情景分析十步法

吉尔伯特（Gilbert，2000）将情景分析法分为十个步骤，即：① 提出规划的前提假设；② 定义时间轴和决策空间；③ 回顾历史；④ 确定普通和相矛盾的假设；⑤ 为与多样性相联系的结构变量决定指标；⑥ 为填充决策空间而构建情景草案；⑦ 为所有的竞争者草拟策略；⑧ 将策略映射到情景；⑨ 使替代的策略有效；⑩ 选择或者适应最好的策略[②]。

（3）斯坦福研究院情景分析六步法

现在一种更为广泛使用的是斯坦福研究院（Stanford Research Institute，SRI）提出的六步情景分析法（图 2-6）[③]，即：

① 明确决策焦点。明确所要决策的内容项目，以凝聚情景发展的焦点。所谓决策焦点，是指为达成企业使命在经营领域所必须做的决策。焦点应当具备两个特点：重要性和不确定性。管理者的注意力必须集中在有限的几个最重要的问题上，而且既然情景分析法是一门预测未来动荡环境的重要技术，焦点问题必须难以预测，带有一定的不确定性，它们会产生不同的结果。如果问题十分重要但结果是能够确定的，则不能作为焦点。

② 识别关键因素。确认所有影响决策成功的关键因素，即直接影响决策的外在环境因素，如市场需求、企业生产能力和政府管制力量等。

③ 分析外在驱动力量。确认重要的外在驱动力量，包括政治、经济、社会、技术各层面，以决定关键决策因素的未来状态。某种驱动因素如人口、文化价值不能改变，但至少应将它们识别出来。

④ 选择不确定的轴向。将驱动力量以冲击水平程度与不确定程度按高、中、低加以归类。在属于高冲击水平、高不确定的驱动力量群组中，选出两到三个相关构面，称之为不确定轴面，以作为情景内容的主体构架，进而发展出情景逻辑。

① Wack P. Scenarios：shooting the rapids. How medium-term analysis illuminated the power of scenarios for shell management[R]. 1985.

② Gilbert A L. Using multiple scenario analysis to map the competitive futurescape: A practice - based perspective[J]. Competitive Intelligence Review，2000，11(2)：12—19.

③ 岳珍，赖茂生. 国外"情景分析"方法的进展[J]. 情报杂志，2006，07：59—60,64.

⑤ 发展情景逻辑。选定二到三个情景,这些情景包括所有的焦点。针对各个情景进行各细节的描绘,并对情景本身赋予血肉,把故事梗概完善为剧本。情景的数量不宜过多,实践证明,管理者所能应对的情景最大数目是三个。

⑥ 分析情景的内容。可以通过角色试演的方法来检验情景的一致性,这些角色包括本企业、竞争对手、政府等。通过这一步骤,管理者可以根据自己的观点进行辩论并达成一致意见,更重要的是管理者可以看到未来环境里各角色可能做出的反应,最后认定各情景在管理决策上的含义。

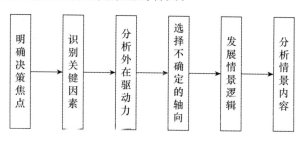

图 2-6　斯坦福研究院情景分析六步法

2.2.2.5　情景分析的实践应用

情景分析法适用于资金密集、产品/技术开发的前导期长、战略调整所需投入大、风险高的产业,如石油、钢铁等产业。此外,对于某些不确定因素太多,无法进行唯一准确预测的行业,例如,制药业、金融业等,也可以尝试使用情景分析法进行预测。此外,在影响较为重大的环境、交通、政策、经济方面,情景分析法也有广阔的应用空间。

情景分析法在实际中的应用不胜枚举,其中南非蒙特佛利会议中关于南非未来政治变革的情景分析以及荷兰皇家壳牌石油公司在 20 世纪 70 年代以来所做的系列情景分析尤为著名。

（1）南非蒙特佛利会议情景分析[①]

1991—1992 年的南非蒙特佛利会议（Mont Fleur Conference）是一个成功运用情景分析法的典型案例,该会议所构建出来的四种情景对当时南非成功实现政治变革起到了举足轻重的作用。国内杨立华、葛佶等人在《南非政治经济的发展》一书中对南非这段时期的政治经济背景进行了介绍,牛长振等人对蒙特佛利会议中使用的情景分析方法进行了总结和阐述。

20 世纪 90 年代初,南非当局相继取消了对多个反对组织的禁令,撤销了多项种族隔离制度,这使南非进入了由种族隔离向民主政治过渡的特殊历史阶段。然

---

① 牛长振.国际关系中的情景分析[J].国际政治科学,2012,03：4,61—83,84.

而，在这个阶段中，由于当局政治合法性的丧失，国内进入了经济停滞、政治混乱的动荡时期，南非走到了政治变革的十字路口。这一时期，能够影响全局的主要矛盾有三个：非国大与白人当局争夺政治主动权的斗争、黑人运动内部的分歧和黑人不同利益集团的冲突、执政的国民党（National Party）与右翼保守党（Conservative Party）对白人选民的争夺①。围绕着这些矛盾，南非的各利益团体举行了一系列会议，其中以 1991—1992 年的蒙特佛利会议最为著名。

蒙特佛利会议的主要目的是探讨南非未来 10 年可能的发展状况，它因在南非开普敦市蒙特佛利国际会议中心召开而得名。会议的总召集人是南非西开普敦大学（University of the Western Cape）教授皮尔特·拉诺斯（Pieter Le Roux），他邀请了 22 位在南非较具影响力的、来自不同利益团体的个人。这些人主要包括左翼政治激进分子、非国大官员、主流经济学家、工会代表、资深学者和开明的白人企业家等。

此次会议共开发出了 30 种情景，后经过整合缩减为 9 种。之后，会议成员分为四个小组，各个小组从社会、政治、经济和国际四个层面，为这 9 种情景增添内容。在 1991 年 11 月举行的第二次会议上，各个小组首先对修改后的 9 种情景做了汇报，然后从中选出 4 种最重要也最能反映真实情况的情景。

蒙特佛利会议将所达成的 4 种情景分别用 4 种不同的鸟类进行了形象的比喻：

① "鸵鸟"（Ostrich）。这种情景以"鸵鸟把头埋进沙子里"来比喻德克勒克政府的不作为，即不与黑人团体谈判、不举行自由大选。这种情景会造成白人和黑人的严重对立，甚至导致内战的爆发。

② "跛脚鸭"（Lame Duck）。该情景描述了南非陷入无限期转型的深渊之中。政府虽声称为全民服务，但实则人人厌之。由于这个原因，投资商望而却步，社会发展也停滞不前。这是一种很重要的情景，因为很多人都期望组建联合政府，而现在他们却可以预知其潜在的危机了。

③ "伊卡洛斯"（Icarus）。在这种情景中，黑人取得国家政权，并极力实现竞选承诺。于是，政府斥巨资进行公共设施建设，但由于没有充分的财政支援，结果导致国库空虚、经济崩溃。

④ "红鹤飞翔"（Flight of the Flamingos）。与"跛脚鸭"情景一样，它也倡导组建联合政府，只不过这种联合政府能带领南非走出困境。该情景选择这个名字，主要是因为尽管红鹤飞得很慢，但都是群聚而飞。在该情景中，政府对政治和经济的变革是逐步进行的，以图实现平稳发展。最重要的是，南非不同利益团体共同参与

---

① 杨立华，葛佶.南非政治经济的发展[M].北京：中国社会科学出版社,1994.

到变革进程之中,为国家的发展出谋划策、贡献力量。

我们可以将蒙特佛利会议上达成的四种情景构建成相应"事件树",如图 2-7 所示:

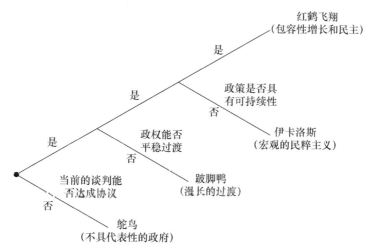

图 2-7　南非蒙特佛利会议情景分析"事件树"[①]

蒙特佛利会议对南非各利益集团的思想和主张产生了重要影响。"鸵鸟"情景的可怕后果使德克勒克总统做出"我不是鸵鸟"的强烈回应,并促使他在制宪谈判上做出了很大的让步。"伊卡洛斯"情景对促使"泛非大"放弃武力斗争路线、参加制宪谈判起了重要作用。尤为重要的是,"伊卡洛斯"情景使非国大的领导层意识到如果只重视政治、宪法、政府和军事转型,而忽视经济问题或不采取合理的经济政策,南非的平稳过渡就会是一句空话[②]。鉴于前三种情景可能造成的不良后果,各方调整了自己的主张,并在制宪谈判上实现了最大程度的相互妥协,最终使南非走上了相互包容、平稳增长的民主化道路。

(2)壳牌石油公司情景分析

20 世纪 70 年代以前,壳牌石油公司一直是世界石油"七姐妹"中的丑陋的小妹妹,为了改变这种现状,壳牌石油公司在 60 年代末启动了情景分析工作,试图通过对未来世界石油的商业环境的预见占据发展先机(图 2-8)。

20 世纪 70 年代初,各大石油公司对未来的分析主要着眼于国际油价和供需关系,人们认为在当时,国际上石油需求逐年上涨,石油储量丰富,在现有技术条件

①　Fildes R. Scenarios：The art of strategic conversation[J]. Journal of the Operational Research Society,1998,49(7)：773—774.

②　牛长振. 国际关系中的情景分析[J]. 国际政治科学,2012,03：4,61—83,84.

下开采量可以得到保障。而壳牌石油公司的沃克认为,当时的石油供给存在一定危机,谁能够控制原油储量,谁就能最终决定实际的产量。尽管当时石油储量主要由几个石油巨头控制,然而,石油输出国组织(OPEC)的实力日益壮大,逐渐显现出对国际油价和国际原油供给的巨大影响力。从地缘上来看,OPEC 国家主要是仇视以色列的阿拉伯国家,一旦爆发政治危机,其影响很有可能波及石油领域。沃克认为,在进行未来预测时,不能仅仅着眼于技术或宏观现象,还应将背后的政策制定者的倾向纳入分析范围。这使得壳牌公司敏锐地意识到,阿拉伯国家极有可能会提高输出石油的价格;并得出结论,未来充满了不确定性,有必要进行新的部署以应对可能爆发的石油危机。

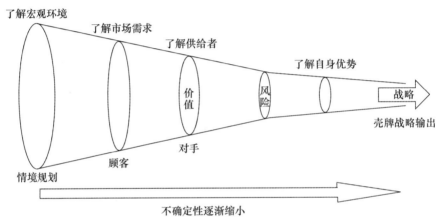

图 2-8　壳牌公司情景规划流程图[①]

　　1972 年,壳牌公司建立了以沃克为核心的"能源危机"情景规划小组,他们围绕"经济增长、石油供给和石油价格"首次提交了六个情景,其中一个为"危机情景",即设想一旦西方石油公司失去对世界石油供给的控制,将会发生什么,并就此制定应对措施。1973 年 10 月,OPEC 宣布实施石油禁运,对西方国家实行"三种油桶策略"。壳牌及时实施预案,有效化解了危机。其措施包括:① 放缓对炼厂的投资,提高炼厂对不同品种原油的适应能力。壳牌一方面针对欧洲炼油业过度饱和的情况,压缩其在该地区的炼油能力,另一方面放缓对亚非拉地区新建、扩建炼油和石化装置的投资进度。② 加快 OPEC 以外国家和地区的油田开发,例如,墨西哥湾和北海等。③ 有效授权,加强下属公司的运营决策能力。④ 加大勘探生产技术的研发和应用,例如,浮式生产储油卸油船(FPSO)技术等[②]。

---

　　① 王震. 壳牌:情景规划发展简史和启示[EB/OL].[2016-11-25]. http://www.oilobserver.com/tendency/article/1267/.

　　② 杨艳,何艳青,吕建中.壳牌公司"情景规划"的实践与启示[J].国际石油经济,2015,09:36—41.

到 1974 年 10 月,当中东战争爆发,实施石油禁运时,该情景规划得以实现,石油价格达到了一个意想不到的水平。壳牌也因此取得了石油行业的战略地位。情景规划的这一巨大成果,使得壳牌的规划人员在计划编制过程中越来越倾向于使用情景规划工具。从 20 世纪 70 年代到 21 世纪初,壳牌公司的情景规划工作在 30 年间不断被改进,情景规划还逐渐与企业战略计划相结合,成为企业战略管理的一个有机组成部分。

总的来说,壳牌石油公司进行情景规划的程序包含七个主要步骤:

① 找出能够对商业环境给出全面前景预测的人,使他们参与情景规划;

② 全面收集参与情景规划人员的见解,记录他们是如何看待社会、经济、政治、科技等方面将可能发生的大的变动;

③ 对收集到的见解初步整理,使之成为连续的模式,并按照可能发生的程度从强到弱排序;

④ 以得到的粗略有序的不同情景为基础,得出对未来粗略的情景规划;

⑤ 进一步加工情景规划,确定每一种情景发生时对公司的影响;

⑥ 确定预警信号,以得知何时将启动一个特定的情景规划;

⑦ 监控、评价,并回顾情景规划。

壳牌借助这七个步骤,对全球的宏观环境进行了综合考量,掌握相关区域社会、政治、经济、环境、科技等方面的情况;然后加入市场需求信息以及竞争对手的信息;接着经过风险分析结合自身竞争优势,得出不同的战略输出。这种工作并没有降低未来的不确定性,而是通过对未来各种情况的设想和情景构建,形成一种面向未来的心智模式,反过来指导今天的决策,使得未来不管出现何种变化,自身都能够有相应的对策。

2.2.3　地平线扫描

2.2.3.1　地平线扫描的源起

地平线扫描法(Horizon Scanning)又被称为水平扫描法,是一种较为典型的环境扫描法(Environment Scanning)。环境扫描法最先起源于企业的竞争情报领域,1967 年哈佛大学商学院的 F. J. Aguilar 在《商业环境扫描》一书中首次提到了环境扫描的概念,他认为环境扫描是指获取和利用企业外部环境中有关事件信息、趋势信息以及描述组织与环境之间关系的信息,以有助于企业决策者利用这些信息识别、处理战略性的威胁与机遇,并制定其未来行动的计划[①]。此后,有关环境扫描的研究主要集中于商业环境、组织战略关系方面。从严格意义上说,地平线扫描不

---

① Aguilar F J. Scanning the Business Environment[M]. New York: Macmillan, 1967.

是一种方法,而是一种方法理念,是一种方法论。此类扫描活动在国外不仅被应用于企业、图书馆、政府,还被应用于医疗、教育、土地利用等其他领域。

"地平线扫描"的理念可以追溯到安索夫(Ansoff)[1]1975年发表的著名的"弱信号反应战略管理意外"的论文,这个词后来在英国逐步流行并被使用。Loveridge认为地平线扫描是指一个搜索过程,此过程是对"已知"环境的扩展,甚至不仅如此[2],旨在识别可能对社会和政策构成威胁或创造机会的新出现的问题和事件。据此,我们可以发现地平线扫描与环境扫描具有极大的相似之处,均是对未来的发展问题做出前瞻性预测。

2002年,英国的环境食品和乡村事务部(Defra)推出的地平线扫描战略,将地平线扫描定义为"系统地监测处在当前想法和计划边缘的潜在的威胁、机会和未来的发展",另外,地平线扫描可能会探索到出乎意料的新问题,以及持续的问题或趋势。Defra推出地平线扫描的目的就是为了全面检验本机构所制定的政策中的优缺点、面临的威胁和未来可能所做的改进,从而使得Defra的政策更具健康性和持续性。该方法的参与者主要是Defra职员和相关人员,他们从各种途径对Defra现有政策的实施情况进行了解,并提出意见,这些意见将经研究处理后再提交给Defra,并成为后续政策制定时的重要参考意见。

2.2.3.2　地平线扫描的内涵及作用

(1)地平线扫描的内涵

地平线扫描的概念比较模糊,不同的研究人员对其理解也有所不同,有的学者认为它与环境扫描法等同,有的学者认为它是在后者的基础上形成的概念[3]。一般来说,它主要包含两个内涵:

① 从狭义上看,它是一种政策工具,旨在机构或组织所处的政治、经济、社会、科技或生态环境中,系统而广泛地收集与未来问题、发展趋势、观念和事件相关的信息和证据。此时,它主要包含几个特点:具有不同扫描模式,包括被动的信息查看模式和主动的信息搜索模式;涉及组织外部的各种环境;通常是一个长期持续的过程;充分利用广泛的信息来源;系统地收集和归档所发现的证据。

② 从广义上看,它属于预见活动中的术语,是预见过程的一部分,旨在提高组织机构对不确定的、复杂的未来的应对能力。预见过程大致可分为以下三个阶段,地平线扫描的作用及所处的阶段,如表2-7所示:

① Ansoff H I. Managing strategic surprise by response to weak signals[J]. California Management Review,1975,(02):21—233.

② Loveridge D. Foresight:the art and science of anticipating the future[J]. Foresight,2009,(05):80—86.

③ Aguilar F J. Scanning the Business Environment[M]. New York:Macmillan,1967.

表 2-7　全面预见的三个过程①

阶段	早期监测（阶段 1）	产生预见（阶段 2）	发展政策（阶段 3）
描述	识别和监测问题、发展趋势和变化	评估并理解政策变化	预设未来并制定政策
价值链			
政策工具	地平线扫描	未来规划	情景分析

预见过程主要包括三个阶段：早期监测，通过地平线扫描进行识别和监测可能出现的问题、发展趋势及变化；第二阶段产生预见，通过未来规划，评估并了解政策的变化；第三阶段是借助情景分析法预设未来发展并制定与未来发展相关的政策，以实现机构或组织的健康长远发展。在整个预见活动过程中，信息转化为知识，基于知识产生预见性成果，最终将这些预见性成果应用到科学决策的行动中。

通过上述描述，仅把地平线扫描当成一种政策工具用于预测在现有的发展过程中可能出现的问题，或预测偏离原有发展方向的趋势。笔者认为这属于一种较为狭义的理解，不能产生预设的战略能力，还将使政府制定政策受到限制。为了充分发挥地平线扫描的优势，根据 Beat Habegger②，地平线扫描应包含以上两层含义，地平线扫描必须嵌入更加全面的预见过程，通过专业团队构建网络，实现广泛的社会学习，并使地平线扫描结果应用到政策制定过程中。

（2）地平线扫描的作用

首先从地平线扫描的目标来看，进行这一活动的目的是为应对长期挑战，重新配置政策体系。其次，作为前瞻研究的方法之一，地平线扫描能够提供关于动态变化、未来挑战和机遇的情报，从而能够支撑新政策的构想和设计。另外，在地平线扫描的过程中，通过促使不同利益相关者参与政策制定的过程，嵌入式参与政策制定，在一定程度上还能够改善政策制定的透明度和合理性。最后，通过构建和相关利益者对现状、未来挑战及愿景的共识网络，将有利于政策的顺利实施。

2.2.3.3　地平线扫描实践应用

（1）澳大利亚 HealthPACT③

① 背景：

澳大利亚的地平线扫描项目是在卫生政策技术咨询委员会（HealthPACT）的指导下进行的一项机构联合项目。HealthPACT 是澳大利亚卫生部长顾问委员会

---

① Loveridge D. Foresight: the art and science of anticipating the future[J]. Foresight,2009,(05): 80—86.

② Habegger B. Horizon Scanning in Government: Concept,Country Experiences,and Models for Switzerland,Center for Security Studies(CSS),ETH Zurich,2009.

③ Health Policy Advisory Committee on Technology(HealthPACT)[EB/OL]. [2016-11-15]. https://www. health. qld. gov. au/healthpact/.

(AHMAC)的下属小组委员会,直接向医院主要委员会(HPC)提交报告,其成员主要是来自相关部门的成员代表,如国家领土卫生部门、澳大利亚卫生和老龄化部门、医疗服务咨询委员会(MSAC)、新西兰卫生部和新西兰地区卫生董事会等。HealthPACT 的作用之一是为司法管辖机构提供基于证据的有关新兴技术的信息,这些信息主要用于协助管辖融资决策,并为管理新技术的引入提供依据。

HealthPACT 所进行的澳大利亚和新西兰地平线扫描网络(ANZHSN)[①]开始于 2003 年 11 月,结束于 2010 年 11 月。ANZHSN 是由卫生和老龄化协会开发和维护的,此项目旨在为澳大利亚和新西兰卫生部门提供新兴技术信息,实现在相关卫生系统中信息的交流,并对新兴技术的潜在影响进行评估。为支持 Health-PACT 的工作,在此项目中阿德莱德大学的阿德莱德卫生技术评估(AHTA)和澳大利亚新技术程序的安全有效性——外科(ASSERNIP-S)提供地平线扫描报告,并且在 ANZHSN 网站可以免费获取。

② 概况及现状:

HealthPACT 执行并提供地平线扫描的功能,促使委员会在澳大利亚和新西兰地区的卫生辖区内识别、分享和管理基于证据的重大新兴医疗技术的信息。

目前由 HealthPACT 秘书处负责关于医疗技术的两种类型报告:新兴医疗技术报告(较为深入但非系统性的技术审查报告)和技术简报(简要概述一项技术)。截至目前,信息医疗技术报告平均每年更新一篇,仅有 2015 年更新了三篇,内容较为详尽,报告从文化、宗教、伦理等角度进行研究,对当前医疗技术、政策、医疗手段等问题进行总结并提出建议。相比之下,技术简报更新较快,数量较多,主要分为专业性技术简报和会议产生的技术简报。每年这些报告和简报均是由 Health-PACT 内部和外部签署合同的顾问经过严格的系统审查过程产生的[②]。

为了支持决策者在决策过程中采纳和应用医疗技术方面的信息,Health-PACT 向 HPC 以及其辖区内的医院和其他决策者提供与新兴医疗技术有关的及时、权威、基于证据的建议,并评估澳大利亚和新西兰区域内新兴技术对医疗服务和现有技术的潜在影响。

为了实现其愿景,实现目标,促进价值观的形成,HealthPACT 制定了以下目标和行动计划,如表 2-8 所示。

---

① The Australia and New Zealand Horizon Scanning Network(ANZHSN)[EB/OL]. [2016-11-15]. http://www.horizonscanning.gov.au/

② Health Policy Advisory Committee on Technology(HealthPACT)[EB/OL]. [2016-11-15]. https://www.health.qld.gov.au/healthpact/.

表 2-8　HealthPACT 的战略目标和行动计划①

核心目标	行动计划
为 HPC 及其辖区内的成员机构和其他利益相关者提供新兴医疗技术的早期认知和评估	利用国际认可的早期预警系统识别卫生技术；与国家和国际机构合作，交流与新兴医疗技术有关的信息并建立更广泛的利益共同体
瞄准具有重大潜在影响的技术，这包括对机会的识别以缩减适当医疗技术的投资	审查优先级设置标准；根据 HPC 及其辖区成员的要求进行卫生技术评估；利用其他管辖区的工作和监测其他地平线扫描机构，以避免重复的工作
采用系统集中的方法充分考虑潜在威胁、机遇的建议，如未来发展、当前和新兴医疗技术的社会和伦理影响	以建议的形式向卫生技术利益相关者表达权威、基于证据的建议，目的在于：支持是否将技术应用到临床实践或者继续进行监测的结论
支持目标	**行动计划**
刺激一个系统范围内的关于国家医疗技术和趋势需要战略方法和下达广泛政策指令的对话，确保 HealthPACT 的产品能够在卫生系统各级范围内起到决策支持作用	实行 HealthPACT 沟通计划；与 HPC 沟通关于 HealthPACT 的议程和活动；发布简明描述医疗卫生技术的 HealthPACT 会议公报；致力于改善 HealthPACT 与所有利益相关者的交流

③ 小结：

从地平线扫描对象看，澳大利亚地平线扫描项目主要是针对有关医疗卫生技术的前瞻性预测，有助于投资、引进新兴医疗技术等方面的决策。地平线扫描的执行项目虽然以 HealthPACT 为主导，但在执行过程中突出了跨部门间的合作，特别是高校等非医疗性质机构的参与。从门户网站更新来看，虽然 ANZHSN 的项目已经截止，但是 HealthPACT 地平线扫描的任务并未停止，而且迈入了新的阶段（2015—2020 战略规划阶段），其内容更新及时、数量较多、形式较为完备，并实现内容可获取等方面的优势，有助于地平线扫描支持决策功能的实现。

（2）欧盟 JRC

① 背景：

作为欧盟委员会的服务机构，联合研究中心（JRC）②的使命是通过独立的证据，在整个政策周期中支持欧盟政策的制定等相关活动。其将通过健康、安全环境、能源供应保障、可持续机动性、消费者的健康和安全等研究结果直接影响到人

---

① HealthPACT Strategic Plan 2015—2020[EB/OL].[2016-11-17]https://www.health.qld.gov.au/healthpact/docs/gen-docs/hp-strat-plan15-20.pdf

② JRC in brief[EB/OL].[2016-11-17]https://ec.europa.eu/jrc/en/about/jrc-in-brief.

们的生活。JRC 分布在五个不同的国家，拥有专业实验室和独特的研究设施以及几千名科学家，致力于支持欧盟政策。

JRC 的工作支持大量的欧盟政策，从农业和食品安全到气候变化以及核安全、创新与增长。

科学技术对制定良好的政策非常重要。JRC 的科学家所研究的领域非常广泛，从所面临的环境挑战到改善公共健康、减轻自然灾害、确保安全和包括较为深远的跨领域活动。其中跨领域活动包括行为的见解、前瞻研究和地平线扫描、影响评估、知识产权和技术转让等方面的研究。

其中，JRC 通过前瞻研究和地平线扫描来研究政策和技术的长期影响，并预测新兴的社会挑战。前瞻研究探索未来的科技成就及其对社会潜在的影响。它旨在识别科学研究和技术发展领域以后可能带来的改变，推动经济，产生环境和社会效益。JRC 的前瞻性研究遵循一个基于定量和定性相结合的方法和技术（如，情景分析法、趋势分析等），主要指识别和分析在一段时间内（5 至 30 年）欧盟政策所产生的影响。JRC 极力吸引和鼓励不同背景的专家和欧盟委员会的利益相关者、产业、行业协会、研究机构、大学和非政府组织的参与。所选的前瞻研究课题也会以高层政治优先事项的形式呈现或者与欧盟委员会共同确定①。

② JRC 的前瞻研究和地平线扫描——ForLearn 项目②：

JRC 的 ForLearn 项目旨在巩固和提高整个欧洲的前沿知识和技术的可获取性。它开发了一个在线前瞻指南，是理解和进行前瞻的主要资源，最近更新是 2015 年版本。地平线扫描收集在政治、经济、社会、科学和环境领域新出现的问题和趋势相关的信息。它更强调对未来而非已经计划好的活动的研究。从 2004 年起，JRC 已经组织了四次面向未来的技术分析会议（FTA），旨在开发共同体的前瞻、预测和技术评估。会上专家们通过互动、预测未来的发展，来指导策略、政策和决策的制定。

在 ForLearn 项目中，环境扫描和监测不属于预见的方法，是前瞻性预测研究中一个重要的首要步骤。它旨在监测"弱信号"，以为未来重要的变化提供早期预警。

建立一个正式的扫描系统意味着一个致力于持续监测变化的过程。从一开始就要弄清楚建立扫描系统的原因、参与扫描所需要的水平和扫描结果的用途是非常重要的。这种方法可以监测未来发展的早期信号以为做出反应尽可能地争取更

---

① Foresight and Horizon scanning［EB/OL］.［2016-11-17］http：//ec. europa. eu/jrc/en/research/crosscutting-activities/foresight.

② The FOR-LEARN Online Foresight Guide［EB/OL］. http：//forlearn. jrc. ec. europa. eu/guide/0_home/index. htm.

多时间。

这个过程涉及很多扫描技术。通常这是分配给个人或者小组的任务，并需要定期向组织报告(有时有外部专家的会谈、视频等)。执行任务的人员能够通过网络搜索、在线数据库以及扫描媒体和文学评论等方式获取材料和信息。文本挖掘、文献计量或者专利分析也是现有支持分析的工具，这些工作也可以通过外包的形式实现。扫描环境变化的另一种方法是组织专家小组，要求小组专家系统地提供有关未来重要发展的观察和判断。为激发进程中新观点的产生，小组的组成形式可以随时变化，可以采取不同形式的交流媒介。扫描可以用于通知管理过程，确保在初期阶段就能够考虑未来可能出现的问题①。

在介绍如何进行前瞻性研究中，ForLearn运用了Amanatidou等人所提到的两种主要扫描方法识别新兴问题。一种是探索性扫描，从不同来源的数据获取潜在的信息问题；另一种是集中扫描，识别描述大量潜在问题的核心文件。最佳扫描方法组合的选择受限于语境问题，如主题研究的目标、能力、资源、组织文化和时间以及内容等问题的潜在风险和紧迫性、广度和深度、公众意识和关切程度。在这方面，通过手动扫描、维基、专家调查、会议、推特、文本挖掘工具和技术来识别信号②、③。

③ 小结：

与之前澳大利亚地平线扫描不同，JRC的地平线扫描是前瞻性研究的重要一部分，但是他们拥有共同的目的——支持决策者的决策或制定政策。另外，作为区域性联盟，制定涉及多方利益的欧盟政策显得尤为重要，与此同时，欧盟委员会拥有大量的人力、物力资源，能够充分进行前瞻性研究，为政策的制定和调整提供充分合理的依据，地平线扫描作为其中的一部分，涉及的范围也会更加广泛，而且更强调扫描方法运用的多样化。

(3) 南极研究科学委员会(The Scientific Committee on Antarctic Research, SCAR)地平线扫描项目④

① 背景：

为了维持领先地位，SCAR必须在南极和南部海洋科学方面保持不断发展的

---

① FOR-LEARN. EnvironmentalScanningandMonitoring[EB/OL]. [2016-11-20]. http：//forlearn. jrc. ec. europa. eu/guide/4_methodology/meth_environmental-scanning. htm.

② Horizon Scanning[EB/OL]. [2016-11-20]http：//www. foresight-platform. eu/community/forlearn/how-to-do-foresight/methods/analysis/horizon-scanning/.

③ Amanatidou E,Butter M. On concepts and methods in horizon scanning：lessons from initiating policy dialogues on emerging issues[J]. Science and Public Policy,2012(39)208-221.

④ The Scientific Committee on Antarctic Research-Horizon Scanning[EB/OL]. [2016-11-20]http：//www. scar. org/horizonscanning.

前瞻和新兴方向的探索。为此,SCAR 将会进行定期的科学前沿评估。通过世界领先的专家对南极和南部海洋科学有关的新兴前沿进行地平线扫描,并识别现有知识与未来发展的差距。所收集的数据和信息主要来自于 SCAR 会议、座谈会、研讨会、会议和其他科学聚会、SCAR 的行动结果以及专家和项目计划组织、国家南极规划和战略文件、SCAR 的科学研究项目结果以及 SCAR 的交叉联系会议报告等。评估将产生对南极科学研究的未来发展方向的判断和将要面临的重大挑战的预测。这些评估将会使 SCAR 的领导和成员进行科学组合、总结规划或做出新的决策。

其中 2011—2016 战略计划呼吁建立一个地平线扫描活动来支持 SCAR 在南极和南部海洋科学研究的愿景,促进国际合作,以及实现为决策者提供科学建议的使命。

作为 2011—2016 战略规划使命的一部分,SCAR 领导全体人员致力于每 4 或 5 年的地平线扫描,以更好地预测未来南极科学的走向以及如何产生更好的支持科学决策的知识。这将能够更好地利用资源,减少人类的影响,并确保有必要的基础设施来支持下一代的南极科学项目的进行。

虽然这是 SCAR 第一个南极和南部海洋科学的地平线扫描计划,但是未来每四到五年都将会基于最新的科学和全球发展对关于未来的观点进行修订和更新。每次扫描计划均将以假设和当前知识状态开始,在快速变化的时期,将会在四到五年的时间内发生实质性的变化。定期、持续和超前的思维能够修正和识别新兴趋势,而这些趋势对于短期内形成战略规划工作是非常关键的。

② 概况:

A. SCAR 的地平线扫描框架。在这个科学政策建议的框架下,扫描形成了框架的第一个元素,并将提供一个基于社区的未来 20 年的南极和南部海洋发展方向的视角。扫描不会试图直接解决决策者的问题,但是决策者将会成为参与扫描活动的一员,而且其他的活动将会受益于此次扫描结果。

第二个元素——南极保护策略,它是社区驱动的一个结果,强调在未来 10 到 20 年里就南极和南部海洋面临的严重的环境问题与决策者进行更好的沟通的必要性。南极保护策略将考虑扫描所识别的科学效用。作为反馈,南极保护策略将会从"向决策者提出科学建议"的角度展现关键科学知识的需求或差距。

第三个元素——南极环境门户,被看作是"一站式购物"的网站,主要提供成形的科学政策输出。门户由 SCAR 发起,新西兰负责维护和发展。便利地获取最新和最权威的科学发现和知识是政策制定部门最需要的。扫描的结果和南极保护策略将会直接支持门户的目标和信息需求。

B. Retreat 活动。科学地平线扫描的一个重要因素就是在新西兰昆士城举行的 Retreat 活动,如 2014 年 4 月 20～23 日,来自 22 个国家的 72 位参与者,包含了科学家、国家项目的指导者或负责人、决策者、政策制定者、早期职业科学家和学生。活动上提出很多重要的科学问题,并达成一致。地平线扫描国际指导委员会从 500 个高素质的候选人提名中确定参加人员,参与人员主要考虑的是优秀的科研人员和领导者。为了确保覆盖南极科学研究的范围,根据 SCAR 的科学活动情况,提名人员主要包括地质专家、生命科学家、社会科学家、自然科学家、人文科学家和政策制定人员。

Retreat 活动的参与者代表着他们团体的利益,并负责在他们的专长领域提供一个广阔的视角。活动鼓励人们相互交流、表达自己的见解、利用机会参与地平线扫描(如,在线问题请求)。此类活动促进了不同学科背景的学者的交流,将大大加强地平线扫描的科学性和合理性。

C. 地平线扫描情况。截至目前,SCAR 现有的地平线扫描结果主要包括:通过扫描发现的 80 个最重要的科学问题;极地研究;六个南极科学的优先事项;未来 20 年里南极和南部海洋科学研究的路线图;未来南极和南部海洋科学规划。另外后续工作主要有:南极路线图的挑战项目——把南极研究问题应用到实践中;南大洋生态研究中未来挑战的研究。

通过调查发现,SCAR 地平线扫描结果的传播形式主要包括:传播活动,包括与共同体的沟通结果以及产生的高质量的文章;宣传和新闻发布;后期 Retreat 产品和活动;地平线扫描报告;地平线扫描媒体。另外本项目有来自多方机构的大量的财政赞助,保障了项目的顺利进行。

③ 小结:

SCAR 的地平线扫描具有很强的周期性,有利于地平线扫描活动有计划性地进行。其战略规划对地平线扫描的目标设立较为清晰。地平线扫描框架的建立特点之一是强调决策者的参与,这有利于地平线扫描结果的充分应用于支持决策。通过 Retreat 活动发现,参与者的广泛性和科学性,涉及领域较为广泛,使扫描结果更加准确、科学。完备的地平线扫描框架体系,展现了现有成果和后续工作的基本情况,无论从扫描结果的传播形式的多样化看,还是财政保障等方面,均表明 SCAR 在地平线扫描应用方面较为成熟,属于成功范例。

2.2.3.4　地平线扫描法的启示与展望

通过调查分析可以发现,虽然地平线扫描的出现及应用相对较晚,目前我国图书情报领域对地平线扫描的相关研究也较少。但是在相关国际组织机构中,作为前沿预测分析的一部分,地平线扫描日益发挥着不可替代的作用,并将不断受到重视。笔者通过以上实践应用的分析总结了所得到的一些启示,以期为未来地平线扫描的研究与应用提供一定的借鉴,具体如下:

① 地平线扫描的领域有待拓展。

目前有关地平线扫描的应用主要集中在特定行业领域,如医疗卫生领域的新兴技术的前瞻、支持公共政策的制定等方面,对地平线扫描进行跨主题、跨学科的综合性应用还较少。

② 地平线扫描的实现需要广泛的合作。

地平线扫描团队具有复杂性,既需要地平线扫描专家,又需要相关主题领域的专题专家。基于扫描过程中,会涉及复杂的学科领域知识、政策等问题,对于一般组织或机构而言,实现扫描目标较为困难,这就需要与外部专家进行广泛的合作。

③ 地平线扫描应与其他方法进行有机结合。

在前沿预测中,只有将地平线扫描方法与其他方法有机结合,才能保障前瞻性研究的科学性和可靠性。一方面,有关地平线扫描的研究尚未形成较为完整的理论体系,理论研究需进一步加强;另一方面,在实践中,相关组织和机构所使用的地平线扫描方法也有所不同。要对未来的发展实现科学的预测,采取单一的研究方法是实现不了的,地平线扫描方法也是如此,需要结合其他的方法进行综合研究。因此,当前各类机构或组织应把地平线扫描作为前瞻研究的一部分。

④ 地平线扫描应用的保障机制。

地平线扫描的顺利进行需要有财政支持、人力支持等各方面的保障。进行地平线扫描,最好以国家或者区域组织为单位建立扫描中心,负责经济、政策、环境、法律、文化等领域的扫描,其扫描结果可提供给各个行业的公共机构、私人机构、学术机构与企业使用,帮助其提高应对未来不确定性风险的能力,同时这还将为各方面专业人才提供一个良好的学习、沟通与互动平台。

总之,地平线扫描方法虽然在相关国家或地区的机构或组织中得到了良好的应用,但是为了其在情报研究工作中进一步发展并充分发挥其前沿预测的作用,未来还有待于深化对理论体系的研究,同时实践应用也尚待成熟。

2.2.4 网络环境下的情报研究模式及研究方法

在网络环境下,信息产生、传播方式发了巨大的变化。第一,网络中产生的信息数量庞大。互联网已经覆盖了我们生产、生活的各个方面。从传统的门户网站到 Web 2.0 时代的社交媒体,互联网实时产生了大量的数据。第二,网络信息传播速度快、变化快。借助于互联网技术,网络信息可以迅速地传播,并且范围更广。同时,由于互联网上信息生成的成本极低,信息更新变化速度快。第三,网络中存在大量异构信息。网络信息不同于传统的纸质信息,它大多是半结构化和非结构化的。这些变化深刻影响了情报研究,对情报研究提出了新的机遇和挑战。

① 在机遇方面。首先是互联网给情报研究提供了丰富的信息资源。在内容

上,众多领域内的信息资源被互联网化;在格式上,互联网上除了传统文本信息外,还有大量多媒体的信息。特别是大数据环境下,情报人员可以运用数据挖掘等技术从海量数据中发现隐性知识,而这在过去是无法做到的。其次,互联网使得情报人员可以更加便捷地获取信息。互联网的产生、发展打破了信息传播的地理空间限制,让信息的传播和接受扁平化。人们在互联网上获取信息的成本很低。在互联网产生之前,收集竞争对手的信息时,企业可能需要进行实地调查,搜集信息。而现在,众多企业会将自身的信息、产品资料放在网上。情报人员利用信息技术就可以从网上抓取到相应的信息。再次,互联网信息更新及时,便于情报人员获取新信息。第四,网络环境下,信息技术的发展给研究提供了更加先进的工具和手段。在信息搜集、信息分析、情报成果交付和呈现过程中,情报人员利用先进的工具或软件进行情报研究,极大地提高了工作效率。

② 在挑战方面。首先是互联网庞大的信息量对信息搜集工作提出了新的挑战。这具体表现为情报人员从互联网海量数据中搜集到特定信息的难度变大。同时,信息零散、无序、混杂、质量参差不齐甚至存在大量的虚假信息,这就使得情报人员搜集的信息价值密度低,信息甄别困难。其次是互联网信息更新变化快,这对情报人员的信息监控提出了新的要求。情报研究强调信息的及时性,情报人员要能够及时检测到信息源的变化,并做出应对。再次是互联网存在大量的异构信息,这些半结构、非结构化的信息加大了搜集、存储和分析的难度。

从整体来看,互联网的发展给情报研究带来的机遇大于挑战。在网络环境下,我们应该正视挑战、把握机遇,利用现代化技术,积极探索新的情报研究模式,创新的情报研究方法,从而推动情报研究工作的开展。

2.2.4.1　探索新的情报研究模式

随着以数字化和网络化为特征的信息技术的飞速发展,情报研究正在发生一系列变化:第一,情报源从印刷型单一文本向以网络资源为代表的多类型转变;第二,数据库正在取代"资料卡片"式的情报积累方式,情报分析处理逐步走向自动化;第三,情报交流方式由单向服务向交互式服务过渡;第四,工作定位也开始由单一型情报研究向综合性情报研究咨询转变等[①]。这一系列的变化对于情报研究模式提出了新的要求。情报研究需要从传统的工作模式向信息化的工作模式转变。

（1）形成以网络资源为主的信息搜集模式

网络信息资源具有信息量大、更新及时、传播速度快、获取成本低的优势。在网络时代,情报研究的信息搜集应该侧重于网络资源的获取,形成以网络资源为主,电子资源为辅、纸质资源作补充的新型搜集模式。网络资源包括网站信息、博

---

① 　曲柳莺,陈忠.数字时代情报研究工作模式探析[J].图书情报工作,2008,52(5):117.

客、贴吧、微博、网络数据库等。情报人员应该掌握网络信息检索技能，能够依据情报研究主题，在不同的网络信息资源中搜集信息。当网络资源不能满足需求时，情报人员可以进一步通过电子光盘、磁盘数据库和纸质版资料来弥补需求。在此需要注意的是，网络资源质量参差不齐。以网络资源为主的信息搜集中要加强信息的甄别工作。

（2）形成以数据库为主的资源建设模式

加强数据库建设是网络化情报研究工作的重点之一。由于互联网信息资源的特性，信息搜集工作会产生大量的数据。如果没有完善的数据库去组织、存储这些信息资源，杂乱无章的信息就无法发挥价值。当前数据库建设要以网络化为方向，能够处理网络中半结构、非结构化的数据。面对大数据的挑战，传统的关系型数据库要向非关系型数据库转变。同时借助网络，数据库建设要加强数据的共享。

（3）形成以网络支持的成果发布模式

情报产品具有很强的时效性，需要及时传递给决策者。而互联网在信息传播方面具有天然优势。首先，互联网信息传播速度快。情报成果的发布借助网络可以迅速传递给决策者，保证情报成果的时效性。其次，互联网信息传播范围广。互联网打破了地域的限制，使得情报成果可以短时间内传播给更多的受众，提高情报成果的影响力。再次，互联网可以传递多种形式的情报产品，包括文本、音频、视频文件等，从而丰富了情报成果内容。情报人员可以通过官方网站、个人博客等网络途径发布研究成果。

（4）形成以网络为平台的情报工作共享协作模式

在网络环境下，情报工作平台日趋网络化。情报研究应该采用先进的技术，构建以网络共享平台为载体的情报研究协作模式。在这个模式中，第一，要整合情报信息，统一管理情报数据库。通过网络将分布在不同数据上的情报成果进行共享。第二，要改进合作形式，增强情报分析人员的协作。每个情报分析人员都有一部分自己掌握的知识或是情报信息。通过共享协作，将自己的知识或是情报放到网络共享平台上，从而使每个人都能从中受益。通过网络化协作，情报分析人员在各自擅长的情报流程中发挥专长，从而推动整个情报研究工作的开展。第三，要建立情报分析人员的社交网络。网络共享平台在情报研究中的运用体现在通过设置情报分析人员的黄页（联系方式和专业领域），为优秀者提供多部门轮训机会，鼓励组建各类虚拟团队等方式尽可能地为情报人员的协作牵线搭桥，把分析专家的个人信息记录并编目到系统中，使每个人既是使用者又是参与者，在这个网络中找人和被找都变得十分便捷。

（5）形成"小核心，大范围"的情报研究模式

"小核心，大范围"研究模式是指专职研究人员与兼职研究人员相结合的研究

模式,每个研究项目的核心人员并不多,主要在项目负责人的领导下做好课题的设计、分解和综合分析工作,然后利用大量外聘专家,根据他们的学术专长兼职参加研究工作,实现智慧共享[①]。例如,兰德公司华盛顿分部仅有 20 多名研究人员,但参加他们研究工作的外部专家多达 600 余人。在网络环境下,互联网为专家间相互交流创造了便捷的空间。20 多名专职研究人员的"小核心"与 600 多名外部专家的"大范围"通过网络进行合作研究,从而提高研究的效率。特别是结合到具体的情报工作,由于情报研究人员大多都没有从事过一线生产、管理工作,所以在知识结构上存在一定缺憾。因此,结合有关外部人员进行情报研究工作,是深化情报研究,增强针对性,从而提高情报研究质量的有效手段。

2.2.4.2 创新情报研究方法

在网络化时代,创新情报研究方法要根据互联网的特点,利用信息技术,改进原有研究方法或是创造新的方法以适应网络化的情报工作需求,提高情报工作效率。

（1）创新信息搜集方法

信息搜集是竞争情报工作的基础,它为情报分析、情报传播、情报反馈提供了可靠与丰富多样的信息资源。信息搜集工作涉及两方面的内容。第一是信息搜索,强调信息的获取。情报工作人员在确定相关主题后,通过多个渠道搜索相关的信息。传统的情报搜索渠道和手段主要有:公开渠道,如商业联机数据库、出版物、广告杂志、行业性会议等;非公开渠道如企业内部信息、专业咨询机构报告等。Web 2.0 时代最为主要的信息搜索渠道是互联网。第二是信息集成,强调信息的存储整合。在信息搜索阶段,会涉及多种多样的信息。然而杂乱无序的信息是无法为后续的情报分析提供有效的支持的。因此信息集成就需要将获取到的信息进行格式处理,分类储存,完成集成化工作。通过信息"搜"与"集",竞争情报工作才可以获得有价值并且可操作的信息。因此,针对信息搜集的研究可以为竞争情报工作的优化提供支持。

① 信息搜索。

在网络环境下,为了提高搜索信息的效率,需要借助各种机器辅助。搜索信息的方法主要有搜索引擎使用方法、数据库检索方法、各种站内检索方法等。

搜索引擎是一个对互联网信息资源进行搜索整理和分类,并储存在网络数据库中供用户查询的系统。它包括信息搜集、信息分类、用户查询三部分。使用搜索引擎可以查找公司网页信息、Blog 信息、BBS 信息、贴吧信息等;同时,搜索引擎可以实时监测信息源,及时更新抓取的信息,情报人员使用搜索引擎可以实现全面动

① 黄纯洲.网络信息环境下航空科技情报研究模式探究[J].中外企业家,2014,(12):106—107.

态跟踪信息源。搜索引擎可以大致分为：全文搜索引擎类、目录索引类、元搜索引擎类。除此之外，从内容上细分，还会有专注某一特定领域的垂直类引擎。不同类型的搜索引擎有不同的优势，情报人员要根据信息搜集的需求选择和组配各种搜索引擎。

数据库检索方法主要是进行网络数据库信息搜集的方法。网络中存在各种类型的适用于情报研究的数据库，具体可分为专利数据库和非专利数据库。专利数据库中收藏了具有高情报价值的专利文献，是情报研究重点跟踪与关注的情报源。搜集专利信息的方法是针对相关情报主题词，进行相关的逻辑组配，在相关的专利数据库中检索。非专利数据库是指各种综合类数据库、行业数据库等。非专利数据根据自身的特点会有不同的检索系统，情报人员可以先在网络搜索引擎中进行预检索，然后找到相关数据库再进行正式检索。

站内检索是指在网站内部、网络社区中进行垂直检索的方式。在特定的网站内部，借助网站提供的检索工具可以进行深度检索。网络社区是一种网上特有的虚拟社会，汇聚了具有共同特征的用户，成员之间可以相互交流。网络社区分为实时社区和非实时社区。实时社区有 QQ、微信、微博等即时聊天社区；非实时社区有博客、问答社区、百科社区等。情报工作人员可以在站内进行信息搜集，比如说进入某行业的 BBS 社区，可以在相关产品的贴吧里了解产品生产、销售情况。

由于某一情报主题的信息资源会分布在互联网的不同平台上，为了搜集到全面的信息，情报人员要能够综合运用各种网络检索方法，集成不同信息源的数据，做到信息搜集的"快""准""全"。

② 信息集成。

信息集成方法强调将网络上发现的信息存储到本地，为情报分析做准备。信息集成的方法主要包括网络信息提取方法和网络信息存储方法。

为完成信息抽取，首先需要做的是将网络信息下载到本地。网络信息下载的方式包括防拷贝网页信息获取方法、单站信息批量获取方法、定题信息采集方法、网络信息监测方法。有些网站为了防止他人随意复制网站信息，采取了限制复制的技术[①]。针对此类的设限信息源，情报人员可采取从源码中复制信息、网页另存为的方式搜集信息。网站信息的整体下载方法和定题信息采集的方式包括运用网站下载软件的方式，自制浏览器批量下载的方式等。网络信息监测的方式是主要是利用网络监测工具，定时推送最新信息。

提取信息是对下载到本地的信息进行过滤，去除垃圾信息，提取有价值的信息。网页中的垃圾信息包括网页广告、网站设计者故意预留的无意义关键词等。

---

① 化柏林.网络海量信息环境下的情报方法体系研究[J].情报理论与实践,2012,(11)：1—57.

情报人员可以利用垃圾信息过滤软件、主题相关性等方法除去无用信息。网页信息的抽取可以在分析网页结构的基础上，利用 HTML Parser 等工具对网页进行解析，从而直接抽取出需要的信息①。随着信息技术的发展，本体技术被应用到信息提取中。通过构建领域本体，建立领域知识库，从而提高信息提取的准确度。

信息存储是将提取的信息有序化的保存，便于信息处理。在网络环境下，数据存储从批处理向流处理转变，情报人员可以利用数据库存储技术，例如，nosql 数据库对半结构、非结构化的数据进行存储。通过运用现代化的数据库存储方法，情报人员可以有效进行信息组织。

（2）创新信息分析方法

在网络环境下，大量的信息资源被数字化。针对数字化资源的情报分析，出现了许多新技术、新工具、新方法。这些技术、方法促进了信息分析和情报研究的定量化、模型化、实时化、自动化、智能化的发展，大大提高了情报研究工作的深度和效率。了解和学习这些网络环境下的新型信息分析方法，将有助于情报研究人员拓展相关知识，掌握最新手段，提高情报研究分析能力，也将有助于信息技术研发人员把握前沿技术，借鉴相关经验，开发研制更多、更好的网络环境下信息分析与情报研究的新工具、新方法。

网络环境下的信息分析方法是在传统的信息分析方法的基础上，围绕着数字化信息源，采取网络计量分析法、聚类分析法、关联分析法等技术方法，从信息资源中发掘知识。下面将分别介绍这些信息分析方法。

① 网络计量分析法。

网络计量分析法是科学计量学、文献计量学、情报计量学和技术计量学在信息网络时代融合的产物。它主要是以网络技术、网络管理、信息资源管理与信息计量学等为基础，采用数学聚类分析法、统计学等各种定量方法，对网上信息的组织、存储、分布、传递、相互引证和开发利用等进行定量描述和统计分析，以便揭示其数量特征和内在规律。网络计量学主要研究对象有三个层级：网上信息的直接计量；网上文献及其相关特征信息的计量；网络结构单元的信息计量。网络计量分析的主要研究方法有网络链接分析和网络影响因子分析。链接分析用来分析网站之间相互链接的特征。比较典型的应用是搜索引擎排序，例如，Google 采用的 Page Rank 算法进行检索结果的排序。网络影响因子是由情报学家 P. Ingwersen 在1998 年提出，是指在某一时间，来源于外部和自身内部指向特定国家（或）网站的网页数与该国或该网站中的网页数之比。通过对网络影响因子的分析，可以测度一个网站被重视和利用的程度，并以此来确定网络中的核心网站。

---

① 化柏林.网络海量信息环境下的情报方法体系研究[J].情报理论与实践,2012,(11):1—57.

② 关联分析法。

相关性原理是情报学的基本原理,为情报关联分析提供了扎实的理论基础。关联分析又称为关联挖掘,是在交易数据、关系数据或其他信息载体中,查找存在于项目集合或对象集合之间的频繁模式、关联、相关性或因果结构。关联分析是从大量数据中发现项集之间有趣的关联和相关联系。关联分析的一个典型例子是购物篮分析。该过程通过发现顾客放入其购物篮中的不同商品之间的联系,分析顾客的购买习惯。通过了解哪些商品频繁地被顾客同时购买,这种关联的发现可以帮助零售商制定营销策略。网络环境下,情报研究面对着海量的信息,直接信息表面很难发现研究对象之间的关联。情报研究应该借助响应的情报分析软件,运用关联分析算法,如 Apriori 算法,深度挖掘数据背后隐藏的关联信息。

③ 聚类分析法。

聚类分析也称群分析或点群分析,它是研究多要素事物分类问题的数量方法,是一种新兴的多元统计方法,是当代分类学与多元分析的结合。聚类分析法的基本原理是,根据样本自身的属性,用数学方法按照某种相似性或差异性指标,定量地确定样本之间的亲疏关系,并按这种亲疏关系程度对样本进行聚类。聚类分析法的特征有:第一,聚类分析简单、直观。第二,聚类分析主要应用于探索性的研究,其分析的结果可以提供多个可能的解,选择最终的解需要研究者的主观判断和后续的分析。第三,不管实际数据中是否真正存在不同的类别,利用聚类分析都能得到分成若干类别的解。第四,聚类分析的解完全依赖于研究者所选择的聚类变量,增加或删除一些变量对最终的解都可能产生实质性的影响。第五,研究者在使用聚类分析时应特别注意可能影响结果的各个因素。第六,异常值和特殊的变量对聚类有较大影响,当分类变量的测量尺度不一致时,需要事先做标准化处理。在网络环境下,情报研究搜集到的信息可能是无序的、错综复杂的。情报人员运用聚类分析方法,可将错综复杂的信息进行科学的类目划分,一目了然地进行下一步的分析。

参考文献

[1] 包昌火,谢新洲,申宁.人际网络分析[J].情报学报,2003,22(3):365—374.

[2] 查先进编著.信息分析[M].武汉:武汉大学出版社,2011.

[3] 邓汝邦主编.社会科学情报研究概论[M].广州:广州出版社,1999.

[4] 杜元清.情报分析的 5 个级别及其应用意义[J].情报理论与实践,2014,12:20—22.

[5] 顾镜清.未来学概论[M].贵阳:贵州人民出版社,1985.

[6] 化柏林.网络海量信息环境下的情报方法体系研究[J].情报理论与实践,

2012,(11)：1—57.

[7] 黄纯洲.网络信息环境下航空科技情报研究模式探究[J].中外企业家,2014,(12)：106—107.

[8] 冷伏海,冯璐.情报研究方法发展现状与趋势[J].图书情报工作,2009,02：29—33.

[9] 娄伟.情景分析方法研究[J].未来与发展,2012,09：17—26.

[10] 卢小宾主编.信息分析概论[M].北京：电子工业出版社,2014.

[11] 牛长振.国际关系中的情景分析[J].国际政治科学,2012,03：4,61—83.

[12] 邱均平.信息计量学（九）第九讲 文献信息引证规律和引文分析法[J].情报理论与实践,2001,03：236—240.

[13] 曲柳莺,陈忠.数字时代情报研究工作模式探析[J].图书情报工作,2008,52(5)：117.

[14] 沙勇忠,牛春华.信息分析[M].2 版.北京：科学出版社,2016.

[15] 孙建军,柯青.不完全信息环境下的情报分析方法——情景分析法及其在情报研究中的应用[J].图书情报工作,2007,51(2)：63—66.

[16] 王伟军,蔡国沛.信息分析方法与应用[M].北京：北京交通大学出版社,2010.

[17] 王延飞,秦铁辉,等.信息分析与决策[M].北京：北京大学出版社,2010.

[18] 王震.壳牌：情景规划发展简史和启示[EB/OL].[2016-11-25].http：//www.oilobserver.com/tendency/article/1267/.

[19] 杨立华,葛佶.南非政治经济的发展[M].北京：中国社会科学出版社,1994.

[20] 杨艳,何艳青,吕建中.壳牌公司"情景规划"的实践与启示[J].国际石油经济,2015,09：36—41.

[21] 岳珍,赖茂生.国外"情景分析"方法的进展[J].情报杂志,2006,07：59—60,64.

[22] 张佳南.军事信息化的理论和实践[M].北京：海潮出版社,2010.

[23] 朱庆华,李亮.社会网络分析法及其在情报学中的应用[J].情报理论与实践,2008,02：179—183+174.

[24] 宗蓓华.战略预测中的情景分析法[J].预测,1994,02：50—51,55,74.

[25] Aguilar F J. Scanning the Business Environment[M]. New York：Macmillan,1967.

[26] Ansoff H I. Managing strategic surprise by response to weak signals[J]. California Management Review,1975,(02)：21—233.

[27] Loveridge D. Foresight：the art and science of anticipating the future[J].

Foresight,2009,(05):80—86.

[28] BEST MAPS.[EB/OL].⌊2016-12-17]. http://www. globalsecurity. org/
intell/library/policy/army/fm/fm34-52/chapter7. htm/.

[29] Bradfield R,Wright G,Burt G,et al. The origins and evolution of scenario
techniques in long range business planning[J]. Futures, 2005, 37 (8):
795—812.

[30] Amanatidou E,Butter M. On concepts and methods in horizon scanning:les-
sons from initiating policy dialogues on emerging issues[J]. Science and
Public Policy,2012,(39):208—221.

[31] Fildes R. Scenarios:the art of strategic conversation[J]. Journal of the Op-
erational Research Society,1998,49(7):773—774.

[32] Foresight and Horizon scanning[EB/OL]. [2016-11-17]. http://ec. europa.
eu/jrc/en/research/crosscutting-activities/foresight.

[33] FOR-LEARN. Environmental Scanning and Monitoring[EB/OL]. [2016-11-
20]. http://forlearn. jrc. ec. europa. eu/guide/4_methodology/meth_envi-
ronmental-scanning. htm.

[34] Gilbert A L. Using multiple scenario analysis to map the competitive fu-
turescape:A practice-based perspective[J]. Competitive Intelligence Re-
view,2000,11(2):12—19.

[35] Habegger B. Horizon Scanning in Government:Concept,Country Experi-
ences,and Models for Switzerland,Center for Security Studies(CSS),ETH
Zurich,2009.

[36] Health Policy Advisory Committee on Technology (HealthPACT)[EB/
OL].[2016-11-15]. https://www. health. qld. gov. au/healthpact/.

[37] HealthPACT Strategic Plan 2015-2020[EB/OL]. [2016-11-17]. https://
www. health. qld. gov. au/healthpact/docs/gen-docs/hp-strat-plan15-20. pdf

[38] Horizon Scanning[EB/OL]. [2016-11-20]http://www. foresight-platform.
eu/community/forlearn/how-to-do-foresight/methods/analysis/horizon-
scanning/.

[39] JRC in brief[EB/OL]. [2016-11-17]https://ec. europa. eu/jrc/en/about/
jrc-in-brief.

[40] Kahn H,Wiener A J. The year 2000:a framework for speculation on the
next thirty-three years[J]. 1967.

[41] Kuehl D T. From cyberspace to cyberpower:defining the problem[J]. Cy-

berpower And National Security, 2009: 26—28.

[42] Loveridge D. Foresight: the art and science of anticipating the future[J]. Foresight, 2009, (05): 80—86.

[43] The Australia and New Zealand Horizon Scanning Network (ANZHSN) [EB/OL]. [2016-11-15]. http: //www. horizonscanning. gov. au/.

[44] The FOR-LEARN Online Foresight Guide[EB/OL]. http: //forlearn. jrc. ec. europa. eu/guide/0_home/index. htm.

[45] The Scientific Committee on Antarctic Research-Horizon scanning [EB/ OL]. [2016-11-20]. http: //www. scar. org/horizonscanning.

[46] Wack P. Scenarios: shooting the rapids. How medium-term analysis illuminated the power of scenarios for shell management[R]. 1985.

[47] What are the five basic components of strategic intelligence? [EB/OL]. [2016-12-17]. https: //www. coursehero. com/tutors-problems/Other-Homework/8599578-what-arethe-five-basic-components-of-strategic-intelligence-why-is-i/.

3 情报研究工作的类型与体系

3.1 情报研究工作的类型

划分情报研究工作类型,可能有各种方法和准则。

3.1.1 基于情况感知状态划分的情报研究工作类型

如果按研究工作所可能覆盖的已然情况、现行情况、未然情况来分,情报研究工作大体可分为三种类型:① 侧重于研究已发生(已然)情况的本底调查研究;② 侧重于研究正在发生着的情况的动态监测研究;③ 侧重于研究未来将发生(未然)情况的未然预判研究。

3.1.1.1 本底调查

本底调查工作指的是"对竞争对手或其他对象(某国、某机构或公司、某团伙或某个人)的一些基本情况和底细,进行系统的百科全书式摸底调查"的一类情报研究工作。

在本底调查过程中,情报研究人员获得关于竞争对手或其他对象的基础资料(过去和近期已然发生的基本情况)、整理和储备(沉淀)这些基础资料,并对这些资料进行深入分析,目的是做到对竞争对手知根知底(对手的强项弱项、对手的敌友等等),以便阐释对手当前动静,从而避免己方遭受惊吓与突袭;预判对手未来可能行动路线,从而防患于未然。本底调查是动态监测和未然预判工作的基础。

美国中央情报局编制的《世界概况》(*The World Factbook*[①])、中国航空工业出版社 2012 年出版的《世界国防科技工业概览》[②](表 3-1,表 3-2),都是典型的本底调查工作成果案例。

表 3-1　本地调查工作案例 1

《世界概况》(*The World Factbook*)
国家
概况 Introduction;;CHINA
地理 Geography;;CHINA
人民与社会 People and Society;;CHINA
政府 Government;;CHINA
经济 Economy;;CHINA
能源 Energy;;CHINA
通信 Communications;;CHINA
交通 Transportation;;CHINA
军事与安全 Military and Security;;CHINA
跨国问题 Transnational Issues;;CHINA

表 3-2　本地调查工作案例 2

《世界国防科技工业概览》
《世界国防科技工业概览》是介绍世界国防科技工业的综合性参考工具书。全书共分三部分。第一部分是世界国防科技工业综述,主要对世界国防科技工业发展的最新变化进行综合评述,反映了当今世界国防科技工业发展的概貌。第二部分主要对 25 个国家和地区国防科技工业的发展现状进行了全面阐述,内容包括各国国防科技工业的总体规模和特点、国防科技工业的方针政策、管理机构和组织体系;各国核工业、航天与导弹工业、航空工业、舰船工业、兵器工业和国防电子工业等各领域的发展规模、产业和产品结构、研制生产能力与水平;各国国防科技工业主要企业及其主要产品,研究机构及其研究领域等。第三部分是附录,辑录了世界国防科技工业发展的重要事件、世界军工百强企业排名等,并提供了世界主要军工企业与国防科研机构的中外文索引。
世界国防科技工业综述
世界国防科技工业
世界国防科技工业简要回顾
世界国防科技工业现状
世界国防科技工业的特点
世界国防科技工业发展预测
世界核工业
世界核工业发展简述
世界核工业发展现状
世界核工业分布与结构
世界核工业发展特点
世界核工业发展预测

---

①　https://www.cia.gov/library/publications/the-world-factbook/.

②　https://www.amazon.cn/dp/B00B7TPW4M.

世界航天与导弹工业
    世界航天与导弹工业发展简述
    世界航天与导弹工业发展现状
    世界航天与导弹工业结构与分布
    世界航天与导弹工业发展特点
世界航空工业
    世界航空工业发展简述
    世界航空工业发展现状
    世界航空工业分布与结构
    世界航空工业发展特点
    世界航空工业发展趋势
世界舰船工业
    世界舰船工业发展简述
    世界舰船工业发展现状
    世界舰船工业分布与结构
    世界舰船工业发展特点
    世界舰船工业发展趋势
世界兵器工业
    世界兵器工业发展简述
    世界兵器工业发展现状
    世界兵器工业分布与结构
    世界兵器工业发展特点
    世界兵器工业发展趋势
世界国防电子工业
    世界国防电子工业发展简述
    世界国防电子工业发展现状
    世界国防电子工业分布与结构
    世界国防电子工业发展特点
    世界国防电子工业发展预测
各国国防科技工业
  亚洲
    巴基斯坦
      国家概况
      国防工业概况
      国防工业组织管理
      各行业现状
      企业与机构
    朝鲜
      国家概况
      国防工业概况
      国防工业组织管理
      各行业现状

```
            韩国
                国家概况
                国防工业概况
                国防工业组织管理
                各行业现状
                企业与机构
            日本
                国家概况
                ……
        欧洲
        美洲
        大洋洲
        非洲
附录
```

3.1.1.2　动态监测

动态监测工作是指对世界范围内可能影响到我方国家(公司或机构)利益的某些主体(竞争对手或某国、某机构或公司、某团伙或某个人)以及某些新发生的技术、事件、人物、现象等进行跟踪分析的一类情报研究工作。在动态监测过程中,情报研究人员获得关于竞争对手或其他对象的最新情况(在基本情况基础上所发生的新动向)、快速整理和分析这些新情况,不断充实或更新本底调查的数据、调整原有结论和判断,目的是做到让我方决策者对竞争对手当前动静了如指掌,同时也为未然预判工作提供支撑。

美国中央情报局编制《总统每日简报》($President's\ Daily\ Brief$,PDB)的工作,就是一个典型的动态监测工作案例。

3.1.1.3　未然预判

未然预判工作是指"对竞争对手或其他对象(某国、某地区、某机构或公司、某团伙或某个人)在近期或可预见将来开展某活动、发展出某技术或能力、介入某冲突的可能性,提前进行判断"的一类情报研究工作。

美国外交关系委员会预防措施研究中心每年 12 月中旬发布的关于下一年度应预防重点事件的调查研究工作[①],就是一个典型的未然预判研究工作的案例。

3.1.2　按知识内容来划分的情报研究工作类型

如果按研究工作所可能涵盖的知识内容来分,则有多少种重要知识内容就有多少类情报研究工作。一般情况下,情报研究机构会最优先针对数量不多的几种

[①]　Preventive Priorities Survey:2017. http://i.cfr.org/content/publications/attachments/CFR_CPA_Preventive_Priorities_Survey_2017.pdf

重要知识内容开展情报研究工作。例如,美国陆军情报部门就十分重视传记情报、经济情报、社会情报、交通与电信情报、军事地理情报、武装力量情报、政治情报以及科学与技术情报(所谓 BEST MAPS[①②])等八类情报研究工作(表 3-3)。

表 3-3　美国陆军情报研究涵盖的八个主要内容领域

1.B_传记情报研究——对重要人物(如候任总统特朗普)方方面面的信息进行搜集整理评估
2.E_经济情报研究——对资源、产能、经济强项和弱项、物资采办等方面的信息进行搜集评估整理的工作
3.S_社会情报研究——对特定人群(如占领华尔街的那些人)的社会阶层、价值体系、传统、信仰和其他社会特性等方面的信息进行搜集评估整理分发的工作
4.T_交通与电信情报研究——对交通与通信基础设施建设运行、交通与通信装置的研发和运行管理等方面的信息进行搜集评估整理分发的工作
5.M_军事地理情报研究——对地形、天气和气候、海岸和滩头登陆点等方面的信息进行搜集评估整理分发的工作
6.A_武装力量情报研究——对作战序列、装备、战略战术、后勤能力、人员等方面的信息进行搜集评估整理分发的工作
7.P_政治情报研究——对政府结构、国家政策、政治动态等方面的信息进行搜集评估整理分发的工作
8.S_科学与技术情报研究——对具有颠覆性的新兴科学与技术前沿进展的信息进行搜集评估整理分发的工作

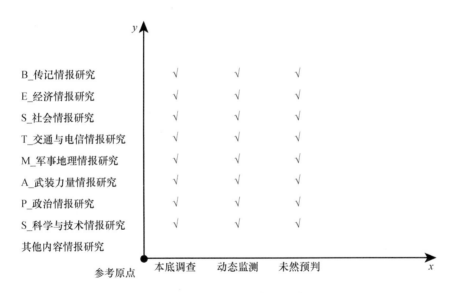

图 3-1　情报研究工作类型全谱图

---

①　http://www.globalsecurity.org/intell/library/policy/army/fm/fm34-52/chapter7.htm
②　杰罗姆·克劳泽.情报研究与分析入门.辛昕,等,译.北京:金城出版社.2016.

3.1.3　情报研究工作类型全谱

如果以内容类型（不限于上述八种内容）为 Y 轴、以本底调查/动态监测/未然预判为 X 轴，我们可以得到情报研究工作类型的全谱（图 3-1）。

3.2　情报研究工作的分级体系——情报分析的五个级别

体系（system，也称系统、体制）是指一定范围内的若干实物（存在）、作业（操作、活动）或意识（或想法）按照一定秩序、规则和联系组合而成的整体。一个常设（可持续）情报研究部门（机构、单位）的全部有效作业（操作、活动）的总和，就是情报研究工作体系。

具体来说，情报研究工作（作业、活动），包括情报源的整理和取舍（属于情报机构内工作人员的后台①作业）、情报内容的分析和去粗取精、去伪存真（亦属于情报机构内工作人员的后台作业）、面向用户的情报产品 meme② 化和送达（属于情报机构内工作人员的前台作业——深入了解用户吸收和利用情报的习性）。对情报研究工作体系的这个理解，符合严怡民教授关于"情报学是研究情报运动四个基本环节（情报的产生、情报的组织、情报的传递、情报的吸收和利用）的特点和规律的科学"的定义。

情报研究工作类型谱中的任何一类研究工作，都可以而且应当进一步分解③，以便把工作落实到每一大的日常作业中去。本书提供一种行之有效的五级分解模式——情报分析的五个级别。

---

① 狭义地说，一个舞台一般由帷幕分成两个部分，观众看得见的那一部分就是前台（人们在这里的活动和作业，观众都能看见），观众看不见的那一部分就是后台（人们在这里的活动和作业，观众看不见）。广义的前台概念，还包括乐池、观众座席区域、观众过道、售票窗口等。广义的后台概念包括舞台帷幕后面、观众不得到达的全部地方（如戏院化妆室、表演者候场或退场场所等）。

② meme 是指一个成活时间足够长，从一个大脑转移到另一个大脑的知识单元或文化单元。关于 meme 的概念，详见 4.6.2。

③ 工作分解结构（work breakdown structure，WBS）是将项目的活动和可交付物，按照其内在的逻辑关系或实施的过程顺序进行逐层分解而形成的结构图。随着工作分解的深入，项目工作定义越来越详细、具体。在一个有效的工作分解结构中，整个项目的工作，被分解成更易于掌控和测度的若干规模较小的组成部分。当然，工作分解结构并非越细致越好。一个有效的工作分解结构，符合两个条件：① 每层的分解都是充分必要的（完成了子层工作，母层工作就自动完成；要完成母层工作，只需完成子层工作）；② 分解的工作可以量化和评测（便于验收和管控）。

3.2.1　情报分析第 1 级——态势感知

第 1 级情报分析工作,就是情报人员在接到任务后,直接从各种可能的情报源中查资料,感知与研究课题相关的资料,捕捞出有参考价值的资料,实现情报发现。

"查资料"这项工作的成果是一篇篇原始文献。这些文献若是电子版的,就往往存储在某个子目录里;若是纸质的,就会一本本地存放在柜子里。细心一些的人,还会把这一篇篇文献的出处(如 URL 及最后使用这个 URL 看到这篇文献的时间)都相应地保存下来,以备将来写研究报告时引用。

第 1 级情报分析工作的一个典型场景是:做动态跟踪的情报人员,每天到互联网里查选最新的动态原始文献,并从中挑选最重要的文献,保存下来。

例如,"到美国白宫网站找到美国总统办公室里两家单位(OMB 和 OSTP)联合发布的《2017 财年预算的科学与技术重点》[①]",就是情报分析第 1 级"态势感知"工作的一个例子。《2017 财年预算的科学与技术重点》这篇文献,就是一个情报发现。

3.2.2　情报分析第 2 级——信息报道

情报分析工作当然不能仅仅停留在第 1 级。情报人员为了提高日常工作的显示度,提高自己的影响力,便于上级或用户对情报人员的研究工作进行过程管理,往往需要把自己的最新情报发现尽快展示出来,与上级、用户或同事分享。

"情报人员及时地把情报发现都展示出来与有关人员分享",就属于"情报分析第 2 级"的工作内容。情报分析第 2 级具体作业的一个例子:快速翻译有价值动态信息并快速发送给有关人员,帮助有关人员克服语言障碍,尽快了解文献的重要片段;主要的产品有重要文献的速译、编译、摘译等。

第 2 级情报分析工作的典型场景之一是:情报人员从第 1 级的情报发现中挑选比较重要的,放到《科技参考》网络文献数据库中转发展示出来(填写网络文献数据库工作单并发布;把外文原始文献的题目翻译成中文)。

例如,把新发现的美国《2017 财年预算的科学与技术重点》报告,及时提交(转发)到《科技参考》里,用户看到了就非常欢迎。一些外文能力强、喜好深入钻研问题的用户,就特别愿意看到《科技参考》里最新转发的原始文献。

从管理角度看,情报研究室负责人应该设置相应的激励机制并同时提供一个进行第 2 级分析工作的计算环境,使情报研究人员乐于、便于及时展示其工作进展和情报发现,整个情报研究部门的影响力也同时得到彰显。

---

① 　M-15-16,Multi-Agency Science and Technology Priorities for the FY 2017 Budget (July 9,2015)(5 pages,2.35 mb). https://www.whitehouse.gov/sites/default/files/omb/memoranda/2015/m-15-16.pdf

3.2.3　情报分析第 3 级——信息构建

信息构建(information architecture),就是把重要的情报发现,精心研制成用户容易吸收(用户喜闻乐见)的知识点 meme(参见 4.6.2)。

meme 是第 3 级情报分析产品要传递给用户的基本知识单元。仔细斟酌 meme 的表达、预判用户在阅读 meme 时吸收情报的体验,对提高第 3 级情报分析的有效性、节约用户理解情报的时间、有效降低用户的信息疲劳,具有重要的作用。

"用户的时间非常紧张"是情报人员随时都要考虑的问题。因此,情报人员在为用户提供第 3 级情报分析产品时,应用尽可能简短的文字提供尽可能多的信息,把最新的情报发现以每日和每半月的频度,一个 meme、一个 meme 地输送到用户面前。就像饭需一口一口地吃一样,情报要一个 meme 一个 meme 地转移到用户的头脑里。

例如,在带领研究人员研制两款情报产品(《每日快报》和《半月报告》)的过程中,创造了"微型情报研究报告"的概念。一篇微型情报研究报告,全文几十字到一千字不等。每篇微型情报研究报告,均须含有用户可能感兴趣的一个 meme。"无一字无来历"①。含糊不清、彼此重复的句段,都不能要。

《每日快报》每天 2 页纸左右,含 5～8 篇微型情报研究报告,每篇不超过 300 字;《半月报告》一份 24 页,含 5 -10 篇研究报告。其中,微型情报研究报告有 2～7 篇,每篇不超过 700 字,最典型的微型情报研究报告,是《半月报告》每期封底"半月关注"图文;其余的长篇,每篇也都不超过 3000 字。

3.2.4　情报分析第 4 级——决策支持

情报人员在做第 4 级情报分析时,需要明确指出"有多少条可能的道路"。第 4 级情报分析的目的是为用户在思考某一类问题时,提供一个参考框架,提供充沛的无偏见的背景信息,提供尽可能多的选项。在这个分析过程中,情报人员需要把与特定问题的干系人(stakeholders,包括正方、反方和其他利益相关方)及其可能的立场都摆出来。

第 4 级情报分析的典型例子有:美国国会图书馆国会研究服务部(CRS)提供的所有含有副标题"Background and Issues for Congress"(国会应当了解的背景与问题)的情报研究报告;美国智库"战略与预算评估中心"(CSBA)的"backgrounder"报告。

---

① 冯友兰.中国哲学史.重庆:重庆出版社,2009.

3.2.5　情报分析第 5 级——决策代理

如果说情报人员在做第 1～4 级情报分析时,不能有偏见、不能有御用情报的思维,那么,情报人员在做第 5 级情报分析时,则可通过"启示""建议"之类的章节,直接抒发自己的个人意见了。

第 5 级情报分析往往要替用户判断哪一条道路最正确,并对这个判断负责。做第 5 级情报分析的情报人员,事实上就是在扮演决策者角色或原本就是决策团队成员。为了使这个决策(判断)尽可能正确,往往需要"设置反方"①或设置 N 方②。

一般情况下,真正懂得情报工作、有情报素养的情报用户,往往并不逼迫情报人员进行决策代理的工作,而是一再寻求更充分的第 1～4 级情报分析产品。

3.3　情报分析分级的意义

3.3.1　促进提高情报工作模式的成熟度

"情报分析五个级别"之论,能帮助情报机构提高后台内控水平,提高情报工作机构、情报工作体系和工作模式的成熟度,让情报机构管理人员和一线情报人员方便地知道如何把突然出现的挑战与机会,纳入到预先有意识计划好了的情报分析工作体系中,从而更好、更快地满足用户的各种情报需求。

事实上,为了做出用户认可的《每日快报》和《半月报告》,必须要有一套"坚定的理论方法"来引领所有那些来自多行业、多情报机构不同专业、不同水平的撰稿人。"情报分析五个级别"就是这个"坚定的理论方法"的核心组成部分。在多年的情报分析工作实践中,"情报分析五个级别"之论受到了有效的打磨和检验。

3.3.2　帮助增强情报工作运行模式的显示度

"情报分析五个级别"之论,能帮助情报机构在前台外部用户面前提高情报工作运行模式的显示度,便于情报用户了解情报工作者们在做什么、如何做;了解情报产品与服务都有哪些类型;了解这些产品和服务的投送方法。外部用户了解了这些之后,就可以更有效地利用情报,更有效地向情报人员准确地表达情报需求,

---

① 李乔."设置反方"对科学决策很重要.学习时报,2011-12-12.

② 如果一项决策涉及 N 个方面的利益相关者,那么决策前必须设置 N 个利益相关者的可能观点.

更有可能成为情报分析工作的热心支持者。

　　随着中国的崛起,现在普通的一线科研人员都比以前对科技前沿的动态更警觉,比以前拥有更多情报知识,甚至比以前花更多时间亲自从事情报分析活动。2010～2014年间,笔者应邀为一线科研人员、基层情报室工作人员多次讲解一些基础情报知识。在讲解现场,笔者发现,"情报分析五个级别"之论,对情报人员与情报用户之间的沟通有帮助。用户见到情报人员,可以直接说:"请你平时把你们做的1～3级的情报分析成果,都及时发给我一份……"。

　　用户怎么用情报机构(情报人员)才更有效?情报部门(情报人员)怎么做才对用户更有用?"情报分析的五个级别"可以成为情报机构(情报人员)与情报用户之间沟通的一个有用的参考框架。

3.4　情报分析的级别地位

　　情报分析的五个级别,可以简要地概括成下面这个表格(表3-4)。

表3-4　情报分析的五个级别

情报分析级别	工作描述	工作案例
1. 态势感知	针对特定问题,普查各种相关情报源头,实现相关情报发现	● 从互联网上把感兴趣的内容下载到自己的本机上
2. 信息报道	及时地把情报发现都展示出来与有关人员分享	● 快讯翻译/收藏推介 ● 在微信里转发别人的文章
3. 信息构建	把重要的情报发现,精心研制成用户便于吸收(用户喜闻乐见)的知识点 meme	● 研制一个"无冗字冗句、准确概述原作"的 meme ● 写作"无一字无来历"的综述 ● 针对别人某文某观点做简要述评
4. 决策支持	明确指出"有多少条可能的道路"	● 针对某个特定主题,梳理"国会应当了解的背景与问题"
5. 决策代理	替用户判断"哪一条道路最正确"	● 编写"最坏情况估计"报告

　　"情报分析五个级别"没有高低贵贱之分。理想状态下,如果情报机构把1～4级(尤其1～3级)情报分析都做好了并使之在干系人之间充分分享了,如果情报用户也信任情报机构的1～4级分析产品并且平时也及时吸收了这些产品里的情报,那么,情报用户就可以自行进行决策。

3.5　情报研究工作体系的三维立体视图

在上述"情报研究工作类型全谱图"的基础上,增加一个 Z 轴——情报分析的五个级别,就构成一个情报研究工作体系的三维立体视图,参见图 3-2。

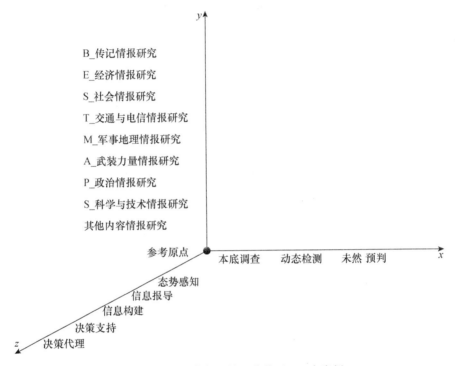

图 3-2　情报研究部门的工作体系:一个案例

设想有一个新成立的科技情报研究室,想从今往后一直开展全球科学与技术的动态监测研究工作。那么,这个情报室的工作人员将要具体从事的研究活动不外乎如下:

第一,全球科学与技术(全谱的或分重点领域的)进展动态的态势感知(包括原始动态素材的搜索下载)。

第二,在第一类研究活动基础上,对所有素材进行入库、译题、分类、报道、照译,以便全室研究人员分享研究活动的日常进展和态势感知成果。这些素材内容都是研究室成立后研究人员最新发现的(当然,其中有些不一定是最新发生的)。

第三,在第一和第二类研究活动的基础上,研究室内要安排力量对素材进行去粗取精、去伪存真的细致考证分析工作,并形成一个个高品质的经得住时间考验的meme,这就是信息构建。

第四,在第一、第二、第三类研究活动基础上,形成本研究室的研究内容谱系与框架,累积充足的 meme 充实这个谱系和框架,输出有系统的综述类报告,为用户决策提供所有可能的选项,也就是通常所说的决策支持、情报支持。例如,向决策者提供关于全球科学与技术活动的全谱动态综述报告,如《全球××科学与技术年度进展综述报告》。

第五,在第一、第二、第三、第四类研究活动基础上,在所有可能的选项中给出最佳的选项,担当决策代理的角色。例如,直接提供《关于我国未来五年应当重点发展的科学与技术项目建议报告》。

参考文献

［1］https：//www. cia. gov/library/publications/the-world-factbook/.

［2］http：//www. globalsecurity. org/intell/library/policy/army/fm/fm34-52/chapter 7. htm.

［3］https：//www. amazon. cn/dp/B00B7TPW4M.

［4］M-15-16,Multi-Agency Science and Technology Priorities for the FY 2017 Budget (July 9,2015)(5 pages,2. 35 mb). https：//www. whitehouse. gov/sites/default/files/omb/memoranda/2015/m-15-16. pdf.

［5］Preventive Priorities Survey：2017. http：//i. cfr. org/content/publications/attachments/CFR_CPA_Preventive_Priorities_Survey_2017. pdf.

［6］冯友兰. 中国哲学史. 重庆：重庆出版集团,2009.

［7］李乔. "设置反方"对科学决策很重要. 学习时报,2011-12-12.

［8］杰罗姆·克劳. 情报研究与分析入门. 北京：金城出版社. 2016.8.

4 情报研究工作流程

第三章的图 3-2 展示了一个常设情报研究部门所可能开展的全部工作（作业）。那么，在什么情况下需要开展具体哪项作业呢？这就是情报研究流程所需要解决的问题。

本章将先讨论一般流程概念，并对情报研究工作流程做一个概述。随后，对情报研究工作的一些主要流程进行详细描述。

4.1 流程的基本概念

一般地说，流程（process）①是使用资源将输入转化为输出的一组活动（作业）②。本书给出的关于流程的一个具体定义是：在输入项（如经费、需求、验收指标）确定之后，工作人员为达成特定输出（结果）而按一定规则有序进行的多项作业（operation，亦称操作）的组合。参见图 4-1。

流程要落实谁做什么事，拟产生什么结果；谁传递什么信息（或中间结果）给谁。作业是流程的基本单元。完整的流程可以用流程图来描述。每一个流程都是前述工作体系的一部分。或者反过来说，一个情报研究机构的所有流程的总和，就构成了这个机构的工作体系。

值得特别指出的是，输入 1 到输入 K，主要是指项目用户方与项目承担方业已

---

① 流程是导致特定结果的成体系的若干行动。A process is a systematic series of actions directed to some end. 流程是将输入转化为输出的一系列活动。——来自互联网

② 参见 ISO9000：2008

达成的关于项目经费、项目需求定义、项目预期、项目验收准则的一致理解;而输出
1 到输出 N,则是项目用户方从项目承担方那里获得的项目工作成果(产品与服
务)。项目验收时,项目用户方或第三方,就拿输出(项目工作成果)与输入(项目需
求定义、项目验收准则)进行比对。如果成果符合预期、项目用户方满意,则项目工
作就通过验收。

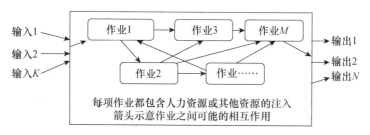

图 4-1　若干作业(活动)的组合构成一个流程

在图 4-1 中,所有与输入项落实和输出项送达有关的工作,都具有前台性质
(用户方相当于剧场的观众);所有作业(活动),则更多地具有后台性质(用户一般
只看结果,不管过程)。不过,往往有这种现象:出现在项目研究合同书上的项目
用户方,很可能是实际用户的代理人。这种代理人若十分在意项目成果呈送到直
接用户面前的效果,就很可能在成果呈送之前,直接介入项目承担方内部的后台作
业活动。

另外,在实际工作中,比较强势的项目用户方可能要求随时变更自己的需求
(输入的内容发生剧烈摇摆),导致项目承担方的作业受到不可预见的影响,造成项
目时效拖延、成本上涨。

4.2　情报研究工作基本流程概述

情报研究工作流程就是情报研究人员为完成特定情报研究项目而按一定规则
和进度,所要开展的多项研究作业(活动)以及所要交付的若干具体产品(输出)的
有序组合。换而言之,旨在有效完成特定情报研究任务的一系列更具体细分、更便
于操作和管理的工作(作业、活动)的有序开展,就是情报研究工作流程。

就一个具体的情报研究项目而言,情报研究工作的基本流程包括如下六类
作业:

① 情报研究的选题与立项(包括情报研究工作的规划,紧密外接来自前台的
"若干输入项");

② 情报研究素材的搜集与选择（紧跟研究规划,确定采集范围;随时根据研究进展的需要,补充采集素材);

③ 情报研究素材的加工与通报（包括分类、翻译、整理入库、新增数字馆藏报道等);

④ 情报研究内容的提炼（包括一系列 meme 的构建、情报研究报告框架的成形与优化);

⑤ 情报研究报告的编写或其他形式研究成果的编印（形成若干特定的输出项);

⑥ 情报研究报告或其他形式研究成果的分发（"若干输出项"被送达前台)。

此外,"研究团队内部作业品质控制制度的执行"要一直伴随并嵌入上述六类情报研究作业。每一项作业都需做好品质管理,具体如何做好品质管理,将另有章节详论。因此在本章,"研究成果品质控制工作"不单列为一项作业。

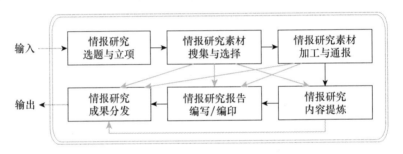

图 4-2　情报研究工作的基本流程

4.3　情报研究的选题与立项

需求牵引的选题,主要是指情报研究项目用户（出资方)临时提出的计划外选题,如上级下达的紧急任务或者由紧急任务派生的项目任务。这类需求牵引的选题,往往具体而紧迫,用户一提出需求,情报研究部门必须尽快满足。另外,情报研究机构出于扩大影响、开拓市场的目的,也会接手来自其他（行政上无上下级关系的)单位的委托选题。

牵引需求的选题,则主要是指上级拨款支持的计划内常规持续的前沿监测类或地平线扫描类（耳目类)项目中的具体选题。承担这类项目工作的研究人员,几乎每月、每周、甚至每日都在做选题,无论用户提不提需求,他们日常都要不停地发现新情况,并按照预设的渠道将新的情报发现迅速传递给用户。

　　情报研究选题与立项工作,是情报研究工作规划的核心内容,紧密外接来自前台的"若干输入项"。这里,"输入项"主要指的是情报研究项目用户方与情报研究项目承担方业已达成的关于情报研究项目经费、情报研究项目需求定义、情报研究项目预期产品形式/内容、情报研究项目验收准则等诸多事项的一致理解(理解不一致,就会出现扯皮现象)。

　　某政府机构的情报研究项目立项论证报告和立项流程的主要内容,包括以下15个方面:

　　① 在论证报告封面要显示项目名称、最终成果形式、项目起止时间、总经费概算、申请单位及项目负责人信息。

　　② 项目立项基本信息表中,重点要注意用200字概述主要研究内容,用100字说明关键技术指标,并且还要说明成果形式(是论文,还是样机? 情报研究的成果一般都是论文)。

　　③ 立项必要性分析,重点包括"立项的目的和意义""国内外研究现状和发展趋势(不少于1000字)"。

　　④ 研究目标、主要内容和技术指标。

　　⑤ 技术方案、关键技术及其解决途径。

　　⑥ 创新点及与国内外先进水平的比较。

　　⑦ 预期成果(主要包括研究报告、著作权等)及其应用前景。

　　⑧ 现有基础与条件。具体指三个方面的内容:一是现有研究基础(已开展相关研究的项目/计划名称、起止时间、经费投入情况及取得的成果,列出成果清单);二是已有硬件设施条件(列出主要设备清单,若存在不足说明解决途径);三是研究队伍情况(团队优势、专业结构等)。

　　⑨ 研究周期及进度安排。按照"起止时间""主要研究内容""阶段成果形式"三栏做一个表列出来。

　　⑩ 总经费和年度经费概算。

　　⑪ 主要研究人员。具体包括的内容有:项目负责人简介(包括基本情况、已承担的项目和主要成果等);主要研究人员概况(含项目负责人)。然后列表说明全体参研人员的姓名、出生年月、所在单位名称、职务(职称)、承担的主要任务及完成这些人物的工时(人、月/年)。

　　⑫ 申请单位意见。申请单位需要就项目重要性及条件保障措施提供意见并盖章。

　　⑬ 主管部门(单位)意见。主管部门需要就项目实施管理及条件保障措施提供意见并盖章。

　　⑭ 专家评审意见。项目负责人在专家评审组面前就所申请的项目进行答辩,

然后专家给出是否立项的具体意见。

⑮ 专家名单。列表呈现专家姓名、所在单位、职务/职称、专业方向、专家签名。

4.4　情报研究素材的搜集与选择

情报研究的素材直接或间接地来源于事件的运行和物质的变化。情报研究人员需要紧跟研究规划,确定采集范围;还要根据研究进展,随时补充采集素材。下面以网络信息获取为例,来阐明情报研究素材搜集与选择的一般做法。

在本书中,所谓"网络信息",是指存储在某个服务器或其他相关装备里的、通过 ICT(信息与通信技术)手段能访问到的那些格式多样的信息(包括所谓数据、信息、知识、情报、智慧,即 WIKID)。

4.4.1　"网络信息获取"的含义

"网络信息获取"是指"通过检索、分析、选择等过程,把想要的各种格式的 WIKID,从其他服务器或相关装备那里下载存储到本机①"的作业。这种作业可由机器自动完成,也可由人来完成,或者由人和机器协同完成。

4.4.2　网络信息的特点

网络这个媒介是强大的。利用网络,情报工作的绩效将空前地得到彰显。

网络信息的特点一是多,二是快。网络信息的"多",体现在内容多、类型多、来源多。网络信息的"快",体现在传播快、更新快。

4.4.2.1　网络信息容量特质

(1)信息内容多

没有人能精确知道互联网这个数字世界到底有多少信息。2010 年,美国知名学者凯文·凯利②在其新著《技术想要什么》(*What Technology Wants*)一书中指出:

---

① "本机"这里指获取者本人平时用的计算机或者任何其他随身计算装备(如 iPAD、3G 终端等)。

② 凯文·凯利(Kevin Kelly,1952—　　),《全球概览》杂志出版人和《连线》(Wired)杂志创始主编。1994 年出版了有影响的《失控》一书,提到了大众智慧、云计算、物联网、虚拟现实、敏捷开发、协作、双赢、共生、共同进化、网络社区、网络经济等概念。这些在十多年前提出的概念,如今或已变成现实,或正在兴起。

（互联网）这个超级计算机系统每秒钟处理 300 万封邮件。在任何 1 秒钟内，有 10 万亿（10^{12}）比特（10 terabits）信息流过这个计算机系统的主干，每年这个计算机系统产生出大约 20EB（EB ＝ exabytes，1 EB ＝ 10^{18} 字节（bytes）＝ 8 × 10^{18} 比特（bits），需要 2.5 亿片 DVD 来装载[①]）的数据。

这个计算机系统连接着约 2700 万台数据服务器、约 27 亿部蜂窝电话机、13 亿部固定电话机、8000 万个无线 PDA（掌上电脑）和数目不详的膝上电脑。每个电脑、电话机、服务器、PDA，都有尺寸不同的显示屏，人们透过这些屏幕可以窥视这个巨大计算机系统的思维过程。

互联网拥有约 1 万亿个页面（a trillion pages）。人脑有 1000 亿个（a hundred billion）神经元。

中国互联网络信息中心（CNNIC）于 2016 年 1 月发布的《第 37 次中国互联网络发展状况统计报告》指出，截至 2015 年 12 月，中国网页数量为 2123 亿个，共含有 14 815 932 917 365KB 内容（比上年增加 59.1%。上年是 9 310 312 446 467KB 字节）。

值得指出的是，这只是中国在互联网上公开的内容。没有包括那些不能以"网页"为单位进行计算的信息内容；没有包括虚拟专网里边不公开的内容；没有包括各地各单位内部的与互联网无物理连接的"内联网"上的内容。

（2）信息类型多

信息类型划分的方法很多。可以按照学科分类，有政治信息、经济信息、科技信息、军事信息、文化信息等；还可以按语种分类，有英文信息、中文信息、俄文信息、法文信息等。

在本书中，网络信息分为：

① 人类一般通过视觉器官去感知的信息（文字和图片等）；

② 人类一般通过听觉器官去感知的信息（音频信息）；

③ 人类利用视觉和（或）听觉器官去感知的信息（影视频信息）。

互联网上，有着丰富的文字和图片信息、音频信息与影视频信息。互联网因为承载着巨量的上述各种类型的信息而强大。

著名加拿大传播学者马歇尔·麦克卢汉（Marshall Mcluhan，1911—1980）认为，媒介效力之强是因为它被赋予另一种媒介作为其"内容"。毕研韬于是推论道[②]：文字的效力之所以强大，是因为它把（口头）语言作为其内容；平面媒体之所

---

① 1 Exabyte：1000 Petabytes 或 250 million DVDs，http：//www.cisco.com/en/US/netsol/ns827/.

② 毕研韬.传播革命与文艺传播.2006-06-05.http：//biyantaob06.blogchina.com/148781.html.

以效力强大,是因为它把文字(和图画)作为其内容;电视之所以效力强大,是因为它把电影作为其内容;电脑和网络之所以效力空前巨大,是因为它把一切媒介作为其内容。

（3）信息来源多

互联网上,所有信息来自所有信息源。本质上说,凡是现实世界中存在/发生的人、事、物,都可能通过人和机器经由各种连接装置,映射到互联网上。个人、家庭、组织机构、机器(传感器)都会向互联网供应大量的信息。作为情报研究机构的研究人员,我们重视具有一定公信力的信息源。

为了本书的目的,我们把信息来源具体化到以下几种类型的网站:

① 世界各地政府各部门的网站;

② 大型新闻机构的网站;

③ 知名高校网站;

④ 大型研究机构的网站;

⑤ 大型企业、大型公司的网站;

⑥ 其他经常发布有公信力信息的专业网站(如德高望重名人博客网站)。

另外还有些网站,其本身所发布的信息可能有些哗众取宠,但其所快速发布的信息里含有一些指向权威网站的链接;其本身所发布的评论也许不着边际,但所评论的对象可能正是你所要密切关注的最前沿事件。

4.4.2.2 网络信息时效特质

网络信息之快,主要是由 ICT(信息与通信技术)本身所决定的。ICT 的发展,致使"采集/传播/转发信息的手段和媒介"无处不在。

（1）信息传播快

从纯技术上讲,任何信息在互联网上一发布,就可以瞬间被全球任何地方的上网者获取到,几乎没有延迟。美国航空航天局总是在互联网上实时播放他们的航天活动。如果你知道他们做活动的时间表,你按时打开网页,就能看到实况。本·拉登被击毙的实情在白宫被确认后,美国总统奥巴马当即发表了讲话。立刻,他讲话的全文文本和音频文件就发布到白宫网站上。全世界任何人如果那个时刻在访问该站,就立刻知道了相关的信息。

一般来说,世界上任何一个地方发出的有点新闻价值的信息,一般不出一天时间,全世界的人就都已经知道。

（2）信息刷新快

听说过"媒介即信息"①吗?

---

① McLuhan M, Fiore Q, Agel J. The Medium is the Massage: An Inventory of Effects. New York: Random House, 1967.

听说过"我们即信息"①吗？

听说过"大狗小狗一起叫"②吗？

这一切，都注定了互联网上信息内容刷新速度的飞快。

无论是专职的新闻人，还是普通的老百姓，只要想告诉世人他周围发生的任何事情，可以立即把相关信息上传到互联网。他还可以把从互联网上发现的任何他认为有价值的信息在自己的"空间"里进行转发，加速该信息在互联网上的传播。

4.4.3　网络信息的获取窍要③

鉴于网络信息既多又快，从网上获取有用信息的效力和效率，都是一个值得研究的问题。

对于人的生命而言，互联网上的内容太多了。上互联网，如果没有一个目标，你就会被某种内容吸引；而一旦被吸引，你就会被埋没。因此，要想有效获取网络信息，必须对自己上网的行为实施严格的范围管理。

具体进行范围管理的实用方法，有三个：多中选好，多中求省，多中求快。

4.4.3.1　多中选好

如果有一个目的（找到"好信息"），"多"就是一件好事：你可以从中挑选"更好的信息"。这里，所谓"更好的信息"，就是更能满足用户需求的那些信息。信息好不好，一定要以信息用户的视角来判断。当然，信息用户可能就是你自己（你自己就是某个领域的研究人员，有自己的研究任务），也可以是所服务的他人（其他研究人员）。

如何多中选好？最关键的是：明确用户需求，带着问题、带着明确的任务上网，在内容、数量和时效等几个方面，要有约束条件。这里考虑两种情形。

（1）需求推动（PUSH），应需（ON DEMAND）获取

用户告诉你：某国大致什么时间出了个大致什么题目的报告，你赶紧帮我找到。

这种情形下，只要找到这份报告本身，就完成了一项"网络信息获取"任务。问题是：如何找到这份报告呢？

---

① Gillmor D. We the Media Grassroots Journalism by the People，for the People July 2004 Pages：320，http：//oreilly. com/catalog/9780596007331/book/index. csp.

② 大狗小狗一起叫 Web 2. 0 主流技术一览. 2006-02-06. http：//net. chinabyte. com/chxjj/148/2292648. shtml.

③ 本文只讨论情报研究人员平时直接到互联网查找资料的行为，而不讨论"大规模获取互联网信息的大数据技术"。利用大数据技术的典型案例有美国国家安全局前雇员斯诺登所披露的"棱镜"计划——从数以百万计的电话和在线交流中，快速有效地解析出那些可能预警即将发生的恐怖袭击的关键词。

首先,需要立刻到该国的有关网站上去查询。如果运气好的话,这篇报告的下载链接就出现在这个网站的首页。这种情形下,不存在"选"的问题。

其次,还可以把报告题目(也许需要把题目翻译成报告原文用的语言)输入某个搜索引擎的检索窗口。然后,从检索结果中,挑选最可信的站点,获取指定的文献。

(2) 牵引(PULL)需求,主动获取

用户没有明确告诉他想要什么报告,但鉴于长期与用户有交流,耳濡目染,你一定懂得他们心目中"好情报""好资料"是什么样子!

这种时候,最好挑选一个领域,并让自己成为这个领域的研究人员。然后,带着这个领域的前沿问题去获取信息——信息获取本身就是信息利用。

无论 PULL,还是 PUSH,都属于"为了利用而获取网络信息"。

4.4.3.2 多中求省

有些专业门户网站的信息非常之快,也非常之好。然而,越是标题吸引人的那些链接,在点击后,往往都需要付费才能获取全文。就算手里有钱,付费的过程(开账户、认证、甚至还要换外币……)往往会花费很多时间和周折。

如何省钱、省时、省事地在互联网上获得想要的全文呢?

互联网是一个神奇的地方。往往会出现"一个内容,多种版本出现在多个网址"的现象。若碰到要收钱的网站,可以立刻离开,马上到别的站点上去找免费版的。

互联网上的信息之多,使"不轻言放弃者"找到某些特定信息免费版的机会大幅提高。例如,为了全文下载中国互联网络信息中心(CNNIC)于 2014 年 1 月发布的《第 33 次中国互联网络发展状况统计报告》,笔者找到了多个 URL 来源。有的要支付以后才能下载,有的免费下载。一模一样的东西,笔者自然就从中国互联网络信息中心的 URL 那里下载到既权威又免费的版本了。

4.4.3.3 多中求快

互联网上的信息传播快,网络信息获取者的动作更要快。那么,你最关心的信息,如何第一时间获取? 这里的一个有效的经验是:摸准几个"'你要的信息'发布得最快"的网站。

不过,俗话说,"萝卜快了不洗泥"。这种能快速提供信息的网站所提供的信息的品质,往往会遭到质疑。

我们这里需要做的工作就是:去掉泥巴捡萝卜。正如前文已经指出的那样,我们可以从这样的网站上找到指向权威网站的链接(例如,需要《第 37 次中国互联网络发展状况统计报告》就到中国互联网络信息中心(CNNIC)的网站上下载),找到我们本该立刻关注的最前沿事件,从而尽可能快地做出情报发现。

4.4.3.4　究竟要从网络里获取什么——选题时一定要问的几个问题

（1）读者都有谁

问这个问题，就表明你在预设用户。这个问题的实质，就是问"我下载的资料想要给谁用？"相当于我们在"为书找读者"（图书馆学五原则之一）。

你可以把现在正在做的"从互联网上获取资料"的工作，当成一个项目。然后问下面几个问题：

- 项目是谁在出经费？
- 项目当时在需求文件（如标书、任务书、合同书）上是怎么要求的？
- 项目的产出（deliverables）正在给哪些人使用？还可以给哪些人使用？
- 还期待哪些人出经费？

（2）这些读者可能最想要什么资料

问这个问题，就表明在预判需求。这个问题的实质，相当于我们在"为读者找书"（图书馆学五原则之一）。

一定要深入地琢磨出读者实际是想要什么。比方说，一个人来到河边唤渡。唤渡者唤来一只船（更深层的梦想可能是一座桥）。深入了解读者实际想要解决的问题，能帮助我们走在读者需求的前面，从而在工作中处处主动。

（3）外国人正在追求什么最前沿的技术和方法

问这个问题，能让我们摆脱某些现实困难的羁绊，一往无前地以国家利益为重，充分利用互联网这个全球公域，努力把"外国人正在追求的最前沿的技术和方法"的资料搞到手。同时，再结合上面这两个问题，我们的素材搜集与选择工作就一定会做得有声有色。

4.5　情报研究素材的加工

这里的加工，指的是情报研究人员在获取了研究素材之后，针对素材进行的分类、整理入库、揭示报道、翻译等操作。情报研究人员要想提高自己工作的效果，最好是一边获取，一边快速及时揭示。新的好的情报发现，要第一时间主动与可能关心这个资料的干系人分享（立刻打电话），不捂在手里。

4.5.1　素材整序的基本流程

情报研究素材分类、整理入库的作业，是情报研究工作的重要内容。有些信息化程度较高的情报研究机构，已经建立起支撑情报研究人员日常工作的网络环境（被情报研究人员称为工作后台）。在这个环境里，情报研究人员可以很方便地把所发现的有价值情报研究素材存储到一个研究团队成员随时可以检索浏览的网络数据库里,免得只存到个人计算机的某个子目录里石沉大海。某研究机构《科技参考》素材库的结构是这样的:

表 4-1　《科技参考》素材库的结构

字段名称	字段内容说明
中文题目	255 字符
原文题目	255 字符
基本分类	数据字典,列出素材分类的全部类名
中文摘要	255 字符
原文摘要	255 字符
中文正文	不限长,可上载各种格式的附件
原文正文	不限长,可上载各种格式的附件
文献来源	255 字符,提供素材文献的 URL
文献发生日期	20 字符
备注	不限长
重点标记	指出这份素材的重要程度

　　情报研究人员打开后台,就会看到一个对应于上述结构的素材入库工作单,简单填写完这个工作单,素材分类、整理入库的基本流程就走完了。如果信息化程度再高一些,就会有一个后台,让情报研究人员输入符合情报研究项目主题的检索策略,计算机就会自动从互联网上采集来大量相关的文献,等待情报研究人员确认后入库。

4.5.2　翻译作业的基本流程

　　翻译工作是情报研究素材加工的重要内容。翻译工作的基本流程是:待译源语言文献选定——翻译项目负责人确定——翻译任务分配与收活——校对——编辑印发。这里提供一个真实有效的详细翻译流程的实例。

表 4-2　某情报研究部门翻译及译审工作的流程(实例)

1. 翻译工作流程 　1.1　选题的确定流程 　1.1.1　翻译选题推荐 　员工在日常扫描查询过程中,很可能会发现一些重要境外机构的研究报告。员工可向负责翻译选题负责人,提出翻译选题建议(推荐翻译选题)。 　1.1.2　翻译选题确定 　选题负责人确定翻译选题后,翻译项目正式设立。此时,会立刻指定翻译项目负责人。如果可能,翻译项目负责人尽量由感兴趣的年轻人(很可能是翻译选题推荐人)担任。

1.2　翻译工作流程、组织与管理

具体翻译工作，由翻译项目负责人负责组织与管理。

1.2.1　项目负责人正式认领翻译项目后，首先细致快速研究待译文献、建立词汇表——摘出翻译材料中的关键词汇（短语）和专业词汇，认真翻译之，创建统一的词汇表。必要时，让后期可能负责译文校对的人员对词汇表进行校对。

1.2.2　项目负责人负责向参与翻译的员工分配翻译任务并同时明确译文交付的精确时间。原文的每一个页面上面的文字都要翻译，不要擅自取舍。

1.2.3　每个译员需参照词汇表进行翻译。如发现词汇表中存在问题，译员须立即向项目负责人报告，但同时仍要坚持按照这个词汇表做翻译，以便统稿时统一替换有问题的词汇。译员要使用诸如《英汉大词典》（2007 年，第 2 版，陆谷孙主编，上海译文出版社出版）、《新英汉科学技术词典》（孙复初，2009 年 1 月 1 日，国防工业出版社）等高品质工具书辅助翻译。翻译策略宜采用当前在翻译界已成趋势的"异化（foreignization 或 alienation）"策略——译者向作者靠拢，平等对待源语言（source language，比方说英文）特点，尊重作者源语表达方式；译者向读者传达原文内容时，尽量保留源语言的异国情调——那些可能让读者觉得别扭或新奇的色彩，以便激发创新思维。

1.2.4　项目负责人负责接收所有译员完成的稿件，进行汇总、统稿、排版，并就具体译文的改动之处，与译员充分沟通（把带有修改符号的版本反馈给译员）。

1.2.5　项目负责人在译员反馈完成后，制作出符合本所译文出版格式规范的最终初稿。若遇到原文中有某些疑难词句段难以翻译，请译员或项目负责人在相应处染上颜色并在括号内填写出疑难词句段。

1.2.6　项目负责人负责将初稿和原文提交给校对员。

2．校对工作流程、组织与管理

2.1　校对员接到校对任务后，要对照原文逐字逐句校对。

2.2　为便于译员日后核对，校对员在审校时制作一个三列表，把原译文放在第一列，原文放在第二列，修改后的译文放在第三列（带修改符号）。

2.3　校对员校对完成后，将稿件交给项目负责人。

2.4　项目负责人负责通读校对后的译文（若校对改动密度高，还需在这个环节避免改动过程中造成的低级错误如错别字等），遇到比较重大的疑问之处，要与校对人员认真愉快沟通，形成新版本（校对版，三栏格式）。

2.5　然后，项目负责人将校对版（三栏格式）反馈给译员。

2.6　译员根据校对版（三栏格式），认真核对自己负责的那一部分译文，并与校对员（通过邮件、微信、电话等手段）充分沟通，联手打造出品质更好的译文。

2.7　项目负责人在 2.6 之后的版本上再次通读全文，特别注意避免低级错误，若发现译文中还存在重大疑问，就及时与校对人员沟通。这个步骤完成之后，就形成正规的、看起来具备可印刷品质的版本——校对完成版。

3．译文的交付

3.1　项目负责人把 2.7 步骤形成的校对完成版（最好是纸质打印版，但一般编辑都想要电子版），交付给编辑室的指定编辑。

3.2　指定编辑在对稿件进行常规编辑操作的过程中，如遇疑问、如需进行颠覆译文原意的改动，须与项目负责人或校对员进行具体沟通（使用修订模式），否则不必沟通。

3.3　编辑操作完成后的译文，由指定编辑负责交领导或专家审阅，随后，指定编辑将带有审改批注的稿件反馈给项目负责人和校对员。

3.4　项目负责人和校对员负责针对审改批注做出文字调整和优化。

4. 译文的版本管理

4.1　项目负责人担负本项目译文的版本管理任务。

4.2　指定编辑在完成出版环节之后形成的最终版本(电子版),需要复制一份交项目负责人留存。

4.3　编辑部对所有翻译项目的印刷稿都要统一归档,并记录印刷版的日期。若需要再印(印刷或者打印),一定要找相应项目负责人确认最新版本。擅自再印,会非常可惜地带着本可避免的瑕疵。

5. 原则

上述所有环节,都是为避免重复劳动、避免责任不清而设定。凡署名的各层面责任者,都必须切实对译文品质负责。

译员、校对员和有关读者应当相信,一定存在一种更好的中文表达,既能(1)符合中文习惯,又能(2)完全忠实于原文。不把两者对立起来,才能获得这种"更好的中文表达"。

一般地说,译员与校对员(必须看原文的人)的重心放在(2)上,没时间看原文的其他专家的重心放在(1)上。当没时间看原文的专家提出意见或建议时,译员和校对员要耐心细致地研究原文(译文被人认为别扭,很可能译文真的存在不妥之处),并重新给出尽量更符合中文习惯的表达。不同岗位人员对各自职责的正能量式的坚持,能给整个集体带来蓬勃向上"出成果出人才"的活力,使整个集体特别能战斗。

参与改稿子的所有人员,要像清理航母甲板一样仔细地读稿子,不止读一遍,最好读出声来,一个人读另一个人听,或自己读自己听。

加强版本管理,任何关键改动都要与版本管理责任人(和其他主要干系人)密切沟通。

译员和校对员要心系译文——怀疑哪里有错,就赶紧查、不放过,产品就是人品。

译员和校对员要自以为非——不懈追求尽可能正确的译文,反复地持续地改进译文。最好在付印之前消灭一切问题。即使已经印刷,也要对电子版进行尽可能的优化,因为电子版也可能会被重用。

4.6　情报研究素材的提炼与 meme 的制作

4.6.1　情报研究素材的提炼

所谓提炼,基本意思有两个:一是用化学或物理方法使化合物或混合物溶解至纯净,或从中提取所需的东西;二是比喻文艺创作和语言艺术等弃芜求精(从芜杂事物中找出有概括性的东西)的过程。从情报研究素材到可以出现在情报研究报告里的字词句段,这中间所经历的过程就是"情报研究素材的提炼"。这种提炼,旨在精益求精、去粗取精、去伪存真,追求"多一字嫌多,少一字嫌少"的境界。

情报素材提炼案例一:表格表达与文字表达对比

这个情报素材提炼的具体案例,展示了把一段读来令人困倦的素材文字转换成言简意赅的表格的情形。

表 4-3　一段素材文字举例

二战后，美、苏、德等国家陆续为坦克装甲车辆研制出多款柴油机和燃气轮机，如美第一代主战坦克 M48A1/A2 坦克采用 596～607 千瓦的 AV-1790 系列汽油机，M48A3 采用 551 千瓦的 AVDS-1790-2A 柴油机；第二代主战坦克 M60A1 采用 551 千瓦的 AVDS-1790-2A 柴油机，其单位体积功率 225 千瓦/立方米。第三代 M1 主战坦克采用 1103 千瓦的 AGT-1500 燃气轮机，其单位体积功率 954.2 千瓦/立方米。俄制 T-55 坦克采用 426 千瓦的 B-55 柴油机，单位体积功率 336 千瓦/立方米，T-64 坦克采用 551 千瓦的 5TDF 柴油机，单位体积功率为 658 千瓦/立方米，T-80U 坦克采用 724 千瓦的 GTD-1250 燃气轮机，单位体积功率 920 千瓦/立方米。德国在二战后到 20 世纪 60 年代以前，坦克装甲车辆研制几乎处于停顿状态；60 年代初研制的第二代主战坦克"豹"1 采用 610 千瓦的 MB838CaM-500 柴油机，单位体积功率 388 千瓦/立方米；第三代主战坦克"豹"2 采用 1103 千瓦的 MB873Ka-501 柴油机，单位体积功率 543 千瓦/立方米。

下面就是对应于上述内容的表格，读者看起来会感觉清爽多了。

表 4-4　二战后至 20 世纪 80 年代末美、苏、德十战坦克动力

国别	战坦克型号		发动机型号	发动机功率	单位体积功率
美国	第一代主战坦克	M48A1/A2	AV-1790 系列汽油机	596～607 千瓦	
		M48A3	AVDS-1790-2A 柴油机	551 千瓦	
	第二代主战坦克 M60A1		AVDS-1790-2A 柴油机	551 千瓦	225 千瓦/立方米
	第三代 M1 主战坦克		AGT-1500 燃气轮机	1103 千瓦	954.2 千瓦/立方米
苏联	T-55 坦克		B-55 柴油机	426 千瓦	336 千瓦/立方米
	T-64 坦克		5TDF 柴油机	551 千瓦	658 千瓦/立方米
	T-80U 坦克		GTD-1250 燃气轮机	724 千瓦	920 千瓦/立方米
德国	"豹"1 坦克		MB838CaM-500 柴油机	610 千瓦	388 千瓦/立方米
	"豹"2 坦克		MB873Ka-501 柴油机	1103 千瓦	543 千瓦/立方米

情报素材提炼案例二：来自同一素材的两种提炼结果

表 4-5 呈现了从同一个原始素材得出的两种提炼结果。我们现在来比较一下两种提炼结果：① 第二种提炼结果的题目，信息量大（多提供了"西班牙"这个信息）而字数反而少；② 第一种提炼结果的第一句话与题目基本重复；③ 第二种提炼结果的第一句就交代了"声学隐身"的概念（第一种提炼结果中就没有这个交代），为理解后面的内容提供了很好的铺垫，在有关科技前沿的情报研究报告中，适时做这样的铺垫非常必要；④ 第二种提炼结果提供了更多的信息却用了更少的字数。显然，表中第二种提炼结果明显优于第一种提炼结果。

表 4-5　原始素材与两种提炼结果

	原始素材	第一种提炼	第二种提炼
标题	声学隐身装置可让声波在物体周围无障碍传播		西班牙研究声学隐身装置
正文	来自西班牙瓦伦西亚的一个研究小组近日研发出一种新型声学隐身装置,该装置能够让声音毫无障碍地在物体周围传播,这种技术日后可以用于音乐厅以及其他一些安静的环境,并可用于制作头戴式降噪设备等。 　　与光学隐身设备的工作原理相类似,声学隐身装置能够让声波在物体周围传播产生与水流过河中光滑的石子相类似的效果。声波传播过程中,其波形不会受到任何影响,产生的效果就好像没有任何东西存在一样。另一方面,降噪系统能够精确制造相反的波形来抵消声波。 　　保留波形的隐身装置对于想要试图躲避声呐的物体来讲将十分有用,因为其能够产生前方无障碍的效果,声波会顺利通过并且没有反弹回波。这种技术也可应用于某些需要声音保留或需要引导声波的领域,如音乐厅。 　　来自西班牙瓦伦西亚的研究小组提出,用一些圆柱体组成的系统彼此协同工作能够让声波进行无障碍传播。他们的设计方案是:利用 120 个直径 15 毫米的圆柱体包覆在需要隐身的物体周围,这样就形成了一个直径为 22.5 厘米的大圆柱体。当频率为 3061 赫兹的声波传播到该物体周围时,声波的原始波前形状保持不变。所以,该直径 22.5 厘米的圆柱体在声波面前实现了隐身。 　　研究人员表示,目前,该隐身装置只能在很小的一段声音频率范围内工作,但是不同的工作频率仅需要调整不同的圆柱体布局即可。该隐身装置最终将覆盖较广泛的频率范围、为音乐厅、静谧的公园甚至是降噪头盔等创造更好的声学条件。	来自西班牙瓦伦西亚的一个研究小组近日研发出一种新型声学隐身装置,该装置能够让声音毫无障碍地在物体周围传播。设计是利用 120 个直径 15 毫米的圆柱体包覆在需要隐身的物体周围,这样就形成了一个直径为 22.5 厘米的大圆柱体。当频率为 3061 赫兹的声波传播到该物体周围时,声波的原始波前形状保持不变。所以,该直径 22.5 厘米的圆柱体在声波面前实现了隐身。这种技术日后可以用于音乐厅以及其他一些安静的环境,并可用于制作头戴式降噪设备等。	声波经过一物体时,若其波形不受影响,效果就如同该物体不存在一样。 　　西班牙一研究小组用 120 个直径 15 毫米的圆柱体包覆在需隐身的物体周围,形成一个直径 22.5 厘米的大圆柱体。频率 3061Hz 的声波传经这个大圆柱体时,原始波形不变,实现了大圆柱体在声波面前的"隐身"。大圆柱体内是安静环境。 　　这种技术的一个可能应用:制作头戴式降噪设备。
	正文字数:605	正文字数:212	正文字数:164

4.6.2　meme 与 meme 的制作

　　情报研究内容的提炼，往往体现在 meme 的制作上。"meme"（情报点、知识点）指的是一个成活时间足够长，从一个大脑转移（transfer）到另一个人脑的知识单元或文化单元[①]。为了构建高品质 meme，首先要了解高品质 meme 的特点。meme 要能够不胫而走（从一个大脑转移导另一个大脑），必须有用、简洁、无歧义，让人过目不忘、心生惦念。

　　情报研究人员有责任把"好情报"按读者喜闻乐见的形式揭示出来——精心研制"知识点"（meme）。制作 meme 时，要一心想着节约读者的心智（使读者理解这些信息时不费脑子，有效地减少读者发生信息疲劳的机会），设法使 meme 易记。这也符合图书馆学五原则之一——节约读者时间原则。有一本名字叫《别让用户费脑筋》(*Don't Make Me Think*)[②]的书，讲的也是这个意思。读者不乐意看的文段，肯定传播不了情报。

　　做 meme 时，不要对原始资料素材做过度解读，更不要把自己的意见与原始素材相混淆或故意把自己的意见强加到素材里边，力求做到"无一字无来历"，以严肃的史学研究者的工作态度制作 meme。

　　meme 要直截了当，尽量使用绝对信息，避免使用相对信息。所谓绝对信息，指的是无须任何其他语言环境的辅助就能清晰传达完整语义的一句话、一段话、一个标准的参考文献条目、一个独立的 meme。绝对信息用最直截了当、最节省读者注意力的方式供应信息，使读者理解这些信息时只需花费最小的心智，有效减少读者发生信息疲劳的机会。读者在引用这种绝对信息时觉得放心，只需注明出处，无须额外考证。所谓相对信息，则是指需要其他的上下文环境的支持才能传达完整语义的句段。情报接收者要理解相对信息，需要花费更多努力去分析、比对那些支撑性的上下文环境。一旦这些支撑性的上下文环境被割裂了，这则"相对信息"将失去意义。一篇情报报告，如果里边充满了需要继续求证的句段，就很难成为一篇好报告。

　　例如，高品质 meme 文段里的句子，都要避免"今年/今天""明年/天""至今"等字样（"今年/今天""明年/天""至今"就是相对信息的例子），提倡使用类似于"2017年1月18日"这种的准确的时间表述法（"2017年1月18日"绝对信息的例子）。参见表 4-6"相对信息与绝对信息的例子"。

———————

　　① 杜元清.实践钱学森情报学思想，研究激活知识的方法.钱学森科技情报学术思想研讨会.北京.2010年11月5日；杜元清.论信息环境设计（北京大学博士论文）.2009.7.

　　② Steve Krug. Don't Make Me Think：A Common Sense Approach to Web Usability. 2nd. New Riders Press，2005.

表 4-6　相对信息与绝对信息的例子

相对信息（要避免的句型）	绝对信息（要提倡的句型）
李四今年 28 岁。	李四生于 1980 年。
到目前为止，全世界已有 1000 多人接受心脏移植手术或使用人工心脏，最长的已存活 12 年。从 1967 年第一例心脏移植手术至今，全世界大概进行了 17 万例心脏移植手术。①	自 1967 年首例人类心脏移植成功以来，心脏移植效果已有了显著提高。至 1999 年 4 月为止，全球已经有 304 个医疗中心完成心脏移植手术 48 841 例，心脏移植后总的 1 年、3 年、5 年和 10 年生存率分别为 79. 4％、71. 9％、65. 2％ 和 45. 8％。心脏移植已成为晚期充血性心力衰竭治疗的有效手段。②
截止到本月底，美国登记注册的汽车有 900 万辆，占到世界汽车总数量的 39％。在美国，平均每 6 人有一辆汽车，在英国每 57 人有一辆，而在德国每 289 人有一辆。	截止到 1926 年 12 月底，美国登记注册的汽车有 900 万辆，占到世界汽车总数量的 39％。在美国，平均每 6 人有一辆汽车，在英国每 57 人有一辆，而在德国每 289 人有一辆。
今天的失败，是阿里安 5 火箭诞生以来的第 4 次发射失败。	阿里安 5 火箭 2002 年 12 月 11 日的失败，是其诞生以来的第 4 次发射失败。
产量提高 400 倍。 成本降低 97％。	年产量从 100 件增加到 40 000 件。 单价从 8700 元降低到了 200 元。

　　情报研究人员在构建 meme 时，如果能精心设计文句，努力使读者有轻松愉悦的阅读体验，那么这个 meme 的生命力将会得到增强。

　　meme 的品质要达到这样的程度：情报用户看到情报人员提供的 meme 之后，自己就能得出启示和建议。

　　meme 制作的一个案例：优先采用简洁的短句

　　表 4-7 给出了关于什么是"环境障涂层"定义的两个表达方式。一是一个长句子，二是两个简洁短句。经过比较可以发现，两个简洁短句的表达方式更清晰，更好理解：第一个短句定义了"环境障涂层"，第二个短句给出了"环境障涂层"的功能，逻辑上更清晰了。

---

　　① 袁晔. 南非纪念全球首例心脏移植手术 40 周年. [2007-12-05]. http：// news. xinhuanet. com/ news-center / 2007-12/05/content_7196275. htm.

　　② 心脏移植手术. http：// baike. baidu. com/view/530202. htm.

表 4-7　哪种表达更好

一个长句子	两个简洁短句
环境障涂层一般是指沉积在耐高温金属或高温合金的表面,对于基底材料起到隔热、防腐蚀的作用,使得用其制成的器件(如发动机涡轮叶片)能在高温、高压等恶劣环境下运行,并可提高发动机等结构部件的热效率和服役寿命的陶瓷涂层。	环境障涂层一般指沉积在基底材料(如耐高温金属或高温合金)表面并对基底材料起隔热防腐作用的陶瓷涂层。用这种带陶瓷涂层的基底材料制成的结构部件(如发动机涡轮叶片),能在高温、高压等恶劣环境下运行,且热效率高、服役寿命长。
点评: 把一样东西的定义与这样东西的功能合在一起说了。	点评: 第一个句子说一样东西的定义。第二个句子说这样东西的功能。逻辑上更清晰。

meme 的制作过程中,可以根据需要采用加字法、减字法、图表法(参见 4.5.1)等。下面这幅照片,加上这些所在公司的市值之后,就成为在互联网上疯传的 meme——《一张价值 2.5 万亿美元的照片》。

我国有的情报研究机构,2014 年开始尝试为用户提供《图说……》系列[1]的情报研究报告,一幅图加上少量必要文字放置在一页篇幅上,阐述一个相对独立的主题,用户表示非常喜欢。

---

[1]　中国航天系统科学与工程研究院.《图说国防科技创新集粹》.2014 年 12 月.

信息来源：综合北京《新京报》、腾讯网信息整理

4.7　情报研究报告的编写

有了平时及时积累的诸多高品质meme，要在预定时间点完成项目所要求的各款情报研究，就是水到渠成的事情了。

情报研究报告可被分成各种类型。按传统分法，有综述、述评、专报、评估报告（净评估）、预测报告等。按出版周期，有日报、周报、半月报、月报、季报、半年报、年报、双年报等。当然还可按报告长短来分类。

情报研究报告是科技报告的一种，编写任何情报研究报告，原则上应遵守国家标准《科技报告编写规则》(GB/T 7713.3-2014)[①]。

① 发布部门：中华人民共和国国家质量监督检验检疫总局　中国国家标准化管理委员会
发布日期：2014-05-06
实施日期：2014-11-01
提出单位：全国信息与文献标准化技术委员会(SAC/TC4)
归口单位：全国信息与文献标准化技术委员会(SAC/TC4)
起草单位：中国科学技术信息研究所、中国国防科技信息中心、中华人民共和国科学技术部
起草人：张爱霞、曾建勋、朱东辉、周杰、杨代庆、侯人华、赵红光
页数：40 页
出版社：中国标准出版社
出版日期：2014-11-01

110　　情报研究论

4.7.1　长篇(正文万字以上)情报研究报告

万字以上的长篇情报研究报告,一般分为前置部分、主体部分和后置部分,进一步的划分可见表 4-8。

表 4-8　长篇(正文万字以上)情报研究报告的组成部分

		要求
前置部分	封面	报告编号、题目、主要完成者、完成者单位、完成日期等
	封二	不限定
	题名页	除重复封面部分信息外,还可以提供副标题等信息
	辑要页	文献数据库在收录此报告时所需要的全部拟录项信息
	目录	一般列到二级标题
	序言	报告编写说明(鸣谢的内容也可以放在这里)
	详细摘要	3000~5000 字
主体部分	引言	说明正义的基本内容结构
	正文与研究结论	占主体部分的 80% 以上
	启示建议	可选
	参考文献	可分列在每页页脚
后置部分	附录	可选
	索引	可选
	封底	可选
	其他	可选

2015 年 10 月 10 日中国军控与裁军协会、中国核科技信息与经济研究院联合向全世界发布的《日本核材料问题研究报告》,就是一个正规的长篇(正文万字以上)情报研究报告的案例(表 4-9)。

表 4-9　长篇(正文万字以上)情报研究报告的案例
——《日本核材料问题研究报告》

《日本核材料问题研究报告》①简介

①　http://japan.people.com.cn/n/2015/1013/c35467-27693282.html

《日本核材料问题研究报告》分中文版和英文版两个版本。报告中文版共 41 页,全文约 1.8 万字。报告基本结构如下:

前言

摘要

第一章　日本钚材料情况

第二章　日本铀材料情况

第三章　日本钚材料供需情况

第四章　国际社会对日本核材料问题的看法

第五章　日本核材料供需失衡引发的问题

第六章　解决日本核材料供需严重失衡问题的途径

报告详细列举了日本对钚和铀等敏感核材料的存储情况、生产能力、实际需求,分析了日本大量贮存敏感核材料带来的问题和隐患,提出了解决相关问题的看法和建议。

该报告由中国军控与裁军协会、中国核科技信息与经济研究院耗时一年多编写完成,当中数据及素材均来自于公开资料,大部分参与编写的人员都是长期关注日本核材料及核能力的专家学者。

4.7.2　千字(1000 字～万字以下)情报研究报告

情报研究报告的常见篇幅是数千汉字,尤其以 1000～4000 字篇幅最普遍。这种千字报告多出现在周刊、半月刊、月刊、双月刊、季刊之上,比较讲究时效。千字报告主要包括题目、文头、概括或背景陈述、现状描述(需要分列一些小标题)、影响分析、未来趋势、启示建议等,其中不可或缺的部分是题目、文头、现状描述。参见表 4-10 和表 4-11。

表 4-10　千字(1000 字～万字以下)情报研究报告的组成部分

文章题目	不可或缺	直接揭示主要内容	
百字文头	不可或缺	显示关键素材出现的时间,引出值得关注的核心内容,抓住读者	
概述或背景陈述	可选	一般出现在第一个小标题下	全文要列三个以上小标题。每个小标题都要直接明了。每段长度不超过 6 行。把不可或缺的部分写清楚,读者自己就知道该怎么做了
现状描述	不可或缺	什么人在做什么(做到了什么程度)、怎么做的、为什么。可能要多列几个小标题,每个标题及其下文字都要突出一个 meme	
影响分析	可选	分析对我方、对方、对全球的潜在影响	
未来趋势	可选		
启示建议	可选	有的情报研究刊物干脆不要启示建议这部分	

表 4-11　千字(1000 字～万字以下)情报研究报告

案例一：航空业安全管理制度对核工业的借鉴意义	
无小标题且编号复现的版本如下	加了三个小标题的版本如下
世界核协会(WNA)在 2013 年初发布的《航空业许可证审批和寿命管理——核工业可以获得什么启示?》报告中,研究了民航业的设计许可证审批和设计变更管理制度对核工业的借鉴作用。 报告认为,核工业和民航业的监管制度都以全球性和高度管控为特点,且都以出色的安全性和可靠性为总体目标。民航业死亡事故率过去 10 年间下降明显,说明安全性得到大幅提升,主要原因之一是航空业的设计审批和变更管理规范实现了国际标准化和协调。 航空业监管制度的基础包括:全球性框架、各国的标准以及各国航空监管当局对产品和组织同时进行监督。对此形成补充的还有各国监管部门的密切国际合作,以及通过达成双边适航协议使各国监管部门自愿互相承认对方的认证结论。 飞机设计的许可证制度基于 1944 年芝加哥会议附录 8 规定的一系列约束性国际最低标准,外加各国的具体适航规定。飞机原创国负责为飞机设计颁发型号合格证。若飞机设计在某个国家进行了注册,还要由该国另外颁发型号合格证。此外,在某个国家进行注册的每架飞机均要由该国颁发适航证。 在飞机设计的整个寿期内,原创设计者始终要对各种安全事件和相关结论做出响应。就严重事件而言,原创国的航空部门可能以原创设计者提出的解决方案为基础发出适航指令,要求其他国家监管部门监督执行补救措施,确保拥有相同设计的所有飞机均进行了相应的改进。 报告认为,航空业安全监管制度在以下几方面值得核工业借鉴: (1)就基本安全要求(芝加哥会议附录 8)达成一项得到联合国支持的政治协议; (2)设计许可证审批(型号合格证)程序和双/多边认可协议; (3)贯穿于飞机设计全寿期的设计变更管理和型号合格证维护; (4)由制造商担负设计权威的职责; (5)在一个获得国际认可的框架下维护各国监管部门的职责。	世界核协会(WNA)2013 年 1 月发布研究报告《航空业许可证审批和寿命管理——核工业可以获得什么启示?》指出,民航业的设计许可证审批和设计变更管理制度,可供核工业借鉴。 报告认为,核工业和民航业的监管制度都以全球性和高度管控为特点,且都以出色的安全性和可靠性为总体目标。民航业死亡事故率过去 10 年间下降明显,说明安全性得到大幅提升,主要原因之一是航空业的设计审批和变更管理规范实现了国际标准化和协调。 一、航空业安全管理制度概况 航空业监管制度的基础包括:全球性框架、各国的标准以及各国航空监管当局对产品和组织同时进行监督。对此形成补充的还有各国监管部门的密切国际合作,以及通过达成双边适航协议使各国监管部门自愿互相承认对方的认证结论。 飞机设计的许可证制度基于 1944 年芝加哥会议附录 8 规定的一系列约束性国际最低标准,外加各国的具体适航规定。飞机原创国负责为飞机设计颁发型号合格证。若飞机设计在某个国家进行了注册,还要由该国另外颁发型号合格证。此外,在某个国家进行注册的每架飞机均要由该国颁发适航证。 在飞机设计的整个寿期内,原创设计者始终要对各种安全事件和相关结论做出响应。就严重事件而言,原创国的航空部门可能以原创设计者提出的解决方案为基础发出适航指令,要求其他国家监管部门监督执行补救措施,确保拥有相同设计的所有飞机均进行了相应的改进。 总之,航空业已建立了一套国际合作和互认制度,还有若干项旨在共享设计信息并向调查结论和事件做出一致响应的高效机制。这套制度保全了各国政府的主权及其权限。 二、航空业安全监管制度值得核工业借鉴的 5 个方面 报告认为,航空业安全监管制度在以下几方面值得核工业借鉴: (1)就基本安全要求(芝加哥会议附录 8)达成一项得到联合国支持的政治协议; (2)设计许可证审批(型号合格证)程序和双/多边认可协议;

世界核协会反应堆设计评价与审批工作组(CORDEL)以航空业的监管制度为模版,为核工业提出了几项监管方案,主要包括:

(1)针对那些可以同样方式在不同国家进行建造的反应堆设计,CORDEL 正在推动这些设计实现国际标准化。这项工作将考虑采用航空业监管制度的许多要素。

(2)在所有的设计变更决策中,必须充分重视国际标准化产生的益处。供应商/设计者至少应承担一项咨询职责,以确保重大的设计改进在全世界拥有相同设计的反应堆中都得到了执行。

(3)随着原创设计者/供应商对其整个国际堆群的监督责任越来越大,设计权威意味着这些责任须由核电公司和供应商共同承担。

(4)设计标准化可通过业主群(Owners group)来实现。所有运行相同设计反应堆的电力公司应加入相应的业主群,如果监管部门没有此项要求,则应鼓励他们主动加入业主群。

(5)反应堆供应商应像飞机供应商那样发布关于安全性和运行问题的服务公告。针对重大安全问题,应提出相应的建议,供业主群采纳,并由各国监管当局确立为强制性安全建议。

航空业已经建立了一套国际合作和互认制度,还有若干项旨在共享设计信息,并向调查结论和事件做出一致响应的高效机制。这套制度保全了各国政府的主权及其权限。在全球核工业发展的关键时刻,持续提高安全性至关重要,一种可能的方式为采取类似于航空业的监管制度,即密切开展国际合作。

(3)贯穿于飞机设计全寿期的设计变更管理和型号合格证维护;

(4)由制造商担负设计权威的职责;

(5)在一个获得国际认可的框架下维护各国监管部门的职责。

三、世界核协会为核工业提出的 5 项监管方案

在全球核工业发展的关键时刻,持续提高安全性至关重要,一种可能的方式是:采取类似于航空业的监管制度,即密切开展国际合作。世界核协会反应堆设计评价与审批工作组(CORDEL)以航空业的监管制度为模版,为核工业提出了几项监管方案,主要包括:

(1)针对那些可以同样方式在不同国家进行建造的反应堆设计,CORDEL 正在推动这些设计实现国际标准化。这项工作将考虑采用航空业监管制度的许多要素。

(2)在所有的设计变更决策中,必须充分重视国际标准化产生的益处。供应商/设计者至少应承担一项咨询职责,以确保重大的设计改进在全世界拥有相同设计的反应堆中都得到了执行。

(3)随着原创设计者/供应商对其整个国际堆群的监督责任越来越大,设计权威意味着这些责任须由核电公司和供应商共同承担。

(4)设计标准化可通过业主群(Owners group)来实现。所有运行相同设计反应堆的电力公司应加入相应的业主群,如果监管部门没有此项要求,则应鼓励它们主动加入业主群。

(5)反应堆供应商应像飞机供应商那样发布关于安全性和运行问题的服务公告。针对重大安全问题,应提出相应的建议,供业主群采纳,并由各国监管当局确立为强制性安全建议。

案例二:美国研制出首批金刚石基氮化镓晶体管	
无小标题内容涉英国的版本	加四个小标题且删除了涉英内容的版本
导读文字: 2013 年 4 月 30 日,美国 TriQuint 公司在美国国防预先研究计划局(DARPA)"近结热传输(NJTT)"项目的支持下,研制出首个金刚石基氮化镓(GaN)高电子迁移晶体管(HEMT),并将以此为基础开发新一代 GaN 射频功率放大器,实现功率提升 3 倍的目标。英国也于近日启动针对 GaN 器件衬底材料的研究。	导读文字: 2013 年 4 月 30 日,美国防部预先研究计划局(DARPA)官网发布新闻:DARPA 微系统技术办公室(MTO)"近结热传输"(NJTT)项目,制出了第一批"功率处理能力三倍于现行解决方案的"金刚石基氮化镓(GaN-on-diamond)高电子迁移率晶体管(HEMT),验证了金刚石作为军用 GaN 器件衬底的可行性和所具有的突出优势。

2013年4月30日,在美国国防预先研究计划局(DARPA)"近结热传输(NJTT)"项目的支持下,美国TriQuint公司研制出首个金刚石基氮化镓(GaN)高电子迁移率晶体管(HEMT)。由于金刚石材料的热导率分别是碳化硅和硅材料的5倍和10倍,以金刚石做衬底可有效降低GaN器件的工作温度,大幅提升器件功率密度。下一步,TriQuint公司将在此基础上开发新一代GaN射频功率放大器,实现器件功率密度提升3倍的目标[1]。

目前,GaN器件的衬底主要分为碳化硅、硅和金刚石三种。碳化硅基以满足大功率应用为主,硅基主要面向低功率和对成本敏感的应用领域,两者都已有大量产品问世,未来将继续向单片微波集成电路(MMIC)的研发和生产工艺的成熟方向发展。金刚石则以提升GaN器件的功率密度为目标,以满足未来军事需求,目前还处于研发阶段。

为促进碳化硅基和硅基GaN器件发展,美国和欧盟均开展了针对性研究。美国DARPA在2010年底完成了历时9年、总投资2亿美元的宽禁带半导体-射频(WBGS-RF)项目后,陆续启动了以研究可工作于500GHz的GaN MMIC和混合信号集成电路为目标的"下一代氮化物电子"(NEXT)项目,以及以研究先进射频超快大功率直流GaN开关器件为目标的"微功率转换器"(MPC)项目,两个项目年投入均超过1000万美元[2]。美国空军和海军通过"国防生产法案第三类碳化硅基GaN雷达和电子战用MMIC"项目,加强对GaN制造工艺研究的支持。目前,空军已研制出14微米碳化硅基的氮化镓铝(AlGaN)/GaN MMIC制造工艺,并于2013年4月25日计划在未来4年投资495万美元协助产业界具备该生产能力,使美国国防部有可用的GaN生产线[3]。欧盟也在第7框架计划中对应地设置3个为期3年的GaN发展项目,总投资2263万欧元。

为促进金刚石基GaN器件的发展,DARPA在2012年9月和10月分别与美国

2013年4月30日,美国防部预先研究计划局(DARPA)官网发布新闻:DARPA微系统技术办公室(MTO)"近结热传输"(NJTT)项目制出了第一批"功率处理能力三倍于现行解决方案的"金刚石基氮化镓(GaN-on-diamond)高电子迁移率晶体管(HEMT),验证了金刚石作为军用GaN器件衬底的可行性和所具有的突出优势。

一、技术研究背景

2010年底,DARPA在完成了历时9年、总投资2亿美元的宽禁带半导体-射频(WBGS-RF)项目之后,陆续启动了如下两个项目:

(1)"下一代氮化物电子"(NEXT)项目,目标是研究可工作于500GHz的GaN单片微波集成电路(MMIC)和混合信号集成电路;

(2)"微尺度功率转换器"(MPC)项目,目标之一是研究先进射频超快大功率直流GaN开关器件。

美空军和海军也通过"国防生产法案第三章(Defense Production Act Title Ⅲ)碳化硅基GaN雷达和电子战用MMIC"项目,加强了对GaN制造工艺研究的支持。

空军现已研制出"14μm碳化硅基铝镓氮(AlGaN)/GaN MMIC"制造工艺,并于2013年4月向工业界发布方案征求书(FOA-RQKM-2013-0003),拟在未来4年投资495万美元,向工业界转移"14微米碳化硅基Al-GaN/GaN MMIC"工艺,并让工业界建立"14微米碳化硅基AlGaN/GaN MMIC"生产能力,满足国防部未来需求。

现行中低功率GaN器件多以硅为衬底,大功率GaN器件则多以碳化硅为衬底。然而,在军用射频系统中,GaN MMIC工作性能受限于距结100微米区域的高热阻所产生的热量,即所谓"GaN功率晶体管的'热斑'(Hot Spot)"问题。相对于DARPA"1000W/cm² 功率密度目标"而言,"热斑"问题就愈加突出。

二、技术研究思路和途径

直到现在,上述"热斑"问题仍处于研究攻关阶段。攻关基本思路是:改变器件工作模式,以提高工作效率降低热功耗;发展新型热管理技术(TMT),提升散热能力。

TriQuint 公司和 RFMD 公司签署了价值 270 万和 210 万美元的 NJTT 项目研究合同[4][5]。NJTT 项目以芯片内晶体管 PN 结附近 100 微米区域内的热阻为研究对象,通过使用金刚石做衬底、消除低导热外延层和液体冷却等方式,实现芯片内部热管理;是 DARPA"热管理技术"项目中最新的研究方向,也标志着 DARPA 热管理技术从芯片外向芯片内的转变。

由于衬底材料对器件性能所具有的重要意义,2013 年 4 月 29 日,英国工程和物理科学研究委员会(EPSRC)投入 82.38 万英镑,启动了"GaN 电子器件创新高热导衬底:热创新"项目,计划利用 4 年的时间开发出热导能力高于碳化硅材料的衬底,以及热导性能优于硅材料但成本更低的衬底[6]。

由于芯片内 PN 结附近区域和衬底热阻产生的热量占总热量的 50%,如果成功实现芯片内散热,将对电子元器件和军事装备带来根本性变革。TriQuint 公司此次所取得的重大突破,验证了金刚石作为 GaN 器件衬底的可行性和所具有的突出优势,也为未来大幅提升通信、雷达、电子战等军事装备的性能提供了可能。

参考文献(略)

DARPA 近年分期开展的 TMT 项目群,旨在对新的纳米结构材料和其他新兴技术进行探索和优化,并用于热管理系统。基本做法是由外及里,从器件外围逐渐深入器件内部,逐个解决管壳、热沉、焊料、衬底近结处的热阻问题。DARPA 主要的 TMT 项目有以下 5 个:

(1)热地面(Thermal Ground Plane,TGP),用于二相气体腔纳结构成型芯及壳体;

(2)风冷交换器的微技术(Microtechnologies for Air-Cooled Exchangers,MACE),用于增强型热沉;

(3)纳米热界面(Nano Thermal Interfaces,NTI),用于低热阻界面材料;

(4)有源冷却模块(Active Cooling Modules,ACM),用于高性能系数冷却器;

(5)近结热传输(Near Junction Thermal Transport,NJTT),探索制备金刚石基 GaN 晶体管的两种方式:① 从硅/碳化硅衬底到金刚石衬底的 GaN 外延转移;② 在碳化硅里刻蚀出来的传热通道里直接生长金刚石。

三、研究团队及其实现的技术突破

由美国 TriQuint 半导体公司牵头的一个产学研相结合的跨国团队,于 2012 年 9 月获得了 DARPA 的 NJTT 项目里的一个合同。团队中,TriQuint 公司的研究伙伴包括英国布里斯托大学(University of Bristol,UK)以及美国的"第四集团实验室"公司(Group4 Labs)和洛·马公司。

布里斯托大学的强项是热测试、建模和微拉曼热成像技术。"第四集团实验室"公司是金刚石衬底运用方面的先驱,曾与 TriQuint 一道演示过用金刚石做衬底的可能性。洛·马公司负责评估项目成果"金刚石基 GaN 高电子迁移率晶体管"对未来防务系统的影响。

2013 年 4 月,TriQuint 团队通过外延转移方法,成功地将 GaN 从其他衬底上取下并与合成生长的高热导率金刚石衬底紧密结合,形成了金刚石基 GaN 薄膜,并用该薄膜生产出了第一批氮化镓(GaN)晶体管,实现了技术上的突破。

初步测量结果显示,TriQuint 团队实现了 NJTT 项目的主要目标——在基本不降低 GaN 器件制造成熟度和技术成熟度的前提下,把散热性能提高 3 倍。

	四、这项技术突破的意义
	NJTT 项目的这次突破有如下 3 个方面的意义。
	（1）对高性能 GaN 器件制备工艺的影响。金刚石基 GaN 高电子迁移率晶体管的实现，为未来大功率和超大功率 GaN 器件的大批量装备应用，跨越了一个重大的工艺技术障碍。
	（2）对热管理技术的影响。金刚石基 GaN 高电子迁移率晶体管的实现，标志着"器件级热管理技术"的重大进步。未来，美国防部的 GaN 功率放大器、多种电子系统和光学系统，都将因为"器件级热管理技术"而获得性能上的提升。
	（3）对装备系统作战效能的影响。金刚石基 GaN 高电子迁移率晶体管，将推动新一代射频功率放大器的发展。更大功率、更高效率、更小尺寸的金刚石基 GaN 功率放大器，将会给新一代军用射频系统（包括雷达、通信和电子战等装备）带来更优越的尺寸、重量和功率特征。
	参考文献（略）

　　情报研究人员编写千字报告时，要想着如何吸引忙碌的读者们的注意力。忙人的阅读习惯一般是这样的：一看题目和导读；二看正文（看正文时，一找小标题，二找重点句段和带标号的句段）。题目和导读若抓不住注意力，这篇报告基本就废了。

4.7.3　单页（600 字～千字）情报研究报告

　　单页情报研究报告特别讲究时效，多出现在半月刊、周报、简短日报中，备受读者欢迎。单页情报研究报告包括题目、文头、现状概述、影响或趋势、附注等。不可或缺的部分主要是题目、文头、现状概述。参见表 4-12 和表 4-13。

表 4-12　单页（600 字～千字）情报研究报告的组成部分

组成部分	重要性	作用	
文章题目	不可或缺	直接揭示主要内容	一页纸的篇幅
数十字文头	不可或缺	显示关键素材出现的时间，引出值得关注的核心内容，抓住读者	
现状概述	不可或缺	什么人在做什么（做到了什么程度）、怎么做的、为什么。要列二个小标题，每个标题及其下文字都要突出一个 meme	
影响或趋势	可选	分析对我方、对方、对全球的潜在影响	
附注	可选		

表 4-13　单页(600 字～千字)情报研究报告案例

美空军 X-51A 项目的 4 次飞行试验

美空军 X-51A 项目的主要任务是通过 4 次飞行试验演示 4 个主要技术：(1)用"普惠 SJY61 超燃冲压发动机"演示"可调超燃冲压喷气推进技术"(核心)；(2)热防护系统材料技术；(3)机身与发动机一体化技术；(4)高速稳定性与控制技术。按计划，4 次试验的基本步骤见【文后注释】都一样。

表 1　X-51A 项目的 4 次飞行试验

序	试验日期	结果	说明
1	太平洋标准时 2010 年 5 月 26 日	成功	完成了多数试验点。SJY61 喷管与 X-51A 巡航器机体间热密封失效，燃气进入机体，使巡航器航电系统、线包和其他重要部件熔化。截至遥测信号消失时，X-51A 在 SJY61 推进下飞行了 143 秒，最大速度达 4.88 倍声速。此次试验被看成是高超声速领域一个有历史意义的进展。2011 年 3 月 8 日，美《航空航天周刊》把第 54 届桂冠奖(航空学/推进)授予 X-51A"乘波者"高超声速飞行器团队。理由是：该团队"研制了一种使用超燃冲压发动机的无人高超声速飞行器，并使之能在一定时间和距离内进行受控飞行"。
2	太平洋标准时 2011 年 6 月 13 日	失败	完成了步骤 1～3。SJY61 以乙烯为初始燃料成功点火。但在转用 JP-7 常规燃料时，SJY61 进气道未启。
3	太平洋标准时 2012 年 8 月 14 日	失败	完成了步骤 1～2。当 SJY61 到了该点火时，X-51A 巡航器却因"控制安定翼故障"而失控坠落。SJY61 未能实现点火。
4	太平洋标准时 2013 年 5 月 1 日	成功	完成了所有步骤，为 X-51A 项目画上圆满句号。SJY61 总工时 240 秒(从 4.8 马赫到 5 马赫以上的转换时间是 30 秒，5 马赫以上工作时间是 210 秒)。2014 年 1 月，X-51A 团队因"验证可持续吸气高超声速飞行的可行性"而赢得 AIAA 基金会卓越奖。

4 架 X-51A 飞行器由普惠洛克达因和波音两家公司制造。(正文完)

【文后注释】X-51A 项目飞行试验基本步骤

步骤	说明
1	"X-51A 巡航器/陆军战术导弹系统固体助推器"组合体，由 B-52H 飞机携至穆古角海军空战中心试验靶场上空约 15 千米高处释放。释放时，B-52H 飞行速度在 0.7～0.8 倍声速之间。
2	释放后过 4 秒，固体助推器点火，使组合体加速飞 30 秒，速度约 4.5～5 倍声速、飞高约 19 812 米。届时，X-51A 巡航器与固体助推器分离。
3	X-51A 巡航器的 SJY61 超燃冲压发动机点火。初始燃料是乙烯。
4	紧接着，SJY61 的燃料换成 JP-7。
5	SJY61 靠 JP-7 工作至少 300 秒，把 X-51A 加速到 6 倍声速及以上，飞高达约 21 336 米。
6	每次试验结束时，试验用的那架 X-51A 巡航器坠入太平洋，不回收。

> 全部 1~6 步过程中,飞行器上传感器会不间断地把数据发向在空中飞行的美海军 P-3"猎户座"飞机、发向位于穆古角和范登堡空军基地的多个地面站。在爱德华兹任务控制中心,有数十人在控制室里监控 SJY61 的表现和各种各样的遥测信号。(注释完)

4.7.4　微型(500 字以内)情报研究报告

微型情报研究报告篇幅极为简短,几十个字就提供一个 meme。我们认为,情报是一个 meme、一个 meme 地被用户吸收的。微型(500 字以内)情报研究报告的组成部分主要有:题目、现状概述、影响或趋势。其中,题目和现状概述这两项不可或缺。参见表 4-14 和表 4-15。

表 4-14　微型(500 字以内)情报研究报告的组成部分

组成部分	重要性	作用	
文章题目	不可或缺	直接揭示主要内容,不与正文内容重复	三行到半页的篇幅
现状概述	不可或缺	显示关键素材出现的时间,引出值得关注的核心内容,抓住读者。什么人在做什么(做到了什么程度)、怎么做的、为什么。要突出一个 meme	
影响或趋势	可选	分析对我方、对方、对全球的潜在影响	

表 4-15　微型情报研究报告案例:从原始素材到初稿再到终稿

组成部分	重要性	作用	
	原始素材	报告初稿	报告终稿
英国关闭世界仅有的两大商业混合氧化物核燃料生产厂之一			英国关闭混合氧化物(MOX)核燃料生产厂
受日本福岛核事故的直接影响,英国宣布将关闭一座核燃料生产厂。 根据《自然》杂志的一篇文章,英国核退役管理局于日前表示,其位于萨拉菲尔德的核燃料生产厂即将关闭。该厂是全世界仅有的两座生产混合氧化物核燃料的商业生产厂家之一,关闭的原因是日本在福岛事件后使用该类核燃料的反应堆停堆,从而导致其失去了仅有的一个客户。目前,日本的 54 座核反应堆只有 17 座仍在运行。	福岛事件后,日本 54 座核电站只剩 17 座开工,导致英国萨拉菲尔德(Sellafield)MOX 燃料生产厂失去了仅有的一个客户。 萨拉菲尔德 MOX 燃料生产厂 2001 年投产以来一直问题不断,年产能力原定 560 吨,目前实际降到了 15 吨。英国核退役管理局(NDA)评估了该厂前景,表示将关闭该厂。关闭的决定将使英国核工业界面临世界上最大数量钚库存如何处理的问题。	福岛事件后,日本 54 座核电站只剩 17 座开工,导致英国萨拉菲尔德(Sellafield)MOX 燃料生产厂失去了仅有的一个客户。 萨拉菲尔德 MOX 燃料生产厂 2001 年投产以来一直问题不断,年产能力原定 560 吨,目前实际降到了 15 吨。英国核退役管理局(NDA)评估了该厂前景,表示将关闭该厂。关闭的决定将使英国核工业界面临世界上最大数量钚库存如何处理的问题。

这家陷入困境的核燃料生产厂具有悠久的历史,但因为技术原因使得它的产量从2001年投产以来预计的560吨下降到目前的15吨,而将它关闭的决定将使得英国核工业面临世界上最大数量储存钚如何处理的问题。	萨拉菲尔德MOX燃料生产厂是全世界现有两座提供商业级MOX燃料的生产厂家之一。	萨拉菲尔德MOX燃料生产厂是全世界现有两座提供商业级MOX燃料的生产厂家之一。另一厂家是法国的MELOX厂。

上述微型情报研究报告的初稿和终稿存在两处不同。初稿题目涉及"世界仅有的两大商业混合氧化物核燃料生产厂",正文里却不指明另一个仅存的厂。终稿题目将读者注意力引向英国厂的关闭,同时在正文最后加了一句,指明"另一厂家是法国的MELOX厂"。

事实上,为了增加这一句话,校稿专家至少做了两项分析工作:首先做了一个预判:读者多半会同时关心"全世界现有两座提供商业级MOX燃料的生产厂";其次,需要快速查资料(而且不止一个出处的资料以便核实),找到世界上另一座"商业级MOX燃料的生产厂"——法国的MELOX厂。

下面的例子(表4-16)是关于数字的。当遇到带数字和比例的内容时,情报研究人员一定要明确① 是什么占了什么的比例;② "总量"要对应于"分量的和"($1145=777+203+165$);③ 要明确原始报告的分类方法和逻辑关系,不要胡子眉毛一把抓,给读者不清不楚的一堆难以建立正确关联的数字。也许提取的数字真是来自原始文献,但一定要避免局部断章取义。只有作者的概念清楚了,才能形成概念清楚的微型情报研究报告。

表 4-16　微型情报研究报告案例:$1145=777+203+165$

欧洲智库预测未来十年还将建造并发射1145颗卫星	
微型研究报告初稿	微型研究报告终稿
欧洲咨询公司最新发布的第14份《世界市场调查——2020年前建造并发射的卫星》预测报告,预计未来10年(2011~2020年)将建造并发射的卫星比上一个10年多51%,所获全球收益将达1960亿美元。其中80%的卫星是传统太空强国为替换目前系统而发射的卫星和新兴太空国家发射的新卫星。政府继续主导航天市场,大部分市场对非本国制造商关闭。地球观测在民用政府卫星应用中所占比例最大。未来10年将有203颗商业通信卫星将发射进入地球同步轨道(GEO),165颗卫星将发射到中高地球轨道(MEO)和低地球轨道(LEO)。	卫星系统是军民通信和地理信息解决方案的关键基础设施。欧洲咨询公司最近发布的第14份《世界市场调查——2020年前建造并发射的卫星》报告指出,全球未来10年(2011~2020年)将建造并发射的卫星数量比上一个10年多51%,所获收益将达1960亿美元。其中777颗卫星属于50个国家和地区的政府机构,这其中的80%,由美国、俄罗斯、欧洲、日本、中国和印度6家自产;民用的政府对地观测卫星将有200多颗;世界卫星制造商的出口机会,主要来自无太空业国家的政府;政府支持的太空科学与太空探索任务也将比上个10年增长30%。203颗商业通信卫星(500亿市场价值)将进入地球同步轨道(GEO)。165颗提供各种商业服务的卫星将进入中地球轨道(MEO)和低地球轨道(LEO),其中3/4是通信卫星,1/4是成像卫星。

4.8 情报研究工作的其他事项

（1）项目管理工作

流程中的每一个作业本身其实就有输入和输出的接口，这些接口都是后台性质的、依赖于承担项目的情报研究机构自身的工作体系成熟度。

对于寿命周期确定（3 个月期、半年期、一年期、二年期……）的情报研究项目，有按时结题的需要，届时需要做好项目验收、项目工作总结、成果申报等一系列工作。

有些重要的情报研究项目，用户方还要组织中期评审，对中期产品和过程产品的交付情况进行检查和验收，确保项目健康有序运行，使国家研究经费获得值价的回报。

另有一类长期连续滚动开展的情报研究项目，因为项目组的组织成熟度较高，工作体系比较完善，项目管理工作所需要花费的精力就相对小些。

（2）情报研究报告或其他形式研究成果的编印和分发

这里的编印，指的是对所有需要送达指定情报产品接收者们的那些长长短短的情报研究报告，都要经过严密细致的审校工序，切实做好技术内容把关、语言文字把关、格式版式把关。在编印过程中，要舍得把资深、高价值、高素质研究人员放置在关键的把关岗位上，因为任何细小的错误都会大幅消减情报研究报告本身的置信度，影响情报研究机构的形象，严重的还可能误导读者、误导决策。

这里的分发，指的就是把"若干输出项"准时送达前台（包括情报研究项目用户方指定的情报产品接收者们）。分发作业本事是一个相对简单的工作，关键在于情报产品接收者清单的制定和调整，以及如何从这些接收者那里获取对情报产品本身的意见反馈。

参考文献

［1］Krug S. Don't Make Me Think：A Common Sense Approach to Web Usability. 2nd. CA：New Riders Press，2005.

［2］http：//japan. people. com. cn/n/2015/1013/c35467-27693282. html

［3］McLuhan M，Fiore Q，Agel J. The Medium is the Massage：An Inventory of Effects. New York：Random House，1967.

［4］We the Media Grassroots Journalism by the People，for the People By Dan Gillmor July 2004 Pages：320，http：//oreilly. com/catalog/9780596007331/

book/index. csp.

[5] 大狗小狗一起叫 Web2.0 主流技术一览. 2006-02-06. http：//net. chinabyte. com/chxjj/148/2292648. shtml.

[6] 杜元清. 实践钱学森情报学思想,研究激活知识的方法. 钱学森科技情报学术思想研讨会. 北京. 2010 年 11 月 5 日.

[7] 杜元清. 论信息环境设计. 北京：北京大学,2009,7.

[8] 心脏移植手术 http：//baike. baidu. com/view/530202. htm.

[9] 袁晔. 南非纪念全球首例心脏移植手术 40 周年. [2007-12-05]. http：//news. xinhuanet. com/ newscenter / 2007-12/05/content_7196275. htm.

[10] 中国航天系统科学与工程研究院. 图说国防科技创新集粹. 2014 年 12 月.

[11] 毕研韬. 传播革命与文艺传播. 2006-06-05. http：//biyantaob06. blogchina. com/148781. html.

5

情报研究成果

5.1 动态快报类(情况报道类)成果

信息按照时间性划分,可分为动态信息和静态信息。动态信息是时间性很强、反映事物发展变化的信息,或者说,及时反映最新发生的事件或最新出现的情况的信息。静态信息是指历史文献、资料和知识等信息,是由动态信息不断积累和加工整理形成的。动态情报是通过跟踪监视和分析研究所得关于敌方或竞争对手的政治、经济、军事、科技等方面最新情况的报告,是针对特定对象、为特定目的提供的、经过选择与加工处理的动态信息。动态情报只需要向需要者提供,使用范围比较小,有的甚至只供个别人使用。

动态快报是对动态情报进行及时报道的一种情报研究产品形式,同时也可以作为其他情报研究的基础资料。动态快报的内容主要包括:

① 相关领域及相关方面有重要影响的政策、决策和决定,包括制定的规划、计划和重要政策的变化;

② 对国家安全、政治、经济等有重要影响的事件;

③ 相关技术发展的重要突破进展;

④ 相关领域出现的新概念、新技术和新东西等。

5.1.1 动态快报的特点

(1) 针对性

动态快报是针对特定需要、有实用价值的信息,因而具有明确的目的和对象。

提供的动态情报主要给谁用，要达到什么目的或解决什么问题，这就是动态快报的针对性。

从事不同工作、不同层次的用户，对动态快报的需求也不一样。例如，党和国家的领导人统筹全局，需要了解国内外有关政治、经济、科技、军事等方面的大事，提供给他们的动态快报应该是事关全局的重大问题；各部门的领导主要关心与本部门工作有关的动态情报；科技工作者则关心本学科、本专业领域科技发展的动态情报。所以，动态情报必须有的放矢，要根据不同用户的需要，提供他们最关心、最感兴趣的情报。

动态快报的针对性主要体现在选题针对性和内容针对性。选题针对性，是指根据使用者的需求选择其感兴趣的领域或问题提供动态情报。内容针对性，指即使是同样的选题，供不同的群体使用，内容侧重点和写法也会不同。例如，供领导或者决策者使用的动态快报，重点在于把主要情况和相关利害交代清楚，用通俗易懂的文字表达深奥的技术概念即可；给领域专家使用的动态快报，要有一定的技术深度，涉及的科学原理、内部结构、关键技术等要具体阐明，必要时还可以附上相关图表。

（2）时效性

情报的时效性是指情报从产生、发出、接收到利用的时间间隔及效率。情报只有在一定的期限内才能起作用，过了这个期限，效果就会降低甚至消失。情报的及时性和有效性往往是密切相关的，这一点在动态快报中体现得尤为明显。当今社会已进入信息时代，传播媒体众多，技术手段发达，信息传播的速度极快，给情报研究工作带来了极大的挑战，必须更加重视情报的时效性，否则效果将会大打折扣。

从另一个角度来说，情报的时效性还表现在提供动态快报的时候是否恰当。如果用户在考虑某个问题时送上快报，时效性一定是好的。报送过早可能不会受到注意，报送太迟可能会起不到作用。

（3）准确性

动态情报是客观事物发展变化的真实反映，要以事实为依据，客观、真实、不夸大、不缩小，不带倾向性。不准确的情报不仅无用，反而有害，可能会导致错误的决策，造成计划受阻、资源浪费、时机丧失，有时后果更加严重。

动态快报的准确性包括事实准确和表达准确两个方面。事实准确是前提，对所获取的原始信息，经过去粗取精、去伪存真地分析，得到的是真实的，而不是虚假的情况。表达准确性主要是指正确使用语言，把所掌握到事实准确地表达出来，使读者清楚明白动态快报的意义，避免误解。

（4）简明性

动态快报是高度浓缩的信息，文章尽量短小精悍，体现语言运用的高效率。用准确、简洁的文字,把重要的事实讲清楚,没有空话、套话、干净利落,让读者花较少的时间就能得到较多的信息。文字冗长、烦琐,不仅浪费读者的时间,还会冲淡文章的主题,掩盖重要的信息。

动态快报不是舆论导向工具,重在客观报道,实事求是,不带倾向性,也不应该为迎合某种观点,隐瞒、改变某些事实或数据。动态快报的特点,也是对动态情报研究所提出的要求。

5.1.2　动态快报写作要求

动态快报写作,是动态情报研究的最后一个环节,写作的质量直接关系到情报研究的效果。

从内容上讲,一篇完整的动态快报应当包含五个要素:

① 什么时间——是指事件从发生、发展到终结的时间。没有时间的概念,无法判断事件什么时间发生,是新情况还是过时的情况,便无法对其时效性进行估计。

② 什么地点——指事件发生的地点。

③ 什么人或单位——这是事件的主体,任何事情都是由具体的人或单位做的。比如说报道国外发展了什么技术,至少必须指明是哪个国家或哪个机构。

④ 什么事——这是动态快报的主体,也是占篇幅最大的部分,其他要素都是为这个要素服务的。什么事包括事件的发生、缘由、现状或者结果。如果有可能,也可以对产生的影响和未来的趋势做出分析。

⑤ 为什么——做任何事都有一定的理由和为了某种需要、达到某种目的。不会有无目的的技术开发和科研实验。

从文体上讲,动态快报的特点和内容决定了其写作所适用的文体偏向应用,多为说明文或者记叙文。说明,即用简明扼要的文字,把事物的现状、特征、前因后果解释、介绍清楚。记叙,就是用精炼的文字,把事物的发展变化概括地进行叙述,忽略一些非本质的、琐碎的现象与过程,使文章重点更突出,主题更明确。一篇动态快报不一定只有一种文体,往往记叙中夹杂着说明,说明中又有记叙。

从语言上讲,动态快报不同于供人欣赏的文学作品,也个是新闻,行文要求庄重、严谨,使用的语言极其平凡、普通,准确达意即可,不需要华丽的辞藻和带感情色彩的字眼,也不追求形象、生动的场景描写和气氛烘托。过于修饰的文辞会使人眼花缭乱,不得要领。语言的朴实无华与内容的简明扼要是相一致的。

动态快报是一种实用性较强的文章,其目的在于获得情报。从写作手法上讲,动态快报主要采用开门见山的方式,一开始就切入正题。标题要求醒目,语言准确,层次清晰,有一定逻辑性,前后文不能出现矛盾。

5.2 基本情况类（系列资料类）成果

与静态信息相对应的一般不叫静态情报，而称为基本情况。基本情况是事物从发生、发展直到目前为止的各方面情况，包括事物的背景、历史、现状及有关知识。

基本情况类的研究成果是在对某一领域情况进行系统跟踪积累和分析研究基础上，综合形成的反映基本情况或系统情况的资料，既是供用户查用的工具书，也是情报研究工作进一步开展专题研究和完成临时咨询任务的重要参考资料。

5.2.1 年鉴

年鉴是系统汇辑上一年度重要的文献信息，逐年编辑出版的资料性工具书。它具有资料权威、反映及时、连续出版、功能齐全的特点。它博采众家之长，集辞典、手册、年表、图录、书目、索引、文摘、表谱、统计资料、指南、便览于一身，兼容并蓄，这在工具书中堪称一绝。年鉴具有一定的情报价值，可发挥战术指导、技术顾问作用。年鉴收集的不是一般性资料和信息，而是具有重要价值的情报，无论是编者还是使用者，都应认识到它是一种重要的数据库、情报源。

5.2.1.1 年鉴与情报的关系

从情报的特点和作用来看，年鉴与情报有着密切的联系。情报是一种特殊的知识信息，它具有三个基本属性，即知识性——情报以知识为实体；传递性——情报通过文字、图画、音频、视频等信息载体转换和传递；效用性——情报具有客观实际的效用。这几个属性年鉴显然全都具备。无论是情报提供者还是情报接受者都十分注意情报的这样几条基本要求：广、快、精、准。而年鉴恰恰具有收录广泛、反映及时、内容权威、资料浓缩等特点。情报的作用也是多方面的。它作为知识传递的媒介，已被认为是科研设计、投资生产、国防建设、经营管理、市场销售、领导决策中不可须臾离开的要素。它被称为：发展科学生产的基础，现代社会的支柱，通向未来的桥梁。年鉴也同样具有这几方面的作用，被称为："昨天的实录，今天的镜子，明天的见证。"

5.2.1.2 发挥年鉴的情报作用

在国防建设中，各国军事力量的部署、军事装备的现代化程度，各种武器的性能都是重要的军事情报。年鉴中有专门系列加以收集。国外出版年鉴的一个特点是专业化、系列化，内容专深，气势恢宏。例如，英国的简氏系列年鉴已有近百年历史，著名的有《简氏战舰年鉴》《简氏世界航空飞行器年鉴》《简氏步兵武器年鉴》等，逐年介绍世界先进武器。美国、日本、德国甚至印度都有类似的年鉴。尽管此类年鉴的价格较昂贵，但其价值绝对不能等闲视之，应该收录完备，认真研究。

在经济生产管理中，随着现代科学技术的迅速发展，使情报信息上升到一种与自然资源一样能为社会创造巨大财富的重要地位，年鉴情报中蕴藏着财富资源，可以使科研生产获得事半功倍的效果，反之有可能造成人力、物力、财力的浪费。这就是所谓"科学研究是高价的，科研成果是昂贵的，技术情报是便宜的。"通过年鉴查找科技情报花的钱并不多，却往往能得到几十倍、上百倍的经济效果，而且还能赢得宝贵的时间，夺得竞争中的胜利。

我们明确了年鉴中包含的大量有用的资料，当这些资料针对某一问题及时提取出来，成为激活的知识时，都能成为情报。要更好地发挥年鉴的情报作用，就要对年鉴用户利用年鉴的情况作较深入的调查和研究，收集年鉴情报服务成果的反馈信息。同时不断提高年鉴质量，在材料上更加广泛、全面；在编排上更加系统，出版周期上更加及时；还应配备比较适用的内容分析索引，增加检索途径。如果年鉴的编纂者和使用者，都注意加强关于年鉴的情报意识，开展关于年鉴以及年鉴情报服务研究，扩大对年鉴的宣传报道，充分开发和利用年鉴资源，一定会对自己的事业、本部门的工作以致对国家和人类的进步做出更多的贡献。

5.2.1.3 情报研究与年鉴的结合——"简氏系列年鉴"

英国简氏信息集团（Jane's Information Group，现为 IHS Jane's，简称简氏集团）成立于 1898 年，是全球领先的军事战略信息提供商，其资源权威、客观、深入，广泛应用于各国政府、军事机构、情报机构、高端智库和高等院校等。简氏《防务周刊》是全球这一领域最为著名的出版物，以报道军事与安全事务为主，各国媒体均广泛引用。简氏数据库供稿人队伍庞大，他们都是来自全球相关领域的权威人士，许多甚至担任相关部门的要职，因此其内容权威而深入，但同时又保证公正并且绝不泄密。

简氏集团在其成立之初是一家私人出版企业，该公司的历史就是从其 1898 年出版第一版《世界舰船年鉴》（现名《简氏军舰》）开始的。21 世纪初，简氏集团已成为一个庞大的信息公司，除了英国总部外，分支机构遍布美国、日本、澳大利亚、新加坡等地，其服务内容主要有三大块：防务、安全和交通。

该集团出版的年鉴不仅具有专门化、系列化、群体化的特色，而且面向世界，资料十分翔实，附有大量照片、图片及完备的索引。各种简氏年鉴是各国政府战略决策部门、军事院校、军工企业、交通运输行业、学术研究机构及图书情报部门必备的工具书。特别是西方国家的国防部、参谋部、各级作战阵地指挥中心、机场、战舰的舱室，均放置与之有关的简氏年鉴，以供官兵随时查阅。为了克服年鉴出版周期过长的缺陷，简氏集团还出版一些期刊，以便及时提供最新情报，当然还包括一些丛书和手册。

简氏集团的年鉴和期刊之所以在全球范围受到青睐,当然是由其出版物的准确及时决定的,这与该集团的信息来源、人员素质、高质量的情报分析工作、现代化的设备及严格的管理是分不开的。简氏集团把年鉴的编纂出版与情报分析研究结合得十分成功,其服务内容和范围也不断扩大,既有军事、政治情报,又有经济、科技情报,既为国家、政府服务,又为企业、公司私人用户服务。

简氏集团通过其全球独家的独立分析师网络向用户提供独具优势的情报,以及产品解决方案、顾问解决方案、风险分析报告等,帮助用户作出正确的决定。如今,全球 180 个以上国家与地区的政府、军事单位与学术团体都在使用简氏集团提供的及时全面的信息。简氏集团在以下领域内向用户提供来自全球各国家与地区的广泛透彻的信息资源与解决方案:国防,陆军、海军与空军的军事系统与装备技术及相关信息;国内与国际安全与政策评估,国家安全,防务,全球地缘性政治情报分析等;铁路系统,城市交通系统,航空工业,机场设施、管理与服务信息。简氏集团目前共提供 100 多个专题服务。根据这些专题内容的不同,组成了多个数据库,常用的有军用装备与技术数据库、国家风险与安全预警数据库、防务杂志数据库、交通专业数据库等。

简氏军用装备与技术数据库(即简氏年鉴数据库),包含军事通信年鉴、光电系统年鉴、C4I(指挥、控制、通讯、计算机、情报)系统年鉴、雷达与电子战系统年鉴、飞机年鉴、战略武器系统年鉴、战舰年鉴等 23 种。

(1)《航空发动机年鉴》(*Jane's Aero-Engines Edition*)

这本年鉴提供了当前世界各地所有用于有人驾驶飞机推进的民用和军用燃气—涡轮发动机(涡扇发动机、涡轮喷气发动机、涡轮螺旋桨发动机和涡轮轴发动机)的全面而详细的资料。有关资料按照原产国字母顺序排列。除照片与截面图外,还提供各种发动机的详细技术说明与发展概况。并包含现有各类活塞发动机的数据表。此外,还介绍了当前发动机制造商的详细信息。

(2)《飞机升级改造年鉴》(*Jane's Aircraft Upgrades*)

这本年鉴涵盖了世界上最主要的已停产但仍在使用的固定翼和螺旋桨飞机详细情况。既是一个全面的市场情报资源,也可以用于威胁评估与识别,是《世界飞机年鉴》的最佳补充读物。内容根据制造商名称的字母顺序排列,提供有关商用飞机和军用飞机(特别是商用飞机)的详细技术说明,附带每种机型的最新升级计划。还提供全球飞机制造商和从事飞机升级改装的公司情况。全球目前正在运营的机型当中有许多已经不再全面生产。本资料还提供航空工业界最新的先进技术信息,从每一种柴油发动机的性能升级到最新的军用作战平台上使用的精确目标定位技术等无所不包。

（3）《空基发射武器年鉴》（*Jane's Air-Launched Weapons*）

这本年鉴是唯一可供查询并且经常更新的世界机载武器库存指南。涵盖600多种现役或在研系统，提供了详细而全面的参考信息，可用于分析能力与技术、功能与效能、用户基地、战斗记录、升级情况、衍生型号和未来改进方向。每一条目都带有大量各类武器型号分析图表、国家库存情况以及飞机武器载荷情况。该指南收录了世界空对空及空对面导弹、炸弹、火箭弹、枪炮和水下武器的相关文献，还提供新武器和新出现的武器的能力分析。

（4）《世界飞机年鉴》（*Jane's All the World's Aircraft*）

这本年鉴为航空类参考信息设立了标准。它提供了当前560多家公司正在生产或研发的1000多种军用和民用飞机的详细技术资料。还有图片和线图便于读者对各种机型进行识别和比较，可用于评估竞争对手，把握航空航天领域发展潮流、识别潜在用户，选择商业伙伴。读者可以查看任何一款飞机的主要说明，包括规格、性能、结构、着陆装置、发动机和武器装备。此外，还提供世界飞机制造商及其主要项目的具体情况，便于读者了解制造商的主要合同、生产率、客户和订货情况。

（5）《弹药手册》（*Jane's Ammunition Handbook*）

这本手册是了解从手枪子弹到炮弹的现役、库存和在研军用及警用弹药的权威指南。本资源综合性强，深入分析了有关产品开发和商业历史，提供了产品说明、技术规格、图像资料，便于读者对各种弹药进行识别。弹药手册还提供有关制造商的详细信息以及专业的参考数据表，可用于识别小型武器，也可用于采购和研究所需。

（6）《装甲车与炮兵年鉴》（*Jane's Armour and Artillery*）

这本年鉴提供全球目前在用或在研的装甲与火炮系统的重要信息，可用于装备识别、采购和威胁评估。包括有关发展动态、装备介绍、技术说明、状态和生产商等方面的准确、可靠、详细的信息，还提供照片便于读者进行识别。

（7）《装甲车与炮兵升级年鉴》（*Jane's Armour and Artillery Upgrades*）

这本年鉴为对此领域感兴趣的用户详细地提供了全球现已投产、研发或其生产设施尚存的装甲及火炮了系统的重要信息。该信息资源涵盖当前一些重要问题所涉及的关键领域，如增强型装甲、态势感知和方兴未艾的遥控武器站市场。

（8）《航空电子学年鉴》（*Jane's Avionics*）

这本年鉴收录了民用以及军用机载电子设备的详细资料，确保读者对业界最新发展动态和新生产线的情况了如指掌。本资料对大量基础技术进行了深入说明，包括数据链、雷达和光电系统，为采购、培训和进行商业决策提供了一个非常有价值的辅助手段。每个条目都按照制造商国别排列，收录了有关产品的功能、研发过程、技术说明、技术规范、操作状态以及承包商情况等信息。本资料还提供了大量彩色图像，便于读者轻松理解和比较有关重要设计和布局的特点。读者还可以利用综合装备及制造商信息索引进行快速数据检索和浏览相关条目。

(9)《作战、指挥、通讯与情报系统年鉴》(*Jane's C4I Systems*)

这本年鉴提供所有指挥级别(包括战略、作战和战术)的世界各国军队指挥控制支持系统和情报战的最新信息。每个条目都提供了有关系统和装备的技术说明、开发和使用状态、技术规格等翔实资料，便于读者进行评估和比较，同时还提供了有关制造商的信息供采购人员参考。

(10)《光电系统年鉴》(*Jane's Electro-Optic Systems*)

这本年鉴向读者提供了一套关于全球军用光电系统或者带有光电部件的系统的全面介绍，包括目前已经投产的、处于研发阶段的，以及在陆海空三军服现役的系统。该信息资源重点介绍了用于监视、武器观瞄、火控及侦察的各种热成像系统以及图像增强仪和激光系统等，帮助读者清晰掌握这一关键领域的发展趋势。每个条目均包含制造商信息、历史发展情况，以及系统操作特性等内容，同时还披露了世界上 1330 多项光电设备主要技术参数，便于读者对其性能进行比较。

(11)《爆炸军械处理年鉴》(*Jane's Explosive Ordnance Disposal*)

这本年鉴是一套有关爆炸物处理问题的资料，对从事相关工作的军人和非军事人员(无论是现场操作人员还是装备管理者)都适用。年鉴对各类潜在的非爆炸军火进行了评估，提供的数据不仅包括全套技术说明，还详细说明了弹药的操作特点和相关排爆原理。附有详尽的线图和全真彩色照片，便于读者进行分析和识别。年鉴的标识部分还特别提供了常见爆炸物上使用的标志和色码信息，有助于提高读者对非常规或不明爆炸军火的判断能力。年鉴还提供了对排爆设备的综合评述，包括各种设备的技术数据、现状、有关承包商及其联系方式等，还有对比各种爆炸品和推进剂的分析资料。

(12)《战舰年鉴》(*Jane's Fighting Ships*)

这本年鉴是掌握现代海军及海岸警卫队能力，了解现役及在建中的舰船、飞机以及武器系统的必备参考资料。附有大量彩色照片、线图及轮廓图(提供给网络版用户)，便于读者对各类装备的识别。收录了全球 164 个海军装备存量的权威资料，可用于支持威胁评估。此外，还收录了世界海军年度大事记、旗帜和军旗、军衔和军徽、高级职务任命、人员数量统计等。

(13)《步兵武器年鉴》(*Jane's Infantry Weapons*)

这本年鉴提供了世界各国制造的现役轻武器以及班组武器的深入分析，资料按国别划分，是进行武器识别、市场情报搜集和威胁评估的理想参考资料。内容包括开发过程细节、技术说明、商业数据、规格和图片等大量信息，以便于读者进行武器鉴别，此外还详细介绍了相关制造商的情况，便于进行采购工作。另外，还包括轻武器和班组武器的各国储备情况。

（14）《陆基防空系统年鉴》（*Jane's Land-Based Air Defence*）

这本年鉴是搜集陆基防空系统权威情报的捷径。提供各系统的开发过程及现状、技术说明、派生型号、规格、国家存量统计及制造商情况介绍等，提供 900 余张照片可用于装备识别。这个领域的发展日新月异，这本年鉴权威性强，是跟踪业内动态的必备信息资源。

（15）《军事通信年鉴》（*Jane's Military Communications*）

这本年鉴能够帮助读者了解为全球各国军队设计和配备的通信系统和信息技术系统，并把握其最新发展动态。这一权威年鉴详细介绍了每种系统的开发方案、工作参数、战场表现、与其他系统的兼容性、频率、传输率、规格、能源供应及环境表现等翔实数据。

（16）《军车及后勤装备年鉴》（*Jane's Military Vehicles and Logistics*）

这本年鉴为读者对全球军用车辆和后勤装备进行评估和市场调研提供了有力支撑。资料详细介绍了相关装备研发过程、技术说明、主要派生型号、规格及现状，有利于读者进行独立比较和评估，还有及时更新的照片有助于读者识别装备。

（17）《海军武器系统年鉴》（*Jane's Naval Weapon Systems*）

这本年鉴令读者及时了解海军武器发展及部署的最新动态及未来发展趋势。该信息资源专业性强，内容翔实，全面介绍了有关产品的发展过程、使用状态和技术指标，是从事威胁评估和市场情报研究的必备参考资料。年鉴提供了关于世界海军武器及相关传感器系统（包括现役装备和已经投放市场的装备）的翔实资料，无论是从事采购还是服务于相关制造行业，这一资源都是相关人员进行市场研究的得力工具。

（18）《核生化防务年鉴》（*Jane's Nuclear, Biological and Chemical Defence*）

这本年鉴从专业角度分析了全球核生化威胁，并提供了应对核生化威胁的相关产品及其制造商的综合信息。在按国别评估威胁或采购用于人员和财产保护、检测、净化和培训的防护装备时，本资料是最好的参考指南。关于装备的条目包括详细说明、市场供给状况、制造商情况介绍和用于对比及评估的图片及图表。

（19）《雷达与电子战系统年鉴》（*Jane's Radar and Electronic Warfare Systems*）

这本年鉴提供的信息涵盖陆、海、空、天全方位实施监视、识别、目标定位、控制、情报搜集以及自我防护系统等各个领域。条目内容完整、结构清晰，便于读者对装备进行比较和评估。还提供针对各系统的技术说明，包括系统性能、模式、能力和状态的技术说明，以及业内有关合同、承包商、用户的详细情况，可满足进行相关采购和市场情报调研的需求。

（20）《战略性武器系统年鉴》（*Jane's Strategic Weapon Systems*）

这本年鉴提供了最新的现役或在研进攻型弹道导弹和巡航导弹系统的公开信息分析，以及防御型面对空导弹和反弹道导弹系统的相关信息。各条目内容包括有关武器的类型、发展现状以及技术说明。同时还包括主要操作模式、作战状态、规格以及承包商情况等详尽内容，并辅以图表说明。此外，还提供所有主要军控条约的全文文本、报废武器说明、各国武器存量以及制造商的详细情况等。

（21）《水下战争系统年鉴》（*Jane's Underwater Warfare Systems*）

这本年鉴跟踪主要相关技术和部队发展动态，提供分析军事能力和国防系统发展的重要信息。介绍了市场现有和在研的最新通信和声呐系统、逃逸与救援系统、无人运载工具等，供读者进行评估比较。无论是对市场现有还是现役的水下武器、装备还是有关系统，这本年鉴都进行了深入评述。它还详细介绍了系统部件、规格以及制造商的有关情况，同时还提供了有关军队发展和装备分析的最新的战略情报，便于读者对市场机遇及竞争对手做出评估。

（22）《无人驾驶飞机与空中目标年鉴》（*Jane's Unmanned Aerial Vehicles and Targets*）

这本年鉴收录了全球 50 多个国家现役、已生产和正在研制的无人驾驶飞机（UAV）、空中目标以及子系统的详细资料，是同类权威出版物中最全面、综合性最强的。提供的信息有任务载荷、制导及控制、操作状态、规格、用户和承包商信息。每个条目都详细收录了制造商的资料及联系方法、使用该飞机装备的民用或军用单位等信息，便于用户监控竞争对手以及协助采购和市场调研。

此外，还有《地雷与排雷年鉴》（*Mines and Mine Clearance*）。

5.2.2　手册

手册是汇集某个领域或专业基本情况资料或基本知识的出版物，是供人们经常查用的工具书，它有指南、便览、要览等别称。手册内容丰富，形式多样，是随身备用的参考工具书。手册灵活多样，可大可小，编排体例也较为自由（年鉴相对比较规范，一般部头比较大）；手册大可多册、多卷，小可小册单行一本，资料比较稳定，能为学习、工作、生活和生产提供一些最基本、最实用的知识和资料。

手册具有灵活性、实用性、资料性等特点。① 灵活性。手册像资料汇编，围绕一定的专题汇集有关的知识和资料；手册像辞典，汇集有关学科的专业知识性条目；手册像百科全书，但又没有百科全书那么全、专、深；手册像年鉴，但又没有年鉴那样编排严谨，也没有表谱图录那样特别。② 实用性。手册的实用性主要体现在它是面向实际的工具。一般是根据人们在学习、工作和生活上经常碰到的急需解决的知识性问题而编制，提供有关的基本资料以供随手翻检之用。③ 资料性。手册有较强的资料性,具有主题明确,资料翔实、具体等特点。

　　按照编纂的内容和范围,手册一般分为综合性和专门性两种。综合性手册,即一般的常识性手册,主要收集多个领域的基本知识和参考资料,概括的知识面比较宽泛,编写浅显简要,主要是面向广大读者。可以为各学科专业提供简单的基本知识,也可以为日常学习工作提供常识知识。专门性手册侧重汇集某学科或某专业的实用知识和参考资料,内容一般只涉及某一领域的知识,比较专深、具体,主要面向的是专业工作人员或专门人员,可为他们提供某一学科的专业知识,或是侧重于为某项具体工作活动而提供使用知识。作为情报研究成果,专门性手册居多。

5.3　研究报告类成果

5.3.1　综述

　　综述是情报研究的最基本的类型,它是对一定时期内关于某一学科或某一技术领域的某项专题的一次文献和科研生产中所产生的现实情报进行研究和逻辑性综合。综述的任务是以简洁的总结形式对既定问题做出充分的、有代表性的阐述。它既有纵向的描述,例如历史发展的总览,又有横向的对比,例如,综合不同国家、不同地区或不同型号产品的发展情况。综述,是揭示科学技术发展水平、差距和动向的情报研究成果,它使读者能够比较系统、完整地了解课题的内容、意义、历史、现状及其发展动向等。

　　综述研究是对某一课题的大量有关资料进行归纳、整理、分析、加工综合而成的一种研究报告。在情报实践中,根据具体内容的不同,综述可分为综合性和专题性两类:综合性的综述报告是指对某个学科或专业的综合叙述。专题性的综述报告是对某项技术或某种产品的综合叙述。根据分析形式的不同,综述分为述评型和摘要型两种类型。述评型综述是指某一学科、专业或专题的评述性的综述;摘要型综述是指把某一学科、专业或专题在一段时期内发表的全部或大部分文献内容扼要摘录出来,按照时间或学科自身发展顺序进行的综述,并逐一标注参考文献。摘要型报告具有一般综述的作用,又能起一定的文摘索引的作用。这种综述的读者对象是不要求对一次文献的作者所提供的内容进行补充性说明的专业研究人员。摘要型报告是近年来较为流行的一种综述形式。

　　综述研究的特点及作用如下:

　　① 客观性。综述研究是仅对所综述课题的有关资料、情况、数据作客观的综合归纳叙述,不加编写者的见解,不提具体建议,能够为读者提供较为客观的解读,

但避免不了有一定的取舍倾向和评论。

② 全面性。综合课题能比较全面系统地反映国内外某专业或某学科的发展历史、当前状况及发展趋势。它可以使读者用少量的时间和精力,获得大量的信息和数据;它能帮助领导部门和科研人员了解某一专业或学科的国内外发展水平和趋势、存在问题及解决问题的办法,有助于他们确定科研主攻方向,制定科研规划和政策。

③ 综合性。尤其是综合性综述,在叙述某一学科或某一专业水平时,会涉及相邻的一些学科和专业,具有较强的综合性。因此它对相关专业的科技人员也具有启迪思路、开阔眼界的作用,有助于学科或专业的横向交流。

④ 完整性。综述很注意对专业发展水平的完整性表述,对资料的要求,尤其对一些重要资料和最新资料要求较为全面、系统。综述,能够及时准确反映相关专业的方向性问题或技术性的重大突破,对专业发展水平表述完整,能帮助专业人员较全面地掌握本行业或技术产品的差距,了解关键问题所在,从而在研究、设计和生产实践中进行借鉴。

综述涉及的问题比较具体,涉及的文献素材较多,而其主要读者大多是科技人员、基层的科技管理人员,因而篇幅可长些。鉴于综述所具有的上述特点,综述所论及的问题应相对集中,而不宜铺得太宽。题目过大很难综述全面透彻。

5.3.2 述评报告

分析型的综述,又可称作述评。述评报告是在上述综述的基础上的深入发展。其内容是关于某方面科学与技术现状、动向和发展预测的系统阐述和科学综合;同时,述评的作者要对一次文献的内容做出批判性的鉴定,并在此基础上就某一方面的发展倾向给出结论,以明确的形式提出自己的看法,还可以采用比较、分析和逻辑综合的方法对一次文献的内容进行积极的研究。简言之,述评要全面系统阐述该课题的状况、观点和数据,并给予精辟的分析评价或提出明确的建议、方案等[①]。

述评的突出特点体现在"述"和"评"上。

"述"是指对特定课题的原理、实验方法、结果分析或者制造工艺等的详细叙述。综述只是作概括的描述,而在述评里不仅可以描述论点,而且也可以说明论据、数据等。

"评"则不涉及纵的描写,就是说不涉及特定课题的历史变化,只评论课题的理论意义,或者评论课题可能应用的范围是哪些方面、所论述的方法的优缺点是什么等。对课题从不同的角度进行评论,这就要求情报研究人员对所分析整理的材料

---

① 卢盛华,李新芳,许雁传.信息资源组织存储检索与利用[M].沈阳:辽宁大学出版社,2011,412—414.

提出个人的观点、看法和评价意见,即所谓的要有情况、有对比、有分析、有建议。因而情报研究人员对所讨论的对象要有比较系统、比较准确的认识,要掌握所评论的技术的水平动向,明确当前所存在的问题,提出进一步发展的远景和可能遇到的风险和困难。这类情报研究成果虽属三次文献范畴,但它具有一次文献的性质。述评的叙述部分绝不是对原始文献的简单重复,而是在材料的引用、观点的取舍、结构的安排上都表现出著者对信息的再创造,述评的评论部分则更明确地体现着著者的观点和见解。

述评,首先是述,然后才是评,评得是否准确、恰当,则取决于述。述得充分、清晰,评就有了良好的基础。这就需要掌握叙述的基本方式,并大量地了解情况、获得信息。

述评的读者对象是管理工作各个环节的领导人员,他们必须对实验设计工作和科学研究工作的发展问题做出决定。述评是一种重要的专题情报,可作为制定规划、科技政策等决策的参考依据。同时,它还有助于科学研究人员及设计生产科技人员确定研究课题、研究方法和产品方向,以及寻找解决既定任务的合理方案。质量高的述评,也可作为初步技术设计的基础,和决定技术发展方向、解决个别重大技术问题时的决策依据。

5.3.3 专题报告

专题报告是情报研究成果的另一种类型,它是针对某项专门课题,如某项技术的引进或转让、某项产品的开发与利用、某个项目的立项决策等进行的专门信息研究报告。研究的结果可以是针对所提问题的判断,如技术引进是否具有先进性、是否适合国情,技术转让是否会侵犯别人的知识产权,新产品的开发是否具有新颖性和市场价值;也可以是某种建议或方案,如对新建项目的最佳投资效果进行预测,因而同时具有综述和评述的特点。

专题报告是为了解决某项专门任务而进行的专门调查研究,是为解决某一特定任务服务的。其中大多是为解决应用技术领域的课题。专题报告可以是针对某一问题进行判断,或者进行预测;也可以是针对某一问题提出某种建议,或为解决某个问题提出的某种方案。

专题报告的特点:

① 针对性强。专题报告要以某项专门课题的有关信息为具体研究内容,如对相关的技术原理、方法、工艺、设备等进行分析研究;为一项新技术、一种新工艺、一个新产品、一套新装置、一种新材料等的研制与应用;为一个新项目的立项,提供技术参考借鉴和专业估算预测。

② 具有全面性。一方面,专业信息要全面,虽然专题报告的研究范围较窄,但

是却要求占有这个专业方位内最新的、最详细的、最全面的信息材料。因此写专题报告时，一般要组织多方面专业人员收集有关信息资料。这样，提供的技术参考借鉴和专业估算预测才有价值。

另外，全面性还体现在，专题报告不仅仅是提出问题、陈述某个观点，而且也要有明确的结论，指出已经暴露出来的趋势和倾向。专题报告既要对所研究的问题提出一般的看法或某种原则性的意见，又要提出解决这个问题的办法和措施，有时还必须附有必要的图表、统计数据、计算方法和公式以及其他有关的说明材料。

专题报告的作用：为研究成果的级别鉴定提供相关的背景材料；为专利申请是否具有新颖性提供依据；为技术引进是否具有先进性，技术转让是否侵犯知识产权提供技术背景材料；为新产品的开发是否具有新颖性和市场价值提供参考依据；为某个项目的立项提供决策依据。

5.3.4 学科总结

学科总结是基础理论方面的情报研究成果，是以某一学科或某个学科的某一专题为对象，从基本原理到发展应用，从取得的成就、存在的问题到今后发展的方向都要进行全面的系统的总结。由于学科总结与综述和述评有某些相似之处，因而也有人将学科总结列入综述或述评类[①]。学科总结应反映出其进展以及主要的假设、观点与论点，重要的理论数据及方法等。过去，苏联全苏科学技术情报研究所编辑出版的《科学技术成就》就属于这一类。

学科总结也可划分为阶段性的，如某年度总结或几年来的总结，主要对这一论述阶段内该学科取得的成就、重大进展、存在的问题等作全面总结。一般来说，学科总结比综述或述评的范畴要窄，内容也比较专深。这种情报研究成果主要服务对象是本专业的科技人员。

5.4 预测研究类成果

预测研究是针对某个对象发展趋势所进行的预测。进行这类研究，一般需要收集大量科学数据，进行现状调查和文献分析，运用逻辑推理方法和科学想象力，建立数学模型并利用电子计算机运算，在分析、研究、判断基础上，对课题的发展前景及其给国民经济、科学技术、社会可能带来的影响，提出未来一定时期的预测。内容包括该问题的发展动向、发展规模、发展过程中可能出现的问题和其他因素，

---

① 黄儒虎,史秀英,赵全仁.技术监督情报词典[M].北京：中国标准出版社,1993,338.

以及各环节之间的关系变化甚至事件实现的可能时间等。在预测报告中,也有对课题有关历史、现状等各方面情况的叙述、分析和评论,但这种叙述和评价是为预测服务的。属于这一类型的研究成果一般叫"展望""预测""趋势"。

预测已逐渐发展成为一门独立的学科——预测学。它研究的对象是多方面的,包括社会问题、经济问题、科学技术问题、军事问题等。要解决的问题是多层次的,包括全球性的、国家发展的、地区发展的、学科发展的问题等。这是一门综合性的交叉科学。在国外,有些国家设立了专门的研究机构从事预测研究工作。在我国,目前一些政策研究部门,如中国科学院科技政策与管理科学研究所等,就进行了科技方面的预测研究工作。

5.4.1 预测研究成果特征

预测研究类成果,可以根据不同的标准进行划分,如按预测所进行的视角进行划分,可以分为社会领域、科学领域、技术领域、经济领域、军事领域等;按预测的时间区间划分,可以分为:近期预测(3~5 年)、中期预测(5~15 年)和远期预测(15~20 年)。

预测研究成果一般具有以下特征:

(1) 超前性

情报预测是对未来研究对象发生轨迹的事先反映,因而能够突破事件发生的现实规定和时间界限,逻辑地推测其未来,描述现实中尚不存在的结果状况。这样,由情报预测研究成果所展现的知识便成为一种独立能力,走在实践前面,指导研究对象的活动。情报预测研究成果的这种超前性,对于克服事件发生过程中的盲目性、提高效益性有重要指导意义。

(2) 探索性

作为对研究对象未来状态的推测与判断,情报预测研究成果永远是不充分、不确定的,这是因为情报预测的过程不仅取决于目前的条件,而且取决于将来形成的条件;不仅取决于情报研究对象的内在特征,而且取决于情报研究的外部环境。另外,由于情报预测研究成果是由预测主体与预测客体的相互作用、相互联系产生的,因而其探索性不仅来自预测对象,也来自预测主体,情报预测人员所运用的理论、方法与技术也有很大的影响作用。预测对象的不确定性,大大增加了建立情报预测理论、方法和技术的难度,因而在这方面表现的探索性尤为明显,诸如情报预测过程中所运用的不成熟的理论,多变的方法和技术的可选择空间等。

(3) 不精确性

情报预测研究成果是与未来因素的不确定性相关联的。所谓不精确性是指情报预测的结果只能对未来情况勾画出一个轮廓,指明其发展趋势,而且往往附带诸多假定条件,其计算结果大多是近似值。情报预测研究成果的不精确性与精确性是一种相对概念,一般来说精确度会受到预测区间的影响,长期预测研究成果的误差相对较大,短期预测研究成果误差相对较小。

5.4.2　预测研究成果的作用

预测研究成果具有战略意义,可以为决策者确定发展方向提供依据,具体在决策过程中的作用是:第一,情报预测可以分析、判断决策对象的种种可能,为决策者勾画出各种轮廓,帮助决策者开拓思路,科学地确定决策目标;第二,有助于发挥决策者的主观能动性,避免盲目性,提高自觉性,选优去劣,使整个决策过程实现科学化;第三,情报预测可为决策提供多种备选方案,供决策者择优选择,是保证决策民主化的一项有力措施。也就是使决策者在决策的过程中具有明确的方向,避免造成不必要的失误,还可以使决策者的决策具有科学性、适应性、灵活性和应变性。

参考文献

[1] 肖东发.再论年鉴的价值和作用[J].图书馆建设,1993,05:41—45.

[2] 陈伟,汪琼主编.信息资源检索与利用[M].2版.北京:国防工业出版社,2014.

[3] 邓汝邦主编.社会科学情报研究概论[M].广州:广州出版社,1999.

[4] 简氏信息集团:http://www.janes.com

6 情报研究的时间与品质管理

所谓时间管理,是指通过事先规划,运用一定的技巧、方法和工具,实现对时间的灵活安排和有效运用,从而实现个人或组织的既定目标。时间管理是管理者管理能力的基本组成部分。所谓品质管理,是指以质量为中心,通过确定质量方针、目标和职责,开展质量规划、控制、保证和改进等一系列活动,其目的在于通过高质量的产品和服务,满足用户需求,提高用户满意度。时间管理和品质管理都是来自管理学科的理论,是管理实践的重要领域。

情报研究具有很强的时效性和针对性,情报研究工作通常都有时间限制和要求,并带有明显的时代特征。情报研究过程的质量控制直接影响研究成果的价值,情报研究成果的质量管理又会对用户需求的满足、预测前瞻和决策支持等成果的具体应用产生重要影响。因此,要注重情报研究的时间管理和品质管理。

6.1 情报研究的时间管理

6.1.1 情报研究时间管理概述

（1）情报研究时间管理的内涵

情报研究的时间管理,是指通过做好研究的工作计划、任务排序和时间控制,结合资源的合理分配和对整个研究工作的监控,为确保情报研究工作按时完成而进行的一系列计划、组织、指挥、协调和控制的活动与过程。对情报研究进行时间管理的最终目的是确保情报研究任务的按时完成。

时效性是情报研究的一个重要特点。任何类型的情报研究都有时间限制，研究时限是决定研究范围的重要因素。信息具有生命周期，情报也一样，因此，情报研究具有周期性，不同周期内的情报研究工作，即使有相同的研究主题，研究内容的侧重也可能会大有不同。情报研究的时效性和周期性决定了情报研究成果在一定的时间范围内才具备价值属性，比如针对某项决策的制定而进行的情报研究，当决策制定完成时，情报研究的任务也完成了。如果针对的是紧急的决策行动，如军事指挥、商业决策等，情报必须在决策者采取行动之前送达，提前获取和掌握情报才能占据主动，这就对情报研究的时效性提出了更高的要求。

有些情况下，情报研究工作的时效性甚至可以与新闻报道相媲美，也可以说，情报研究人员的工作和记者的工作一样，都具有非常严格的时间限制。正是由于受到严格的时间限制，情报研究人员常常要在资料不完整、论据不充分的情况下做出判断，这对情报分析人员的能力素质有非常高的要求。情报研究工作要准确、及时、快速地提供研究成果，在成果传递过程中缩短滞留时间，以更好地服务于用户的实际需求。随着决策类情报需求的快速增长，用户对情报成果的时间性要求越来越高。时间对情报研究工作的限制作用和情报研究对时间的敏感性，对情报研究的时间管理提出了要求，加强情报研究的时间管理势在必行。

（2）情报研究时间管理的重要性

情报研究时间管理对于确保情报研究工作的按时完成及情报研究成果的及时提交具有重要的意义。同时，情报研究的时间管理在丰富发展情报研究理论、拓宽情报研究实践领域方面也具有重要价值。明确情报研究时间管理的重要性对于开展情报研究时间管理活动有重要指导意义。情报研究时间管理的重要性主要体现在以下几个方面：

① 提高资源的利用率。情报研究工作涉及的情报素材、人力、物力和财力等资源的有限性要求合理地安排工作进度，合理的时间安排能够使各项工作在总的研究期限内稳定而有序地进行。不合理的、盲目的时间安排很可能造成资源的分配不均或浪费，导致不能有效地利用资源，发挥资源效益最大化，又会给研究带来诸多问题，极有可能妨碍研究的进展。

② 提高情报研究工作的效率。对情报研究项目进行时间管理，将研究总任务分解成各个子任务，再对各个子任务进行分解，使得每个子任务都有明确的完成期限，研究工作总负责人统筹协调和掌控各个子任务的完成情况。分工和时间限制的明确有助于增加研究人员的紧迫感，充分调动研究人员的积极性，从而提高工作效率。

③ 降低情报研究工作的风险性。情报研究时间管理的关键是进度控制，例如，当研究遇到死胡同而停滞不前时，在进度控制的约束下，情报研究人员必须要

想办法尽快调转方向"走出去",避免耗费太多的时间做一些无用功。进度控制能帮助情报工作者在情报研究工作的过程中及时发现存在的问题和隐患,并采取有效措施解决问题,消除隐患,从而降低情报研究的风险性。

④ 增强情报研究工作的可控性。时间管理把情报研究各个环节的工作量及所需的时间进行量化处理,并在研究过程中实行进度控制,这大大增强了情报研究工作的可控性,有助于保证研究工作按照预期的计划和速度、朝着既定的目标方向前进。

6.1.2 情报研究时间管理流程

情报研究的时间管理是一项系统性的工作,按照规范的流程步骤开展时间管理工作至关重要。情报研究时间管理工作以明确情报研究总任务为出发点,将总任务分解为各项子任务,对子任务进行排序,预估各项子任务所需的资源和时间,制定项目总体时间表和进度安排,实行进度控制和工作计划调整,其工作流程如图6-1所示:

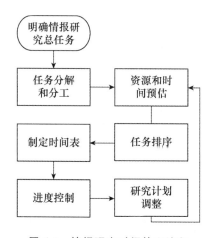

图 6-1 情报研究时间管理流程

步骤 1:明确情报研究总任务。情报研究的总任务和总目标是情报研究时间管理活动的出发点和落脚点,也是制定可行的时间表和进度安排,进行进度控制、调整研究计划的依据。因此,进行情报研究时间管理,首先要明确情报研究的总任务。

步骤 2:任务分解和分工。明确情报研究总任务之后,要将情报研究总任务分解为易于管理的各项子任务,形成一个明确的任务列表,并制定各项任务的研究者和负责人,使每一位情报研究人员明确自己工作的具体内容。

步骤 3:资源和时间预估。每一项子任务都需要消耗资源和时间,不同的子任务所需的资源数量和时间长度各不相同,而整个情报研究工作的资源和时间又有一定的限制。因此,要预先估算各项子任务所需的时间和资源,充分考虑各种可能的影响因素,据此对有限的时间和资源做相对合理的分配。将估算和分配好的资源和时间记录到上一步骤形成的任务列表中。

步骤 4:任务排序。根据任务列表中已有的信息,理清各项子任务之间的关系,包括依赖关系、工作顺序等,分清各项子任务的轻重缓急,对各项子任务进行排序。

步骤 5:制定时间表。规划制定符合情报研究工作实际的时间表非常重要。在任务排序的基础上,制定情报研究工作整体的时间表,标注各子任务在整体时间表中所处的位置。时间表是进行后续进度控制的重要依据。

步骤 6:进度控制。进度控制是时间管理的关键环节,是情报研究工作能否成功的最主要的影响因素之一,对确保工作的顺利进行起着非常重要的作用。情报研究时间管理中的进度控制主要是监督研究工作进度的执行状况,及时发现和纠正其中的偏差、错误。

步骤 7:研究计划调整。时间管理的最后一个步骤,在实践中可能要反复调整研究计划,这是进行时间管理进度控制的反馈结果。俗话说,计划赶不上变化。在情报研究过程中,可能随时需要根据实际情况进行计划和任务的调整。调整可能涉及多个方面,有可能改变两项甚至多项子任务之间的关系,有可能延长或缩短某些子任务的时限,也有可能增加或删除某些子任务。因此,研究计划调整之后,要重新进行资源和时间预估、任务排序、制定时间表和进度控制。应当特别注意的是,在实际操作中,为保证工作开展的稳定性和持续性,应避免频繁地调整情报研究工作的计划。

6.2　情报研究的品质管理

6.2.1　情报研究品质管理概述

(1)情报研究品质管理的原因

速度快、效率高、按时完成对于一项高水平的情报研究工作来说仍然是不够的。除了要求速度和效率之外,情报研究还要注重质量,也就是要达到又快又好的境界,因此情报研究的品质管理与时间管理具有同样重要性。品质管理,也称为质量管理,是管理学理论和实践领域的重要问题。以质量控制作为管理工作的核心并非情报管理领域的独有认识,美国管理学家戴明从 20 世纪 50 年代起在日本推广应用全面质量控制理念。从 1981 年开始,戴明在美国以"领导职责的十四条"为题介绍全面质量控制理论,强调对产品的质量控制需要从源头抓起,需要企业各部门、各环节的员工共同参与。

关注情报质量、研究控制方法是情报理论与实践发展的必然要求。从管理实践看,现代管理的对象复杂、因素多变,领导者在进行各种决策时越来越多地倚仗情报支持。从理论发展看,现代情报学处在需求环境剧烈变动的非常时期,一方面,信息技术的发展使得情报学界越来越多地关注信息处理的技术问题,情报工作越来越多地带有信息技术色彩;另一方面,由于政治、军事等传统情报应用领域的保密性要求,情报学难以拥有信息技术领域之外的开放的方法论研究空间,从而限制了有关情报学研究理论的发展。竞争情报的出现,打破了理论发展的环境僵局,使得情报学界人士可以在关注信息技术的同时,公开地交流和传播情报研究方法论的相关成果,强化了情报学在软科学领域的地位,也促进了情报学自身的发展。在此过程中,情报研究的质量控制问题,必然成为理论研究的对象之一[①]。

情报的本质是信息,情报工作的特殊性在于要解决情报用户进行决策时所面临的信息支持不足问题,信息支持不足反映在两个方面:一是素材获取困难,二是对素材理解认识困难。情报人员通过提供加工后的信息素材来解决前一个问题,通过进行有效的情报研究来解决后一个问题,情报的价值最终将通过用户的使用而得以实现。对情报研究质量的控制,既与情报产品与情报过程密不可分,又与情报用户的具体情况相关联。因此,从质量控制来看,情报研究的质量影响因素应包括以下四部分:

① 用户沟通。在情报项目管理过程中,从情报需求确认、信息素材搜集、加工整理到情报产品投送、情报效果评价反馈等,每个关键环节都需要情报用户的积极参与,需要考虑情报用户的意见和要求。因此,与情报用户沟通的质量,直接影响到整个情报项目的质量。

② 情报素材。情报素材质量取决于搜集、鉴别与加工整理的过程控制,虽然这在情报学中并不是什么新议题,但是随着信息技术、信息资源以及情报对象等环境因素的变化,传统的情报整序规律会有所变化,因此,情报研究理论工作者将继续在已有的网络信息资源管理研究的成果基础上研究新形势下情报素材的质量控制因素。

③ 情报产品形式。情报产品应按不同用户的要求以特定形式进行提交,情报产品形式是否规范,表面上看是产品形式的质量问题,而实际上情报产品形式却反映出情报研究的内容逻辑,影响着情报产品被接受及被使用的效果。因此,如何在

已有的情报研究报告规范的基础上,结合情报产品内容的特点与情报用户的需求,探求情报产品形式质量的控制要素,将是情报研究理论工作者不可轻视的问题。

④ 情报研究项目工作分解。情报质量控制是个系统工程问题,对于复杂的情报研究项目来说,情报质量控制应从多个方面同时进行才有可能取得理想效果,这些方面包括:情报研究管理、情报工作流程、情报机构管理、情报人员培训和情报安全防范等。由于情报工作中所使用的方法本身并不具有什么特别的情报学学科属性,关键是要强调应用这些方法的目的和对象特点,因此,在明确情报研究的基本概念之后,梳理上述几方面的相关方法问题,探索具体的方法与情报质量的关系问题,找出与方法相关的情报质量控制规范,将是情报研究理论工作者关注的中心议题。

（2）情报研究品质管理的内涵

商品经济条件下,情报服务作为一种社会产品,具有产品及产品活动的基本特征。情报品质是对这一产品及其生产部门的特定描述,是衡量它们存在价值的评价标准之一,它体现在来源的可靠性、情报的适用性、时效性和处理过程的科学性、情报的有效性和安全性等方面。来源的可靠性是指情报信息源的准确和权威;适用性指情报产品能否满足用户的需求;时效性指情报的使用寿命;科学性是指情报处理过程采用科学的方法,遵循科学的程序和规律;有效性指情报使用的可靠性,包括精确度、适用范围,对环境条件的适用性,要准确、适度、稳定地解决和回答用户的问题;安全性体现在情报加工、流通和使用过程中的质量稳定性和保密性[①]。

情报研究的品质管理,也称为情报研究的质量管理,指的是为了达到情报研究的质量要求,采取一系列质量管理和控制方法,对情报研究的质量进行计划、组织、指挥、协调和控制的活动。品质管理与情报研究客观、科学、严谨的要求相一致,品质管理的实施有利于规范情报研究中的每一项活动,有利于严谨细致的工作习惯和作风的形成,有利于情报研究目标的实现。

（3）情报研究品质管理的相关研究

虽然在已有的情报研究论著中很少看到专门的情报产品质量和相关质量控制的议题,但是与此议题相关的内容却很丰富。这些研究主要集中在有关信息或情报的价值评估、情报工作流程以及智能情报工作平台的评价等方面。

关于情报的价值,目前国内外学者们比较一致的观点是,情报是人类信息或知识处理过程中的一种增值性信息,但是对于这种特殊信息的具体价值却有不同的衡量标准和衡量办法。萨拉塞维奇等认为信息的价值有固有价值（intrinsic value）和增益价值（contributory value）等多种形式,麦都等人则认为信息价值取决于信

---

① 盖敏慧,康敏.浅谈科技情报的质量管理[J].科技情报开发与经济,2009,18:101—103.

息使用者的目的、方法和经验。有人借鉴经济学研究方法,将信息价值分为标准价值(normative value)与现实价值(realistic value);也有人从认知心理学角度出发,将信息价值理解为领悟价值(perceived value)。虽然这些研究的具体观点和方法不同,但有一个共同点就是将信息或情报价值的实现与信息的使用者、使用目的和环境联系起来,而这些成分正是影响情报研究质量的因素。

关于情报工作流程,在情报研究实践领域中,国外学者比较一致地接受情报循环(intelligence cycle)规范,认同"目标确定、信息采集、分析处理、成果发布、执行反馈"的循环工作流程,在美国竞争情报从业者协会(SCIP)官方网站及中央情报局的情报分析培训资料中都对此进行了详细介绍。情报循环流程与我国学者总结的科学决策流程(秦铁辉,2001)在本质上没有大的区别。工作流程的明确则为情报产品质量控制提供了确立切入点的参考依据。

关于智能情报工作平台的评价,这是目前较为活跃的一个情报学研究与实践分支,美国富达公司(Fuld & Co.)每年发布的竞争情报软件评估报告是业界与相关研究人员的重要参考依据。美国学者布犀利尔于 2003 年出版专著《竞争情报软件评估》,系统介绍了智能情报工作平台的评价研究进展情况,指出对相关软件的评估要从其对情报工作内容的支持力度入手。布犀利尔认为情报工作内容包括研究课题的形成、信息素材的整序处理、信息内容分析与报告的撰写等。由于智能情报工作平台是情报人员、情报用户以及情报技术的集成所在,因而对平台的评估研究将对情报工作质量的提升有积极促进作用。

(4)情报研究品质管理与情报研究工作流程

情报研究的品质管理体现在情报研究的每一项流程之中。情报研究课题的立项评审是对情报研究品质的第一道关口,评审中要客观公正地对课题的需求背景、针对性、研究价值和意义、研究的内容和范围、研究的可行性、解决问题的技术方法路线、前期准备工作、研究的人力配备、经费等资源、研究计划、成果形式和研究的预期效果等方面进行评判和审核。情报资料的搜集、加工、存储、分析、综合、判断和科学抽象是品质管理的重点环节和内容,其作用在于确保情报来源的正确性和权威性,去粗取精、去伪存真,从而确保情报资料的准确性和新颖性,确保情报分析方法选用的科学性和合理性,确保情报判断、推理、科学抽象的逻辑正确性和严谨性。撰写研究报告、验收和发布情报研究成果两个阶段中涉及很多品质管理的细节问题。例如,研究报告大纲的逻辑性、写作的规范性、内容的完整性、结论的科学性、错别字和语病问题、学术道德、验收和发布的程序性等等都是品质管理关注和解决的具体问题。反馈和评估情报研究成果是情报研究品质管理的最后一道关口,根据用户的反馈信息,对照查找不足和问题,明确改进的方向,以及通过评价,衡量情报研究成果的质量和效益。

6.2.2　情报研究品质管理方法

方法问题是情报学研究的核心问题,方法论决定着情报工作的成败与发展,因此,方法论是情报研究的核心要素。情报研究领域对有关方法的问题十分关注,美国竞争情报从业者协会(SCIP)的会刊《竞争情报评论》(Competitive Intelligence Review),专门辟出"方法、工具和模型"(Methods,Tools,and Models)专栏,登载有关的研究论文,在"竞争情报分析"(CI Analysis)专栏中,也登载了大量的有关分析方法和分析技术的文章。SCIP 前主席普莱斯科特(Prescott)曾提出竞争情报的四个研究领域,分别是竞争情报功能管理研究、竞争情报方法研究、竞争情报观念研究和竞争情报历史研究,其中前两个领域直接研究竞争情报的管理方法和工作方法,后两个领域则研究有关方法的主体——人的问题和方法演进的历史与环境问题。我国研究者在竞争情报方法研究方面也做了很多工作,包昌火等人在所编的《竞争情报丛书》中尝试梳理和介绍了竞争情报界常用的分析方法,这些成果对竞争情报事业的发展起到很好的促进作用,在情报研究品质管理中也发挥着重要的借鉴作用。

在现代信息环境和技术条件下,情报研究中最常用的分析质量控制方法已经显现出来。其中,盲点分析法(Blindspot Analysis)和排查分析法(亦称矛盾假设分析法——Analysis of Competing Hypotheses)尤其应当引起我们的重视。盲点分析法是在认知心理学和组织行为理论结合的基础上发展起来的,被情报研究人员用来发现认识误区,审视分析过程中可能产生错误的原因,完善和提高观点的正确性。盲点分析法的主要内容是:内部审查、挑战自我;情报建设、完善结构;心理调整、注重预防。由于盲点分析法中的盲点发现、盲点排除和盲点预防办法可以与其他的管理分析工具灵活交织在一起,因而被广泛应用于现代管理决策分析中。排查分析法主要从情报实践中总结而来,被情报研究人员用作发现和剔除虚假信息,保证分析结论的完备性的系统手段。排查分析法的核心内容是要求信息分析人员尽可能罗列出各种关于目标问题的假设命题,利用所掌握的信息资料逐一进行论证或反证,务求不遗漏将来可能发生的事件。由于排查分析法能够综合运用心理学和其他科学手段,处理海量情报数据,因而特别适用于意义重大的综合性决策问题的研究。

实施情报研究品质管理要采用科学合理的方法和工具,将具体的管理措施和管理责任落实到位。从情报研究工作的全过程着眼,情报研究品质管理的主要方法有动态管理、过程跟踪、节点控制、成果验收和成果评价,下面对各种方法进行详细说明。

(1) 动态管理

情报研究工作是一个动态变化的过程,会受到很多不确定因素的影响,存在很多难以预知的变化,因此,要实施动态管理,对情报研究工作所处的外部环境和用户需求的变化进行预测,分析和掌握数量庞大、类型多样的情报素材,选用恰当的研究方法,适时调整研究思路,修改和完善研究计划。动态管理过程中,要制定动态管理的标准。在标准的指导下,一方面要发现研究工作中存在的问题,及时预警;另一方面要通过情报研究项目主管部门的支持和情报研究人员的协同努力,提出解决问题的方案。实施动态管理有助于降低研究过程的风险性,保证研究工作的稳定持续开展,达到情报研究的质量要求。

（2）过程跟踪

过程跟踪,也称之为过程控制,指的是在工作进行的过程中对其中涉及的每一个环节进行跟踪和控制的方法,跟踪和控制的对象包括工作内容、采用的工作方法、前进方向与工作目标的契合程度、资源的使用情况、进度情况等。在管理实践中,很多大企业集团为了达到产品质量的要求,都非常重视过程跟踪和控制,例如,兰德公司的高质量标准规范就是为了加强过程控制而制定的。情报研究工作应充分借鉴管理领域的实践经验,注重对整个研究过程跟踪和控制。前文已经明确指出,情报研究的品质管理体现在情报研究的每一项流程之中,因此,过程跟踪执行的好坏直接决定着情报产品质量的高低。

（3）节点控制

节点控制,是指在情报研究过程中,在各流程的交接点、时间控制点,采用有效的方式,对照任务书中确定的目标计划和时间表,对研究进度与质量的控制与检测。情报研究作为一个具有多个流程的工作整体,每一个流程环节都很重要,不可或缺,对整个研究工作有重要的影响。因此,在情报研究品质管理过程中,要十分注重对情报研究流程中关键节点的质量监控。在情报选题和立项过程中,通过立项评审这一节点控制,把守住情报研究起点的准确性和研究价值。情报收集的过程中,信息来源的选择和确定要以准确性、新颖性、权威性等为衡量标准。控制好情报加工处节点,确保情报研究的基础资料的质量。在情报分析、研究报告撰写中要掌握好时间进度,按照时间表的安排按时送交成果验收和发布。

（4）成果验收

动态管理和过程跟踪可以由情报研究人员和团队自己完成,即实现自我监督和质量控制,成果研究则是外部对情报研究质量的评判和控制工作。成果验收,指的是情报研究主管部门组织专家按照预先确定好的一系列标准对情报研究成果进行检验评审,是情报研究品质管理的重要方法。符合各项指标的情报研究成果可以通过验收,允许对内、对外发布,没有达到质量要求的情报研究成果不能通过成果验收评审,要根据验收反馈的意见,修改完善情报研究报告,直到符合各项标准的要求后方可提供给用户使用。成果验收是实施质量控制的关键步骤,要严肃认真负责地对待验收工作,严格把关,确保情报研究成果的质量合格。

（5）成果评价

情报研究成果是呈现给用户的最终产品,是用户对情报研究工作检验的重要依据,成果的质量是关系到整个情报研究质量的关键点。因此,对情报研究成果的评价尤为重要,获得高质量的权威评价有助于扩大情报产品的影响力,增强用户的信任度。无论动态管理、过程跟踪,还是节点控制、成果验收,都要按照严格的标准来实施,成果评价也不例外。制定并采用客观的、严格的评价体系和指标体系,并采取同行评审的方式来进行情报研究的成果评价,是情报研究科学化、情报产品质量可靠性的重要保证。

情报研究品质管理的重点是情报质量评价问题,这是所有品质管理相关工作都要参照的目标,也是落实情报品质管理措施的起点。已有的情报评价研究成果主要是基于价值因素,通过对情报产品应用所节省的成本核算或效益增加值的估算来评定情报研究成果的价值,这种做法固然有一定的可行性,但是情报产品秉承着信息的价值表现特性,用普通的效用理论方法难以准确描述情报的长效价值,因而基于这种价值所做出的评价难以客观全面地反映出情报的真实情况。若要对情报质量做出准确评价,着眼点虽仍是应用,但是在评价函数的设计上应更多地考虑情报用户行为和情报用户的感受。

在情报质量评价中更多地考虑情报用户行为以及情报用户的感受,是情报研究品质管理的重点问题,也是难点问题。不同的情报课题面对不同的用户对象,情报研究的对象领域与层次的变化会影响情报用户的表现与感受。如何从不同的情报产品及不同的情报用户表现中发现带有共性的质量评价标准,是情报研究品质管理过程中需要重视解决的一个难题。此外,用户的感受是主观性指标,与用户的沟通亦受很多主观因素的影响,如何正确把握和处理好这些主观性指标数据,如何将主观性因素合理地转化为规范且可计量的参数,同样是情报研究品质管理过程中要重视解决的难点问题。

参考文献

[1] 包昌火,包琰.中国情报工作和情报学研究[M],北京:科学出版社,2014.

[2] 包昌火.情报研究方法论[M].北京:科学技术文献出版社,1989.

[3] 陈炜煜,杨婧.项目时间管理理论与探究[J].特区经济,2013,02:221—222.

[4] 杜元清.论信息环境设计[D].北京:北京大学,2009.

[5] 杜元清.情报分析的 5 个级别及其应用意义[J].情报理论与实践,2014,12:20—22.

[6] 符福峘.当代情报学[M].北京:中央文献出版社,2006.

［7］盖敏慧,康敏.浅谈科技情报的质量管理[J].科技情报开发与经济,2009,18：101—103.

［8］杰罗姆·克劳泽.情报研究与分析入门[M].北京：金城出版社,2016.

［9］李天阳,王新.情报研究质量控制——从兰德公司高质量情报研究规范谈起[J].情报理论与实践,2012,12：126—128.

［10］陆燕,信萍萍,武剑.论情报研究的质量控制[A].中国核学会.中国核科学技术进展报告(第三卷)——中国核学会2013年学术年会论文集第10册(核情报分卷、核技术经济与管理现代化分卷)[C].中国核学会,2013：6.

［11］牛新春.战略情报分析方法与实践[M],北京：时事出版社,2016.

［12］曲柳莺,陈忠.数字时代情报研究工作模式探析[J].图书情报工作,2008,05：117—120.

［13］王延飞,王林兰.论情报研究质量[J].图书情报工作,2010,10：35—39.

［14］叶鹰,武夷山.情报学基础理论[M].2版.北京：科学出版社,2012.

［15］《中国情报学百科全书》编委会.中国情报学百科全书[M].北京：中国大百科全书出版社,2010.

［16］中国社会科学院语言研究所词典编辑室.现代汉语词典[M].6版.北京：商务印书馆,2012.

情报研究技术的现代化

　　21 世纪,人类进入信息时代。在信息时代下,传统的依靠人力＋简单工具完成信息搜集、信息分析的情报研究已经无法适应时代的变化。特别是互联网＋大数据的出现和发展,它深刻地改变了情报研究的方式,对情报研究技术提出了新的挑战。

　　互联网时代,情报研究所面临的信息环境发生了巨大的变化。第一,互联网上拥有着极为丰富的信息资源。从传统的网站信息到 web 2.0 技术下催生的 Blog、wiki、社交平台信息等,互联网涵盖了人们生产、生活各个方面的信息。特别是大数据时代,互联网上会实时产生海量的城市数据、企业数据、医疗数据、网站数据、生活数据等。看似繁杂无序的数据背后可能隐藏着有价值的情报。第二,互联网存在着大量的非结构化、半结构化、多元化的数据,如何收集和分析异构数据成为情报研究技术发展所面临的重要问题。第三,互联网信息传播速度、更新速度极快。情报研究强调及时性,这就需要有相应的情报研究技术实时监测信息变化。

　　面临信息时代的巨大挑战,情报研究技术必须实现信息化的转变,才能满足情报需求。当前随着以计算机为代表的信息技术不断发展,众多的信息技术应用到了情报研究当中。应用比较多的信息技术有:数据统计与分析技术、数据挖掘技术、语义处理技术、可视化技术等。这些信息化技术的应用极大提高了情报研究的效率。信息技术在情报研究中的应用需要依赖于情报软件。情报软件是专门支持情报研究而设计开发的具有一定通用性的软件[①]。情报软件在情报规划、情报收集、情报分析、情报传播、情报反馈各个阶段发挥作用,是一种智力支持工具。为了

---

　　① 　吴伟.国外竞争情报软件研究[J].情报理论与实践,2004,01:103—106.

更好支持情报研究工作,情报研究软件集成了多种情报研究技术。情报研究人员可以根据需要在一款或几款软件上运用多种信息技术进行情报收集、情报分析、情报传播等工作。

虽然情报研究软件会集成多种信息技术,但是不同的软件在辅助情报研究中都会有其侧重点。在竞争情报循环的四环模型中,流程分为:规划与定向、信息搜集、情报分析、情报研究成果的交付与呈现四个环节。现阶段,情报软件的辅助功能主要体现在信息搜集、情报分析和情报研究成果的发布和呈现这三个环节上。有些情报软件的功能侧重于情报分析的过程,在数据分析等方面发挥重要作用;有些情报软件的功能侧重于情报研究成果的交付与呈现。下面我们将从情报分析和情报研究成果呈现两个方面来介绍相关的现代技术和典型情报软件。

7.1 情报分析技术

情报研究过程主要侧重于情报分析。情报分析是指通过情报分析工具和方法,对处理过的信息进行分析,综合、联系、推断,形成对局势判断和评估,并形成各种情报产品[①]。研究过程的现代化就是要运用现代化的技术辅助情报分析。

7.1.1 情报分析技术的发展

传统的情报分析更多的是借助软件进行数据统计和分析,包括数量统计、数据建模、比较分析等。这种数据统计的分析技术是一种显性分析技术,对于隐性知识的分析是很困难的。情报人员需要在显性分析基础上人工做深入的隐性知识发掘。但是在互联网环境下,由于数据量庞大,数据结构不规范,传统的数据统计分析技术很难发现有价值的信息。同时依靠人力来发现大数据背后的知识更是不可能的。所以在这样的情况下,情报分析技术就需要不断改进,以适应时代的发展。在当前的情报分析过程中,应用比较广泛的信息技术有:数据挖掘技术、语义处理技术和可视化技术。

数据挖掘是指一个知识发现的过程,是从大量的、有噪声的、模糊的、随机的数据中发掘出隐含在数据背后的,人们事先不知道的,但又是潜在有用的信息和知识的过程[②]。数据挖掘技术包含相关性分析、分类、回归、聚类、序列分析等。数据挖掘技术可以应用于多种类型的数据,包括文本数据、web 数据、图数据等。数据挖掘强调发现事物之间的关联规则。这与情报研究有着密切的关系。在情报研究过

---

① 李国秋,吕斌. 论情报循环[J]. 图书馆杂志,2012,(1):2—9.
② 李广建,杨林. 大数据视角下的情报研究与情报研究技术[J]. 图书与情报,2012,(6):1—8.

程中，面对着庞大的信息资源，利用数据挖掘技术可以发现数据背后隐含的关系、知识等。

语义处理技术提供了机器可理解或是更好处理的数据描述、程序和基础设施[①]。语义处理技术整合 web 技术、人工智能技术、自然语言处理技术、信息抽取技术、数据库技术等，旨在让计算机更好地处理半结构化、非结构化的数据[②]。语义处理技术涉及的核心技术包括语义标注、知识抽取、检索、建模、推理等。将语义处理技术应用于情报研究，有助于提高计算机对于情报素材的理解。

可视化分析是在计算机生成的交互式图表基础上，运用信息技术发现知识的过程。可视化分析技术是一门通过可交互的可视化界面来便利分析推理的技术[③]。可视化技术分为结果可视化和过程的分析可视化两部分。在情报研究领域内，情报研究结果的可视化技术应用得相对较多。过程分析的可视化是将自动分析技术与交互技术相结合，帮助用户在大规模及复杂数据内容的基础上进行有效的理解、推理和决策[④]。以可视化技术为基础的可视化分析整合了多个领域内的分析方法，对数据管理、知识表示、统计分析、知识发现等领域的成果进行自动分析，融入交互、认知等人的因素来协调人与机器之间的沟通，从而更好地让用户理解情报分析的过程、情报分析产生的结果[⑤]。

7.1.2　情报分析辅助软件

集成了上述信息技术的情报软件在情报分析方面的主要功能包括：① 将采集来的信息进行分析，归纳出信息的主题，将其存入到软件事先定义的类目中；② 以图表等形式直观显示情报分析结果；③ 提供多种情报分析模板以供用户选择和使用；④ 自动完成对人物、事件、地点、时间等的比较分析，挖掘人物、事件、地点、时间等之间的关系；⑤ 数据挖掘，将数据转化为比较分析结果、趋势预测、因素分析和关联规则等人们可以直接利用的知识；⑥ 文本挖掘，从大量非结构化文本信息中提取有价值的知识等；⑦ 通过可视化界面，让用户直观了解分析过程；通过交互功能，让用户参与情报分析。

---

① Domingue J, et al. Handbook of Semantic Web Technologies[M]. Berlin: Springer Publishing Company, 2011.

② Fensel D, et al. Common Value Management Based on Effective and Efficient On-line Communication [EB/OL]. [2012-09-17]. http://wiki. iao. fraunhofer. de/images /studien/proceedings-common-value-management. pdf#page=19.

③ Thomas J J, Cook K A. Illuminating the Path: The Research and Development Agenda for Visual Analytics[M]. Washington DC: IEEE Computer Society Press, 2005.

④ Keim D, Andrienko G, Fekete J D, et al. Visual Analytics: Definition, Process, and Challenges[J]. Lecture Notes in Computer Science, 2008, 4950: 154—175.

⑤ Keim D A, et al. Challenges in Visual Data Analysis[C]. Information Visualization, 2006, 9—16.

市场上关于情报分析的软件众多，在此重要参考了 Fuld 公司的 Fuld Intelligence Software Report 和专业的竞争情报软件评价网站 Ciseek.com，从中选择了 4 款比较有代表性的情报分析软件进行介绍。

（1）IBM i2 Analyst's Notebook

IBM i2 Analyst's Notebook 是一个直观的情报分析平台（图 7-11），通过数据分析和可视化功能，能够使政府机构和企业从海量信息中挖掘出更高的数据价值，实现有效的情报分析。它利用直观的上下文设计，帮助分析人员以直观的方式快速整理、分析和呈现不同来源的数据，同时更快发现复杂数据中的关键信息。研究人员使用 Analyst's Notebook 可以基于不同的业务数据（例如，电话记录、航班信息、酒店信息等）建立相应的分析模型，将数据信息以图表的方式进行可视化的展现，再基于建立的图表利用其他图表分析技术（关联分析、网络分析、时序分析）做进一步的分析，找出数据中的公共元素和深层次的关联信息，为分析调查工作提供有用情报。

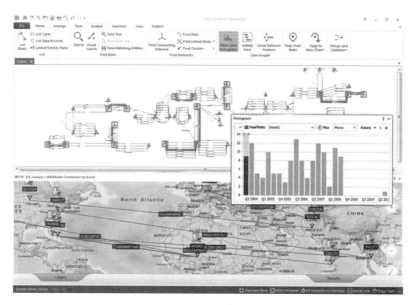

图 7-1　IBM i2 Analyst's Notebook 分析界面

IBM i2 Analyst's Notebook 最早是由 I2 软件公司开发的。I2 公司成立于 1990 年，是一个预防犯罪和智能软件开发的公司。I2 公司开发的 Analyst's Notebook 为警务、情报及调查组织提供专业化的可视化及分析调查服务。这家公司总部在英国，在美国拥有销售公司，全球具有超过 26 个渠道合作伙伴。其主要客户包括英国所有的警察组织、欧盟成员的执法机构、国际刑警组织（Interpol）、欧洲刑警组织(Europol)和美国联邦调查局(FBI)、中央情报局(CIA)及联邦政府等。

Analyst's Notebook 核心分析技术功能包括：

① 自动展现。用户可以使用建立模型的方式对业务数据进行可视化展现,整个展现过程完全自动化,数据的来源可以是 text、xml、excel 等数据文件或者来自业务数据库等。

② 表格分析。使用数据表格的方式对图表中的对象(实体、链接、卡片等)进行可视化搜索、分类统计等。

③ 关联分析。通过可视化搜索(Visual Search)、查找链接(Find Link)、查找路径(Find Path)等方法发现不同实体间的关联和隐藏的联系,从而揭示和建立完整的分析证据链。

④ 网络分析。通过各种不同的图表展现实体网络中的群组(例如电话记录中的通信群组),可用的分析方式包括网络图、分组图表、圆形图、层次图、时间序列图等。

⑤ 时序分析。在分析中引入时间的纬度,按照时间序列展现事件发展延伸的整个过程,从而发现规律性的趋势并做出预测。

⑥ 空间分析。在分析中引入空间的纬度,将事件图表中涉及的实体、关联等和位置空间信息联合起来(如和 GIS 图元进行关联),从而揭示位置的关联关系。

⑦ 群集分析。在图表中发现隐含的群集(Cluster)(例如,在一段时间内发现多次乘坐相同航班飞行的群组),用户可以自定义群组的条件和链接强度等。

(2) Semantica Pro

Semantica Pro 是一款进行数据收集、编辑、分析的可视化客户端软件平台。它可以帮助用户将收集的数据和信息处理成结构化的知识,可以智能化地从数据语境中进行数据挖掘。与传统的关联分析软件相比,Semantica Pro 有着强大的智能语义功能,它可以提供语境理解功能;Semantica Pro 将输入的数据以三元组的形式储存,在此基础之上挖掘出数据之间关联性;可以将人的数据、事件的数据、地理数据等建立关联,为用户呈现一个完成的语境;通过建立语境分析,从动态信息网络中发现有价值关系,找出数据背后隐藏的价值。因此,Semantica Pro 是一款优秀的知识组织工具。

现在最新版的版本是 Semantica Pro 5.6。它允许用户跨多个行业对不同类型的数据进行整合,将多个孤立的数据来源连接起来,从而发现其中的内在关系,揭示隐藏的风险和机遇,并有助于提高工作效率、信息共享和决策。Semantica Pro 配备一个应用程序框架,可以让用户更加直观地操作。它所设计的功能可以帮助用户以一种更为简单、有效的方式处理海量的数据。

Semantica Pro 核心分析技术包括：

① Semantic research 云平台为 Semantica Pro 的运行提供辅助支持。Semantica Pro 可以将数据、分析结果存储在云上，便于共享。同时，云计算也方便用户的移动办公。

② 综合性工作区，Semantica Pro 提供多视图模式，包括传统图表视图、卡片视图、地理空间视图等。

③ 全局搜索：Semantica Pro 提供了一个全局搜索接口。用户可以通过该接口查找本地和云端多种类型的内容。同时，在检索方面提供了多条件检索以帮助用户精准地查找。

④ 数据连接优势：不借助额外工具即可导入多种类型的数据，可以无数量限制的连接任何类型的内置 ETL 的工具。

⑤ 后端设计灵活：在系统中，信息以实体＋关系的三元组形式存储，为数据提供了可供分析的语境。

⑥ 可扩展性：Semantica Pro 的数据存储、分析等标准对外开放，允许开发者和用户自我制定个性化的标准；强大而灵活的本体应用，方便用户扩展本体规模和个性化定制。

⑦ 自动化的工作流程，为用户节省出分析时间；

（3）Palantir

Palantir 指的是由 Palantir Technologies 公司开发的一系列软件，这些软件可对各类数据进行分析，这些数据包括结构化内容、非结构化内容以及时间、空间内容，其主要功能是收集大量数据，帮助非科技用户发现关键联系，并最终找到复杂问题的答案。

如今，Palantir 公司总共拥有两大产品线——Palantir Gotham 和 Palantir Metropolis，分别应用于国防安全与金融领域。

Palantir 的核心分析技术包括：

① Palantir Phoenix 技术。该技术是一种集群式的数据存储技术，支持在 P 字节规模的数以万亿计的数据记录中进行亚秒级别的查询。利用 Phoenix 技术可以使其他一些开源技术在处理大规模数据和进行高级分析时达到杠杆效率。

② The Palantir Raptor 技术。该技术支持对外部数据源的就地联合查询。它利用动态方法完成数据集成。当一次联合查询被确认为 Raptor 技术的查询时，此记录会被就地转移到版本控制数据库中（Revisioning Database）。

③ 全文检索技术。Palantir 平台搜索技术可对平台中的所有数据，不论是结构化数据还是非结构化数据，进行全文查询。

④ Horizon 技术。该技术是由 Palantir 创建的内存数据库，用来对引导大规

模数据下工作流的交互作用。Horizon 技术使分析人员能查询数十亿级的对象并在 10 秒内得到结果。它创建于 2009 年,与 Apache Spark 在设计上相似。Horizon 技术作为支撑 Palantir 对象浏览器(Object Explorer)关键技术,帮助分析人员把大数据过滤为一些方便管理的次级数据以供进一步详细分析。

⑤ 动态本体(Dynamic Ontology)。应用在 Palantir Gotham 平台中的动态本体(Dynamic Ontology)是一种定义灵活,基于对象的数据模型,这个特点使它能将来源多样化的数据整合在一起,并将存储的原始数据格式转化为 Palantir Gotham 上使用的数据对象格式。此种格式表示的是现实世界中的人、地点、事物、事件及彼此间的关系的特性。不同的机构对现实情境有着不同的认识,需要不同的模型。这些模型随着时间而改变,因而动态本体的具体含义也就在现实的基础上不断重塑,并且会跟着新数据源一起增减,甚至会重新概念化。Palantir Gotham 平台上这些灵活而统一的数据模型能极大地简化数据整合的过程。以往企业多年才能完成的数据整合项目,现在只要几周时间便可完成。

⑥ 版本控制数据库技术。版本控制数据库技术(The Revisioning Database)简称为 RevDB,为 Palantir 平台提供了持续稳定的数据存储能力。它增强了平台的访问控制、审计、知识管理和协同工作能力。其中所有数据都附有它们的历史信息,包括创建和修改日期、创建和修改者身份、数据来源地以及数据自身的安全设定和访问限制。这些原资料都可以被客户接触,使用户能够获得背景信息丰富的条件下的分析经验,并且可以保证不同权限用户间的合作安全和不同分析方式用户间的合作安全。广泛的原始资料,可靠的安全规范和完善的版本控制,这些条件可以使不同用户对给定的数据对象从不同角度进行审视,同时也维持着数据的完整性。

(4) Innography

Innography 是一个功能强大的专利信息检索与分析平台,该平台目前已成为以挖掘核心专利、进行专利质量评估为特色的专利检索与分析工具。Innography 是美国剑桥信息集团成员 ProQuest 集团 Dialog 公司旗下的知识产权商业情报提供商,该公司于 2007 年推出了基于网络的知识产权商业智能(Intellectual Property Business Intelligence,IPBI)信息服务平台,即所谓的 Innography 平台。

Innography 核心分析技术包括:

① 基于专利强度的核心专利挖掘。专利的价值不能仅依靠单一指标判断,Innography 独创的专利强度指标是一个复合指标,涉及的影响因素包括:专利权利要求数量、专利引用次数和被引用次数、专利族、专利申请时程、专利年龄、专利异议和复审、专利分类及其他。Innography 利用 PatentStrengthTM 为现有专利评价专利强度,从 0~100% 分为 10 级,强度越大越为核心专利,Innography 支持

将检索结果按专利强度排序,提供专利强度滑动条对专利按强度进行二次筛选,同时可以导出表格形式的专利强度数据。

② 相似专利检索。Innography 设计了独有的相似度算法,利用国际专利分类(IPC)系统和专利引文数据,生成专利相似度(Patent Similarity)指标,帮助用户快速查找相似专利,用于专利的无效分析、侵权分析等,为深入挖掘、分析相关专利提供有力支持。

③ 语义检索。Innography 提供语义检索服务,用户输入一个专利申请号或者一组文本信息(例如专利摘要,一项特别的权利要求),Innography 自动对文本进行估值,确定最有价值的单词和概念,然后自动检索出 100 篇最相关的专利。用户可以对语义检索结果进行引证扩展、同族整理、二次检索、分析和导出以及可视化显示,当使用分类扩展或者引证扩展时,会出现相似度滑动条,可以进行相似度匹配。

④ 可视化显示。Innography 将专利、商标、商业、诉讼等各方面信息结合在一起形成结构化分析方案,以可视化图表形式直观显示。例如,专利权人气泡图结合综合竞争力,专利权人的财务与专利实力的宏观分析,对于模拟机构合并前后专利实力对比、寻找专利技术合作伙伴、促进产学研转化有着重要意义;发明人分布图指示出特定领域科研实力最强的国家;诉讼热力图揭示特定领域更具有攻击性的专利权人;专利引证树图显示前引和后引数量,通过引证专利的 IPC 分布展示发明领域的异同,分析核心专利技术的来源、去向及外围布局;文本聚类环状图帮助分析者或科研人员快速确定批量专利中的主要技术点。

7.2 情报研究成果的交付与呈现(服务)技术

情报研究成果的交付与呈现是将研究成果付诸实现的过程。这一过程的关键在于将情报研究成果以清晰、易于理解相信的方式传递给决策人员。虽然情报软件不能直接使得决策人员相信情报研究成果,但是借助现代化的信息技术,将情报研究的成果进行加工处理,使其在合适的时间传递给需要的人,是情报软件应当具备的报告和传递功能。

7.2.1 交付与呈现的现代化标准

关于情报研究成果的交付与呈现,美国竞争情报系统设计与评估有 3 条重要的标准:第一,标准化和定制化的报告模板;第二,连接并导出微软 Office、Corel-Draw、PDF 等多媒体格式文件和其他数据库与报告系统;第三,对报告进行纸质、内部网、电子邮件和无线网络方式传输方便使用的能力①。除此之外，我们认为情报研究成果的交付与呈现还应该有情报研究成果的安全控制标准。

① 标准化和定制化的报告模板。报告模板是集成情报研究成果的载体。以往情报人员在完成情报成果之后，还需要根据交付对象、传播方式设计报告模板。这一部分工作会降低情报成果交付的效率。因此，情报研究成果的交付和呈现的现代化，就是要通过软件来代替情报人员完成报告模板的生成。软件生成的报告模板要具有标准化。标准化的模板有助于情报产品的统一化和规范化，从而促进情报产品的传播。软件要能够辅助用户自助生成报告模板。情报研究成果是多样的，交付的对象也是多样的。不同的情报需求就需要不同的报告模板。而完全依赖机器是无法满足需求的。因此，软件允许用户根据实际情况设计报告模板，形成定制化、个性化的报告，为特定的决策者提供专门的情报产品。

② 连接并导出微软 Office、CorelDraw、PDF 等多媒体格式文件和其他数据库与报告系统。情报产品共享是情报研究成果交付和呈现的现代化需求。如果情报软件生成的情报产品在文件格式不兼容其他的系统，无法将报告存储到其他数据库中。那么情报成果就无法有效地传播，情报研究就会成为"情报孤岛"。情报成果的共享依赖于数据格式的兼容。不同的传播方式、使用方式对于情报成果的导出格式有着不同的要求。不同的情报接收者对于情报成果的导出格式也有不同的要求。因此，为了满足不同对象的格式要求，情报研究成果的导出格式就要包括微软 Office、PDF 等多媒体文件格式。除了在文件格式上要多样化，情报成果的交付还要能和其他数据库、信息系统相融合。情报软件要能够提供各种数据接口，方便情报成果呈交给不同的系统。

③ 对报告进行纸质、内部网、电子邮件和无线网络方式传输方便使用的能力。情报传播途径对于情报产品能否发挥作用起到重要影响。情报软件应该为情报成果的传播提供多种渠道。情报软件要提供传统的打印输出的功能。在内部网络中，情报软件应该能够连接组织的内部网络，实现情报成果在内部网络的传播。同时，情报软件要能够将情报产品进行打包，利用电子邮件等互联网传播媒介进行传递。

④ 情报研究成果的安全控制。情报研究成果在交付和呈现中的安全控制表现在两个方面。第一是研究成果在交付和呈现过程中要确保不被篡改，保证情报研究成果的真实性、完整性。这就要求软件要有成果加锁功能，数据库要有加密功能。用户在没有相应权限的情况下，只能浏览情报研究结果而不能修改。第二是研究成果的交付对象要进行级别控制。不同级别的人员对于研究成果内容的查看

---

① 官思发，李宗洁. 美国竞争情报系统研究及对我国的启示[J]. 图书情报工作，2015，(4)：83—92.

要设置不同的权限,对重要甚至是保密的研究成果要严格控制其呈现的程度和范围。

7.2.2　交付与呈现的可视化

在情报研究成果交付和呈现的过程中,可视化技术发挥着重要的作用。通过可视化技术,可以形象生动地把研究成果的内涵和亮点展现出来,有助于决策者理解情报成果。可视化技术对于情报成果的呈现有以下两点作用:① 将隐形成果外显化。在情报研究过程中,会利用聚类、分类、关联规则挖掘等情报分析方法将数据背后隐藏的价值挖掘出来。这些分析的结果很难通过文字来描述清楚。通过可视化的方式可以将其中蕴含的关系显现出来。② 将显性成果生动化。研究成果是否生动、形象将直接影响受众的接受程度。通过可视化技术,可以将原先枯燥的文字性成果转化为引人注目的图表,将简单的静态图画转换为动态的图画。这些可视化的方式将极大丰富情报研究成果。

情报研究成果的可视化包括基础事实类成果的可视化、过程类情报成果的可视化两个方面[①]。基础事实类成果的可视化包括基本情况、结论、建议等。这种可视化是一种静态的可视化。通过可视化技术将抽象的结论具体化,将分散的数据联系在一起,使其整体化。过程类情报成果的可视化包括发展趋势、抽象化的工作原理、运作方式。这种可视化是一种动态的可视化。

可视化技术在情报研究成果呈现方面发挥着重要的作用。但这并不意味所有的情报研究成果都可以通过可视化技术来实现。在特定的情况下,受到情报研究程度、可视化技术水平的限制,有些情报研究成果不能通过可视化的方式呈现。例如,含有态度、价值观、经验等主观成分较多的研究成果就很难通过可视化的方式呈现;含有较难理解的隐喻、暗喻的研究成果也是很难通过可视化方式呈现。因此,情报研究成果的可视化要充分考量研究成果的性质,在可行性基础上加以选择。

7.2.3　情报研究成果交付与呈现辅助软件

(1) STRATEGY

STRATEGY 是出 Strategy Software.In 公司开发的竞争情报软件。该软件覆盖了竞争情报循环的所有流程。在福德公司出版的《竞争情报软件评估白皮书》中,STRATEGY 在情报成果生成报告和发布环节得到 9 分(满分为 10 分),可以看出 STRATEGY 在情报成果的交付和呈现方面功能强大。

---

① 谭玉珊,高辉.从可读走向可视——论情报研究成果的可视化[J].情报理论与实践,2015,38(11):18—22.

STRATEGY 在成果交付和呈现方面的功能包括：

① STRATEGY 的报告生成迅速。根据官网的介绍，STRATEGY 可以在短短几秒钟之内生成竞争产品和服务的报告，同时迅速地分享给其他人。研究报告生成的快捷，说明这款软件在整合情报方面功能强大。

② 提供了约 150 种的报告模板，不同的模板向情报研究人员展示了不同的竞争情报环境实例。在 STRATEGY 提供的样例报告模板中，对人物、市场、产品、服务等多个对象进行了文字、图表的预先设置。情报研究人员可以直接选取其中的元素加以调整利用。更为重要的是，STRATEGY 的标准化模板还在随着市场的变化而不断更新。情报研究人员通过更新的报告模板可以使得研究成果紧跟市场变化。除了标准化的报告模板外，STRATEGY 很好地兼容了其他报告模板制定的软件，用户可以使用 Crystal Reports、Microsoft Access 或其他报告工具来自定义报告模板以供以后使用。

③ 文件格式、传播途径多样。对于完成的报告，情报人员可以直接在 STRATEGY 以邮件的方式发送给决策者，也可以导出到 Word 文档、html 网页以及其他应用程序内，可以直接打印，还可以直接发布到企业内部网或者互联网上提供给用户直接访问。STRATEGY 在这方面表现出了良好的灵活性。

④ 对用户访问设置了组别权限。管理员可以控制哪些用户看到哪种信息，可以对报告做出何种修改。同时对整个数据库进行加密处理，保证研究成果的安全。

（2）Wincite

Wincite 系统由美国 Wincite 公司开发。它是一个功能强大的企业级竞争情报系统。Wincite 在成果交付和呈现方面的功能包括：

① 提供了标准化和定制化的报告模板。

② 可以基于数据库中的信息生成报告的功能，而且可以通过浏览器来查看；同时也提供了多种报告提交方式，包括邮件或通过网络发布等。

③ Wincite 的特点在于能够在报告中插入超链接按钮，通过超链接按钮，用户可以获得与报告相关的补充或者详细信息，例如，网站信息、Office 文档、PDF、图像等。

④ 特别的是，开发人员将 eWincite 网络功能整合到 Wincite 系统中后，分布在全球各个地方的销售部门、技术部门可以通过平台共享情报。

⑤ Wincite 系统在情报呈现方面借鉴移动手机呈现信息的方式，用户不用复杂的操作，只需通过点击两次就可以获取信息和情报呈现主题。

（3）Knowledge360®

Knowledge360® 是由 Cipher 公司开发的竞争情报与知识管理软件。Knowledge360®是一款支持所有情报流程的软件,覆盖数据的收集、汇总、索引、过滤、搜索、分析、报告、协作等多个环节。Knowledge360®通过流程自动化,简化了竞争情报流程,提高了情报研究效率。作为一款功能强大的竞争情报软件,Knowledge360®得到了美国竞争情报从业者协会(SCIP)的官方认证。同样的,Knowledge360®在情报研究成果的交付和呈现方面表现出色。

Knowledge360®在成果交付和呈现方面的功能:

① 提供一种叫作可定制化仪表板(Customizable Dashboards)的功能,如图7-2所示。情报人员可以根据情报需要选择要监控、收集的信息,定制分析功能,然后Knowledge360®就会及时地将最新信息整合到仪表板上,根据设定好的分析功能给情报人员呈现最新的情报结果。同时,Knowledge360®允许共享定制化仪表板。

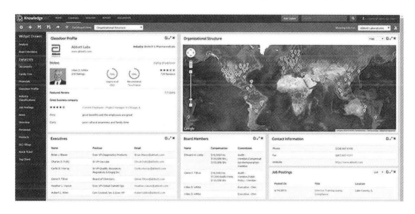

图 7-2　Knowledge360®仪表盘界面

② 内置多款高级报告模板和时事通讯生成器(newsletter builder)。情报研究人员利用这些报告模板和生成器可以自动化地生成多种报告格式,从而简化了情报报告的生产流程。这些标准化的模板涉及多个行业,不同的行业给出的模板主题、模板部件也不同,从而满足不同行业情报人员的需求。

③ Knowledge360®允许用户自我创建报告模板,Knowledge360®提供了众多创建模板的小插件,研究人员在创建模板过程中可以使用这些小插件进行个性化定制。

④ Knowledge360®的研究成果交付与呈现是为了工作协同。Knowledge360®为研究成果设置共享功能和相应权限功能。Knowledge360®搭建了一个在安全控制下的共享平台。团队内部成员、跨部门成员都可以在平台上分享成果。

(4) Intelligence2day®

Intelligence2day®是由 Comintel 公司开发的竞争情报与知识管理软件。这款

软件在情报研究成果的交付和呈现方面表现出色。Intelligence2day® 在情报成果
交付和呈现方面的功能：

① Intelligence2day® 为情报研究人员提供了多种标准化和定制化的报告
模板。

② Intelligence2day® 特别强调互操作以及和第三方软件的联通，例如，它集成
了 Microsoft SharePoint®。Intelligence2day® 支持所有主要的互联网标准和组件
模型，包括 XML，SOAP/Web 服务，Java 和 NET/COM。这就使得软件生成的情
报研究报告在互联网上可以方便地传播。同时，它可以将研究成果导出不同的文
件格式，传递到不同的设备上。如图 7-3 所示。

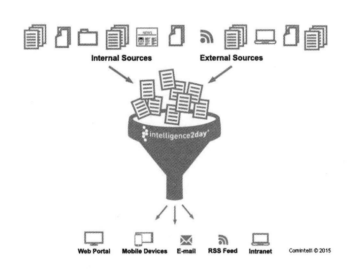

图 7-3　Intelligence2day® 多格式导出

③ Intelligence2day® 将从各种途径收集到的信息进行分析，形成情报研究成
果之后可以在 web 浏览器、移动设备等载体上呈现。由于 Intelligence2day® 生成
的报告采用响应式网页设计，情报研究报告会根据载体的不同呈现不同的形式，具
备平移、缩放的功能，从而给用户最佳的视觉体验。在传播途径上，Intelli-
gence2day® 可以通过电子邮件、RSS 的方式在互联网上进行传播。

④ 为了提高情报研究成果传播便捷、迅速，Intelligence2day® 提供了云平台方
便的情报产品的传播与共享。在公有云上，无论情报研究人员在哪里，只要登录网
站就可以获得相关的情报成果；在私有云上，由 Comintel 的合作伙伴 Rackspace 公
司对特定用户、企业进行云应用权限控制，从而也保证了情报研究成果的安全性。

⑤ 在安全性上，Intelligence2day® 提供了防火墙保护，实时监测系统，可以有

效地防范病毒欺骗、Dos 攻击，从而保证情报研究成果不被篡改、丢失。

参考文献

［1］ Keim D，Andrienko G，Fekete J D，et al. Visual Analytics：Definition，Process，and Challenges［J］. Lecture Notes in Computer Science，2008，4950：154—175.

［2］ Keim D A，Mansmann F，Schneidewind J，et al. Challenges in Visual Data Analysis［C］// Tenth International Conference on Information Visualization. 2006：9—16.

［3］ Fensel D，et al. Common Value Management Based on Effective and Efficient Online Communication［EB/OL］.［2012-09-17］. http：//wiki. iao. fraunhofer. de/images /studien/proceedings-common-value-management. pdf ♯ page＝19.

［4］ Domingue J，et al. Handbook of Semantic Web Technologies［M］. Berlin：Springer Publishing Company，2011.

［5］ Thomas J J，Cook K A. Illuminating the Path：The Research and Development Agenda for Visual Analytics［M］. Washington D C：IEEE Computer Society Press，2005.

［6］ 官思发，李宗洁. 美国竞争情报系统研究及对我国的启示［J］. 图书情报工作，2015，(4)：83—92.

［7］ 李广建，杨林. 大数据视角下的情报研究与情报研究技术［J］. 图书与情报，2012，(6)：1—8.

［8］ 李国秋，吕斌. 论情报循环［J］. 图书馆杂志，2012，(1)：2—9.

［9］ 谭玉珊，高辉. 从可读走向可视——论情报研究成果的可视化［J］. 情报理论与实践，2015，38(11)：18—22.

［10］ 吴伟. 国外竞争情报软件研究［J］. 情报理论与实践，2004，01：103—106.

8 情报研究人员

8.1 情报研究人员的素养和能力要求

随着科学发展观的确立,情报研究工作在决策科学化的进程中发挥着越来越重要的作用,情报研究工作所产生的情报研究成果价值不断提高。与传统以信息综述或评述为主的情报研究工作不同,当前情报研究工作的要求越来越高,在广泛收集信息的基础上,信息得以进一步的深加工,更有利于为科学决策服务。而情报研究人员的整体素质和研究人员的能力水平对于提高情报研究水平和发展情报研究工作具有重要作用。因此,确保情报研究人员的素养和能力,满足情报研究工作的需要是情报研究中的重要部分。

8.1.1 情报研究人员的素养

8.1.1.1 政治素养

(1)情报研究人员要具有鲜明的政治观念

情报研究工作涉及国家的政治、经济、科技、社会等各个方面,甚至是与国际竞争相联系,因此具有坚定的政治立场和较强的政治敏锐性是情报人员所必不可缺的重要素质。情报研究人员要做到把自己的工作与民族的命运兴衰、国家的安危时刻联系在一起。此外,情报研究的目的是服务于科学管理和决策,而决策的制定、修改和完善,均离不开政策的指导。因此,情报研究人员要关心国家大事,认真学习党的方针政策,在研究工作中,将国情、社会制度特点与党的方针政策,有分析地、准确地结合到用户服务之中。

（2）情报研究人员要爱岗敬业

基于情报研究工作的服务性质，情报研究工作所产生的研究成果多属于隐性成果。通过情报研究成果，决策者或者科研人员能够在此基础上进行决策制定、技术创新，进而可能产生巨大的社会效益，但是情报人员所发挥的作用却无人知晓。所以，情报研究人员只有真正做到爱岗敬业，才会从内心产生出不计个人名利、献身于情报研究事业的自觉性和主动性。它是情报研究人员不断提高自身水平、改进工作的内在动力，是推动情报研究工作健康发展的不竭源泉。

（3）情报研究人员要有严谨的态度与求实的精神

情报研究是科学决策与科技攻关的基础，为了确保决策与科技工作的顺利进行，情报研究人员在工作中必须保持严谨的态度和实事求是的精神，做到讲求实际、严肃认真、严密谨慎、一丝不苟。只有这样，才能确保情报研究工作的准确性与可靠性，才能保证在情报研究工作发挥出应有的作用。具体而言，应该做到以下几点：① 在情报搜集过程中，要从整体出发，详细、准确地占有事实材料，尽可能全面地搜集到有关的情报信息，这是情报研究的基础工作，情报信息的真实性、可靠性与全面性是做好情报研究的前提条件。② 既能够从整体出发，周密地观察分析问题，又能够从微观的角度，具体地认识事物的发展，切不可只做些笼统的推断，也不可只从个别事例出发，以偏概全，向用户提供片面的资料与片面的建议。③ 一切以客观事实为依据，依据事实资料进行分析研究，不可粗心大意，凭借个人的主观臆断去认识问题、分析问题、做出结论。④ 既要保持谦虚的态度，听取各方面的意见，又要勇于坚持真理，修正错误，既不可闭关自守，拒绝各方面的好的信息与建议，也不可以偏听偏信，为迎合某些人的需求而做出不合理的决策。

（4）情报研究人员应该具有高度的团队精神

随着高新技术推动社会不断进步，事物发展日趋复杂，社会分工越发细化，分工协作已经成为社会工作的一大特点，情报研究工作也不例外。参与情报研究工作的情报研究人员应该具有高度的团队精神，在完成情报研究工作任务的时候，作为一般成员，要积极配合其他研究人员工作，充分发挥自己的作用；在作为研究项目或课题负责人时，要充分发挥课题组成员的作用，尊重他人的劳动。只有这样，才能发挥情报研究的整体优势，才能培养出杰出的情报研究人员队伍。

8.1.1.2　政策水平

情报研究在为科技发展、管理决策、经济建设服务的过程中离不开政策的指导，是一项政策性很强的工作。情报研究人员必须熟悉国内的科技政策、经济政策和各项社会发展政策，并基于本国国情与国外的新技术、新动向进行对比分析，否则就会脱离国情而单纯地复制国外经验。大型战略性情报研究,例如为国家、地区、行业系统制定发展规划服务的情报研究,必须在国家经济和科技发展方针地指导下,结合地区和行业特点展开。即使是一般的情报研究,也要在有关政府和行业制定的具体政策指导下进行[①]。

情报研究人员的政策水平体现在以下几方面:

① 熟悉和掌握党和政府制定的各项方针政策,如国民经济发展方针、科学技术发展方针、技术引进政策、经贸政策、金融政策、保护知识产权政策、人才流动政策、知识分子政策等。

② 了解国际组织和各国政府的科技政策、情报交流政策、经营贸易政策等。

③ 在选择研究课题、搜集情报素材和分析研究与预测等活动环节,要时时想到政策,自觉与党和国家的政策相联系,在政策指引下开展工作。

及时、全面地了解和熟悉有关政策,顾及各方面政策,弄清各类政策之间的关系,避免在运用过程中产生矛盾,并且在情报研究活动中协调、配套、富有创造性地大胆运用,就能把政策用好、用活、用足。

8.1.1.3 心理素养

情报研究人员的心理素养体现在以下几方面:

(1) 对事物的发生、发展应具有强烈的情报意识

情报意识是人脑从情报信息的角度出发对客观事物收集、整序、理解、识别、辨析、评价、吸收、研究、利用、传递和交流的反应能力。它包括信息主体意识、信息获取意识、信息传播意识、信息保密意识、信息更新意识等多种形式。高级情报研究人员只有具备了足够强烈的情报信息意识,使自己始终保持对信息的积极姿态,才能及时抓住国内外科技发展的动向和苗头,迅速选定研究课题,然后从无序的文献汪洋大海中或繁杂的社会事物中以最短的时间查找、整理、加工出有价值的实用情报。对于情报研究人员来说,信息源是随处存在的,只有具备强烈的情报信息意识,才能对潜藏在事物表面现象之下的知识给予关注。情报研究与其他软科学研究一样,必须尊重客观事实,崇尚真理,一切结论不能凭主观判断。对于情报研究人员来说,必须具有严谨的科学态度、高度的责任心和强烈的事业心,在情报研究结果中,务必做到客观评价[②]。

(2) 能够与同事保持良好的人际关系

一个课题的完成需要大家的协作努力。与同事保持良好的人际关系也是情报研究人员具备良好心理素质的体现。情报研究人员在同事面前应该豁达大度,乐于助人,并善于团结同事,将情报研究课题组凝聚为一个精诚团结的工作团体,发

---

① 周军.情报研究引论[M].北京:蓝天出版社,1999.

② 江涌,李岱素.试论跨世纪高级情报研究人员应具备的素质[J].图书馆论坛,1998,(06):21-23.

挥集体的力量,从而有利于将成员所具备的专业技能、个人特长与所承担的课题任务结合考虑,进行有的放矢的课题任务分配,确保情报研究课题任务的圆满完成[①]。

（3）强烈的事业心

情报研究人员只有具备强烈的事业心,才会专注地关心自己工作的专业或技术领域的方向,方能捕捉到稍纵即逝的信息。情报研究工作是一种为决策提供服务性质的工作。情报研究人员以自己的辛勤劳动,为科学发现和技术发明铺就一条通向成功的道路,自己却难入名人、学者之流。情报研究人员只有具有很强的事业心,才能做到不为名、不为利、真正献身于科学情报事业[②]。

（4）讲究职业道德

首先,要求尊重科学。任何形式的情报研究都是科学研究,一切应以科学的结论来说话,不得弄虚作假。在分析研究和预测时,要根据实际情况,冷静思索、认真分析解决问题,绝不能以偏概全、掩盖问题、主观臆测。情报研究人员如果不能科学办事,那么必然造成研究结论、建议和方案的偏差或失误,给用户带来损失。

其次,立足自主研究。研究课题虽然来自上级或用户委托,是为他人服务的。但情报研究人员要以局外人的身份来独立自主开展研究,提出自己的见解,做出客观的判断,而不能先入为主。对于分析研究和预测研究得出的结果要作如实的反映,不应受各种内外因素的干扰,也不迁就任何单位个人的片面要求。

最后,坚持信誉至上。一旦接受课题,必须本着积极负责的态度,认认真真地开展研究,不能马虎应付。对于因研究之需获取的有关方面的机密材料、数据,必须严守秘密,绝不外泄。有些因用户要求其委托的研究课题报告需要保密的,其各种研究结论、方案和成果就不能泄露给第三者。

8.1.2　情报研究人员的能力要求

情报研究人员的能力要求可以概括为以下几条:

（1）适应工作需要的专业知识、方法和技术以及外语能力

情报研究人员的知识面要宽,以便适应本专业领域和综合性情报研究的需要。实现知识综合化,这要求情报研究人员对于自己经常服务和接触的那些领域,应当有较多的了解,有比较扎实的专业基础知识,但不必像该领域专业人员那么精深;此外,他们必须掌握较宽广的相关知识,但又不必像专职管理人员那样广而全。为保证研究成果的质量,情报研究人员应具备较强的外语能力,同时应具有丰富的专业知识。为了适应研究工作的需要,情报研究人员应具有所从事研究领域的基本

---

①　史秉能.情报研究概论［M］.北京:国防工业出版社,2006.

②　秦铁辉.情报研究概论［M］.北京:北京大学出版社,1991.

知识,还应尽可能多地了解世界政治、军事、历史和国家情况等方面的知识,知识面要尽可能宽一些,这是开展情报研究所必需的。

总之,情报研究人员的知识结构类似于人们常说的 T 型结构。具体来说,对情报研究人员的知识结构有如下的要求:

① 通晓某些专业,具有选择、接受、理解、鉴别和评价这些专业的专门问题的能力;

② 掌握与经常研究的课题有关的一些学科、专业、技术领域的知识,如与课题有关的某些社会科学、自然科学、工程技术、经济贸易等方面的知识;

③ 掌握 1～2 门外语,情报研究需要占有大量的外文资料,情报研究人员必须具有进行快速阅读和浓缩摘录、摘译的能力;

④ 掌握文献检索知识和技能,熟悉国内外各种检索工具及其检索途径和检索方法,能使用各种现代化的检索设备。

另外,从发展趋势上看,情报研究人员必须具备应用计算机、各种专家系统等现代高新技术手段辅助研究的能力,这也要求每个研究人员不断调整和完善自己的知识结构。

(2) 综合分析和判断能力

善于思考问题,注重把握事物的相互联系和本质,能够从纷繁的、杂乱的信息和资料中理出头绪和思路,是情报研究人员的职业特点。情报研究人员对信息所具有的鉴别能力,是在充分利用自己掌握的知识进行判断的基础上,进行去伪存真。情报研究人员应具备的重要素质之一,就是注重创新思维,善于透过现象抓住本质,通过细微之处预测未来的发展和深远影响。另外,情报研究人员要有较强的归纳整理和进行创造性构想的能力,善于把握事物之间的相互联系,抓住事物的本质,提炼出观点。

有的研究成果提供了大量资料,但没有经过创造性思维而实现升华,显得层次不高,相当多的成果停留在情况的堆积上,发挥的作用有限。对情报研究人员来说,综合分析和判断能力具有突出的重要性。因此,情报研究人员需掌握基本的逻辑思维方法、数理统计方法和常用的科学预测方法,以形成较强的逻辑思维能力和综合分析及判断能力。

(3) 情报表达能力

情报研究成果主要以文字的形式提供,要求研究报告(包括动态报道)结构严谨、合理,文字表述简明,逻辑性强。观点明确、文字清晰、层次清楚的研究报告,可以发挥更好的情报效果。所以,情报研究人员首先要具有较强的文字驾驭能力,能够用洗练的文字准确流畅地总结、表达研究成果。

随着计算机和多媒体技术以及声像技术的发展,用计算机制作的多媒体报告和专题声像片已成为情报研究成果重要的表达和提供方式。为了提高情报研究成果的使用效果,情报研究人员应尽可能掌握计算机多媒体制作技术,自己把情报研究报告制作成多媒体报告,还可与声像情报人员合作,把有些情报研究报告编制成声像片提供给用户使用。

情报研究人员经常要以口头方式向用户汇报研究成果,因此,情报研究人员的口头表达能力也很重要。

（4）组织协调能力

情报研究既是一项研究工作,又是一种社会活动。大、中型情报研究课题往往是由多人组成的课题组进行工作的,有时,还要吸收科技人员、管理人员来参与,情报研究人员常常担负研究和组织的双重职责。在情报研究活动过程中,情报研究人员与各主管部门、协作单位和用户有着密切联系,比如在选择课题时,要邀请主管部门、协作单位和用户等召开讨论会;在搜集素材时,要得到有关政府部门、科研部门、企事业单位和文献服务部门等的支持。因此,对情报研究人员而言,组织能力和协调能力是必不可少的。

首先能够有效地分解课题任务,进行科学的任务分工。为了保证情报研究课题的顺利进行,负责组织协调的情报研究人员要确保课题任务的有效分解,以及任务分工的科学性。任务分解与分工是一项重要工作,同时也是一项十分复杂的工作,情报研究人员在进行这项工作时,要充分考虑到分解后子任务的完整性,以及课题组各个成员的专业技能、个人能力和时间安排等,为课题的顺利开展打下一个良好的基础。

其次,能够与上级主管部门和协作单位建立良好的沟通渠道。情报研究课题的进行需要上级主管部门和协作单位的大力支持,负责组织协调的情报研究人员要与上级主管部门和协作单位建立良好的沟通渠道,深入领会上级部门对课题的要求,将这些要求很好地传达给课题研究人员,并贯彻到课题研究工作中;同时,还要将课题研究的进展,以及研究中出现的一些问题及时向上级部门汇报,寻求上级部门的指导;另外,还要与协作单位进行卓有成效的交流,通过沟通,从协作单位那里得到最大程度上的协作支持。

能够把握课题进度,有效地组织研究工作的开展。作为一个完整的情报研究课题,各个课题子任务应该齐头并进,任何一个子任务的滞后都将影响到整个研究课题的正常开展。负责组织协调的情报研究人员应该实时地掌握每个子任务的进程,通过宣传鼓动、组织协调,确保每个子任务都能够按照既定的日程安排正常运转,从而保障整个研究课题的顺利开展。

8.2　情报研究人员的培养教育

我国的情报研究工作是从 20 世纪 50 年代翻译引进苏联的科技进展和成果起步,当时的情报研究人员主要是外语专业出身;60 年代以后又有一部分自然科学专业人员加入情报研究队伍,弥补了外语专业出身的情报研究人员学科专业知识不足的缺陷,情报研究人才队伍的知识结构逐步得到改善;70 年代末以后,重建的中国情报学教育又为情报研究输入了大批人才,情报研究人员目前主要由这三类人才组成。

目前,我国情报研究人员主要通过学校教育、在职培训、专家指导三个渠道接受专业教育和专门培训。这三种方式又相互交叉渗透,在职培训一般是通过两种方式实现:一是选派有一定工作经验的情报人员去有关大学进修,进修时间一般是一年左右;一种是由大学或情报学会举办短期训练班,专门讲授情报研究工作的一般理论和工作方法。专家指导则是通过专家们广博的学科知识和丰富的实践经验,弥补当前情报教育中正规教育不足,并对情报在职人员具有良好的指导作用,它同时贯穿在学校教育和在职培训的过程中。本书在此着重介绍在职人员的培训。

8.2.1　进修培训

情报部门选拔有一定工作经验的中青年到高等学校进修,是加速人才培养的一种有效形式。目前大部分情报学专业已经开出专门培养情报研究人才的系列课程,进修生还可以选修或者旁听其他系的与情报研究有关的课程。

8.2.2　短期培训

培训班由于时间短,学习内容不能过于庞杂,以专题培训为宜。一般来说,可以组织以下一些类型的培训班。

（1）管理班

管理班的培训对象主要是情报所所长、情报研究室主任和课题组长。管理班主要讲授情报研究工作中的一些政策性和原则性问题,例如怎样选择情报研究课题,如何培养和使用干部,情报研究工作的组织、计划与协调,情报研究成果的管理和评价等等。

（2）业务班

情报研究业务学习班是最常举办的一种培训班,这一类型的培训班根据其培训对象和培训内容,通常又分为普及班和专题班。

① 普及班:普及班的培训对象主要是刚参加工作的情报研究人员和科技人员

中的兼职情报研究人员。普及班通常介绍情报研究工作的全过程,要求学院掌握情报研究的主要步骤和一般工作方法。

② 专题班:专题班通常着重讲授情报研究中的某一工作环节,例如怎样收集情报研究素材,怎样撰写调研报告,如何开展市场(或者技术)情报研究,如何评价情报研究成果,等等。

③ 研讨班:通常是从事情报研究教学或者情报研究工作多年的人员,集中在一起研究和讨论共同关心的一些理论问题和方法问题。这种讨论一般比较深入,通常能产生一些有价值的成果,例如,改进工作方法,充实教材中的某些章节内容,向管理部门提供建设性的意见,等等。

8.2.3 函授培训

在传统的函授工作中,印发讲义和辅导材料、批改作业等是教学的主要形式。随着网络的发展,可以不单纯依赖这种教学形式,函授可以通过网络教学并辅之以与面授相结合的形式进行。在学员比较集中的函授点,要聘请理论与实践能力较强的人员担任辅导员,定期对全体学员进行辅导。必要时,开办函授教育的学校或网络教学机构可以派出主讲教师到各个函授点巡回辅导。

8.3 情报研究人才的成长途径

情报研究人才的成长需要一个相当长时间的培养和实践过程,一般至少需要8~10年。在这一过程中,要系统学习文献学、情报学、管理学、决策科学等学科的基础知识,学习所从事的专业领域的新知识,进行系统的情报跟踪和情报积累。这一过程是必需的、不可跨越的。情报研究人员在这一实践过程中,通常首先在资深情报研究专家的指导下,承担较小的专题性质的课题研究,然后独立承担专题情报研究,或者一些专项课题研究,积累了一定的经验,掌握了情报研究的基本规律后,逐步参加、申请并组织、实施大型或重点情报研究课题。在这过程中,仍有都多方面需要在实践中继续学习,例如,如何进行课题总体设计、阶段计划;如何组织研究队伍、选择研究成员、进行任务分配;如何统一研究方法、研究程序、技术标准;如何利用外部智慧、避免重复调研、防止情报泄密;如何创造科研条件、组织分步实施、把握进展进度;如何做好阶段总结、成果汇总、及时应用;如何组织经验交流、成果宣传、推广应用等①。

---

① 王松俊.研究生教育导论[M].北京:军事医学科学出版社,2010.

之前已提到对不同情报研究人员系统的培养教育问题,同时此问题也属于情报研究人才成长阶梯的重要一部分。除此之外,情报研究人才成长成高级情报专家,有赖于长期的社会实践的锻炼和良好的管理。因此,实践环节是情报研究人才成长阶梯必不可缺的环节。

8.3.1　为情报人员营造良好情报实践环境

首先,培养高学历情报人才是步入高级情报研究人员的起点,最终的成功还要在深入的实践活动中展示。因此,要根据情报系统的总体需要和人才本身的发展需要,通过多种途径有计划地进行重点培养。譬如,让他们担负重要的课题研究,在实践中锻炼提高;尽可能多地参加国内外,特别是国际性学术交流活动,开阔他们的视野;通过出国考察、访问、讲学,学习和研究国外的先进经验;选派硕士生出国攻读博士学位,在国际环境中深造;建立全国性或区域性博士流动站,组织博士生在情报工作的大系统中流动;等等。总之,要瞄准高目标,以求培养具有世界水平的高级情报专家。

其次,从学校进入社会实践是一个转折点,应该根据培养高级情报人才的需要,力求确定每个毕业生的培养发展方向和目标。通过组织情报专业人才在单位和部门内各环节和岗位上流动,以便调节他们的智力结构,增强适应能力,加速人才成长。此外,推动情报专业人才在社会范围内流动,通过有进有出的人才交流,实现知识定向流动。正常的人才流动,不会破坏人才群体的稳定,反而会通过人才群体的自调节功能,增加人才稳定的因素。同时,基于实践进行考察,为他们的定向发展提供依据。

8.3.2　对情报专门人才培养工作实施科学的管理

在发展情报教育,培养情报专业人才的过程中,科学的管理和领导是情报人才成长必不可缺的保障条件,具体包括:

① 在国家层面设立专门的情报教育协调机构,协同国家教委和其他有关方面,组织发展和完善我国情报教育的体系,组织制定情报教育和专业人才培养工作的发展规划和计划,协调情报专业人员的合理使用与流动等。

② 制定国家情报教育的有关政策和法规,如情报教育法、情报人才交流法等,以便为发展情报教育、培养情报专门人才创造一个良好的环境,保证情报教育的顺利发展。

③ 应当考虑到情报教育的特殊性,确定情报教育经费的合理比例。以较大的幅度和较快的速度增加情报教育经费。

④ 落实政策,稳定队伍。要根据科技情报工作实践性和服务性很强等特点,

指定相应的政策,客观地评价情报工作者的劳动成果和贡献,鼓励他们在情报工作平凡的岗位上兢兢业业地搞好服务工作①。

当然除了外部客观因素外,情报人才的成长离不开自身的努力和对外部环境的适应能力。

参考文献

[1] 周军.情报研究引论[M].北京:蓝天出版社,1999.

[2] 江涌,李岱素.试论跨世纪高级情报研究人员应具备的素质[J].图书馆论坛,1998,(06):21—23.

[3] 史秉能.情报研究概论[M].北京:国防工业出版社,2006.

[4] 秦铁辉.情报研究概论[M].北京:北京大学出版社,1991.

[5] 王松俊.研究生教育导论[M].北京:军事医学科学出版社,2010.

[6] 中国科学技术情报学会.情报工作和情报科学发展战略:2000年的中国研究[M].北京:科学技术文献出版社,1988.03.

---

① 中国科学技术情报学会.情报工作和情报科学发展战略:2000年的中国研究[M].北京:科学技术文献出版社,1988.03.

9 情报研究团队与各国情报机构

9.1 情报研究团队

情报职业往往被认为是单独作战的。大多数人对于情报研究者的印象还停留在间谍小说和电影中的画面：一个分析员，独自坐在秘密的情报基地里，在电脑上飞快敲击键盘以获取千里之外的机密；一个情报员，混迹在人群中，通过看似不经意的社交活动，找到事件的关键人物和有价值的蛛丝马迹。尽管在情报系统中，确有很多英雄式的个体，但大多数情报工作需要与他人进行密切的合作，需要团队的力量。

现代情报研究工作十分强调情报研究团队的组织建设和按照团队的方式开展情报研究工作。理想的情报研究团队能在既定的时间、既定的预算成本内成功地实现情报研究工作的目标，同时，团队的每位成员都能获得事业的发展和个人的进步。

9.1.1 团队概念

团队（team）是一组个体成员为实现一个沟通目标而协同工作。团队作为一种先进的组织形态，在企业发展中正发挥着重要的作用。情报工作绝不仅需要一个或几个情报人员就能完成其辅助决策等职能，它需要一个为完成某一特定目标（如解决某一具体问题、形成某一具体决策方案等）而共同工作的工作团队。例如，一个组织机构需要组建情报团队，一个优秀的情报团队可以为组织机构解决重大情报难题,从而为该组织机构带来更好的发展。

情报团队以实现情报工作效率的提高为目标,通过多人的协同工作、知识交流和沟通,完成团体决策、对外界环境的快速反应、对关键问题的聚焦并找出解决方案等职责。通过个人间的交流和信息共享,在不同个人的知识互补和学习过程中,提高个人的知识和技能,进而提高整个团队、整个组织的学习能力,在大量节约人力资本的情况下提高情报人员对组织的整体贡献,增加情报活动的创造力。

9.1.2　团队组织形式

情报组织中的团队合作方式千变万化(如图 9-1 所示),按照从松散到紧密可以分为兴趣团体、实践团体、自然合作、共事群体、分布式团队、项目团队、半永久型团队等团体。

兴趣团体(communities of interest)是最松散的合作形式,甚至可以说与团体成员的组织工作没有任何直接的关系,但是有时兴趣团体可以使情报人员彼此联系起来,可能会激发他们与情报工作有关的思想或观点。

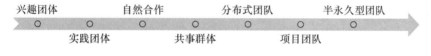

图 9-1　团队组织形式

实践团体(communities of practice)。这些团体的成员对其组织工作进行交流,但是参与该团体并不是其实际的工作职责。例如,有很多人分散在情报领域中,这些人都必须处理数量庞大的原始数据。他们中的有些人就如何分类和压缩这些信息想出了一些不错的办法,而这些办法对于其他机构中的同事或许也是有用的。一个有关数据压缩策略的实践团体可以帮助人们彼此学习,而且,当其中的成员遇到特定的棘手的问题不知道该如何处理他们自己的数据时,该团体或许可以提供一些社会支持和具体指导。随着 QQ、微信等群组功能的应用,这类团队变得越来越常见。

自然合作团队(emergent collaboration)。例如,不同情报机构中的人员都对某个对象承担着类似的研究任务,如果能对他们的活动进行协调显然是个好主意,但是实际情况下,并没有相应的方式来组织这项活动。个体研究人员可能会决定自己做这件事,他们之间保持联系并且达成这样的共识,即如果没有首先来自其他机构的相关人员的提醒和请求,那么政策和实践就不需要改变。同实践团队的情况一样,互联网和信息通信技术的发展为情报领域中的自然合作创造很多条件。

共事群体(coacting group)。这种群体在情报领域中使用得非常普遍,当一个情报管理者将一个庞大的分析任务拆分开来,并且将不同的部分分配给单独的分析人员时,就形成了一个共事群体。尽管这些分析人员可能以非正式的形式讨论他们的工作并彼此寻求反馈,但是他们的工作主要还是依靠自己。每个个体完成他那一份工作之后,这个团队的管理者将所有的成果整合在一起然后交给客户。在这个群体中,情报人员独立工作,并且就整个工作任务而言,每一部分都是并列进行的,最终的成果是通过加总以及对每个人的独立的贡献进行组合得到的。共事群体无法产生集体协作的成果,因为他们并没有一个共同的任务。当成员们同时工作的时候,他们有时候可以刺激彼此更为努力,但是当成员之间不能熟练地进行反馈,或当群体过于庞大以至于有些成员在其他人贡献的时候"搭便车",也会损害整个团队的效益。一般而言,当几乎不需要相互协作、彼此依赖地完成任务,群体成员大多数可以独立工作的情况下,往往使用共事群体。

分布式团队(distributed teams),有时也被称为虚拟团队,或者分散式团队,在这个团队中,成员对最终的产品承担着共同的责任和义务。分布式团队的成员不必在一起面对面工作,成员在他们选择的时间里,运用信息和通信技术交流彼此的观察、想法和反应。例如,一个团队接到的任务是分析评估在国外某个位置正在进行的材料运输意味着什么,这个团队的成员可能既包括机构总部的成员,也包括外派到该国家的成员,这样的团队即算作分布式团队。分布式团队成员没有在一起工作,这与面对面工作的团队相比,分布式团队可以更大、更多样化,并且从整体上说,知识更为渊博。当团队功能运转良好时,这种团队形式可以带来各种各样的信息和专长,从而迅速和有效地完成工作。但是,分布式团队信息交换相对较少,可能存在延迟,对问题的识别和失误的纠正会变得更为困难。当一个团队从逻辑上讲很难或者不可能召开常规的面对面会议时,可以采用分布式团队。随着信息和通信技术的发展,即使成员在地理位置上并不分散的团队也越来越利用信息和通信技术来协调成员工作。

项目团队(project teams),也是常见的团队组织形式,其组建是为了在某个截止日期之前完成一项具体的任务,任务完成,即宣告该团队解散。

半永久型工作团队(semi-permanent work teams),该团队有既定的任务,该任务在无限的期间内都属于特定团队的责任。该团队的成员可能会随着时间的推移发生变化,但是团队本身会一直存在直到被解散。

以上的组织形式有助于我们理解情报领域中多种类型的团队合作形式,但是很多形式的合作都是落在这些点之间的位置上,更为重要的是,随着时间的推移,团队可能自然地从一种合作形式发展为另一种。例如,实践团体中的成员可能发现他们的沟通交流非常有价值,以至于他们越来越彼此依赖以完成日常工作,即发展成为自然合作的形式。或者一个临时的工作团队,逐渐发展成为一个半永久式的团队等。

9.1.3　团队人员构成

情报规划人员主要负责：竞争情报系统的建设规划与宏观管理；参与高层决策活动，为其提供情报支持；制订组织的情报活动计划；管理组织的信息流程，规范组织信息管理的基础标准；宣传、咨询与培训；信息沟通与组织协调；评估信息技术的投资回报问题。该角色不仅是情报技术专家，更要具备良好的组织能力、沟通能力和对情报的高度敏感。

情报收集人员。该角色的主要职责是对可能对组织产生情报价值的一切信息进行收集，力争准确、及时和完整。他们不一定是技术方面的专家，但是一定要对企业可能有用的一切信息保持高度敏感。

情报分析人员。负责对收集到的零碎、离散的信息进行很好的整合，要根据竞争情报的使用层次提供各种不同的分析方法。情报分析人员要善于选择和运用各种情报分析方法、熟练使用各种计算机分析软件来对信息进行处理。

情报服务人员。肩负着最终提供符合情报用户需要的竞争情报的任务，是竞争情报需求者和生产者之间的重要桥梁。情报服务人员在前面工作人员劳动成果的基础上进行综合加工，动态地创建各类分析报告，并通过适当的方式及时地将它们传递给用户。

临时情报人员。临时成员是指组织人际网络中参与到竞争情报活动的各级人物，他们一般为情报分析提供专业或某种特定知识，如被邀请参与组织情报工作的行业技术专家等。

9.1.4　团队促成条件

Hackman J. R. 在其名为《群体智慧：用团队解决问题》(*Collaborative Intelligence Using Teams to Solve Hard Problems*)的书中讨论了情报团队的六个促成条件，以增加出现积极结果的可能性[①]，即真正的情报团队、有吸引力的目标、合适的成员、明确的行为规范、支持性组织环境、团队的指导。

（1）真正的情报团队

真正的团队是一个完整的社会系统，其成员一起工作以达成共同的目标。成员和非成员有清晰的界限，成员在工作中相互依靠，共同承担责任。至少具有中等程度的稳定性。边界、相互依靠、稳定是真正情报团队的三个必备特征，强有力地促进了卓越的团队合作。

---

① 理查德·哈克曼.群体智慧：用团队解决问题[M].北京：北京大学出版社，2012，39—40.

（2）边界

为了更好地一起工作,团队成员需要知道他们的团队中都有谁,必须分清哪些人对团队的产品负有共同的责任,哪些人不在团队中而仅仅是给团队提供了帮助,以避免由于成员身份的模糊性带来的困境。团队的边界管理要在松弛和严密中寻求平衡,边界过于模糊松弛,可能会发生混乱;边界过于严密时,团队可能产生一种内部关注倾向,致使成员对外部的现实和交流视而不见。松弛有度的团队有足够的凝聚力来支撑成员共同完成任务,同时又避免了成员过于故步自封以致损害了团队的绩效。

（3）相互依靠

真正的工作团队成员会将他们的努力和才能整合起来以达到共同的目的。相互依靠的团队成员有更多的相互学习和指导的机会,可产生集体的产品、服务或者决策,往往可以产生较高的绩效。真正的情报团队规模可大可小,可能是临时的也可能是长期的,成员可能在地理上相近或分散,可以完成很多不同种类的工作。但是如果一个团队的规模很大,或者生命周期较短,或者成员间的距离十分遥远以致成员相互依赖地工作都变得不可能,这样的团队前景就会比较暗淡。

（4）稳定

稳定的团队中成员对工作环境和彼此都比较熟悉,可以更有效地关注工作本身,而不是浪费时间和精力来适应新的同事和环境。稳定的团队有利于成员形成共享的知识库,包括哪个成员对工作的哪个部分拥有专门的技能,从而真正地运用成员的知识和能力,提升整个团队的能力。

（5）有吸引力的目标

有吸引力的目标能够激发团队成员,将他们引导向共同的目标,充分调动其才能。一个有吸引力的团队目标是清晰的,它的实现是富有挑战性的,同时它也是重要的。清晰的目标可以为团队指引前进的方向,使团队成员在对自己的工作进行评估或者进行策略选择时做出适宜的决断。好的团队目标不仅是清晰的,而且要求成员需要通过努力才可以完成,目标太容易不能对成员产生激励,同样也不能太苛刻而使团队无法实现。当一个团队的目标非常重要时,成员往往会更希望将他们的能力充分展现出来,共同帮助团队获得成功。

团队如何构成、团队所需要的组织支持等都受到团队目标的影响,事实上,一旦为团队创造了有吸引力的目标,团队领导就可以在很大程度上减少他们为了实时监督和管理团队过程所必须付出的时间精力。与那些目标过于模糊和泛化或者过于具体和细化的团队相比,具有适宜目标的团队更能出色地管理工作进程。

（6）合适的成员

组建良好的团队拥有数量恰当、组织合理的成员,每个成员都同时具备与他人协作的任务所需的专长和技能。而且团队的规模尽可能小，成员尽量保持多样化，规模太大和过于同质化的成员构成会使得即使设计良好的团队也陷入瘫痪的境地。团队也可以利用、聘请或寻找外部资源来弥补团队内部一个或两个成员在任务或者人际关系方面技能的不足。领导者对团队构成的决策会对团队的发展产生重要的影响，在实际的情报团队组建时，很多情况下都是简单地把可用的人凑在一起，并把需要完成的工作分配给成员。目前情报团队的构建还需要克服一定的人事规章和政治现实的障碍，并不能实现完全自由地团队组建。

（7）明确的行为规范

行为规范限定了团队可以接受和不可接受的行为。拥有清晰的、执行良好的规范能够在很大程度上减少团队管理成员行为所必须花费的时间。最佳的规范会促使团队对绩效状况进行持续的关注，并采取与团队任务和情境相匹配的工作策略。情报团队中，往往偏重于根据任务需求来选择专业的情报人员组成团队，但是只有良好的团队成员而缺乏团队规范，团队是不可能有良好的绩效表现的。在情报团队中制定有效的团队规范，主要有以下两点意义：帮助团队识别并有效利用每个成员的能力、知识和经验；帮助情报团队在特定环境下，针对特定的任务，设计适当的任务策略。

（8）支持性组织环境

即使是那些结构良好和支持充分的情报团队有时也会失败，因为这些团队无法得到他们出色完成任务所需要的组织支持。拥有完成任务所需要的物质资源当然是最基本的，但除此之外，下述条件也将有助于团队绩效的提升：① 奖励系统对优秀的团队绩效给予认可并提供积极的奖励；② 信息系统为团队提供成员在计划和执行任务过程中所需要的数据以及信息加工的工具；③ 组织的教育系统在团队成员需要时能提供各种技术或教育上的帮助。

情报工作本身离不开信息的获取，但是要为情报团队提供外在的信息支持却是非常困难的。有些情况下，最有利于情报团队顺利完成任务的信息难以获取；有些情况下，情报团队被大量的信息淹没；还有一些情况下，虽然获得了重要的相关信息，但是却因为时间上或者格式上的问题导致信息不能得到有效及时的利用。最令人沮丧的是，团队所在的情报机构拥有该团队所需要的信息，但是该团队却无法获取。这种情况有时候是由于计算机系统或者是数据格式的不兼容造成的，但根源的原因是情报组织之间的共享机制问题。还存在这样一种误区，情报工作者往往会觉得那些难以获取或者需要承担风险和代价的信息更为有价值。

（9）团队的指导

足够且及时的团队指导能够帮助团队最小化过程损失带来的影响，增加其产生协同性过程收益的可能性。但是，当其他的促成性条件不到位，或者团队还没有发展到其生命周期中团队成员准备好接受指导的阶段时，即使是非常好的指导也有可能是徒劳的。对团队进行指导，要注意时机的选择，团队生命周期的开始阶段、中点及结束阶段都很重要，在团队准备好接受指导前强行干预会适得其反，当然，也不能太迟以致无法产生作用。

9.2 各国情报机构

世界发达国家均重视情报机构的体系建设，都设有各具特色的多个专业情报部门。

（1）美国

美国拥有世界上最庞大的情报机构，美国情报界（The United State Intelligence Community，IC）是美国政府部门中执行情报活动的组织和机构的总称，IC设置国家情报办公室并对其成员进行统一的管理。在 IC 的众多成员中，只有中央情报局（CIA）独立于美国政府，而其余 15 个成员都隶属于各行政部门。目前，有中央情报局、联邦调查局、国家安全局、美国国防情报局、国家地理情报局、国家侦查局、国务院情报研究司、陆海空三军情报局等。

（2）俄罗斯

俄罗斯的情报机构举世闻名，1991 年 5 月 5 日，后来担任俄罗斯总统的叶利钦与苏联国家安全委员会主席克留奇科夫，共同签署了《关于建立俄罗斯联邦共和国国家安全委员会的协议》。在这个协议签署的第二天，俄罗斯联邦国家安全委员会正式成立。同年 12 月，苏联解体在即，俄罗斯开始着手接管苏联情报机构，开始了对情报机构的改组。目前，俄罗斯的情报机构有联邦安全总局、联邦对外情报局、总参谋部军事情报总局、联邦警卫总局等。

（3）英国

目前，英国的情报机构有陆军情报五局（保安局）、情报六局（秘密情报局）、政府通讯总部、国防情报参谋部等，其中最著名的当属陆军情报局第五局和第六局。

在英国还有其他一些情报机构，如英国政府内阁还设有情报协调官，由内阁办公厅的一位副大臣担任，是首相同秘密情报机关的联络人。此外，英国外交部还设有政治情报局、工业情报中心、联合情报委员会等。联合情报委员会的任务是协调所有的情报搜集活动，并负责分析和散发情报成果，其主席与其他安全和情报部门的负责人一样，可以直接晋见首相。

（4）法国

法国的情报机构也比较繁多，获取情报的能力令人望而生畏。在其新的国家安全战略架构下，法国主要有四大情报战略机构和六个情报作战机构。四大情报战略机构即：国家防务与安全委员会、国家情报委员会、国家情报协调官，国家防务与安全总秘书处。六大情报作战机构即：对外安全总局、国内中央情报局、军事情报局、防务安全与保护局、国家海关调查情报局、反非法金融流转情报处理和行动处。

（5）以色列

以色列的摩萨德堪称世界上的四大间谍组织之一，其名号之响不业于美国中央情报局、英国军情五局、苏联克格勃。目前，以色列的情报机构有：以色列情报局（简称摩萨德）、国内安全总局（辛贝特）、军事情报局（阿穆恩）、科学事务联络局、外交部情报研究司等。

（6）德国

德国情报机构历史悠久、部门繁多，其在历史上发挥的作用不可小觑。随着国际安全形势的变化，德国的安全工作理念也在发生变化，经过多次情报机构的协调和改革，目前在联邦层面上，德国情报界的核心成员主要包括：联邦情报局、联邦宪法保卫局和联邦军事情报局。

（7）日本

日本政府和军队各拥有一套情报系统，目前，日本政府的情报部门主要有内阁情报调查室、外务省国际情报统括官组织、公安调查厅、警察系统治安反间谍机构等。军队的情报部门主要是指日本情报本部。

参考文献

[1] 罗建,史敏.面向技术创新的中小企业竞争情报团队构建研究[J].情报理论与实践,2014,(09),55—58

[2] 陈维军.基于竞争情报团队的组织决策及学习机制研究[J].情报理论与实践,2010,(07)：79—83.

[3] Fahey L,Herring J. Intelligence teams[J]. Strategy and Leadership,2007.

[4] 理查德·哈克曼.群体智慧：用团队解决问题[M].北京：北京大学出版社,2012.

[5] 赵渊主编.顶级情报机构揭秘[M].北京：化学工业出版社,2013.

[6] 艾红,王君,慕尧.俄罗斯情报组织揭秘[M].北京：时事出版社,2013.

[7] 王谦.英国情报组织揭秘[M].北京：时事出版社,2011.

[8] 梁陶.日本情报组织揭秘[M].北京：时事出版社,2012.

[9] 綦甲福,赵彦,朱宇博等.德国情报组织揭秘[M].北京：时事出版社,2013.

[10] 高庆德.以色列情报组织揭秘[M].北京：时事出版社,2011.

[11] 高振明.法国情报组织揭秘[M].北京：时事出版社,2013.

10 情报研究思考

有关情报研究的理论思考形式多样,思考成果可以表达为专业性观点,可以就方法工具、重要概念、业务本质和教育规律等展开学术探讨,也可以针对诸如数据、规制和机构等情报研究工作对象进行情报学术剖析。本章选取编委会成员近几年来所发表的相应期刊文章在此展示,以便读者在学科重点研究领域展开思考与讨论。所选八篇文章有两重含义:一是通过文章展示领域研究视点;二是以现有文章作为思考样例引发头脑风暴。

10.1 专业观点

创新驱动战略情报保障的概念关系辨析[①]
On Distinction of Concepts Related to Innovation Driven Strategy Information Support

1 序言

1990 年,迈克尔·波特以钻石模型为分析工具,提出任何国家的经济社会发展都必须经过要素驱动、投资驱动、创新驱动和财富驱动四个阶段,"创新驱动理论"[1]由此而生。中外学者围绕创新和创新驱动管理进行了大量研究与实践。

① 本文为国家社会科学基金一般项目"创新驱动战略的情报保障研究"(项目编号:16BTQ058)的阶段成果之一。

纵观已有成果可以看出，在创新驱动的知识经济时代，提高创新能力是世界各国获取竞争优势的战略选择，国内外对情报支持和保障创新的重要作用一致认可。尽管如此，国内的相关研究和实践仍存在以下不足：第一，情报保障的研究处于零散状态，研究往往侧重于某个要素，对情报保障缺乏清晰、系统的认识。第二，由于国情不同，吸收借鉴的难度较大。西方发达国家的情报保障制度虽富有成效，但是学者直接对制度展开研究的理论成果却很少；国内正逢体制机制改革时期，虽多对体制机制进行理论探索，但是实践成效仍有待验证。第三，面对国家创新驱动战略的情报保障问题，鲜有研究进行针对性探索，而我国正处于创新驱动的重要阶段，亟须情报机构发挥系统的支持和保障作用。

若想在有关的认识和实践领域扬长避短，首先需要解决的是创新驱动战略情报保障的概念关系辨析问题。本文则尝试在文献研究的基础上结合我国创新驱动战略管理的具体要求来阐明情报保障所涉的概念对象，梳理情报保障中的重要概念对象的关系。

2　创新驱动战略视角下情报保障所涉及的重要概念对象

创新驱动战略情报保障的理论和实践研究离不开对三个重要基本概念的解读，这三个概念是：创新、情报保障和评价。

2.1　创新

创新在《现代汉语词典》中的解释为"抛开旧的，创造新的。指创造性，新意"。虽然与"创造"一词意义接近，创新的出发点和目的主要在于"首次实现其价值"，而不仅仅是"创造新东西"。因此，创新可以被理解成是将新意创造性地引入社会、经济和科技等系统获得效益的动态过程[2]。创新强调精神、活动和过程，可称为是创造的灵魂，也是国家创新驱动发展战略的意图所在。

2.2　创新驱动战略视角下的情报保障含义

创新驱动战略视角下的情报保障有三层含义，即：信息安全（information assurance）、决策支持（decision-making support）和前瞻评估（forecast assessment）。

（1）信息安全

信息安全是特指网络环境下通过确保信息网络的可用性、信息的完整性、机密性以及电子信息系统参与者的可说明性和非拒绝性来提供安全防护[2]。任何特定系统的信息安全实施过程都必须考虑到各种因素，应通过系统安全分析与评估，进而制定出合理的解决方案。将信息安全纳入情报保障范畴体现了兼顾安全与发展的现代情报观。

（2）决策支持

决策是人们进行判断、做出抉择的智力活动，决策行为依仗信息支持。决策的本质是一个信息处理的过程，信息在决策流程中表现为不同的形态。由于决策活动通常在信息不完备的情况下进行，因而以解决信息的获取和认知困难为己任、以利用信息支持决策为目标的情报工作就显得尤为重要。将决策支持作为情报保障的核心内容反映出对情报"用于解决决策过程中信息不完备问题"这一本质作用的理解和认识。

（3）前瞻评估

情报界对于情报工作的一个基本要求就是减少"意外"、防范"突袭"，这里的意外或突袭用英文表达都是 surprising。为达成减少意外的目的和提高预警、规划的效率，情报机构需要对分布范围广泛的特定对象进行长期系统的监控扫描，进行态势感知、评估，预测发展趋势。此类工作是情报保障的常规动作，在涉及创新议题判断时则是必选的要件，因为以创新之名出现于世人面前的不乏概念的炒作，利用情报手段进行前瞻评估恰是识别炒作的有效途径。因此"创新炒概念，情报来识别"可以成为对创新驱动战略情报保障的一个合理注释。

2.3　创新驱动战略中的评价议题

评价在现代管理决策中有重要意义，发挥两大作用，即：第一，帮助理解认识评估对象，启动新思路；第二，为管理提供可实施的参考依据。评价或评估也是情报工作的本职所在。从情报素材到研究报告的每一个情报工作环节都离不开评价或评估的参与。"唯信息计量是问"的现象反映出基于情报保障的决策体系的近视，评估手段的僵化则源于情报意识的缺失。

3　创新驱动战略视角下情报保障所涉概念对象的关系

创新驱动战略视角下情报保障所涉及的概念对象间存在错综复杂的关系，这其中最重要的则集中体现在两类作用关系中，即：创新驱动战略实施中的情报保障作用关系和情报保障中的评价作用关系。

2.1　创新驱动战略实施中的情报保障作用

梳理中外学者针对创新和创新驱动管理的研究成果可以发现，在研究方法上，国外侧重于案例和实证分析，国内侧重于理论经验探讨，且对创新驱动发展战略的研究多聚焦于理论渊源、科学内涵、价值意义、现实路径、评价指标等问题[3]。其中，关于创新驱动战略实施的情报保障作用则有五方面的内容值得引起关注：

（1）"创新"有赖于对已有知识的积累和对新事物的学习探索，离不开相应的制度环境保障

在阿奇翁（Philippe Aghion）等人提出的创新价值方程中，信息能否被自由获取以及创新活动参与者之间的信息交流是否通畅成为重要变量[4]。俄罗斯联邦科学教育部专门负责科学和创新的涅奇波连科（Nechiporenko）曾说过，信息基础设施对于一个国家的创新系统，是最重要的影响因素之一，它必须提供便捷的信息获取（information access）和高效的信息交流（information exchange）[5]。

（2）情报保障对于创新不可或缺

早在 20 年前，霍忠文先生就提出把国家安全放在第一位，加速现代国防科技情报服务保障体系建设，以现代化的情报观念、技术手段、资源配置、组织管理和掌握现代情报科学技术的情报队伍来体现情报保障体系[6]，开启了我国创新驱动发展战略情报保障理论模式研究的序幕。严怡民先生亦在"技术创新中的情报保障"一文中指出，情报保障是一项政策性、服务性都很强的工作，是国家创新体系的重要组成部分[7]。

（3）情报保障承担着描述和预测创新活动的重要任务，而对于战略性和颠覆性技术的评估和预测则成为相关情报方法进化发展的动力源泉

美国国家资源委员会（National Resource Commission）下设的技术委员会于1937 年出版调查报告《技术趋势与国家政策》，阐述了国家政策与技术的关系、新发明的社会影响、保障技术创新的应用等问题，并对农业、矿业、交通、通信、电力等 9 个行业的技术进行分析和预测，采用的主要方法就是专利分析[8]。自上个世纪 90 年代起，科学技术预测成为学术界研究的热点，瓦特（Robert Watts）发表的两篇有关"创新预测"的文章[9,10]更是为该领域注入活力。这两篇文章在前人发展出的定量和定性预测方法基础上构建了以文献计量为主并结合其他方法的创新预测方法体系。这两篇文章一经发表便引起了其他研究者的关注并随之产生了一大批有关文献计量和技术预测的研究成果[11~13]。英国国防部科技委在其2008 年针对颠覆性技术的地平线扫描监视工作白皮书中探讨了机遇空间、信息刺激的抽象度和相似度、科技共同体之研究成果的类与性质、数据分析的方法与途径等问题，这些无不与情报方法体系的建设内容相关[14]。

（4）数据基础与数据分析是与创新战略相关的情报保障重点

大数据时代的创新离不开数据的支撑作用，发达国家纷纷推行开放数据的战略[15]。数据驱动创新（Data-driven innovation）被描述为数据导向创新的循环过程，在此过程中数据的变化则历经数据化（数据收集）、大数据、数据分析、知识库、数据驱动决策等五个阶段[16]。海莫雷（Hemerly）指出，在数据驱动创新的相关政策中，要关注隐私和安全、所有权及交易、基础设施和数据公民[17]。

（5）协同与综合是实施创新战略时情报保障的组织形式

进入 21 世纪，颠覆性技术在全球范围内受到重视，技术创新的步伐呈指数态加速，情报机构面临新的环境和任务要求。技术创新的驱动主体不仅仅是政府，私人企业也参与进来，一些复杂的技术领域对个体的准入门槛逐渐降低。情报机构必须通过控制大量的数据、使用创新性技术、运用多种分析策略和谍报技术，随时随地向政府提供所需的情报。美国国防情报局于 2014 年提出了国家情报战略目标的四个领域，即：在创新信息共享的同时确保数据安全；管理国防情报分析企业；对美国人投资；与伙伴开展合作。该局同时指出最困难的问题并不是由单一的情报学科或单个情报机构解决的，技术进步有赖于情报交叉学科的协作、组织和文化壁垒的消除[18]。

3.2 情报保障中的评价作用

创新管理研究首先应从评价研究做起。对于评价研究要注意区分目的，即区分用于认识判断的评价（可简称为认知评价）和用于管理考核的评价（可简称为管理评价）。在理解认识上需要注意以下几点：

（1）两类评价目的不同而做法相通

认知评价源自人们对事务进行认知的学习和理解，认知者运用评价指标标示和完成对事务对象的判断和理解，形成认知观点。认知评价是情报研究工作的常态，监控扫描环节获取的数据资料通常的归宿是充当特定情报对象的评估素材。例如，对于某种技术成熟度的判断就是依据特定的评价表来实现的。

管理评价关注的是过程而不是观点，管理考核评价指标设立的目的是为了让相关的被管理对象达致某种目标。重视过程是情报研究的传统，动态、趋势是情报研究产品的关键词，甚至于情报研究方法体系本身也含有排查分析（或称竞争性假设分析）这种以规范分析流程来保证分析结论质量的典型情报研究管理方法。

严格说来，管理评价与认知评价的数据基础和评估方法本质相同，二者的区别主要是在目的上。目的不同，对这两类评价的运用和效用就会存在差别。在科研管理中如果忽视这种差别的存在，管理工作就会陷于简单机械，给事业带来不良影响。众所周知的核心期刊评价标准原本是图书馆员用来评估期刊质量、保证购书经费效用最大化的分析工具，后被引入科研管理评价体系中，成为举足轻重的管理评价依据，对科研和人才队伍发展起到令人瞠目的导向作用，其对创新研究的消极影响饱受诟病，使得如何调整与如何对待这种评价工具成为当前科研管理热议的话题之一。

（2）情报意识要求灵活评价

在创新驱动战略情报保障视角下，如果说管理评价需要慎重对待的话，那么对于认知评价则需要强调更新。

创新驱动战略实施中最重要的资源要素是人。对于创新发展管理而言，需要关注的相关之人只有三种：一是引领潮头的弄潮者；二是闻风而至的跟风者；三是登高远眺的瞭望者。可谓"聪者弄潮、庸者跟风、智者远眺"。这三种人都不可或缺，情报工作者自当列于远眺者的行列，以前瞻之职担保障之责。近年来我国情报学与科技情报机构隐隐呈现式微之势，原因当从学科与机构职责的定位上去找。

解决了定位问题，则前瞻要求自然会成为"解决决策过程中信息不完备问题"之情报意识的灵魂，情报研究机构和情报研究人员在面对诸如颠覆性技术识别等创新驱动战略情报保障的具体要求时，便会自觉调整必要的认知评价标准和方法。因为唯有不断更新评价才能保证引领前瞻。否则，以不变的指标进行考评、将认知评价标准简单地平移至管理评价体系中只能导致制度的僵化和思想的毒化。例如，情报失察中经常出现的一个现象是，新的情报结论不愿意否定旧的情报结论，此做法根源在于把情报研究观点结论跟业务能力评价和绩效考核简单地联系在一起。

（3）目的不同的评价关联互动

了解了认知评价和管理评价的区别，在实施创新驱动战略情报保障的过程中还需注意把握处理好两者之间的关系。认知评价领域的指数一旦固定生成，管理评价领域的考评规则即应考虑调整，此为创新管理的生态观，是可持续发展的窍要，也是情报分析者进行前瞻思考的基础范式。

在评价工具的设计和使用中，既要注意区分不同领域对象的特殊要求，例如经济管理领域项目的投入大都有利润回报的指标要求，科教领域的投入则大都意在搭建保证事业良性发展的环境基础；又要探索创新管理认知评价和创新管理控制评价对于管理决策与管理效果发挥作用的机理，避免重蹈因为不重视因果模型和诠释而致情报失察的覆辙。因而，对于创新战略情报保障中的评价作用认识可以归结为：要重视对评价指标的评价，区分认知评价和管理评价，建立灵活系统的评价体系。正所谓

> 投资烧钱求回报，
> 科教投入搭环境。
> 过程产出有因果，
> 管控评价存不同。

4　创新驱动战略情报保障的实现途径

目前我国处在转型的关键时期，落实创新驱动战略转型时既要坚持基础优势，又要寻求新的管理评估模式。就与情报保障相关的要素而言，进行创新支持需要完成两大任务：情报基础构建和新型智库建设。

（1）坚持情报基础认识，落实情报基础构建

情报基础构建的直接表现是数据基础准备，情报业务成功与否从根本上依赖于数据的积累和准备。长期以来情报学术界和情报研究机构大力投身于信息资源建设，道理即在于此。然而情报业务还有其他特质需要引起注意，这些特质包括：智力密集、跨域关联和信息搭载。智力密集是情报行业的特征，情报业务的每一个环节都需要智力因素的介入。跨域关联反映出情报分析的本质，情报分析与各专业领域内知识推导的最大区别就在于其重视发现和阐释跨领域对象间的关联关系，并能将这种关联关系运用于决策支持。信息搭载则是信息属性之一，凡是信息必有宿主或承载媒介，作为情报素材的信息数据亦寓于情报关联者本身及相关专业领域的知识和传播体系中。因而，在进行情报基础构建的过程中必须经常对照检查有关实践是否偏离了有关情报基础的基本认识，即："情报基础赖积累，智力密集是特征。跨域关联求未知，信息数据寓本专。"

（2）明晰智库生长机理，实践新型智库建设

智库输出对策与思想、能够公开发声的基本功能与创新驱动战略的情报保障目标的实现有很强的相关性。立足我国情报和软科学研究的历史成绩，着眼于创新驱动战略的实施，情报工作者在参与新型智库建设时应该明确认识到以下几点：第一、运作良好的智库模式是不可复制的，因为智库成功的基础在于其思想土壤的墒情。第二、口碑好的智库必有其独到的专业特色优势，情报研究中至关重要的人才和数据资源对于智库来说同样不可或缺。第三、已有经验表明，各具特色、立场观点和组织机构相互制衡的机构的存在，使得智库体系的生态呈现出多样性，为活跃的思想营造出生长的空间。简言之，对于智库体系的认知应该是：

> 智库模式不可复制，
> 思想土壤尤为可期。
> 业务素质专业独特，
> 人才数据资源待掘。
> 体系目标生态多样，
> 立场观点机构制衡。

情报工作者在落实新型智库建设任务时所要坚守的信条是：① 智库体系的目标是拓展视野、广开言路；② 智库机构的追求是专业显著、质量优越；③ 为所有的参与者建立起受控的信息交流平台机制有助于塑造正确的情报和战略意识；④ 信息数据及相应的分析处理手段是除了人才之外能够保证研究机构正常运转的基础性要件。简言之，对于智库建设的指导思想是：

> 智库期望置兼听，
>
> 专业积淀求质量。
>
> 通讯机制塑意识，
>
> 数据基础保运转。

结合前文所述的评价实施，对于智库建设应注意区分"建"与"用"的不同标准，强调充分发挥智库"出对策""出思想"和"出声音"的特殊功能，着眼于智库生态空间建设，实施"广种薄收"的评价策略，区分对智库体系的评价和对智库的评价。对体系进行布局评价，即：智库体系建设以功能覆盖面广、数据基础和观点互补与平衡为目标，追求智库体系而非个别机构对决策的支撑保障作用效果；对机构则进行功能条件和重点产品评价，即：强调机构建设以数据基础、人才和分析条件为重点，追求产出有质量的专业智库产品，达到"厚积薄发"的工作境界。鉴于情报基础是情报保障和智库建设的共同要件，可针对信息数据基础建设情况开展适当的定量考评。因此，将创新驱动战略的情报保障和新型智库融合建设的策略概括起来就是：

> 智库三出有，
>
> 广种薄收妥。
>
> 情报基础强，
>
> 定量考评可。

5 结语

创新驱动战略情报保障是内涵丰富的概念体系，也是意义重大的战略抓手。在明确了保障国家创新驱动战略的情报意识基础上，灵活运用认知评价和管理评价手段，从情报基础入手，融入新型智库建设，必将开辟我国创新驱动战略情报保障建设和研究的新局面。

参考文献

[1] Porter M E. The competitive advantage of nations[J]. Harvard Business Review,1990,68(2)：73—93.

［2］张佳南.军事信息化的理论和实践［M］.北京：海潮出版社,2010.

［3］张利珍,秦志龙.十八大以来"创新驱动发展战略"研究：一个文献综述［J］.四川理工学院学报(社会科学版),2015,04：83—90.

［4］Aghion P,Tirole J. On the management of innovation［J］. Quarterly Journal of Economics,109(4)：1185—1209.

［5］Information Support of Innovation［EB/OL］.［2016-01-05］. www. viniti. ru/icsti_papers/english/Nechiporenko. pdf • 2005-7-26

［6］霍忠文.增长、发展与现代国防科技情报服务保障体系的建设［J］.情报理论与实践,1996,02：2—3＋9.

［7］严怡民.技术创新中的情报保障［J］.情报杂志,1999,06：3—5＋12.

［8］National Resources Committee. Technological Trends and National Policy：Including the Social Implications of New Inventions,June 1937：Report［M］. US Government Printing Office,1937.

［9］Watts R J,Porter A L. Innovation forecasting［J］. Technological Forecasting and Social Change,1997,56(1)：25—47.

［10］Watts R J,Porter A L,Newman N C. Innovation forecasting using bibliometrics［J］. Competitive Intelligence Review,1998,9(4)：11—19.

［11］Curran C S,Bröring S,Leker J. Anticipating converging industries using publicly available data［J］. Technological Forecasting and Social Change,2010,77(3)：385—395.

［12］Daim T U,Rueda G,Martin H,et al. Forecasting emerging technologies：Use of bibliometrics and patent analysis［J］. Technological Forecasting and Social Change,2006,73(8)：981—1012.

［13］Yoon B. On the development of a technology intelligence tool for identifying technology opportunity［J］. Expert Systems with Applications,2008,35(1)：124—135.

［14］The Defence Science and Technology Laboratory. Dstl S&T Horizon Scanning White Paper(compact version3)［R/OL］.(2008-03-19)［2016-01-29］. http：//www. samiconsulting. co. uk/training/documents/dstl _ horizon _ scanning. pdf

［15］Huijboom N,Van den Broek T. Open data：an international comparison of strategies［J］. European journal of ePractice,2011,12(1)：4—16.

［16］ Data-driven Innovation for Growth and Well-being［EB/OL］.（2014-10）［2016-01-12］. http：//www. oecd. org/sti/inno/data-driven-innovation-interim-synthesis. pdf

［17］ Hemerly J. Public policy considerations for data-driven innovation［J］. Computer，2013，46（6）：25—31.

［18］ Catherine Johnston，Elmo C Wright Jr，Jessica Bice，Jennifer Almendarez，Linwood Creekmore. Transforming Defense Analysis［J］. Joint Force Quarterly 79，2015，4：12—19.

（原文来源：王延飞，赵柯然，于洁. 创新驱动战略情报保障的概念关系辨析［J］. 情报理论与实践，2016，11：1—4＋9.）

点评提示：

创新驱动战略视角下的情报保障有信息安全、决策支持和前瞻评估三层含义，与创新和评价共同构成有关的理论与实践研究中的基本概念。情报保障在创新驱动战略实施中发挥多种作用，灵活的评价手段在情报保障实践中至关重要，从情报基础入手，融入新型智库建设，是我国创新驱动战略情报保障的实现途径。

本文结合国家重大战略，对情报研究理论进行思考，并凝结为专业观点呈现。

关键词汇：创新驱动；情报保障；数据基础；智库；评价

10.2　方法基础

情报研究方法构建的关系基础
The Relationship Foundation of the Intelligence Analysis Methods

0　引言

情报研究方法历来是情报工作者在业务技能提升过程中所关注的重点内容，也是情报科学理论体系的重要基石。在赛博空间风起云涌的时代大潮中，面向新型智库建设探索情报研究方法，是情报工作者不能回避的义务。从构建基础入手考察现代情报研究方法则是一种可取的探求之道。

1　情报研究方法的实施着眼于关系探索

情报是一种特殊的信息为情报科学的共识，然而对"特殊"二字的理解却多有不同。从情报研究实践出发，可以从"难"和"用"两个角度来理解情报信息的特殊性。所谓"难"是指对作为情报的信息获取和信息理解往往存在困难和障碍；所谓"用"则是指情报产品用于管理决策过程。情报工作发挥"耳目""尖兵""参谋"的作用，其本质是要解决管理决策过程中信息不完备的问题。

对于情报工作者而言，信息不完备问题的解决方式不外乎两大类：一是运用适当的信息搜集和检索工具，遵循信息资源的建设、布局和管理规律，获取必要的信息资料；二是在已掌握的信息资源基础上，运用各种专业知识、工具和技能对未掌握的数据、资料进行评估和预测。两种工作模式中的前者常被纳入信息服务和信息管理的工作范畴，后者则是情报研究的核心内容。

情报研究人员在已有信息基础上通过评估和预测来完成决策信息保障任务，其分析处理的基本依据通常是系统科学理论，因而将某个情报任务看作是系统，围绕着特定主题，对数据、资料进行系统的情报分析也就成为情报研究的基本方法。我国老一代情报专家曾十分清晰地将系统分析的核心内容用四句话来概括，即：系统由要素组成的；要素是相互联系的；相互联系的若干要素可以形成具有特定功能的结构；系统功能正常实现的前提是要满足一定的条件(物质条件和信息条件)[1]。

从系统分析的核心内容表述中可以发现，关系发现和关系梳理是正确实施系统分析的关键，情报研究中的评估、预测是否可行亦皆依赖对相关事物关系的判断与运用。因此，物质、信息之间的关系是情报分析方法的主要研究对象，着眼于关系探索可说是情报研究方法的本质。

2　情报研究方法的运用植根于关系生态

如果说着眼于关系探索实施情报研究方法是情报工作者的分析规范，那么对于以情报研究理论为关注重点的情报学者则不能忽视情报研究方法运用所处的关系生态。关系生态指的是从生态学的角度来探索关系，关系生态研究的最终目标是探讨如何保持关系的平衡与和谐[2]。情报研究通常面向任务对象来搜集信息、资料，在管理制度的规范下运用多种分析工具和方法，完成决策信息的保障任务，因而目标明确、数据准备和制度保障是情报研究方法产生和发展所需满足的三个条件，也是影响情报研究方法运用的三个基本要素。

目标明确有双重含义。一是研究任务目标的明确，即实施特定情报研究方法所针对的分析对象是确定的；二是评价目标的明确，即实施特定研究方法所欲取得的分析成果是可以被评价的，如"准、快、灵"的评价尺度可控。

数据准备亦有两种形式。一种数据准备形式是进行系统、长期的情报素材积累；另一种数据准备形式则是在特定的环境下进行专门、临时的资料采集。

　　制度保障涵盖实施情报研究方法时对两类制度对象的要求。一类制度决定了情报研究相关机构的沟通、响应关系,与情报管理体制相关的制度当属此列;另一类制度则为情报研究者确定了所属机构内部的工作氛围,单位内部的奖惩制度是此类制度的代表。

　　目标明确、数据准备和制度保障这三个要素在情报研究方法实施的过程中互相作用、缺一不可。目标引导着数据准备,明确、合理的目标是数据准备行动的依据,而数据准备是实现目标必不可少的实践步骤,同时两者都需要制度保障,而制度又不是一成不变,当制度不适应情报研究任务目标和数据准备的环境要求时,则必须进行相应调整。除此之外,上述三个条件要素的自身亦蕴涵着诸多需要把握处理的关系,如图1所示。在目标条件中需要厘清任务目标和评价目标的不同内涵,在数据准备中要处理好长期积累和临时采集的关系问题,而在涉及制度保障的过程中则要注意协调好外部关系制度以利沟通,营造内部宽松制度以利创新。

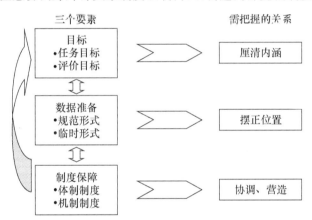

图1　情报研究方法所处的关系生态

　　这三者之间及内部的关系共同构成了情报研究方法应用的关系生态。关系生态的变化则影响着情报工作的效果,而保持和谐、平衡的关系生态则是成功运用情报研究方法的窍要。

3　情报研究方法的成功实施取决于生态关系的和谐

　　情报研究方法着眼于物质、信息之间关系的探索,方法运用的效果也与生态系统中的各种关系密切相关。依照关系平衡法则可以判定,情报研究方法的成功取决于各种关系的和谐。对于和谐的状态可以通过情报研究方法关系生态中的各种关系表现来进行判断。

第一,对于情报研究方法的任务目标和评价目标而言,虽然两者内涵有所不同,但是两种目标都承载于同一方法载体上,唯有相互兼顾才能发挥合力,保证方法的运用可以达致目标。因而在情报研究任务目标对象设定时应有对任务验收评价标准的考虑,在任务评价目标设定时要坚持针对和适应任务对象的特点。

第二,对于数据准备而言,长期积累曾经是情报研究机构数据基础建设的基石,这种基石作用在今天依然没有改变,只是由于信息基础设施和信息资源环境的情况有所不同,积累的内容和方式亦会调整。例如,虽然表面看来当今常见的数据准备形式是针对情报研究任务的需要,运用各种信息技术手段进行快速信息采集,但是细究起来此类信息采集的操作对象往往还是那些经过长期建设、积累所形成的专门数据库。这也是为何诸如汤森路透、道琼斯等信息提供商能够大行其道的原因所在。

第三,对于制度保障而言,情报研究机构的对外联络关系是建立在明确制度基础上的,机构间良好的沟通、协作关系对于正常开展情报研究至关重要。由于情报研究机构使命重要、任务特殊,因而更需要建立完备细致的制度体系来保证和协调各种情报研究方法正常实施所需的交流。反观情报研究机构的内部管理制度建设,则要重视情报研究成果的智慧属性特征,营造适于智力活动、适于智慧创造的氛围,尽量避免或降低形式主义的干扰。可见,外部制度明确细致、内部管理宽松有序,是情报研究方法牵涉的制度关系所追求的和谐境界。

4 构建新型智库需要解决的关系生态问题

以"新型智库"为检索词对 CNKI 的期刊论文进行题名精确搜索,结果如图 2 所示,2006 年之前并无新型智库相关研究,2006 年开始有一篇论文,此后除 2011 年外,2008～2012 年每年有 2～3 篇论文探讨新型智库,数量稳定在一个较低的水平。2013、2014 年受中央政策刺激,"新型智库"研究激增。通过文献调研,可以发现 2011 年文献数量的小幅上涨是因为社科院刊载了系列专题论文。2006～2012 年的论文作者主要来自中国社科院和地方社科院的研究,虽然形成了持续的研究力量但并未引起较大的学术关注。2013 年 11 月十八届三中全会审议通过《中共中央关于全面深化改革若干重大问题的决定》,《决定》提出加强中国特色新型智库建设,这是"新型智库"这一概念第一次出现在中央文件上[3]。2014 年 10 月 27 日,四中全会闭幕后不久中央全面深化改革领导小组审议了《关于加强中国特色新型智库建设的意见》,智库建设迎来了大发展的机遇期。

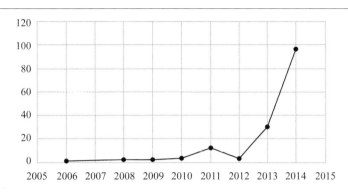

图2　CNKI"新型智库"相关论文的发文量趋势图

对于新型智库的概念解读可谓众说纷纭[4]。新型智库究竟"新"在哪里？很多学者认为是研究方法的创新[5]。然而情报研究方法无论如何创新首先都必须坚持探究人、物质和信息之间的关系这一情报研究的核心对象。研究方法创新的途径有两种：一是发现新的具体方法；二是对已有研究方法进行创新性的综合运用。这两种创新都需要尊重生态关系并努力保证其和谐[6]。实际上，建设新型智库，只谈作为情报研究工具的研究方法创新是不够的，关系生态中三个要素的布局及其内部关系也要做出相应调整。对照目前将情报机构建设成新型智库的任务要求，审视情报研究方法构建的关系基础，可以看出我国情报关系生态还存在许多问题，而亟待解决的主要是下面几个：

第一，研究任务目标的确定滞后于情报需求的产生，当情报需求环境发生剧变时这种滞后现象尤为突出，使得情报研究在顶警预测方面的表现不能尽如人意。例如，当大数据这一商业赢利模式驱动下产生的概念现象出现时，情报研究的产品大都是就事论事，谈论大数据特征和产业，鲜有从数据基础、计算能力和分析需求的综合角度出发去探究大数据现象的实质，而对大数据现象实质的探索才是应对大数据的战略决策情报保障的首要义务。对新的情报监控目标发现模式的探索乏力是出现这种情况的一个重要原因。

第二，情报研究数据库建设囿于传统模式，难以适应现代复杂战略情报议题的需求。传统的专业情报机构条块分割，再加上对自媒体、全媒体情报资源环境的不适应，致使情报研究机构在数据准备中表现犹疑，从而给商业信息机构（尤其是外资商业信息机构）留出更大的活动空间。例如，目前我国某些科技信息机构由于馆藏限制，在应对诸如科技预测和评估的情报研究任务时，只能借助于商业信息机构的数据库产品来弥补自身在外文资料和非传统信息资源储备方面的不足。

第三，在大安全观所要求的大情报观视角下，一方面是专业情报机构面对纷至沓来的各种情报任务以一己之力疲于应付，另一方面是情报研究机构相互之间以及情报研究机构与非情报研究机构之间的沟通协作不成气候，在情报研究这个以智力密集为特征属性的领域里未能充分发挥我国的智力资源优势，至于追求情报研究创新更是无暇顾及了。

从现存的问题看，无论是情报研究的方法创新还是情报研究管理的创新都需要系统规范的理论研究作为可持续发展的支撑保障。由于我国承担理论研究和人才培养任务的高等院校与从事情报研究实践的情报机构合作未成气候，理论研究与实践需求长期脱节，鲜有情报研究方法理论成果，所以当我们需要新的改革设想时不免有局促之感。反观美国情报事业的管理，在业务组织和人才培养上一直通过制度来保证信息流通、开门纳贤，保持了持续的业务活力，成就了兰德公司、卡耐尔基金会、布鲁金斯学会等质量高、影响大的优秀智库，也产生了诸如《战略情报》和《情报分析》[7,8] 的经典学术成果。美国优秀智库得以成长的一个重要条件是其具有生成新思想、新方法的氛围，这个氛围实际就是由制度所构建的关系生态，正是因为有了合适的关系生态环境，才有了观点、方法的发声之所，才有了经得起时间考验的经典理论和能够应时调整的方法体系。可见，关系生态的薄弱是我们需要认真对待的重要问题。当然，目前我国也出现了一些令人欣慰的现象，譬如在军事情报研究领域就有较为活跃的、对情报研究理论和方法所做的反思。如果这种反思能够扩展至人文和科技情报研究领域，将会为我国情报研究方法的研究构建起坚实的关系基础。

5　结语

当今中国正处在深化改革的关键时刻，中央多次提到建设中国特色的新型智库来为国家政治、经济、社会、军事、外交和科技等方面的重大决策提供智力支持，智库建设迎来一个发展高潮。为了建设适合我国国情的情报研究事业，为探索并创新情报研究方法，我们必须从研究方法的关系基础和关系生态入手，首先理顺关系、遵循其固有的关系生态，以新型智库建设为目标，以信息融通平台为抓手，以项目合作研究为纽带，加强理论、实践和教育诸环节、诸部门的协同与协作，迎合和应对国家安全和发展形势对情报研究机构所提出的新要求。

参考文献

[1] 张佳南主编. 军事信息化的理论和实践[M]. 北京：海潮出版社，2010，136—137.

[2] 陈先红著. 公共关系生态论[M]. 武汉：华中科技大学出版社，2006，75—79.

[3] 国务院发展研究国务院发展研究中心主任、研究员李伟. 探索中国特色新型智库发展之路[N]人民日报，2014-04-22.

[4] 新民周刊. 全球视野下的中国智库：数量众多质量堪忧[EB/OL]. http：//news. sina. com. cn/c/2014-12-04/163331246226. shtml. [2014-12-27]

[5] 光明日报. 关于建设中国特色新型智库的调查与思考[EB/OL]. http：//www. china. com. cn/opinion/think/2014-08/13/content_33226619. htm. [2014-12-27]

[6] Nind Melanie, Wiles Rose, Bengry-Howell et al. Methodological innovation and research ethics：forces in tension or forces in harmony? [J]. Qualitative Research, 2013(13)：650—667.

[7] 谢尔曼·肯特著. 战略情报：为美国世界政策服务[M]. 刘微, 肖皓元译. 北京：金城出版社，2012：118—139.

[8] ROBERT M. CLARK. Intelligence Analysis：A Target-Centric Approach [M]. 4th. California：CQ Press, 2012, 367—389.

（原文来源：王延飞，何芳，闫志开. 情报研究方法构建的关系基础[J]. 情报杂志，2015，04：1—3+26.）

点评提示：

情报研究方法历来是情报工作者在业务技能提升过程中所关注的重点内容，也是情报科学理论体系的重要基石。本文从构建基础入手考察现代情报研究方法，是一种可取的探求之道。

情报工作的本质是要解决管理决策过程中信息不完备的问题。对照将情报机构建设成新型智库的任务要求，我们必须从研究方法构建的关系基础和关系生态入手，在理顺关系、保证关系生态平衡的基础上创新情报研究方法，建设信息融通平台，以项目合作研究为纽带，加强理论、实践和教育诸环节、诸部门的协同与协作来实现关系生态和谐，以迎合和应对国家安全和发展形势对情报研究机构所提出的新要求。

关键词汇：情报研究；情报研究方法；智库；关系生态

10.3 基本概念

重视智能技术凝练情报智慧——情报、智能、智慧关系辨析
The Analysis on Relationship among Information，Intelligence and Wisdom

1 前言

2014年1月30日DARPA(美国国防部先进研究计划局)发布了与信息理解有关的项目招标公告 Big Mechanism(大机制)(DARPA-BAA-14-14)，试图从计算机自动阅读入手探索自然语言信息元素的自动组合和自动释义。时隔4日，DARPA于2月4日又发布了另一份相关的招标公告 Memex(延伸记忆)(DARPA-BAA-14-21)，如果将该局 09 年的招标公告 Machine Reading(机器阅读)(DARPA-BAA-09-03)和早前美国海军情报部门为实施由数据到决策的 D2D 战略所发布的有关自然语言处理的项目招标通告等纳入分析视野，可以发现美国情报和安全部门在自然语言处理、机器学习和信息理解等智能信息技术项目的研发上出现了加力和发力的现象。如何借鉴国外经验探索我国情报研究事业管理的创新之路，是摆在情报科学工作者面前的现实问题，要回答这个问题，首先需要厘清"情报""智能"和"智慧"这几个相关的基本概念之间的关系，其次需要正确认识核心对象，然后才能找出改革探索的关键抓手。

2 "情报""智能"和"智慧"之间的联系

审视情报研究工作重心转移和情报研究机构转型的历史，重读谢尔曼·肯特的《战略情报》[1]一书可以生发出如下的体会：无论环境、对象和技术方法如何变化，情报工作的宗旨从未有过根本性改变，情报工作的目的就是要保障决策、解决决策过程中信息不完备的问题。

指称该种宗旨意义的"情报"在英文中对应的单词是"intelligence"，该单词在被翻译成中文有时又被叫作"智能"，众所周知的"人工智能"(Artificial Intelligence)即是一个例证，而对于智能的运用则是"智慧"(wisdom)的表现，例如人们在日常交流中可以通过对智慧品质的感受来判定智能水平的高低。

情报、智能与智慧间的关系在情报产品的生产、投送和评价中得到充分体现。情报产品的生产是运用智能、产生智慧的过程。对情报产品的投送则要顾及智能、反映智慧，也就是要考虑到用户对情报产品的数量和形式要求。对情报产品

的评价则是按照智慧评价的标准来进行的,因为情报能够吸引决策者注意的关键是情报产品中蕴含着智慧成分。情报研究工作中的智慧体现在对情报素材的凝练与组织上,体现在对情报结论的谋略性要求上,也体现在对情报投送的方式与渠道的设计和管理上。

正是由于情报、智能与智慧有着内在的紧密联系,而这种联系又对情报管理工作产生着影响,使得情报机构在提升情报产品智慧品质和情报业务管理水平的发展进程中不可避免地要关注和使用智能技术手段。

3　智能信息技术的研究发展现状

对智能信息技术可以有两种理解,一种理解是具备智能的信息技术,另一种理解是实现人工智能时所运用的信息技术,前者以智能为目标,后者是实现智能的手段和工具,两种理解都落在人工智能的范畴中。由于实现人工智能所需的技术(计算机技术、生物信息技术)绝大多数都属于信息技术,目前人工智能的研究热点就集中于智能信息技术。

就人工智能而言,美国麻省理工学院的温斯顿(Winston)教授提出"人工智能就是研究如何使计算机去做过去只有人才能做的智能工作"[2],斯坦福大学人工智能研究中心尼尔逊(Nilson)教授提出"人工智能是关于知识的学科——怎样表示知识以及怎样获得知识并使用知识的科学"[3]。综合来看,人工智能是试图挖掘人类智能的实质,从而对人类智能进行模拟和扩展的一门新兴技术科学。

实现人工智能有三条路线:一是基于逻辑方法进行功能模拟的符号主义路线,代表领域有专家系统和知识工程;二是基于统计方法的机器学习,代表领域有深度学习和人脑仿生;三是基于神经生物技术的人脑研究,代表领域有人脑测绘和模拟人脑。

利用 WOS 和 EI 数据库的检出文献,对其摘要进行定性分析,可以梳理出人工智能领域的现有研究内容和研究方向,绘制出人工智能研究的领域框架图,如图 1 所示。

值得注意的是,该图仅仅展示了人工智能研究的领域方向,而对具体的方法、工具及应用则难以一一列举。由十各种方法之间存在交叉、融合,因而类属关系是相对的而不是绝对的,例如计算机仿生技术既能用在人脑模拟上也能用在计算机视觉上,而自然语言处理技术则贯穿人工智能感知、分析与表达的全过程。

目前国际上有关人工智能的研究呈现出三个值得注意的现象:

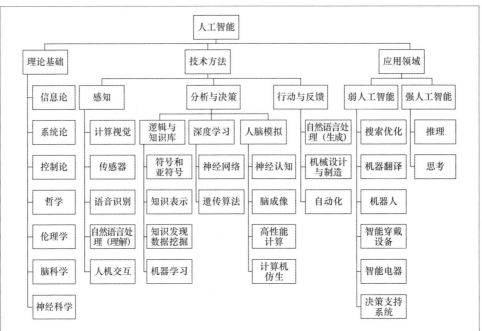

图 1　人工智能研究领域框架示意图

（1）感知、处理和反馈被认为是智能信息技术的三个关键环节

第一，智能感知。智能感知技术的目的是使计算机拥有"听"和"看"的能力，从而能够采集足够多的结构化数据来对场景进行表述，因此，智能感知是实现人工智能的第一步。目前，与智能感知相关的计算机视觉技术、人机交互技术和传感器技术日趋成熟，逐步开始商业化的尝试。

第二，智能处理。智能处理技术的目的是使计算机具备足够的能力来模拟人的思维过程和行为，从而对收集得来的数据信息做出分析和判断，即完成对上述第一步所感知的信息进行组织、分析、判断、推理和学习的过程。智能处理主要有两大研究领域：一是与知识表达、自动推理、机器学习等相关的技术领域，这些智能处理技术与精确性计算、编程技术、存储技术、网络技术等密切相关；二是人脑绘制技术，与核磁共振扫描技术、3D 扫描技术等密切相关，近几年来取得突破性进展。

第三，智能反馈。智能反馈技术是人工智能最直观的表现形式，是整体智能水平的体现。智能反馈技术主要是将第二个环节中智能处理的结果进行转译，以肢体运动或媒介信息的形式传输给人机交互界面或外部设备，从而实现人机之间、机物之间的信息交流和互动。智能反馈技术得益于机械技术、控制技术和传感技术的发展，突出表现为机器人技术，或称机器人学。

（2）深度学习成为当前应用性最强的人工智能研究领域

人类具有学习功能，是由于人脑可以不停地把新信息反馈回去，加固和提升已有知识和能力，这是深度学习的理论基础。

基于人工神经网络的深度学习技术是当前成果最多的研究领域[4]。人工神经网络研究自 20 世纪 80 年代起步，受益于计算机计算能力的提升。在科学家不断优化和推进算法的努力下，人们已经可以利用 GPU（图形处理器）模拟超大型的人工神经网络；互联网业务的快速发展，为深度学习提供了上百万的训练样本；在多种因素共同作用下，语音识别技术和图像识别技术已能够达到 90% 以上的准确率[5]。

云机器人的发展也受益于深度学习。研究人员借助网络和云计算，帮助机器人相互学习、共享知识，不仅能够降低成本，还能帮助机器人提高自学能力，深度学习的能力又增强了云机器人对复杂环境的适应性。具备云学习能力的机器人也必将成为机器人未来的发展方向。

（3）弱人工智能的产业化与强人工智能的提速研发

人工智能产品的发展是一个渐进性的过程，具有多种表现形式：从单一功能设备到通用设备、从单一场景到复杂场景、从简单行为到复杂行为[6]。而最为常见的可比形式则是弱人工智能产品与强人工智能产品。

一般而言，弱人工智能产品只能够按照既定的模式结构去计算，并获得答案；而强人工智能产品则被认为是有知觉、有自我意识的，可以主动寻找问题，构造问题的模型，并进而解决问题[7]。

目前，国际制造业已经开始弱人工智能产品的实际应用和商业化。2013 财年美国政府将 22 亿美元的国家预算投入到先进制造业，投入方向之一便是"国家机器人计划"。美国高科技企业则普遍将人工智能视为下一代产业革命和互联网革命的技术引爆点。谷歌在 2013 年完成了对 8 家机器人相关企业的收购，在机器学习方面也大肆搜罗企业和人才，收购了 DeepMind 和计算机视觉领军企业 Andrew Zisserman，又聘请 DARPA 原负责人 Regina Dugan 负责颠覆性创新项目的研究，并安排曾在构建基础算法和平台开发上颇有建树的著名计算机科学家 Jeff Dean 转战深度学习领域。苹果公司 2014 年在自动化上的资本支出高达 110 亿美元。苹果手机中采用的 Siri 智能助理脱胎于 DARPA 耗资 1.5 亿美元、历时 5 年的 CALO（Cognitive Assistant that Learns and Organizes）项目，成为美国首个得到大规模产业化应用的人工智能项目[8]。

强人工智能产品的功能表现为两种形式：类人人工智能和非类人人工智能。顾名思义，前者指机器的思考和推理就像人的思维一样；而后者指机器产生了和人完全不一样的知觉和意识,使用和人完全不一样的推理方式。前者目前在欧美已经上升到国家项目计划的高度,而后者则还只是停留在务虚和试验阶段,见诸科幻小说与电影。

在文献和网络调研的基础上,可以做出合理地预测——未来智能信息技术突破的重点是人脑仿生计算技术和云机器人技术。伴随着宽带网络设施的普及和云计算、大数据等技术的不断发展,未来机器人技术成本将进一步降低,机器人量产化目标将得以实现,机器人通过网络获得数据并进行数据处理将成为可能。

4　依托智能技术的情报事业改革之路

基于对智能信息技术与情报任务关系的认识,外国政府部门致力于运用智能信息技术来应对大数据信息环境所带来的挑战,以便在未来能够继续保持一个较高的情报工作水平。

美国国家科学基金会(NSF:National Science Foundation,United States)有十大项目领域,其中的"计算机与信息科学与工程"(Computer & Information Science & Engineering)领域又包括现代赛博架构(ACI:Advanced Cyber infrastructure)、计算与传播基础(CCF:Computing and Communication Foundations)、计算机与网络系统(CNS:Computer and Network Systems)和信息与智能系统(IIS:Information and Intelligent Systems)等四个部分。其中的第四部分IIS项目主要是研究人、计算机和信息之间的相互关联,与智能技术最为密切相关。IIS支持以下研究和教育活动:① 发现与发挥有关人类在设计和使用信息技术中的作用的新知识;② 提高人们创造、关联和理解从个人电脑到全球分布式系统中的数据、信息的能力;③ 加强人们对计算系统展示智能标识的认识[9]。

美国联邦政府 2015 财年预算案对脑研究项目 BRAIN 计划的资助翻番,也就是从 2014 财年的 1 亿美元增加到 2015 财年的接近 2 亿美元资金。NIH(美国国立卫生研究院)、NSF 和 DARPA 等具体机构的发展目标也都更加明确,更加注重与脑相关的技术研究和开发。其中 NIH 致力于开发和应用新的工具来绘制出大脑回路;NSF 致力于开发一系列包括人在内的各种生物体生命过程中脑功能实现所必需的实体工具和概念性工具;DARPA 则致力于促进数据处理、成像、先进分析技术的发展[10]。

外国政府部门的做法对于正处在转型时期的中国情报研究机构有重要的启示作用,借鉴国外同行的经验,我们可以考虑依托对于智能信息技术的研究和开发,提升情报研究业务的智慧水平,探索出一条适合中国国情的情报事业改革之路。

互联网时代海量的数据为智能信息技术研究提供了大量样本,而智能信息技术的发展与国家的战略息息相关。首先,智能技术研究的耗费较高,从国家战略层面进行资金和资源的支持,能保证人工智能研究的持续发展;其次,人工智能是一项抢占未来竞争高地的基础性技术,在国际竞争中占有重要的位置,对国家的安全也有着不可忽略的影响。因而无论是从经济与社会发展还是从安全与情报保障来看,情报业务和情报事业的创新发展都离不开对于智能信息技术的关注和应用。

2015 年 7 月 4 日,国务院发布了《关于积极推进"互联网+"行动的指导意见》,这是我国政府在国家层面首次推出加快人工智能发展的指导文件。意见明确了国家将推进人工智能产业在技术和应用层面加速发展,明确将人工智能作为重点布局的 11 个领域之一,要培育发展人工智能新兴产业,建设支撑超大规模深度学习的新型计算集群,构建包括语音、图像、视频、地图等数据的海量资源库和加强人工智能基础资源和公共服务等创新平台建设,要进一步推进计算机视觉、智能语音处理、生物特征识别、自然语言理解、智能决策控制以及新型人机交互等关键技术的研发和产业化,推动人工智能在智能产品、工业制造等领域的规模商用,为产业智能化升级夯实基础[11]。国务院的指导意见为我国情报研究机构依托智能技术进行事业改革做出了有力的任务背景注解。相应的改革设计中则要注意解决好情报机构业务定位、情报智慧保障落实条件和情报研究发展组织这三个主要问题。

第一,要落实基于智能信息技术的情报事业改革任务,首先需要正确认识情报机构改革转型后成为能够"出对策""出思想"和"出声音"的智库定位,然后需要结合情报工作各阶段、各领域任务的性质特点,从人工智能领域的研究框架中选取适当对象进行重点关注、重点开发和应用。唯此,才有可能通过情报产品中以及情报服务组织工作中所蕴含的智慧成分展示新时期情报事业的决策信息保障特色,为情报事业的良性发展奠定基础。

第二,在运用智能信息技术提升情报工作业务水平的过程中,情报科学工作者和情报研究工作者则要积极探索和关注情报产品智慧保障的三个重要条件,即:坚定明确的情报意识、耐心细致的工作作风和灵活得当的技术方法。在这三大条件中最重要的是第一条,最难坚持的是第二条,最难进行标准评估的则是第三条。回顾我国科技情报事业发展的历史教训可以看出,情报业务地位的变化源于人们对情报意识理解的变化,情报人员一旦偏离对情报宗旨正确理解的轨道,就会迷失于泛化信息的海洋,工作目标没有重点,业务方法亦失去特色。例如,在作为现代情报业务基础的信息系统的开发与管理上,忽视开展情报业务所需要的"采"(搜采)、"种"(布种)、"收"(控收)的特性要求,一味迎合所谓的大众信息需求,只能使情报信息系统蜕变为普通的大众信息系统,进而让位并受制于商业信息系统。

第三，为适应情报智能系统不断生长的要求，情报工作者一方面要注意适时运用智能信息技术成果，另一方面又要重视建立和加强多种形式的情报科学和情报研究工作联盟，通过联盟的运作来应对情报研究中普遍存在的跨域关联分析需求，解决情报研究中必不可少的思想交流、信息共享和人才互补的问题。美国情报界的整合运作模式在应对当今情报分析所面临的数据基础、计算能力和分析需求问题上有不俗的表现，我国情报科学工作者多年来利用读书会、沙龙等多种非正式交流形式跟踪、评估科技情报对象也取得了成效，这些都是我们未来探索情报联盟问题时值得借鉴的经验素材。

5 结语

综上，针对交互、生长和可移动的现代信息环境特点，利用智能信息技术发展所带来的便利条件，组织建设有特色的、兼顾安全与发展需要的情报保障信息系统，将是我国情报工作者展现情报智慧、重塑情报学术一个必然选择。

参考文献

[1] (美)谢尔曼·肯特.战略情报：为美国世界政策服务[M].北京：金城出版社，2012.

[2] 邹蕾，张先锋.人工智能及其发展应用[J].信息网络安全，2012，02：11—13.

[3] 贾同兴.人工智能与情报检索[M].北京：北京图书馆出版社，1997.15—23.

[4] Hinton G E, Osindero S, Teh Y. A fast learning algorithm for deep belief nets. Neural Computation 18：1527—1554,2006.

[5] 詹志辉，陈伟能，等.计算智能最新进展[J].自动化信息，2014，8：24—26.

[6] Searle J R. Minds, brains, and programs[J]. Behavioral and Brain Sciences, 1980,3(03)：417—424.

[7] Freksa C. Strong spatial cognition[M]//Spatial Information Theory. Springer International Publishing,2015：65—86.

[8] 中国信息通信研究院信息所杨希.人工智能在国外[N].人民邮电，2015-02-04006.

[9] NSF. Information and Intelligent Systems[EB/OL]. [2015-10-20]. http：//www. nsf. gov/div/index. jsp? org＝IIS

[10] Obama Administration Proposes Over MYM300 Million in Funding for The BRAIN Initiative[EB/OL]. [2015-10-21]. https：//www. whitehouse. gov/sites/default/files/microsites/ostp/brain _ initiative _ fy16 _ fact _ sheet _ ostp. pdf

[11] 国务院关于积极推进"互联网＋"行动的指导意见[J].中华人民共和国国务院公报,2015,20：11—23.

（原文来源：王延飞,赵柯然,何芳.重视智能技术凝练情报智慧——情报、智能、智慧关系辨析[J].情报理论与实践,2016,02：1—4.）

点评提示：

情报、智能与智慧间的关系在情报产品的生产、投送和评价中得到充分体现。正是由于情报、智能与智慧有着内在的紧密联系,而这种联系又对情报管理工作产生着影响,使得情报机构在提升情报产品智慧品质和情报业务管理水平的发展进程中不可避免地要关注和使用智能技术手段。致力于智能信息技术的研究发展来应对大数据信息环境所带来的挑战,提升情报产品和情报服务的智慧水平,是情报机构在转型改革中的重要抓手。

如何借鉴国外经验探索我国情报研究事业管理的创新之路,是摆在情报科学工作者面前的现实问题。要回答这个问题,首先要厘清情报基本概念之间的关系,正确认识核对对象,才能找出改革探索的关键抓手。

关键词汇： 情报；智能；智慧

10.4　业务本质

从智库功能看情报研究机构转型
On Institution Transformation in the Respect of Functions of Think Tanks

智库自产生以来越来越多地受到瞩目,伴随着它的影响力不断增大,对智库的认识也出现了多种观点。尽管关于智库的定义尚未统一,国内外很多研究机构还是在积极探讨向智库转型。与古代领导参谋或现代商业咨询机构不同,现代智库呈现出常态化、机构化、独立化的特征,具有更为多元、稳定而重要的功能,在政府决策中的影响越来越广泛。与西方国家智库功能相比,我国情报研究机构还未发挥出应有的作用,在提出对策、创新思想、扩大影响方面都有待提高。

1　智库功能的界定

智库的功能可以从智库产品和智库产出行为来进行界定。考察各国著名智库的产品和做法可以发现,当代智库已经不是一个普通的科研机构,因为智库在进行政策研究的同时还扮演两个重要的特殊角色。这些最能体现智库特色的功能可以概括为：出对策、出思想和出声音(合并简称"三出")。

1.1 出对策

众多关于国外著名智库的介绍和研究性文献已经清楚表明，政策研究报告是智库的名片，软科学研究体现了智库的基础功能。面对日益复杂的政治经济形势，在处理公共政策问题时面临更多专业化的问题与不确定的结果，这使得仅靠经验或仅靠少数人直觉的传统决策模式难以适应新的情境，需要不同的声音和更多的智慧帮助决策者及时正确地做出判断。相对于政治决策层人士，智库作为"局外人"往往对问题有着更为客观的感受与清醒的认识，智库众多研究人员专业化的建议也更有针对性，智库的非政府背景也有助于强化不同阶层对建议政策的沟通与认同，从而促进政策在执行中的阻力。

1.2 出思想

作为专门研究政策的机构，智库注重发展政策研究的方法论。而基于智库人员多元的知识结构、长期研究形成的专业认知，智库的研究成果具有一定的延展性，即不仅推动某一具体问题的解决，还有可能将某一领域的深厚积累转化成分析问题、解决问题的先进模式，即，智库研究人员提出新的战略理念、评估模型和方法工具。比如，美国兰德公司在二战结束前后基于定性与定量分析而提出的系统分析方法，既是一种解释性的，又是一种规定性的方法论[1]。再如，在政策分析方面，兰德公司创造了头脑风暴法、德尔菲法；在趋势预测方面，乔治城大学战略和国际问题研究中心提出"战略发展趋势评估"，斯坦福国际咨询研究所提出"趋势估计"的方法[2]。这些方法模型已超出政治决策分析，形成社会科学研究方法的重要部分，而这也进一步强化了智库的影响力，成为各国智库竞相效仿的对象。

1.3 出声音

智库能够成为政策博弈的预演场有必然性也有其必要性。置身于全球化时代，各国在加强合作的同时也带来了摩擦增多。在解决外交事务中的重点难点问题上，智库可以凭借与官方决策的特殊关系和自身的非官方身份，对敏感政策和话语进行解释，或者公开提出决策建议进行试探，从而可能达到旁敲侧击化解僵局的效果。因此，适当展示研究成果被很多人当成智库基于经济等原因所必须进行的品牌营销，代表不同阵营的智库通过各种信息媒介公开报告和看法形成了事实上的政策观点的交流与交锋，战略决策的主体单位可以利用智库以非正式发声的形式进行政策观点的调整与宣示，获取决策与行动的更大的灵活性。从这个角度看，智库外交是当代多轨公共外交体系的重要组成部分，是国内与国际交流的一个平台，被形象地称为"第二轨道"外交。这种非官方的接触和互动，可以发挥智库作为"影子政府"的角色，已经越来越多地出现在国际交往视野中。

智库功能的界定,是智库建设探索的基础。立足"三出"功能来审视智库建设应该关注的重点和方向,对于我国情报研究机构正在进行的向新型智库的转型建设尤其具有现实意义。

2 我国情报研究机构进行智库转型遇到的主要问题

我国政策研究机构有多种类型,既有隶属于党委政府的政策研究机构,也有学术性的事业单位研究机构,还有企业或个人投资创办的研究公共政策的学会、公司等。其中,情报研究机构具有"出对策"的基本功能,是智库发展的重要力量。但是,与现代智库应有的功能相比,我国情报研究机构的作用还未充分发挥,需要进行调整与提高。制约其转型的问题集中于以下两个方面。

2.1 智库转型规划设计的理论准备不足

从理论上看,智库的理论基础在于情报科学(Intelligence)。我国老一代情报学家针对情报学术理论建设问题曾一针见血地指出:"长期偏离 Intelligence,偏离情报的决策支持"[3],"忘记了本学科的本体和目标"[4]。正因如此,一些情报研究机构在迎接国家智库建设的历史时刻没有意识到自己天然具有的"出对策"和"出思想"的智库功能优势,而是摆出一副言必称兰德的架势,将自身与兰德公司进行形式上的对比,谈论兰德的人才"旋转门",考校兰德的教育研究院,模仿兰德的品牌宣传台,提出打造所谓的"中国兰德"。与此同时,情报学术界非但不能及时澄清认识误区,反而表示认同甚至推波助澜,极尽所能地配合进行相关的规划和制度设计,这就难免脱离我国的具体国情盲目建设,存在着"画虎不成反类狗"的可能。如何构建基于中国国情的决策科学理论体系,需要在理论上廓清形势、明晰认识。

2.2 智库转型建设实施的实践困境

从实践上看,智库转型建设实施的实践困境具体表现为:由于制度差异,西方国家较易实施的政府官员与智库研究员角色双向转换的人才"旋转门"难以在我国复制;出于安全考虑,承担对策输出主要任务的情报研究机构在发声传播方面受到严格限制;"小核心、大外围"的情报研究模式能够解决分析过程中的信息不足和知识不足的问题,但在思想的碰撞和开放印证方面不能尽如人意,导致理应承担智库责任的研究机构在遇到诸如"赛博空间""大数据"和"工业 4.0"等重大的社会和技术转型议题时跟风积极、应对有余,而前瞻和系统创新却相对匮乏。

2.3 智库转型建设的时代挑战

从本质上看,情报机构进行智库转型所遇到的问题,并不是因为情报机构的使命发生了根本性变化,而是因为决策信息保障的任务需求和环境发生了重大变化。国际著名智库能够被视为学习对照的对象是因为能够适应这些变化。因此，探索情报机构智库转型的关键就是研究如何令情报机构去适应现代决策信息保障的任务需求和环境变化。分析我国情报机构所具有的优势条件、借鉴国际著名智库的成功经验，是探索研究的可行之道。

3 国际著名智库值得借鉴的经验

智库产生并兴盛于英美等西方国家，尤其是美国的智库体系最具活力、发展最为完善，智库对美国社会、政府以及经济具有深远和持久的影响力。英、德、日等国智库也结合本国政治体制发挥了较大的影响，在出对策、出思想和出声音等方面取得了突出的成绩，对我们提供了有益的借鉴。

3.1 国际著名智库的"出对策"经验

美国"三权分立、权力制衡"的政治制度设计，导致决策是一个多方参与的沟通与博弈的过程，增加了决策的复杂性与交互性，需要智库作为相对中立的力量提供有价值的研究分析成果。比如，在美国已逐步形成这样的决策流程：每逢重大政策决断，一般先由智库提建议，然后在媒体上讨论，再经过国会听证，最后由政府决定采纳与否。智库市场的蓬勃发展最终形成一种"滚锅效应"，即大量的建议与思想从数量众多的智库中迸发出来，它们彼此影响并进一步创造出更多的想法，这几乎成了美国政策制定者的左膀右臂[5]。而优质研究成果产生的原因在于，欧美智库的定位是对策建议的提出者而非政策阐释者，因而格外重视研究观点的独立性，这种独立性使得智库组织上与政府的关联或者资金上与财团的来往并不等同。正因如此，兰德公司依据合同为政府机构提供政策分析，在军事外交方面影响广泛，而布鲁金斯学会标榜"质量、独立与影响"，在国际关系、经济政策等领域享誉全球。

3.2 国际著名智库的"出思想"经验

政策研究的范围涉及决策系统与决策过程、决策的体制与机制、政策分析方法和技术等，关联到中央与地方、部门与系统、官方与民间、理论与实践，这种挑战具有综合性，需要在具体学科研究方法的基础上整合创新出新的研究思路。按照拉斯韦尔·德洛尔决策科学的传统，决策科学是以制订政策规划和政策备选方案为焦点，运用新的方法对未来的趋势进行分析的学问[6]。在这种意义上，出对策只是智库研究成果的直接产出，出思想可以说是智库更深刻的影响所在。欧美智库已形成了熟练的运作套路。比如，在智库的治理结构上，不论是以研究所、学会还是以公司命名，在法律表现上基本都是非营利法人以企业管理模式进行项目管理运作，这一方面保证了连续的筹款机制，另一方面搭建了稳定高效的研究平台，在此基础上实现了资金独立、人员独立、研究独立;在成果宣传上,智库研究成果出来后一般不会就此罢休,而是常常通过召开研讨会或媒体发布会、在官方网站上公开并提供免费下载,使研究成果的影响最大化,独特的研究模式也随之流行开来。比如,兰德模式的最大优势不是为了解决个别的对策问题,而是创造概念、形成思想去影响他人。

3.3 国际著名智库的"出声音"经验

在全球化时代,一个国家在国际上的形象及其地位不仅取决于其经济军事等"硬实力",该国的价值观、思想与文化等"软实力"也非常重要甚至更为重要,是外交舞台的重要资源。通过多年的积累,西方国家已经熟练地运用智库的"二轨外交"功能,使其成为合适的发声平台,发挥着"缓冲带"效应或"试探气球"作用,在推动外交更为灵活的同时,也加强了相关智库的影响力。比如,美国兰德公司每年发布多篇报告、英国国际战略研究所定期举办香格里拉对话、瑞典斯德哥尔摩国际和平研究所每年全球发行 SIPRI 年鉴等,都在试图设置国际重大议题、主导全球形势评估的基调和引导世界对特定焦点对象的关注。这些声音在其貌似客观公允的背后时常会带着西方话语霸权的语调。

4 我国情报研究机构进行智库转型的基础

情报研究机构能否进行智库转型,取决于情报研究机构能否具有或获取智库功能,这要从其与智库特色功能的匹配程度入手进行分析。

4.1 "出对策"是情报研究机构的固有传统

情报研究机构的基本任务是向决策机关提供决策信息保障,保障的具体形式是信息、情报和知识服务,解决的问题是决策过程中信息不完备的问题。情报机构的核心产品是情报研究报告,情报机构日常的主要工作围绕情报研究报告进行,对于情报研究机构的评价标准也主要针对情报研究报告等情报产品的内容质量和时效性而定。就我国具体情况而言,政策与对策的主要出处是情报研究机构。回顾历史,无论是"863"计划的立项,还是国家重大关键技术的突破,情报研究机构所提供的情报研究报告都起到了很好的决策保障作用,屡屡印证"中国软科学的特色之一就是情报研究机构是探索实践的主力军"的论断。毋庸置疑,在探讨情报研究机构向新型智库转型的建设过程中,清楚地意识自身条件,坚持和发挥传统优势是取得成功的前提条件。

4.2 "出思想"对于情报研究机构来说不是新奢望

管理机关在对情报研究成果的评价中就有专门的创新性要求,对情报研究创新性的具体解释是:新的证据、新的解读和新的政策、策略设计。对于情报对象态势的解读和政策、策略的设计同分析指导思想密不可分,情报研究领域中新的解读与设计往往与新的战略思想相伴而生,因而情报研究对于对象领域的思想问题并不陌生,对于战略思想的跟踪与分析也是情报研究机构的正常工作内容。例如,情报研究人员能够通过分析发达国家从代替核威慑到增强核威慑的战略思想的变化提出中等核国家的应对分析之道,这就是一种思想生成和存在的表现。

4.3 "出声音"是情报研究机构需要解决的新问题

传统情报研究机构隶属于专门国家机关,不承担公共传播的职责,情报产品有固定的投送渠道。与具有公开发声和传播功能的智库相比,这是两者之间最大的区别。然而,从发声资料的遴选和传播方式的设计来看,情报研究机构所具有的条件与智库发声功能要求并不矛盾。情报研究报告在投送之前需要经过严格的评审验收,报告质量具有制度保障。具有一定规模和历史的情报研究机构往往拥有较成气候的信息采集和推送平台,这些平台仅需进行适当的安全措施调整、增加补充性模块就可承担起政策观点的传播和博弈等智库发声功能。

通过使用智库的"三出"功能来审视我国的情报研究机构可以发现,我国情报研究机构是"出对策"的主力军,有"出思想"的优秀历史传统,也有"出声音"的潜质,具备进行智库转型的基础条件,只要能够认清和解决转型过程中所面对的问题,就有可能将具有光荣传统的情报研究机构转变成适合现代决策要求的新型智库。

5 我国情报研究机构进行智库转型的可行做法

5.1 以需求发现和描画为抓手

决策科学倡导"以问题为中心"而非"以学科为中心"的知识产生方式。智库以改进政策制定为目标,所有活动都是围绕这一目标而开展[2]。从情报研究的工作流程看,情报需求的发现和描述是研究工作成功的基础,克拉克在《情报分析》一书中提出面向目标的情报分析,所折射出的基本思想是:情报工作的各个环节运作合理固然重要,但是情报分析成功的关键取决于对情报需求的准确挖掘和刻画[7]。情报研究机构要提高决策的针对性,就要建立科学的选题机制、科研组织和管理制度。

① 在选题时机上,要选准决策建议的切入点,纳入公共决策体制之中,形成融会贯通的重要一环,并和其他参与机构形成良好的竞争合作关系。比如,智库研究成果如与现代媒体有机结合,可能会迅速引起舆论关注,进而就会引起决策者的注意。

② 在研究方法上,应保持客观中立的态度,通过对大量的情报信息进行梳理总结分析,更多地运用现代数据分析工具来开展研究,把理论与实践结合起来,把成绩与问题区分开来,形成全面准确的基本判断。

③ 在人员配备上,需重视跨学科或复合型人才,加强研究机构人员的流动性,不断把有实践经验的或有专业特长的人吸纳到智库队伍中来,防止决策建议过于空泛或不切实际。当然,智库的研究不是一厢情愿,需要政治决策者的支持,比如建立决策咨询的项目招标制度和思想成果的政府采购制度,完善项目立项与验收的流程与标准,营造公开竞争的思想市场,着眼于研究成果的质量而非"出身"实现公平竞争。

5.2　营造思想创新氛围

智库研究成果不是追求发行量,而在于影响力,尤其是在信息爆炸的时代,民众越来越多地依赖传媒而越来越少地自己思考,智库在研究的基础上提出洞见并形成共识,有利于正确引导社会舆论,防止民众被潜在的利益集团或势力牵着走。对思想研究的保障也是一个系统工程,需要可靠的资金保障、较充分信息来源与合理的评价机制。

① 充足的资金是营造宽松研究氛围的保障,这方面不仅要通过修改财政税收类法律法规,引导形成国家资助与企业、个人捐助相结合、长期资金与项目资金互补的资金保障制度,还要通过法律对智库财务公开做出规范,让外界认识到智库的研究及其观点与其资金来源不具有相关性,从而增强研究成果的公信力。

② 丰富的信息来源是智库研究的基础,这不仅需要政府部门在不违反保密规定的前提下有序开放一些涉及民生的基础数据,让智库能够合法地得到相关信息资源,还需要智库有意识地搭建自己的情报网络,掌握第一手资料,形成自己的专业优势。如,美国的兰德公司有自己的图书情报网络,日本野村综合研究所拥有自己的"信息银行"与企业财务情况数据库,美国胡佛研究所更是在图书文献机构的基础上发展而成。

③ 完善的智库治理结构是思想创新的平台。可借鉴西方智库已经较为成熟的理事会制度,运用依法强化信息披露、引进政府人员适当参与等方式,保障项目研究的独立性,提高智库的活力,推动研究的创新思维。

5.3　建设探索性观点的交流传播机制

身处全球化时代,智库不仅要立足本国,更要关注世界,站在全球的角度处理本国与他国的关系。当前不少国际冲突来自于信息不对称导致的战略误判,因此,智库以相对超脱的姿态提出理性的冲突解决方案,以预演式的推论消弭可能发生的非理性冲突,具有尤为重要的意义。反观我国智库特别是传统的情报研究机构,多数研究报告有意无意地处于保守封闭状态,国际交往既不充分也不深入,传播力、影响力与世界一流智库差距较大,需要勇于革新交流传播模式。

① 在课题研究中强化全球意识和国际视野,提升国内治理政策解读和研究的精准性、引领性和影响力,在目前仍由西方国家把持的话语体系中发出中国声音,增强世界各国人民对中国决策思路的认同。

② 在运行机制上进行改革调整,形成客观、中立、独到的研究机构形象,积极参与国际智库化研究活动或联盟组织,在交流与对话中加强自身竞争力,赢得话语上的主动地位,进而发挥对外交流的"第二轨道"作用。

③ 在评价机制上增强公开透明度,允许不违反国家法律、不侵犯个人隐私的研究成果正常争论,引入国际常用的同行评价机制,构建开放的思想市场,让"假大空"的论调没有市场,让务实的研究得到尊重,培育自由宽松的土壤。比如,对于不涉密的研究项目,可以按程序向社会公布从选题到成果出版整个过程中的审核标准,并将研究成果公之于众,扩大影响。

6 结束语

向新型智库的转型是我国情报研究机构的历史责任,理解"出对策""出思想"和"出声音"的"三出"基本功能要求是进行智库转型探索的认识基础,继承和发扬情报研究机构的传统优势,抓牢需求发现环节,营造思想创新氛围,建设传播交流机制,是我国情报研究机构成功转型的可行之道。

参考文献

[1] R. M. Krone. Systems Analysis and Policy Sciences[M]. Beijing:the Commercial Press,1987:20.

[2] 陈振明. 政策科学与智库建设[J].中国行政管理,2014,347(5):11—15.

[3] 包昌火. 祝贺和期盼[J].情报理论与实践,2014,37(12):8.

[4] 赖茂生. 基于理解真实世界的标准来选择理论[J].情报理论与实践,2014,37(12):11—12.

[5] 张茉楠. 增强与中国实力相称的话语权体系[J].全球化,2014(8):44—53.

[6] Daniel Lerner,Harold D Lasswell. The Policy Sciences:Recent Development in Scope and Method[M]. Stamford,CA:Stamford University Press,1951:3—15.

[7] (美)罗伯特·克拉克.情报分析:以目标为中心的方法[M].北京:金城出版社,2013:56.

（原文来源:王延飞,闫志开,何芳.从智库功能看情报研究机构转型[J].情报理论与实践,2015,05:1—4+11.)

点评提示：

现代智库具有出对策、出思想、出声音等功能，我国情报研究机构在这方面理论准备不足、实践面临困境。分析发现，我国情报研究机构仍是"出对策"的主力军，有"出思想"的优秀历史传统，也有"出声音"的潜质，具备进行智库转型的基础条件，只要能够认清和解决转型过程中所面对的问题，以需求发现和描画为抓手、营造思想创新氛围、建设探索性观点的交流传播机制，就有可能将其转变成适合现代决策要求的新型智库。

从本质上看，情报机构进行智库转型所遇到的问题，并不是因为情报机构的使命发生了根本性变化，而是因为决策信息保障的任务需求和环境发生了重大变化。如何构建基于中国国情的决策科学理论体系，需要在理论上廓清形势、明晰认识，切忌推波助澜，盲目建设。

关键词汇：情报研究；智库；功能；机构转型

10.5　教育心得

论情报专业特色教育[①] * *
On Education of Information Analysis

当中国科技情报业迎来创建 60 周年之际，无论业内还是业外，很少有人能够否认情报工作和情报事业的重要性，但是从学科建设的角度来看，情报学术并未呈现与情报业务重要性相当的理想状态，与之相关有两个典型事例：一是在轰轰烈烈的新型智库建设研究中，没有形成情报才是决定智库水准之基础的共识；二是专业教育中侧重以信息资源、信息技术等情报工作的对象和手段作为核心或重点内容，而疏于对情报本质和情报业务特殊规律的揭示，以致在情报学的研究领域中大量成果以信息管理、信息资源管理、信息管理与信息系统等关键词来标识，鲜有情报字样。由于我国的情报学术研究人员通常与情报科学教育有相当的渊源，因而厘清情报科学教育中的关键问题，探索新形势下学科建设中的情报专业特色教育，应是进行情报学术重塑的一个可选之途。

1　情报科学教育中的几个关键问题

开展正规的学科专业教育通常要求恰当理解学科对象、把握好理论与实践的关系、重视相关教学环境的特殊之处。情报学的专业教育亦不能例外。

① 基金项目：国家社会科学基金一般项目"创新驱动战略的情报保障研究"（编号：16BTQ058）研究成果之一。

1.1 情报学的学科对象

情报学的学科对象包括：情报业务对象、情报事业管理、情报人才的培养教育和情报人员的业务培训。

情报工作的根本任务是解决管理决策过程中信息不完备的问题，情报业务自然是围绕情报工作的任务目标展开进行。管理决策过程中的信息不完备表现为如下两种形式，即：信息难获取；信息难认识。因此，情报业务便是以信息为操作对象、含有诸多环节的工作集合，其中的主要环节则包括：通过对信息的搜集、整序和分析得到各种形式的情报产品；利用特定的渠道进行投送传递；最终实现决策信息保障。

情报业务以信息为操作对象，因而关于信息、信息资源、信息技术与信息行为的议题充填着情报学术领域有其合理性，情报学与图书馆学、档案学交织相融也符合历史逻辑。但是仅根据议题分布表现的情况来说明情报学的学科对象会落入忽视情报根本任务使命的认识陷阱，误导对情报事业管理的理论探索。

情报任务决定了情报工作的公开程度随着决策层级和决策领域重要性的提升而降低。相关的事业管理议题自然也不会太多地直接出现在学术研究的语境中，即使有相关的研究，也多加以变通，用类似咨询、智库研究成果的形式对外展示。长此以往，在情报学的理论成果中出现最多的是有关信息和信息管理的研究，情报事业也难免被人理解成信息或信息服务事业。相应的事业管理表征亦自觉不自觉地被打上信息管理或信息资源管理的烙印，使得相当一部分情报机构其表现与情报使命渐行渐远，甚或将情报使命分解转托给各种新兴的战略研究机构或智库单位。

情报人员专业背景的多样性是适应情报任务跨领域和跨学科特色要求的反映。无论专业背景如何，对情报人员的业务素质培养主要采取两种方式：一是进行正规的情报专业教育；二进行各种形式的情报业务培训。培养方式可以不同，但是情报人员的核心业务素质组成中都少不了情报意识、工作作风和方法技术。意识养成、作风塑造和方法习得既是情报专业教育传授的内容，也是情报专业教育研究的对象。

梳理情报学学科对象的目的是为了强调：情报学术研究既要针对情报业务的任务对象和方法对象，又要关注情报事业的管理，更要重视情报人才的素质培养。

1.2 情报理论与实践的关系

情报学术理论与情报业务实践有着紧密的联系，纵观国内外有着长期与广泛影响的理论成果无不与情报业务或情报事业管理实践关系密切。这些理论成果既源于实践又指导或影响着实践，理论与实践的关系表现则可以通过观察理论成果内容和理论发展过程来进行梳理。

1.2.1　情报理论成果内容与情报实践的关系

立足情报工作的基本使命,着眼情报分析的核心业务,梳理与情报研究有关的著作,可以发现情报学的理论大致有以下四类:

(1)本体研究

针对情报的基本概念、情报业务内容、情报产品和情报工作中存在的各种关系等情报专业的知识本体对象进行研究,此类成果以肯特所著《战略情报》和舒尔斯基等人所著《无声的战争》等为代表。

(2)组织管理评价研究

就情报业务和情报事业的评价、组织、管理、人才培养和队伍建设等议题开展研究,此类成果可以约翰斯顿所著的《美国情报界的分析文化》为代表。

(3)内省研究

从对情报人员主观认知、心理和心智活动的分析出发,探索情报分析质量的影响和控制机理,此类成果中以修厄(亦被译为霍耶尔)所著《情报分析心理学》为影响最大者。

(4)方法论研究

总结、探索情报分析所采用的方法、工具、技术和手段。此类成果形式多样、种类繁多、易于引起关注。在我国影响最大的该类成果当属包昌火研究员主编的《情报研究方法论》和克拉克所著的《情报分析》。

高金虎教授在其主持的《情报反情报丛书》编纂工作中对上述所提的绝大多数外国文献进行了翻译出版,起到很好的理论知识普及推广作用。

1.2.2　情报理论发展与情报实践的关系

情报学理论研究通过发现和预见来指导或引领情报实践,因而源于实践的理论应该在发展中实现对实践的超越。尽管理想中的理论成果要实现超越,这个超越发展的过程还是与情报实践紧密相关与时时互动的。张晓军教授在《美国军事情报理论研究》一书中详细介绍了美国情报分析理论与实践遥相呼应的演进过程,指出自杜诺万开创以学术研究来引领情报分析的传统以来,美国情报分析理论历经"传统分析""定量分析""群体分析""竞争性假设分析"(即"排查分析")、"机会分析""可选择性分析"和"枢纽分析"等标志性时代,理论能够顺利演进的经验则是:厘清分析与决策关系;把握好主客观关系的平衡;重视利用技术融合多源情资、强化人员互动、辅助分析判断和整合人力资源;将情报分析理论研究的重点放在适应环境和模式创建上。情报分析理论是情报学术研究的核心内容,其演进过程所呈现出来的特点对于理解情报理论的发展动态具有重要的参考作用。

从情报学术研究的内容和情报理论发展的过程可以看出,对情报理论与实践关系的把握既要关注内容关联,也要重视过程关联。

1.3 情报教学环境的特殊性

内容敏感、实践性强是情报教育的固有标签。营造有特色的情报教学环境,保证情报教育工作者在施教过程中既能坚持遵循一般的教育规律,又能体现和适应情报教育的特殊要求,是情报专业教育中不能忽视的基本条件。情报教学环境的特别之处通过施教者的经验、教育学习资料和分析练习所用软件工具体现出来。

1.3.1 施教者的经验

情报工作行业具有智力密集的特性,以决策议题为核心,依照准确、快速、有效的原则,对信息素材进行搜集筛选、参详分析,最终提出参考意见,是情报研究工作的典型流程。在此流程中任何一个环节都离不开有关人员智力因素的介入,情报任务和任务条件多变致使现实工作中对每一个情报项目的操作难有一定之规。经验对于情报研究者能否担当使命至关重要,中美学者曾对各自国家优秀情报分析人员成长过程中所需的历练时间做过统计,时间结果的一致不应被看作是巧合,而应看作是人因的共性。

经验对于情报业务人员尚且如此重要,对于承担传道授业解惑责任的施教者其重要性更是自不待言。然而由于存在诸多限制,具有综合情报实践经验的教师并不多见,使得理论与实践搭桥者的稀缺很容易成为情报专业教育环境建设中的短板,直接影响对受教育者情报意识的塑造。

1.3.2 教育学习资料

情报工作通过克服信息的获取和认知困难来解决决策过程中的信息不完备问题,情报工作对象和内容具有稀缺和敏感的特性,由情报工作实践中所能提取出来公开用作教育学习资料的案例素材自然会受限制,经过脱密处理的学习素材还会使学习研读者产生时空隔阂的感觉,因此,对情报教育学习资料的使用更强调学习者在学习资料所提供的语境基础上跨时空的抽象与提炼能力,这种能力的大小恰恰反映了学习者情报意识的强弱程度。

1.3.3 分析练习所用软件工具

情报工作实务中所使用的分析软件工具随着任务对象而定,既可选用公开的通用软件,也会根据需要进行定制。而情报教育的分析练习一般选用公开的通用软件。无论是通用软件还是定制软件,在情报分析情境下都要呈现出适合情报业务对于信息获取特别要求的工作状态,要具备能够响应"搜采""布种"和"控收"要求的情报软件基本功能。在情报分析的练习过程中,对软件工具特定功能的理解、设计、激活和使用离不开就有关议题的情报认知,情报认知的获取则是情报意识作用的结果。

如果说施教者的经验、教育学习资料和分析练习所用软件工具分别饰演了情报教学环境的特殊性承载要素角色,那么只要细究这些角色的特殊性承载机理便可以发现,情报意识才是营造特殊的决定性因素。认识到这一点,对于在情报学科建设中探索专业特色教育的实现途径不无裨益。

情报专业特色教育所要达到的目标是认清情报学的学科对象、处理好理论与实践关系、营造和利用情报教学的特殊环境,实现该目标则需要通过相应的教育系统来进行。

2 情报专业特色教育系统的关键成功因素

教育工作者熟知,宗旨(决定态度和目的)、内容和教法决定着一门课程的教学效果,照此推断情报专业特色教育系统的关键成功因素则应来自以下三个方面:教育系统的目标设定;教学的内容与形式;教学过程中需要关注的重要关系中的特殊要求。

2.1 情报专业特色教育系统的目标设定

情报专业特色教育系统所设定的目标存在两个选项,即:培养职业情报人或者是培养情报专业人。两种目标虽然都指向对情报人的培养,但在初衷和落实上还是存在明显不同。

情报人是指具有情报意识和必要信息手段、可以进入情报工作领域的人。情报意识和信息手段是情报素养的必要成分。一般说来,职业情报人对于信息搜集、分析和处理手段的知识学习和运用能力要求较高,情报专业人则以较高的情报素养而有别于非情报专业人士。职业情报人和情报专业人在情报素养方面的要求有交集,在培养途径上和培养方式上有所不同,前者常通过专门培训机构以职业培训方式进行培养,后者则主要通过教育部门以专业教育方式进行培养。

如果将情报人的素养教育目标设定为"情报素养＝情报意识＋信息手段",则对职业情报人的目标重心会放在"信息手段"上,强调在情报意识基础上的信息处理能力;而对情报专业人的目标重心则会放在"＋"号上,强调对于情报意识和信息手段的融合能力。在情报教育中还有面向非情报人的普及性情报素养教育,此类教育的目标重心应该放在"情报意识"上。

可见,情报教育具有多重含义,实施情报专业特色教育,必须在明晰教育目标重心的前提下,才能把握教学的内容与形式。

2.2 教学的内容与形式

情报专业特色教育的目标瞄定在以"＋"为核心的情报素养教育上,专业教学的内容则随着情报任务需求和情报工作环境的变化而调整。梳理我国专业教育工作者较为关注的国外有关高校的课程设置可以看出,各校、各专业通过专业课程体系来引导学生对毕业去向的想定,课程设置体现出了业务特色。例如,美国民口高校在本科层次的课程设置主要以信息通识和信息处理技术为主,信息组织、信息检索、信息系统和网络技术等是常见于教学计划中的必修课程名称,诸如战略情报和情报分析等情报特色课程则大多出现在民口高校的研究生培养阶段,美国军口高校在本科阶段则设有较多的富有情报特色的课程,如公开信息源(情报)搜集、数据的情报分析、情报组织、批判性思维、情报研究方法、威胁分析等。

我国民口高校对应专业的课程设置也呈现出类似的状态,如:本科阶段较为常见的课程是,信息管理概论、信息组织、信息检索、信息分析、信息系统、信息社会、信息行为和信息治理等,而为情报业务所特别需要的信息理解、信息表达等则呈现缺失状态,这种现象的存在与本科生的毕业去向宽泛有关。

可见,教育过程中情报专业的特色通过以课程为代表的教学内容体现出来,受教者的职业目标愈明确,教学内容的专业色彩就愈加浓重。

无论从事情报学术还是从事情报业务,情报人的专业素养都是通过思想意识、作风精神和方法技巧而表现出来的,情报专业特色教育强调对相关的思想意识的培养、作风精神的磨炼和方法技巧的应用,对应的教学形式离不开做、议、思这三个必需的知识获取动作,即:教学过程中组织进行情报研究实作,有助于学生理解情报意识、作风和方法的关系,感受体会情报需求与情报业务的衔接机理;教师主导的课堂讨论和学习研究中成果、思路的碰撞有助于学生解放思想,尽早适应情报分析的研究工作氛围;浏览、阅读后的反思、总结与联想展望是教学规范要求的过程形式,也是教学成果得到升华的表现形式。

因而,坚持以课程体系引导,在教学的内容和形式上注意体现情报业务特色,是情报专业特色教育规划设计中不可忽视的原则性要求。明确此要求,还需在教学过程加以落实。

2.3 教学过程中需要关注重要关系中的特殊要求

在情报专业教学过程中为了落实特色教育目标而把握和处理一些重要关系问题时,需要注意其中的某些特殊要求。常见的重要关系包括:情报专业教学与跨学科情报实践的关系;情报专业教育课程与情报素养教育课程的关系;情报分析中的硬模型与软估计的关系。

2.3.1 情报专业教学与跨学科情报实践关系中的特殊要求

情报专业教学要求施教者具备情报实践经验,而情报实践中的任务对象千差万别,所涉及的专业领域丰富多彩,因此,在衔接教学与跨学科情报实践活动的教学环节对施教者提出的一个特殊要求是:发挥经验优势培养适应未知任务环境的情报专业人才。施教者为满足这个要求所要做的则是：实践经验＋体系感知＋重点坚守，即：运用好自己的实践经验，帮助学生追求提升情报语境下的体系感知能力，坚持传授最重要的情报业务基本概念，如积累、关联、前瞻、预警等。长此以往，师生们在见到各种不同内容的信息素材时便会做出符合专业要求的反应。例如，见到形如"美国国防部在《四年国防审查报告》中强调要充分利用盟友的科技能力和资源。"的信息素材时，就会关注科技数据联盟的作用意义；见到形如"英国国防部宣布启动国防科技创新倡议，旨在促进政府、工业界和科研机构间的合作，以增强国防能力、找到最紧迫的国家安全问题解决方案。英国国防部将建立创新与研究洞察组织（IRIS），其职责是预测技术发展趋势，分析其军事与安全方面的潜在应用。"的信息素材时，就会关注智库建设的相关议题。

2.3.2　情报专业教育与情报素养教育课程关系中的特殊要求

情报专业教育强调情报意识和信息手段的融合能力，情报素养教育更重视情报意识的塑造，虽然二者的教育侧重点有所不同，但是二者对于情报意识处于相关的知识、能力学习构建体系中的首要位置的观点是没有异议的，因此尽管情报专业教育和情报素养教育的施教形式和内容可能会有差异，两者在意识引导的方向上却是一致的。如果对情报意识的塑造和培养可以通过课程形式进行组织的话，那么有关课程既应该是情报专业教育中的基础课，也应作为情报素养教育的主干课，专业教育中的其他课程应该在此基础上进行实践和拓展，素养教育中的其他课程则应对其进行印证和诠释。相关课程依其讲授的主要内容应该被叫作情报研究或情报分析，一般情况下也可以称其为信息分析。课程的组织宜重视情报课题的实习和讲评，令学生在情报任务情景中去学习、体会和思考。

2.3.3　情报分析中硬模型与软估计关系中的特殊要求

情报分析的核心使命是从信息、数据素材中发现、阐释和运用各种关联关系，针对素材关联关系的发现和表达处理工具、方法与技术自然会在有关的学术探讨和专业教育中得到重视，相关的理论成果和教材往往会罗列展示出若干成型的算法和规则，譬如定标比超、SWOT 分析、回归分析、线性规划等等不一而足。需要引起注意的是，任何分析工具或方法都有其特定的适用对象和范围，一般说来，在情报分析中，对于诸如实体功能等科技领域的实体型数据对象可尝试模型预测算法，对于诸如思想意识和态度等人文社科领域的软性对象则经常采用排列估计的做法。因此，在关乎情报分析的工具、方法教育实践中要防止出现交流和体会重点偏颇的现象。对工具、方法的理解使用需要平衡与集成，而迄今平衡与集成效果最为理想的场所仍然是在情报任务的情景之中。

情报专业教学过程中对重要关系处理存在的特殊要求使得对于情报专业教

学的评价标准有别于对其他专业教学的常规评价标准,教学过程中鼓励学生进行自觉、自主探索的重要性被提至不容置疑的高度,而接轨或国际化的问题则被置于国情、特色的限制性空间里进行考虑。在情报学术和情报教育领域中尤其要防止出现由于不完备的管理评价所导致的专业特色能力的退化。

3 结语

情报专业特色教育既是一个学科建设中的教育议题也是一个情报事业发展中的学术议题。针对国家各领域安全与发展所产生的情报人才需求搭建有针对性的课程体系,结合情报研究的具体实践组织灵活的教学活动,关乎情报专业特色教育的实现,决定着情报事业的兴衰。

参考文献

[1] 张晓军.美国军事情报理论研究[M].北京:军事科学出版社,2007.
[2] "情报与反情报丛书":
  霍耶尔.情报分析心理学[M].北京:金城出版社,2015.
  克拉克.情报分析:以目标为中心的方法[M].北京:金城出版社,2013.
  舒尔斯基.无声的战争:认识情报世界[M].北京:金城出版社,2011.
  肯特.战略情报:为美国世界政策服务[M].北京:金城出版社,2012.
  洛文塔尔.情报:从秘密到政策[M].北京:金城出版社,2014.
  克拉克.情报搜集技术[M].北京:金城出版社,2015.
  克劳泽.情报研究与分析入门[M].北京:金城出版社,2016.
  弗森.战略情报的批判性思维[M].北京:金城出版社,2016.
[3] Shulsky A N,Schmitt G J. Silent Warfare:Understanding the World of Intelligence[M]. Potomac Books,2002.
[4] Johnston R. Analytic culture in the US intelligence community[M]. Center for Study of Intelligence,2005
[5] Heuer R J. Psychology of intelligence analysis[M]. Center for Study of Intelligence,1999.

  (原文来源:王延飞,钟灿涛,赵柯然,陈美华.论情报专业特色教育[J].情报杂志,2016,11:1—4+38.)

点评提示:

情报教育关乎情报学术建设大计,情报专业特色教育则是情报人才队伍建设的基础性工作。教育系统的目标设定、教学的内容与形式和教学过程中需要关注的重要关系之特殊要求是实施情报专业特色教育的关键成功因素。

由于我国的情报学术研究人员通常与情报科学教育有相当的渊源，因而厘清情报科学教育中的关键问题，探索新形势下学科建设中的情报专业特色教育，应是进行情报学术重塑的一个可选之途。

关键词汇：情报教育；情报素养；情报研究

10.6　数据对象

科学数据共享的情报解析[①]*

Information Analysis on Scientific Data Sharing*

落实创新驱动发展战略需要"推动政府职能从研发管理向创新服务转变"，需要认真探索搭建友好创新环境的规则和方法。在科研工作过程中产生的科学数据共享是创新环境构建的要件，在包括科学数据在内的多种数据共享中把握和处理好促进发展与保证安全的关系是科研管理者需要解决的问题，对科学数据共享进行解析成为情报研究者的现实任务，而相应的情报解析则可以从科学数据共享的目标定位、科学数据共享的领域范围、科学数据共享的实现手段和对科学数据共享情况的情报评估等方面入手进行。

1　科学数据共享的目标定位

科学交流对于具有现代科学精神的人来说不是新鲜事，科技情报人员对米哈依诺夫所著的《科学交流与情报学》更是耳熟能详，但是将科学交流的关注视角从科研成果的内容、形式转向科研过程中产生的数据则是随着互联网的兴起而日渐凸显的现象。了解世界上诸多国家和组织有关数据和信息管理的战略举措，有助于对科学数据共享的目标定位做出诠释。

早在 20 世纪 90 年代初，"完全与开放"的数据共享政策便成为美国联邦政府的一项基本国策，旨在通过数据的流动和应用来激励经济的发展，从而保证其在信息时代科技和综合国力的领先。2012 年 3 月，奥巴马政府推出了"大数据研究与开发计划"，提出要充分利用大数据技术，并将科学研究、环境保护、生物医药研究、教育以及国家安全等领域划定为重点突破的对象[1]。2013 年 5 月 9 日美国总

---

①　基金项目：国家社会科学基金一般项目"创新驱动战略的情报保障研究"（编号：16BTQ058）研究成果之一。

统行政办公室和行政管理预算办公室发布了开放数据备忘录（OMB Memorandum M-13-13），主题为"开放数据政策——将信息变成一种资产"，更加突出了开放数据成为国家资源和联邦政府战略资产的重要性[2]。

2015 年 11 月 10 日，美国国家信息标准协会（NISO）与国际科技信息委员会（ICSTI）联合召开了网络研讨会，提出开放获取的兴起为数据的创造、认证、组织、保存以及更广泛地获取、共享和交流奠定了基础，相关专家列举了数据共享在实施过程中所面临的技术和政策障碍[3]。NISO 决定于 2016 年 8 月 31 日召开名为"数据管护——为未来的消费培育过去的研究数据"的虚拟会议，准备在兼顾数据管护中的专业性和跨领域性基础上探讨诸如可信任机构的认证、元数据的创建和管理、特定的数据系统部署以及促进数据共享服务和数据控制的问题，解决元数据的结构、集成和共享困难[4]。

新加坡政府于 2006 年发布"智慧国家 2015"（iN2015）总体规划，2014 年 8 月又发布了"智慧国家 2025"，作为其升级版，力图将新加坡建设成一个以资讯通信驱动的智能化国度和全球化的都市。2015 年 8 月资讯通信发展管理局（IDA）根据该规划发布了《2025 年资讯通信媒体发展蓝图》（Infocomm Media 2025），提到要提高收集、传输和分享数据的水平，使数据、先进的通信技术和计算机技术实现资本化；并计划将新加坡建设成一个数据港，利用数字走廊提升其区域互通水平；通过建立可信赖的数据市场确保私人和公共数据分享的安全性。最近，新加坡政府又提出支持新加坡企业采用大数据技术、利用大数据来提升政府服务水平[5]。

韩国于 2011 年提出"智慧首尔 2015"计划，将公共数据视为具有社会经济价值的重要国家资产，利用开放数据推动信息技术和公共服务产业的发展。2013 年 2 月，韩国前任总统朴槿惠在创新型经济框架中提出建设一个大数据中心，呼吁将信息技术作为韩国经济增长的一个新支柱。

日本安倍内阁于 2013 年 6 月正式公布了"创建最尖端 IT 国家宣言"的新 IT 国家战略。该 IT 战略在 2013～2020 年期间以发展开放公共数据和大数据为核心，要把日本建设成为一个具有"世界最高水准的广泛运用信息产业技术的社会"，强调将重点关注大数据应用问题。2016 年 5 月，日本内阁会议通过了《科技创新综合战略 2016》，提出在 2020 年之前，将充分利用大数据来促进培养新产业的发展，将分散在政府、企业、个人中的信息以共享的形式汇总起来，建设产业界、政府和科研机构都可以利用的数据库[6]。

欧盟科学数据高级专家组于 2010 年 10 月向欧盟委员会提交了一份报告，讨论如何使欧洲受益于不断增长的科学数据。报告指出，到 2030 年，科学数据信息化基础设施应支持对数据的无缝访问、利用、再利用和信任，并提出了实现该发展愿景的 6 大行动计划,包括建立"合作数据基础设施"的国际框架、利用新方法来测量数据价值等[7]。

欧盟于 2012 年发布了《全球科研数据基础设施:大数据的挑战》,指出下一代全球科研数据基础设施将面临两个主要挑战:一是有效并高效地支持数据密集型的科学研究;二是有效并高效地支持多学科/跨学科的科学研究。报告针对全球科研数据基础设施愿景的战略提出了 11 条建议,如:未来科研数据基础设施必须使科学生态系统成为可能;在设计全球科研数据基础设施时,应该适当考虑科学组织的各个组成方面以及可能面临或引起的冲突和紧张关系;必须培养新的专业人才等[8]。2013 年 6 月,欧盟颁布了对 2003 年《公共部门信息再利用》指令的修订文件(DIRECTIVE 2013/37/EU),要求公共部门提供透明、公平的信息再利用服务,扩大立法适用范围,使其延展至图书馆、博物馆和档案馆。此外,欧盟委员会地平线 2020 年战略(Horizon 2020)工作组发布的 2016—2017 年工作计划中把开放获取的领域扩展到了对研究数据的开放,并详细规定了研究数据共享的条件[9]。

2013 年由欧盟、美国政府和澳大利亚政府等发起组织研究数据联盟(Research Data Alliance,简称 RDA),截止到 2016 年 6 月已经发展到近 4200 个成员,旨在通过在基础设施、政策、实践、标准等多方面的努力来促进研究数据的分享和交流、使用和复用、标准协调和可发现性,进而加快国际范围内数据驱动的创新和发现[10]。RDA 于 2013 年 7 月召开了主题为"卜一个互联网前沿——开放科学数据"的会议,探讨如何利用互联网进行开放获取科学研究数据,应对诸如气候变化和医疗保健的全球性挑战[11]。RDA 在其后又召开多次会议,讨论研究数据开放所面临的挑战、数据管护和数据重复利用等问题。

由各国家、组织的信息经济和大数据战略举措可以看出,数据共享是经济与社会创新发展的要求条件,也是信息技术应用的必然产物,科学数据是政府主导的数据共享的重要内容。科学数据共享的领域和影响力是逐步发展着的。考虑科学数据共享的问题应在时代背景下进行,科学数据共享的落实目标与其说是相关技术和制度的实现,不如说是建成科学数据的共享生态。科学数据共享生态的形成则受制于共享发生的领域、共享关键技术和基于评估的数据开放控制标准。

2　科学数据的共享活跃领域

科学数据的来源领域不同,作用机理和作用功效也存在差异,因而在组织协调科学数据共享的管理活动中应该厘清共享活动的领域范围。观察欧美的数据科学组织和政府部门的研究实践活动,有助于发现科学数据的共享活跃领域。

2.1 欧美数据科学组织的重点学术活动领域

近些年来,欧盟委员会和欧盟成员国投入大量资金建设泛欧的电子基础设施。为解决欧洲科研团体所面临的数据激增问题,在欧盟第七框架计划资助下,欧洲数据基础设施(EUDAT,European Data Infrastructure)项目于2011年10月正式启动。该项目主要用来解决发现、分享、存储、复制和计算研究数据的问题,项目终极目标是建设一个高质量、高成本效益、可持续的泛欧数据生态系统[12]。来自14个国家的数据中心、技术提供商、科研团体和基金机构等35个成员单位参与了EUDAT项目,其中七个单位为中心成员,并以社会科学和人文科学、地球科学、能源与环境、生物医学和生命科学五大学科为主要涉及领域。EUDAT在随后举办的多个论坛亦重点响应了来自这些领域的数据科学研究诉求:2012年的巴塞罗那用户论坛集中分析了语言学(CLARIN)、地球科学(EPOS)、气象科学(ENES)、环境科学(LIFEWATCH)、生物科学与医学(VPH)的跨学科和持久性数据电子框架的部署使用方法和相关研究团体的要求;2013年的伦敦用户论坛针对生物医学科学、地球科学、环境科学、气候建模和语言学的要求设计提出一个可持续发展的跨学科和跨国协作数据框架(CDI),提供包括安全复制、高性能计算(数据暂存)、元数据以及简单存储访问和保存研究资料的共享服务;2014年在布拉格举行的第三届用户论坛则在来自语言学(CLARIN)、地球科学(EPOS)、环境科学(ENES)、生命科学(LIFEWATCH)、生物科学与医学(VPH)、神经信息学(INCF)的与会团体中分享部署和利用电子框架的方法,并交流有关的需求;2016年2月的罗马论坛基于特定学科或者跨学科领域的需求,对数据同步和交换、数据复制和保存、数据发现和搜索、数据存储和长尾数据共享、数据分段分析与处理、数据分类和可视化、大数据分析或语义网领域中的新型服务或工具等进行了讨论,并从并行的角度对生物医学与生命科学、地球科学与能源环境、物理学与工程学、社会科学与人文科学等学科领域进行探讨。

为了充分发挥大数据的作用,保证开发和主导数据科学的地位,美国北卡大学的研究人员于2013年发起组织了美国国家数据科学联盟(The National Consortium For Data Science),试图通过涵盖学术界、产业界以及政府部门人物的联盟机制来帮助美国产业界应对不断增长的大数据、探索提供新的就业机会和产业发展机会、促进医疗保健、发现变革和保持竞争优势[13]。该组织的第一个研讨议题就是研究如何将生物数据转化为更具价值的保健数据,聚焦于基因组学所面临的诸如数据源的收集和管理、表型的描绘、基因组变异裁定、生物统计学和生物信息学、数据共享、生物伦理和法律等挑战,联盟所发表的《数据发现:从基因组到健康》《大数据时代的安全和隐私—iRODS》《大数据时代的安全和隐私—SMW》等白皮书均与生物和医疗学科相关[14]。

可以看出,欧美的数据科学组织、项目尽管关注来自不同学科领域的用户对研究数据的管理需求,但是从实际的组织活动中所折射出的学科领域分布是不均衡的,"语言""生物""医学""环境""地球""气象"应该是数据科学活动的重点领域,对于相关领域数据资源的管理和开发利用则是数据共享研究不能回避的议题。

2.2　美国政府机构的科学数据共享活动

与科学数据共享活动密切相关的美国政府机构主要有以下几个:

(1)美国国家科学基金委员会(NSF)

美国国家科学基金委员会(National Science Foundation)于 2006 年 7 月发表了"21 世纪科学信息化基础架构(NSF cyber infrastructure Vision for 21st Century Discovery)"报告,指出美国科学和工程上的国际领先地位将越来越取决于科学数据数字化的优势,取决于通过数据挖掘、集成、分析和可视化工具而实现的将数据转换为信息和知识的能力[15]。

为了强化数据保存要求,NSF 从 2011 年 1 月 28 日起实施了"数据保存计划",要求项目资助协议必须包括一份"数据保存计划",须描述该资助协议如何遵守 NSF 的"传播与分享研究成果"政策,包括数据类型、数据与元数据形式及内容标准、获取与分享政策、再利用规定、存储数据计划等[16]。2013 年 10 月,根据美国政府颁布实施的开放数据备忘录和开放数据计划,NSF 创建了跨机构的企业数据资源库,并且定期更新公共数据清单。数据资源审查于 2014 年 2 月通过,并在其后不断得到完善。

(2)美国国立卫生研究院(NIH)

美国卫生与人类服务部(Department of Health and Human Services,HHS)下属的国立卫生研究院(National Institutes of Health,NIH)制定了《数据共享计划》,要求从 2003 年 10 月 1 日开始,所有申请项目经费在 50 万元以上的申请人都须提交一个数据共享计划或者数据不共享的说明。在数据共享计划中,申请者应简要描述:① 数据共享的预期进度;② 最终数据集格式;③ 将要提交的文档;④ 是否会提供一些分析工具;⑤ 是否要求共享者签署数据共享协议;⑥ 数据共享方式等[17]。

(3)美国航空航天局(NASA)[18]

NASA 中与科学数据相关的机构主要是空间科学数据运行办公室,该机构下设有美国国家空间科学数据中心(NSSDC)和空间物理学数据运行中心(SPDF),数据主要来自于 NASA 的空间飞行计划,资源集中于天文和空间科学领域。NSSDC 负责数据的永久存档,提供天体物理学、空间物理学等数据。SPDF 负责多任务和多学科的数据服务设计与实现。

NASA 向所有用户第一时间全面且开放地共享其地球观测卫星、亚轨道平台和实地活动获得的地球科学数据，并将数据管理计划作为 NASA 所有地球科学任务、项目以及资助与合作协议必须包含的部分。NASA 强调对地球系统科学研究所需要的所有数据进行存档，包括质量评估、相关支持信息、定位和数据获取操作指导等内容。NASA 也与其他的联邦政府机构保持合作，合作内容包括对来自于卫星和其他信息源的数据进行共享、对数据的相互验证和校准、相关能力和功能的不断整合等。NASA 还与国际伙伴合作进行数据采集、存档和传播。

（4）美国国家生物技术信息中心（NCBI）

NCBI 是隶属于 NIH 的美国国家医学图书馆（NLM）的一个分支。美国国家医学图书馆（NLM）在创立和维护生物信息学数据库方面经验丰富，NCBI 的任务则是探索发展新的信息技术来帮助人们理解与健康和疾病有关的基本分子和遗传过程[19]。

除了上述与科学数据共享活动关系密切的机构之外，美国政府还建立了数据开放计算机门户网站。Data.gov 于 2009 年正式上线，将开放数据分成原始、地理和工具三个门类，加入了数据的分级评定、高级搜索、用户交流以及和社交网站互动的功能。与此同时，美国政府还构建了 OGPL 平台，提供开源的政府平台代码并允许其他组织或者政府机构创建开放站点[20]。

从参与的机构和活动成果可以看出，与美国政府科学数据共享活动相关的活跃学科主要是生物、医药、地理、空间，与政府数据共享密切相关的数据除了来源于这些活跃学科，再有就是那些人类社会活动中所产生的交易数据。

对照数据科学组织的学术活动领域情况可以发现，科学数据共享的活跃领域主要是生物、医疗、地空、环境和语言等。

3　科学数据的共享关键技术

科学数据共享实质上是一个对数据进行操作的过程，即：在整序的基础上，按照一定的标准对数据进行价值评估、组织、存储和开放传播。因而科学数据共享的关键技术与这些操作实现的手段密切相关。国际上各种组织、机构与单位的数据技术活动对此进行了诠释。

3.1　国际组织的数据技术活动

欧盟在《全球科研数据基础设施：大数据的挑战》报告中提出必须开发有关数据分析、海量数据挖掘和数据可视化的新型高级数据工具，开发诸如数据发现、工具发现、数据集成、数据/服务传输、工作流程管理、本体/分类法管理和策略管理的新型高级基础设施服务手段[21]。

2014 年 3 月,国际研究数据联盟(RDA)第三次全体会议在都柏林召开,探索搭建全球数据交换的社会和技术桥梁。发言者指出科学数据在转换、访问或重新存储时面临技术挑战[22]。RDA 在 2015 年 9 月份召开的第六次全体会议上公布了在数据出版、数据基础设施建设、元数据标准、数据引用以及数据共享利用等方面的 13 项工作成果。截至 2016 年 3 月,RDA 已建立了 25 个工作组和近 70 个兴趣组,在数据引用、永久标识、元数据、数据分类编码、数据互操作等领域均有进展[23]。

2014 年 8 月,欧盟 CEEDs 项目的研究人员开发出一种新的交互式系统,不仅可按用户习惯展示数据,还可根据用户疲劳程度来调整数据展示方式。通过虚拟现实技术使用户步入大数据的世界[24]。

3.2　政府机构的数据技术活动

美国奥巴马政府的"大数据研究与开发计划"将超过两亿美元的经费用于相关工具与技术的开发,所涉的单位和内容非常丰富。例如:美国国家科学基金(NSF)和美国国家卫生研究院(NIH)力图推进大数据科学和工程的核心方法及技术研究,研究项目包括管理、分析、可视化以及从大量的多样化数据集中提取有用信息的核心技术;美国能源部力图通过先进的计算进行科学发现,研究项目包括可扩展的数据管理、数据分析和可视化研究;美国地质勘探局(USGS)力图通过提供进行深入分析的场景、高水平的计算能力和理解大数据集的协作工具,来催化科学家在地理系统科学领域的创新思维;美国国防部高级研究计划局则力图推进大数据辅助决策,尝试汇集数据感知和传输能力,实现数据操作和决策的自动化。[25]。

3.3　企业单位的数据技术活动

除了政府和学术组织之外,企业单位在科学数据共享技术的开发利用中所起的作用尤为重要。国际上诸如谷歌的知名企业发表了大量针对大数据的处理与分析技术。如谷歌文件系统(Google File System GFS)和 Hadoop 分布式文件系统 HDFS(Hadoop Distributed File System)是通用的大数据存储技术;MapReduce 技术作为面向大数据分析和处理的并行计算模型,引起了工业界和学术界的广泛关注;云计算技术则将庞大的计算进程自动拆分处理,实现具有超算功能的网络服务,被用于 DNA 结构分析和基因测序等科学领域。

从广泛的技术开发和应用实践中可以看出,无论数据基础环境和数据共享目的与条件如何变化,整序、存储与价值评估是实施科学数据共享的过程中值得持续关注的关键技术。

4 科学数据共享的开放评估

对科学数据共享的管理控制是在相应的科学数据情报评估基础上进行的,情报评估主要是对有关数据的开放影响、开放程度和开放形式进行综合评价,为科学数据共享的有关机构提供管理决策依据。对科学数据进行情报评估不是一般意义上专业领域内的信息价值评估,情报评估关注对象数据的战略与安全意义,考评有关的数据开放共享后对于数据共享各参与方竞争发展能力的影响。

4.1 评估的视域

科学数据共享参与方的竞争发展能力受数据共享活动影响所发生的改变在不同的视域下有不同的表现形式:一种是学科领域内的能力改变形式,即有关各方在数据所在学科领域内增强或削弱了研究创新的能力;另一种则是跨学科领域的能力改变形式,即有关各方在数据开放共享活动影响下增强或削弱了对经济与社会发展的战略前瞻和安全预警与管控的能力。

一般说来,科学专业领域管理者比较重视领域内的能力改变问题,会较多地关心共享交流与知识产权的关系问题;战略领域管理者则更关注跨领域的能力改变问题,关心发展与安全的关系问题。无论面向什么领域的管理者,解决其决策信息不完备问题的任务使命都应由情报工作者承担。因此,对科学数据共享的情报评估必然要以数据的开放为核心,系统、有序展开进行。

4.2 评估的动力

对于科学数据共享的参与者而言,着眼于共享而对科学数据的开放状况进行情报评估很难成为一种自觉的行动,因为跨时空的战略性情报思考议题往往超出科学数据直接相关者的认知范畴。如果开展情报评估需要有动力推动,那么这个动力也离不开数据开放的研究与实践。了解中外数据开放的实践情况,有助于激发我们开展情报评估的自觉性。

欧盟曾对外展示过若干开放数据的成功案例,数据用户通过网站可以了解欧洲议会的选举投票情况,查看欧盟统计局和其他机构提供的欧洲能源消费可视化展示情况;了解企业公司状态数据等[26]。欧盟开放数据平台(https://open-data.europa.eu/en/data/)利用了来自欧盟统计局 Eurostat 的数据库,提供地理、统计、气象数据以及一些来自公共资金研究项目的数据和数字化图书等[27]。

对于科学数据的开放共享我国也进行了长期的研究与实践,其中不乏涉外活动。

我国于 1984 年成为国际科技数据委员会(CODATA)正式会员国,成立了 CODATA 中国委员会,组建了包括基本常数、化学化工、材料、核数据、原子分子、生物、环境、地学、机械结构与设计在内的多个科技数据协作组,协调各学科领域的数据建设工作,组织与 CODATA 成员国、学科组的学术交流和数据交换活动,通过 CODATA 的出版物 CODATA Bulletin 对外宣传介绍我国的科技数据活动,出版了我国科技数据源目录。2014 年 2 月,CODATA 中国全国委员会组织召开"2014 科学数据大会",以"科研大数据与数据科学"为主题,报告涉及空间信息、计算机科学、基因学等多个学科。

2010 年 6 月起,复旦大学数据科学研究中心和中科院虚拟经济与数据科学研究中心先后承办多届"数据学和数据科学国际研讨会",讨论科学数据和数据科学的理论与实践问题,近期的具体议题包括数据驱动语义计算、大数据、管理决策、大数据和决策、脑信息、博客数据、天文数据的数据挖掘、数据学等等。来自美国、英国、日本、加拿大、澳大利亚、西班牙等多所大学超过 300 名国际学者和专业人士出席了这些会议。

2014 年 5 月,中国机械工程学会主办"首届数据科学与工程(深圳)国际研讨会",会议主题为"数据科学与工程",议题包括传统科学和工程领域中大数据的产生、大数据挖掘技术以及学科交汇中的大数据共享等。

基于"情报是难获取和难意识的决策保障信息"之情报判断标准,来审视中外有关科学数据开放的研究与实践活动可以发现,科学数据的开放共享存在分类与分级的管理要求,在实施过程中存在"有所为有所不为"的选择判断。随着我国信息技术和数据科学应用的快速发展,在科学数据共享的进程中开展相关数据的开放评估已是刻不容缓的情报研究命题。

5　结语

科学数据共享是实现创新发展必不可少的条件,在科学数据共享生态的建设过程中,分辨出共享活动的重点活跃领域、抓住实现共享的关键技术、适时进行开放选择评估判断,是科学数据共享管理决策的情报保障任务内容。

参考文献

[1] Big Data Initiative—Whitehouse[EB/OL]. [2016-08-10]. http：//www. whiteho Use. gov/sites/default/files/microsites/ostp/big_data_press_release_final_2. pdf.

[2] Open Data Policy—Managing Information as an Asset. [EB/OL]. [2016-08-10]. http：//www. nsf. gov/attachments/128229/public/OMB Memo Open Data Policy. pdf.

［3］A Pathway from Open Access and Data Sharing to Open Science in Practice. NISO/ICSTI Joint Webinar［EB/OL］.［2016-08-11］. http：//www. niso. org/news/events/2015/webinars/ic sti sharing/.

［4］Data Curation-Cultivating Past Research Data for Future Consumption. NISO VirtualConference［EB/OL］.［2016-08-11］. http：//www. niso. org/news/events/2016/virtual conference/aug31 virtualconf/.

［5］Infocomm Media 2025. IDA Singapore［EB/OL］.［2016-08-09］. http：//www. ida. gov. sg/～/medIa/Files/About％20Us/Corporate％20Publicat ions/Infocomm％20Media％202025/InfocommMedia2025Report. pdf.

［6］张昊元. 日本公布科技战略草案集中建设可共享型数据库［EB/OL］.［2016-08-11］. http：//world. huanqiu. com/exclusive/2016-04/8809375. html.

［7］Riding the wave. How Europe can gain from the rising tide of scientific data［EB/OL］.［2016-08-10］. http：//cordis. europa. eu/fp7/ict/e-infrastructure/docs/hlg-sdi-report. pdf.

［8］GRDI 2020-A Vision for Global Research Data Infrastructures［EB/OL］.［2016-08-29］. http：//www. grdi2020. eu/Repository/FileScaricati/e2b03611-e58f-4242-946a-5b21f17d2947. pdf.

［9］Work Programme 2016-2017. Horizon 2020［EB/OL］.［2016-08-13］. http：//ec. europa. eu/research/participants/data/ref/h2020/wp/2016-2017/main/h2020-wp1617-intro_en. pdf.

［10］陆彩女,李麟. 2013 年国际开放获取实践进展［J］. 图书情报工作,2014,08:111—121.

［11］The Next Internet Frontier：Access to Scientific Data. RDA［EB/OL］.［2016-08-12］. http：//rd-alliance. org/next-internet-frontier-access-scientific-data. html.

［12］EUDAT Communities&Pilots［EB/OL］.［2016-08-12］. https：//www. eudat. eu/eudat-communities-pilots.

［13］About the National Consortium for Data Science［EB/OL］.［2016-08-19］. http：//datascienceconsortium. org/about/.

［14］Ahalt S,Bizon C,Evans J,et al. (2014)：Data to Discovery：Genomes to Health. A White Paper from the National Consortium for Data Science. RENCI,University of North Carolina at Chapel Hill. Text. http：//dx. doi. org/10. 7921/G03X84K4.

［15］江洪,钟永恒.国际科学数据共享研究［J］.现代情报,2008,11：56-58.

［16］唐义,张晓蒙,郑燃.国际科学数据共享政策法规体系：Linked Science 制度基础［J］.图书情报知识,2013,03：67—73.

［17］NIH Data Sharing Policy and Implementation Guidance［EB/OL］.［2016-08-29］.http：//grants. nih. gov/grants/policy/data_sharing/data_sharing_guidance. htm.

［18］Distributed Active Archive Centers［EB/OL］.［2016-08-13］.http：//nas-adaacs. eos. nasa. gov/about. html.

［19］The NCBI Handbook. 2nd［EB/OL］.［2016-08-29］.http：//www. ncbi. nlm. nih. gov/books/NBK143764/.

［20］王晓明.发达国家将"大数据"推上产业化［J］.中国战略新兴产业,2014,12：60—62.

［21］GRDI 2020-A Vision for Global Research Data Infrastructures［EB/OL］.［2016-08-29］. http： //www. grdi2020. cu/Repository/FileScaricati/e2b03611-e58f-4242-946a-5b21f17d2947. pdf.

［22］RDA Third Plenary Meeting［EB/OL］.［2016-08-12］.http：//rd-alliance. org/rda-third-plenary-meeting. html.

［23］RDA Working on［EB/OL］.［2016-08-12］.https：//rd-alliance. org/groups.

［24］新交互式系统发布可按用户习惯处理大数据［EB/OL］.［2016-08-14］.http：//news. xinhuanet. com/info/2014-08/12/c_133550313. htm

［25］OBAMA ADMINISTRATION UNVEILS "BIG DATA" INITIATIVE：ANNOUNCES MYM200 MILLION IN NEW R&D INVESTMENTS［EB/OL］.［2016-08-29］.https：//www. whitehouse. gov/sites/default/files/microsites/ostp/big_data_press_release_final_2. pdf.

［26］袁远明.智慧城市信息系统关键技术研究［D］.武汉：武汉大学,2012.

［27］欧盟开放数据平台 Open Data Portal［J］.现代图书情报技术,2013(Z1)：35—35.

（原文来源：王延飞,陈美华,赵柯然,刘芝玮.科学数据共享的情报解析［J］.情报杂志,2017,1·29—34.）

点评提示：

科学数据共享是创新发展必不可少的条件,为了使科研管理者在科学数据共享中正确把握和处理好促进发展与保证安全的关系,对科学数据共享进行情报解析已成为情报研究者的现实任务。本文结合国际上科学数据共享发展的典型案例,基于最新网络信息分析,从目标定位、领域分辨、实现技术判断和开放评估四方面对科学数据共享进行了情报解析。通过解析发现,在科学数据共享生态的建设过程中,分辨出共享活动的重点活跃领域、抓住实现共享的关键技术、适时进行开放评估是我国亟待完成的情报研究任务。

关键词汇: 数据管理;数据共享;情报分析

10.7　规制对象

国内外科研数据安全管理政策比较研究[①]

A Comparative Study on Scientific Research Data Security Management

1　引言

科研活动需要数据的支撑。研究过程中,为获取数据往往需要消耗大量的人力、物力,同时也造成了数据的浪费。在这种情况下,科研数据的共享开始受到广泛的关注。然而,在研究人员欣喜于科研数据共享的成果时,数据安全的问题日益暴露出来。随着大数据的到来,数据安全的问题被愈加放大。如何既确保安全,又能高效地共享数据? 对科研数据中的敏感信息如何进行处理? 如何保护科研活动中的隐私? 这些都是亟待被思考的问题。

2　相关研究

科研数据,也称为科学数据,是科研活动中重要的产出之一[1]。在开放共享的大潮中,科研数据在科学合作、传播和交流中具有重大战略意义。科研数据安全既包括科研数据本身的安全,也包括数据相关利益主体的安全,特别是涉及主体隐私权的数据,在共享中受到更多的关注[2]。

利用"CNKI"和"Web of Science"文献数据库分别对国内外科研数据安全研究相关的文章进行检索发现,尽管国内外都存在大量数据安全相关的研究,但国内对于直接研究科研数据安全的文献还相对较少。在"CNKI"中以"科研数据安全"为检索词进行主题检索,仅获得 4 篇相关文献,且主要研究数据平台或系统的安全保障问题。而对于科研数据安全问题的探讨往往嵌入在科研数据共享、开放获取、数据管理等政策或技术研究中。

---

① 本文为国家社会科学基金一般项目"创新驱动战略的情报保障研究"(项目编号:16BTQ058)的阶段成果之一。

在科研数据管理或科研数据开放共享研究中,国内的相关研究基本处于介绍国外政策实例阶段,科研数据安全问题只是作为其组成部分,通过经验案例进行介绍,缺乏与我国本土实际情况的联系。张瑶等[3]在调研与分析国外科研资助机构数据政策后发现,科研资助机构的数据政策中往往涉及数据的保密及安全规定。资助机构要求研究者遵循相关数据保护法规,特别要对机密和隐私数据设定数据共享限制,对人类受试者数据应采取匿名化、重新鉴定、隐藏标识符等方式处理。丁培[4]在对国外大学科研数据管理政策研究时发现,美国、英国以及澳大利亚的许多大学在数据管理政策中都涉及数据安全、隐私和保护的内容,具体包括:数据安全保护及保密的原则性说明;关于数据限制性访问的说明;隐私以及保密协议的说明。张闪闪等[5]在对国外信息服务机构的数据管理政策进行调研时也发现,斯坦福大学图书馆在科研数据的处理上,注意隐私保护。当涉及人类受试者数据时,要接受监督并使用专门的数据搜集工具。

相较于国内,国外对于科研数据安全政策及技术的研究则更为全面,特别是在科研数据共享中涉及的隐私及敏感数据等问题受到广泛关注。在政策上,美、英等国的科研资助机构(美国国家科学基金会 NSF,英国研究理事会 RCUK 等)和高校(哈佛大学、牛津大学等),纷纷制定了各自的科学数据开放政策指南或规定,其中包括数据的分类规则、数据共享的限制、数据处理等与科学数据安全相关的重要内容。在技术上,针对不同领域数据的特点,为数据存储、访问等过程的安全问题提供保障。Sydes 等[6]基于临床医学试验数据共享中的信息披露风险,开发了一套新的访问控制的方法,从而保障数据共享中的安全。Dong 等[7]对大数据共享平台中涉及用户个人信息的敏感数据,提出了新的基于异构密文转换代理算法和基于虚拟机监视器的用户进程保护方法,为安全共享这些敏感数据提供支持和保障。在涉及隐私及敏感数据的讨论中,共享数据的识别或评价标准问题一直是相关学者关注的热点之一,但始终没有一套相对通用的评估方法。如 Sariyar 等[8]意识到帮助数据提供者来识别科学数据共享中可能存在的法律、伦理或社会敏感问题是一个经常被忽略但却十分重要的环节。同时描述了一套复杂的监管环境,并提供相应的在线工具帮助数据供应商识别敏感数据及数据中涉及的法律伦理问题。Malin 等[9]改进了安全港的 HIPAA 标准隐私规则和传统的基于统计标准的隐私规则模型中的不足,提出了一个更直观的 de-identification 方法对医疗研究中的病例数据进行评估,通过评估结果确认数据是否达到共享标准。

此外,随着近年来科研数据共享中的数据安全问题受到越来越广泛的重视,对于数据"边开放边保护"的呼声越来越高,国外对于数据共享与数据安全之间关系的博弈也出现了新的现象。Dove[10]认为,对数据采用复杂的再编码方式可能仅仅只是给机构审查委员会和研究伦理委员会创造的一种虚假的安全感,在一定程度上会阻碍科研数据的再研究和创造。Stoddart 等[11]发现欧盟的数据保护是以特定地区法律或政策作为标准,对数据的透明度、质量、比例、安全、访问和修编等限制方面进行评估。理论上,每个国家或地区的数据保护规定与欧盟的数据保护原则应该是一致或相似的。然而,近年来在数据保护决策方面的不一致愈发明显,仅有 5 个国家或地区与欧盟相一致。这样的不一致产生的直接负面作用就是阻碍了欧盟成员之间的数据共享。因此,在科研数据共享中,意识到数据安全问题,从政策和技术上为数据共享中的安全提供保障支持固然重要,但如何更好地实现"管为用,用中管",在科研数据共享和安全中维持良好的平衡也是未来研究重要的方向。

近年来,我国各部委、省市及高校等科研单位纷纷建立起科学数据共享平台。数据共享中的安全管理政策制定存有较大的优化空间。本文拟从科研数据共享与安全的基本原则、启动时机、数据识别、评估监管和结果处理 5 个方面(如图 1所示),对比国内外各类科研机构或科研数据共享平台的数据安全政策,并分析其中的共性与不足,以期为我国科研共享活动中的数据安全政策的规划和建设提供相应的借鉴。

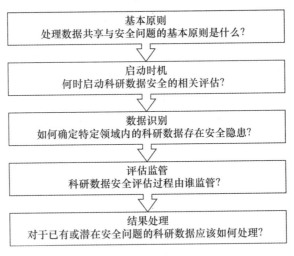

图 1　科研数据共享与安全管理政策比较框架

3　对国内外科研数据管理政策的解析

从国家基金组织、科研资助机构和高校等领域入手对国内外科研数据共享与安全的管理政策进行分析,可以发现国外呈现"鼓励共享,安全协同"的状态,国内则呈现"鼓励共享,安全不足"的状态。

3.1 "鼓励共享,安全协同"的国外科研数据管理政策

(1)国家基金组织、科研资助机构

根据 DCC[12] 网站上发布的英国研究资助者数据管理和共享计划文件汇总,选取在数据管理和共享政策方面较为完善的 6 所科研资助机构,分别是,英国研究理事会(RCUK)[13]、英国癌症研究中心(CRUK)[14]、英国生物技术与生物科学研究理事会(BBSRC)[15]、英国经济和社会研究理事会(ESRC)[16]、英国医学研究理事会(MRC)[17]、英国环境研究委员会(NERC)[18],同时纳入美国国家科学基金委员会(NSF)[19] 和美国国立卫生研究院(NIH)[20],共计 8 所科研资助机构作为分析对象。

英国癌症研究中心(CRUK)[14] 在其"数据共享和保护策略"中提出,该条例不规定研究者应该何时以及如何保护和共享数据,而是使研究者在计划和进行研究时明确应该注意的问题。调研中也发现,除了美国国立卫生研究院(NIH)[20] 就人类受试者的隐私和数据保护问题进行了相对具体的规定,其余基金组织及科研资助机构主要着眼于从整体政策的角度探讨科研数据共享与安全中可能存在的问题,而不涉及具体数据的识别、处理和监管细则。8 所国外组织机构中涉及数据共享中数据安全问题的代表性文件及政策细则如表 1 所示。

表 1　国外基金组织、科研资助机构数据共享与安全政策条例一览

科研资助机构名称	相关文件	出台时间	政策细则(涉及数据共享中的数据安全问题)
英国研究理事会(RCUK)	数据政策通用原则	2011	1. 最大化数据共享机会;防止参与者的权益因不适当的公开数据而受损; 2. 关注法律、伦理和商业中对研究数据共享的限制; 3. 数据共享限制问题应被关注在研究开始前。
英国癌症研究中心(CRUK)	数据共享和保护	2009	1. 及时、负责任地共享数据,包括那些与伦理有关的数据; 2. 对于涉及个人数据的医学研究,应有适当的监管权限; 3. 申请时应提交数据管理和共享计划。

科研资助机构名称	相关文件	出台时间	政策细则(涉及数据共享中的数据安全问题)
英国生物技术与生物科学研究理事会(BBSRC)	数据保护政策	2012	1. 关注个人数据的保护,依据隐私规则使用数据的过程必须是透明的,避免不恰当的共享和使用数据给个人带来不利的影响; 2. 在机构中设立数据保护专员、信息和记录管理者对数据中涉及的隐私影响进行评估及对数据共享进行指导; 3. 申请时应提交数据管理和共享计划。
英国经济和社会研究理事会(ESRC)	研究数据政策	2014	1. 追求最大化的数据共享,但承认法律、伦理或商业约束数据共享的存在,这些限制应该被详细考虑在研究开始之前,并贯穿研究数据的整个生命周期中; 2. 数据依其细节、敏感性和机密性水平进行分类,在此分类基础上进行数据处理和数据安全保障的控制; 3. 申请时应提交数据管理和共享计划。
英国医学研究理事会(MRC)	人口患者研究数据共享政策和指导	2012	提出对于研究中的敏感数据应建立一套安全管理及使用标准。
英国环境研究委员会(NERC)	数据政策	2016	共享数据必须符合信息自由和环境信息法规,当数据的共享会给环境带来破坏时应该被限制。
美国国家科学基金委员会(NSF)	研究成果的传播和分享	2011	1. 鼓励和促进数据共享,特权或机密数据在发布形式上应以保护个人隐私和主题为原则; 2. 访问和共享数据时应进行适当的隐私保护,注意数据的机密性和安全性; 3. 申请时应提交数据管理计划补充文档。
美国国立卫生研究院(NIH)	数据共享政策和实施指导	2003	1. 尽可能广泛、免费地对所有数据进行共享,同时保护参与者的隐私以及专有数据的机密; 2. 关注人类受试者的隐私和数据保护问题,人类受试者的数据应遵守 HIPPA 隐私规则,受机构审查委员会(IRB)的监管; 3. 在数据共享前,应进行数据匿名处理,重新修订所有标识符,以减少信息披露的风险; 4. 申请时应提交数据共享计划。

从表 1 的结果可知,这些机构普遍具有与数据共享与安全相关的政策或规定,但是这些规定大都以"数据"作为其命名主要成分,没有将"数据安全"问题作为独立个体进行规范,数据安全问题仅仅是其政策规定的部分内容。

这些机构在数据共享与安全问题的基本原则上都鼓励共享,如 RCUK 的"最大化共享",CRUK 的"及时、负责任的共享",NIH 的"广泛、免费的共享"等,也都承认存在数据安全或数据隐私的问题,这些问题可能包括数据的机密性、敏感性,受试者的隐私等各类法律伦理限制,而当研究涉及人类时,数据的安全问题就显得尤为重要。NIH[20]规定涉及人类受试者的数据应遵守 HIPPA 隐私规则,受机构审查委员会(IRB)的监管;同时规定在数据共享前,应进行数据匿名处理。具体表现为重新修订所有标识符,以减少信息披露的风险。对于姓名、地址、电话号码和社会安全号码一类的直接标识符应直接删除;对于间接标识符和其他信息应防止"演绎披露"的发生。(所谓"演绎披露"即通过一些变量的联系推测出一些关键的变量特征。如将人口信息、地理信息和其他信息联系起来可能反映出受试者的某些隐私信息。)在数据共享中可采用 2 种方式来确保数据安全:仅保留数据的一部分内容;或是从统计学的角度对数据进行二次编码。

在数据安全相关问题的关注时间上,RCUK、CRUK、NSF、NIH 等科研机构都主张任何有关数据的问题都应该在研究开始前就先被考虑到。ESRC 承认法律、伦理或商业约束会影响数据共享,提出这些限制应该被详细考虑在研究开始之前,并贯穿研究数据的整个生命周期中。此外,调研发现 8 个科研资助机构都规定研究者在申请项目时应该同时提交一份类似于"数据管理和共享计划"的文件。该文件作为申请的评估对象之一描述的是申请者对申请项目研究成果共享中应该遵守的政策规定。例如,NSF[19]的数据管理和共享计划要求包括以下 5 方面的内容:① 研究中的数据、样本、物理集合、软件、课程材料和项目过程中产生的其他材料的类型;② 数据的标准,元数据的格式和内容;③ 适当的隐私保护,数据机密性,安全性,知识产权或其他权利或要求;④ 对重用、再分配及项目衍生品生产的政策或规定;⑤ 对数据、样本和其他研究产品的归档及访问保护计划。

从数据的识别和评估来看,尚未有政策直接对如何识别敏感数据进行规定。但 ESRC 依据其细节、敏感性和机密性水平对数据进行分类,在此分类基础上进行数据处理和数据安全保障的控制,因而从实质说来,数据分类的过程就是数据识别或评估的过程。

(2) 高校

高校作为研究实体,在依据各科研资助机构政策规则的基础上,对实际数据的识别和敏感数据的处理方面进行了更详尽的规定,尽可能地将存在共享限制或潜在威胁的数据转化为可以公开的数据,在更大程度和范围上实现科研数据的共享。本文选取了哈佛大学[21]、麻省理工学院[22]、加州大学伯克利分校[23]、斯坦福大学[24]、牛津大学[25]等 5 所国外优秀高校,考察其已有的科研数据共享与安全的管理政策,特别关注其中关于数据的识别、监管和处理细节,具体如表 2 所示。

表 2　国外高校科研数据分类及处理政策一览

学校名称	数据分类	限制共享数据类型	数据评估参考	数据处理
哈佛大学	依据数据披露后造成的危害程度分为五级数据	2～5级数据	机构审查委员会(IRB) 遵守 HIPPA 隐私规则 胚胎干细胞研究监管委员会(ESCRO) 基因组数据政策(GDS) 微生物安全委员会(COMS)等	不同级别的数据采用不同的数据调整办法
麻省理工学院	—	人类受试者数据、医疗健康数据	遵循 ICPSR 指南 遵守 HIPPA 隐私规则 人类被试委员会(COUHES)	数据匿名化
加州大学伯克利分校	基于数据需要的保护水平,分为0～3四个级别	1～3级数据	保护人类受试者委员会(CPHS)	不同保护水平的数据采取不同的存储和共享方式
斯坦福大学	—	人类受试者数据、医疗健康数据、敏感数据	机构审查委员会(IRB) 遵守 HIPPA 隐私规则	数据调整
牛津大学	—	机密数据、人类受试者数据、敏感数据	研究伦理委员会(REC)	数据匿名化

注:"—"表示相关政策或规定中不包含此项内容。

可以看出,在数据评估与识别上,部分高校对其科研数据类型进行了划分。其中哈佛大学为解决各领域机密和敏感数据的保护问题,在其数据安全政策(HRDSP)[21]中,将不同领域的数据依据其安全控制需求的程度分为 5 个级别,分别是:① 非机密研究信息;② 应该设为机密的信息;③ 敏感或者机密的信息;④ 非常敏感的信息;⑤ 极度敏感的信息。绝大多数涉及人类受试者的敏感数据被划分为 3 级数据,与国家安全相关的数据通常属于 4 级数据。HRDSP 还规定了每个级别数据的最低保护要求。研究人员在项目初始之时,首先需要为即将产生的数据确立一个安全级别,以确定研究中对产生数据的安全控制水平。研究者可自行确定研究数据 1 至 3 级安全级别,但若研究涉及 4、5 级数据,则需要提交哈佛大学信息技术委员会（HUIT）审批。加州大学伯克利分校[23]基于数据需要保护的水平，制定了一套数据分类标准，以此评估数据的敏感性，具体分为 0～3 四个级别。0 级：公开的信息，例如网页、课程信息等；1 级：在一定条件下可发布的信息，例如学生学号；2 级：有一定保密要求的数据元素，例如社会保险号；3 级：在多个敏感系统之间存在共享风险的数据，例如备份数据系统。此外，未对数据进行分类的高校，共享中被限制较多的数据主要集中在人类受试者数据、医疗健康数据、敏感数据和机密数据几部分。

在数据监管责任者方面，国外的高校主要集中在对人类受试者数据和医疗健康数据设有相应的评估机构和评估规范来确定该数据是否满足共享的标准或是否触犯相应的限制。哈佛大学和斯坦福大学都设有机构审查委员会（IRB），麻省理工学院设有人类被试委员会（COUHES），加州大学伯克利分校设有保护人类受试者委员会（CPHS），牛津大学设有研究伦理委员会（REC）对人类受试者数据进行评估。哈佛大学、麻省理工学院和斯坦福大学等还规定人类受试者和医疗健康数据必须遵守 HIPPA 隐私规则。这些机构或规则都以保护科研活动中的人类受试者为主要目的。以哈佛大学的机构审查委员会为例，下设人类受试者使用委员会（CUHS）和人类研究管理办公室（OHRA）2 个办公室分管不同的项目。当研究涉及与人相关的新药物或疗法的调查、观察研究、人体组织研究或其他关于人类的数据研究时，都必须在项目开始之前向 IRB 的 ESTR 平台提交申请，申请包括其项目的完成形式和示例文档，由 IRB 对应办公室人员进行 4 周左右的时间审核，返回审核结果之后才能启动研究项目。有时，一个研究项目可能需要多个委员会共同审核及批准，例如当进行干细胞研究时，哈佛大学就规定需要经 IRB 和胚胎干细胞研究监察委员会（ESCRO）的共同审核。除了对人类受试者和医疗健康数据进行监管外，对于其他领域的数据，各高校也设立了对应的责任机构，例如哈佛大学在处理生物数据安全的相关问题时，通过微生物安全委员会（COMS）的监管来进行。

在数据处理方面，目前主要采用数据匿名或数据调整的方式对敏感数据进行处理。数据匿名和数据调整方法是对科研数据中与研究对象身份相关的直接标识符进行删除处理，部分间接标识符进行重新编码后有选择地共享，但处理的力度可能依据数据分类的不同级别而有所不同。对于可将变量之间相互关联，从而能透露身份信息的关系数据应受到特别的关注。但数据处理也不宜过度，牛津大学指出，应实现合理化水平的数据匿名，不可不切实际或过于严厉地处理数据，当研究数据是一些采访转录时，粗暴地删除或聚合标识符，将使数据扭曲无法使用，可使用替代或模糊描述的方式加以转化。

（3）期刊、数据库

除了上述机构和高校外，还有一些与科学研究密切相关的机构组织也关注科研数据的共享与安全问题，期刊和数据库就是其中的代表。

《自然》期刊[26]提出对出版论文及其数据访问中可能造成的社会影响所产生的担忧，这其中包括伦理问题，生物安全问题等。特别指出由于生化武器威胁的存在，对于生物论文及其数据的潜在安全威胁应由专家学者进行风险评估，并应有一个合适的政策来处理此类问题。尽管如此，在遵循共享与安全问题处理的基本原则基础上，编辑部仍是鼓励共享的。2012年2月《自然》期刊编辑部提出"尽管尚存争议，但发布敏感数据的好处远大于不出版它们所面临的风险"[27]，因而决定将一篇流感的论文全部出版。虽然面临其中流感病毒的数据可能被恐怖组织或是个人疯狂行为滥用的风险，但是该数据的发布对流感病毒的监测和人体健康具有重大意义。

美国校际社会科学数据共享联盟（Inter-University Consortium for Political and Social Research，简称 ICPSR）[28]是现在世界上最大的社会科学数据中心，在收集社会科学数据的过程中，也特别关注对受试者身份的保护。ICPSR 规定在数据共享之前应将信息重新编码，包括将日期转换为时间间隔，将出生日期转换为年龄组，将详细的地理信息转换为更广泛的地理位置，将收入转换为收入类别等等。将被试的标识分为直接标识符和间接标识符 2 类，对于显性的指向特定的个人或单位的直接标识符在数据共享前必须进行移除或掩盖。

3.2 "鼓励共享，安全不足"的国内科研数据管理政策

与国外在科研数据共享与安全问题上的"鼓励共享，安全协同"管理政策有所不同，国内在科研数据的管理中整体上呈现"鼓励共享，安全不足"的状态。

我国近年来建立了多个与数据共享相关的平台。从国家角度，为加强科技创新基础能力建设，推动我国科技资源的整合共享与高效利用，按照《关于开展国家科技基础条件平台认定和绩效考核工作的通知》（国科发计[2011]318号）要求，科技部与各大高校、研究机构合作，完成了首批 23 家国家科技基础条件平台认定评审工作，并于 2011 年 11 月 9 日向全社会公布。其中包括 6 个科学数据共享平台，分别是：林业科学数据平台[29]、地球系统科学数据共享平台[30]、人口与健康科学数据共享平台[31]、农业科学数据共享中心[32]、地震科学数据共享中心[33]、气象科学数据共享中心[34]。各省市地方响应号召，建立起各自的科学数据共享平台，目前已完成的包括陕西省科学数据平台[35]、山西省科学数据共享平台[36]。此外，各高校和科研院所也逐步建立起自己的科研数据共享平台或中心，例如北京大学[37]设立的开放研究数据平台，中科院的基础科学数据共享网[38]等等。

本文选取科技部的建构较为完善的 6 个科学数据共享平台,来了解国内科研数据共享与安全管理政策的大致发展情况,具体如表 3 所示。

表 3　科技部科学数据共享平台数据安全管理政策一览

数据共享平台	相关文件	数据分类	限制共享数据类型
林业科学数据平台	林业科学数据元数据标准	绝密、机密、秘密、限制、内部、无限制	涉及国家安全、个人隐私、知识产权以及其他特殊要求
地球系统科学数据共享平台	—	—	—
人口与健康科学数据共享平台	人口健康科学数据共享元数据标准	绝密、机密、秘密、限制、内部、无限制	法律限制(保护隐私权或知识产权)和安全限制分级(从国家、单位或个人安全考虑)
农业科学数据共享中心	农业科学数据共享管理办法	—	涉密数据
地震科学数据共享中心	地震科学数据共享管理办法	四级数据	涉密数据、2~4 级数据
气象科学数据共享中心	—	—	—

注:"—"表示该平台中不包含此项内容。

从表 3 中可以看出,林业科学数据平台、人口与健康科学数据共享平台、农业科学数据共享中心和地震科学数据共享中心都已经意识到共享数据存在安全问题,特别是涉及国家安全的涉密数据的安全问题。除此之外,还有个人隐私等法律限制方面的问题,并将具体规定写入各自的数据共享管理办法或数据共享元数据标准中。

数据分类可以在一定程度上为共享数据的限制评估做准备。在数据分类上,地震科学数据共享中心根据地震科学数据发布和共享的范围,将数据划分为以下四级:一级数据,凡可向社会公众公开发布的数据;二级数据,能够向国内、国外用户提供的数据;三级数据,可以向国内用户提供的数据;四级数据,只允许向特定范围的用户提供的数据。并规定用户使用一级数据,可以在地震科学数据共享服务机构的网站上浏览、查询和下载;用户使用二级和三级数据,应在地震科学数据共享服务机构的网站上完成相应的注册程序后获得,必要时也可通过签订合同的方式获得;用户使用四级数据,应向地震科学数据共享服务机构提出申请,并经审核后方可获取所需数据。林业科学数据平台和人口与健康科学数据共享平台则根据《GB/T7156-1987 文献保密等级代码》,将数据划分为 6 个保密级别,分别为公开数据、国家内部数据、部门内部数据、秘密数据、机密数据、绝密数据。

总体看来,国内的部分数据共享平台虽然能够意识到数据安全问题的存在,也有一定的数据管理政策或规定,但其对于数据类型的划分或者是限制共享数据的识别的规定还过于宽泛,缺乏评估或识别的标准,也缺乏在数据评估执行中的责任或监管机构。同时,对于存在共享限制但在一定条件下能够共享的数据,目前也没有一套公开的数据处理管理办法。

4 总结和建议

通过对比国内外科研机构数据共享与安全管理的相关政策规定可以发现,目前,国外主要采用“鼓励共享,安全协同”的科研数据管理政策,对科研数据共享中的数据安全意识较高,管理架构相对完善。国内也开始意识到数据安全相关的问题,但仍处于探索发展阶段,呈现“鼓励共享,安全不足”的状态。基于我国共享中的数据安全管理政策存在的不足,本文提出以下几点建议:

第一,建立一套相对完整的数据安全问题评估标准。虽然部分数据共享平台尝试进行数据分类,但此种分类主要围绕数据的保密分级进行,与数据的隐私、健康信息识别、数据的安全敏感度或潜在威胁识别等要求尚有不小的距离。在评估规范中落实关注安全隐患、对潜在威胁进行评估,才有可能识别出共享交流中存在安全问题的数据。

第二,组建跨领域的数据共享监管责任团队。目前,国内的数据共享平台中,数据使用及共享管理仅对本平台负责,缺乏跨域、跨平台的安全评估或监管介入,留出对科研数据共享的监管漏洞。

第三,权衡处理好数据安全与共享的关系问题。数据调整和数据匿名的方式,我们可以借鉴,但应慎重把握数据共享和数据安全中的度。过度调整虽然在一定程度上保护了数据,但也在更大程度上阻碍了数据的共享。

参考文献

[1] 姜鑫.科学数据开放政策研究现状分析及未来研究动向评判[J].现代情报,2016,36(2):167—170.

[2] 马海群,蒲攀.国内外开放数据政策研究现状分析及我国研究动向研判[J].中国图书馆学报,2015(5):76—86.

[3] 张瑶,顾立平,杨云秀,等.国外科研资助机构数据政策的调研与分析——以英美研究理事会为例[J].图书情报工作,2015,59(6):53—60.

[4] 丁培.国外大学科研数据管理政策研究[J].图书馆论坛,2014(5):99—106.

［5］张闪闪，顾立平，盖晓良. 国外信息服务机构的数据管理政策调研与分析［J］. 图书情报知识，2015，167（5）：99—109.

［6］Sydes M R，Johnson A L，Meredith S K，et al. Sharing data from clinical trials：the rationale for a controlled access approach［J］. Trials，2015，16（1）：1—6.

［7］Dong X，Li R，He H，et al. Secure Sensitive Data Sharing on a Big Data Platform［J］. Tsinghua Science & Technology，2015，20（1）：72—80.

［8］Shane S，Shelagh M C，Shelley R B，et al. Sharing and Reuse of Sensitive Data and Samples：Supporting Researchers in Identifying Ethical and Legal Requirements. ［J］. Biopreservation & Biobanking，2015，13（4）：263—270.

［9］Malin B，Benitez K，Masys D. Never too old for anonymity：a statistical standard for demographic data sharing via the HIPAA Privacy Rule. ［J］. Journal of the American Medical Informatics Association，2011，18（1）：3 10.

［10］Dove E S. Biobanks，Data sharing，and the drive for a global privacy governance framework［J］. Journal of Law Medicine & Ethics，2015，43（4）：675—689.

［11］Jennifer Stoddart，Benny Chan，Yann Joly. The European Union's adequacy approach to privacy and international data sharing in health research［J］. The Journal of Law，Medicine & Ethics，2016，44.

［12］DCC. Summary of UK research funders' expectations for the content of data management and sharing plans［EB/OL］. ［2016-06-25］. http：//www. dcc. ac. uk/sites/default/files/documents/resource/policy/FundersData-PlanReqs_v4％204. pdf.

［13］RCUK. RCUK Common Principles on Data Policy［EB/OL］. ［2016-06-25］. http：//www. rcuk. ac. uk/research/datapolicy/.

［14］CRUK. Submission of a data sharing and preservation strategy［EB/OL］. ［2016-06-25］. http：//www. cancerresearchuk. org/sites/default/files/data_sharing_policy. pdf.

［15］BBSRC. BBSRC Data Sharing Policy［EB/OL］. ［2016-06-25］. http：//www. bbsrc. ac. uk/documents/data-sharing-policy-pdf/.

［16］ESRC. ESRC Research Data Policy［EB/OL］. ［2016-06-25］. http：//www. esrc. ac. uk/files/about-us/policies-and-standards/esrc-research-data-policy/.

［17］ MRC. MRC Policy and Guidance on Sharing of Research Data from Popula-tion and Patient Studies［EB/OL］.［2016-06-25］. http：//www. mrc. ac. uk/research/policies-and-resources-for-mrc-researchers/data-sharing/data-sharing-population-and-patient-studies/.

［18］ NERC. NERC Data policy-2016［EB/OL］.［2016-06-25］. http：//www. nerc. ac. uk/research/sites/data/policy/datapolicy-guidance/.

［19］ NSF. Dissemination and Sharing of Research Results［EB/OL］.［2016-06-25］. http：//www. nsf. gov/bfa/dias/policy/dmp. jsp.

［20］ NIH. NIH Data Sharing Policy and Implementation Guidance［EB/OL］.［2016-06-25］. http：//grants. nih. gov/grants/policy/data_sharing/data_sharing_guidance. htm.

［21］ Harvard Research Data Security Policy（HRDSP）［EB/OL］.［2016-06-25］. http：//vpr. harvard. edu/pages/harvard-research-data-security-policy.

［22］ Data management［EB/OL］.［2016-06-25］. http：//libraries. mit. edu/data-management/.

［23］ Data Classification Standard［EB/OL］.［2016-06-25］. https：//security. berkeley. edu/data-classification-standard♯Protection-Level-2.

［24］ Sharing sensitive data［EB/OL］.［2016-06-25］. http：//library. stanford. edu/research/data-management-services/share-and-preserve-research-data/sharing-sensitive-data.

［25］ To share or not to share? ［EB/OL］.［2016-06-25］. http：//researchdata. ox. ac. uk/home/sharing-your-data/to-share-or-not-to-share/.

［26］ Biosecurity policy［EB/OL］.［2016-06-25］. http：//www. nature. com/au-thors/policies/biosecurity. html.

［27］ Flu papers warrant full publication［EB/OL］.［2016-06-25］. http：//www. nature. com/nature/journal/v482/n7386/full/482439a. html.

［28］ Confidentiality［EB/OL］.［2016-06-25］. http：//www. icpsr. umich. edu/icpsrweb/content/datamanagement/confidentiality/.

［29］ 林业科学数据平台［EB/OL］.［2016-06-25］. http：//www. cfsdc. org/.

［30］ 地球系统科学数据共享平台［EB/OL］.［2016-06-25］. http：//www. geoda-ta. cn/.

［31］ 人口与健康科学数据共享平台［EB/OL］.［2016-06-25］. http：//www. nc-mi. cn/1.

[32] 农业科学数据共享中心[EB/OL]. [2016-06-25]. http：//www. agridata. cn/.

[33] 地震科学数据共享中心[EB/OL]. [2016-06-25]. http：//data. earthquake. cn/policy/gxbf. htm.

[34] 气象科学数据共享中心[EB/OL]. [2016-06-25]. http：//data. cma. cn/.

[35] 陕西省科学数据共享平台[EB/OL]. [2016-06-25]. http：//www. snsd. gov. cn/Portal/? isCookieChecked＝true.

[36] 山西省科学数据共享平台[EB/OL]. [2016-06-25]. http：//kxsj. sxinfo. net/.

[37] 北京大学开放研究数据平台[EB/OL]. [2016-06-25]. http：//opendata. pku. edu. cn/about. xhtml.

[38] 中科院基础科学数据共享网[EB/OL]. [2016-06-25]. http：//www. nsdc. cn/.

（原文来源：宋筱璇，王延飞，钟灿涛. 国内外科研数据安全管理政策比较研究[J]. 情报理论与实践，2016，11：10—16.）

点评提示：

这篇文章是对"规制"这一情报研究工作对象的学术剖析。在数据共享热潮涌动的当下，科研数据安全问题日渐突出。文章针对各科研机构对共享中数据安全问题的政策原则及处理方式展开情报调研，发现国外在科研数据共享中的安全意识较高，管理政策较完善；国内在数据识别、评估监管及数据处理等方面仍存在较大的政策空白。建议我国在科学交流管理中应尽快制定和完善数据安全政策与相关规定。

关键词汇：数据共享；科研数据；数据安全

10.8　机构对象

智库运转机制比较分析
A Comparative Analysis of the Running Mechanism of Think-Tanks

0　引言

"智库"一词是从英文"think tank"一词翻译而来，通常是指以公共政策研究为核心、以影响政策选择为目标的研究机构。当前，各国智库的运作存在诸多差异，智库追求的价值目标不尽相同，扮演角色也有差异，这种多元特点本身源于社会历史的自然延续,又将对智库自身的发展前景带来多种可能性。由于美国智库发展最为成熟、国际影响最大,因此,通常将美国智库作为对智库进行定义的基准。但直到目前,学界对智库概念的界定尚未取得一致意见,已有的大多数概念不能完全令人满意。美国政治学家 Andrew Rich 把智库定义为"独立的、无利益诉求的非营利组织,其产品是专业知识和思想,也主要依靠这些来获取支持并影响政策的制定过程。"[1]一个特定的概念将会放大或缩小智库集合的范围。本文以为,对智库的界定不宜太严,也不可过宽,比如是否独立设置、是否有营利性、是否有党派倾向等等不是智库的本质属性,目前较为一致的共识就是智库是以影响公共决策为宗旨、以公共政策为对象的研究机构,这使其与以商业企业为对象的咨询公司、影响公众舆论的媒体及培养人才的大学区别开来。以此为基本判断标准,本文对美、欧、日等国主要智库在性质类别、资金来源、管理体制、人员流动及发声平台等方面进行比较,探求其间存在的共同点与差异处,分析异同现象背后的经济、法律和文化原因。

1 对智库性质类别的比较

智库的概念多种多样,智库的类型也很丰富,其组织形态可以是公司、协会、学会、研究所和研究中心等。

1.1 美国智库形态齐全

从起源上看,美国第一代政策研究机构出现于 1910 年左右,是美国进步时代改革和"科学管理"运动的产物,主要由私人慈善机构创立。二战后美国产生首批贴有"智库"标签的研究机构,主要为美国"冷战"国家战略和短期反贫困战略出谋划策[2]。美国学者斯蒂芬·奥尔森认为,美国智库可分为以下类型:学术多样化型智库,独立而客观地研究长远性问题;学术专业化型智库,研究重点集中在某一类问题或学科;合同型智库,主要为政府机构服务,如兰德公司;游说型智库,观点带有党派倾向,如美国传统基金会;政策公司型智库,擅长以商业的手法包装及推销观点,如美国战略与国际问题研究中心[3]。

可见,美国在长期发展过程中形成了立场、业务和方式各有侧重、多种形式共存的智库生态。

1.2 欧洲智库党派色彩较为浓重

欧洲智库普遍成立于 20 世纪 80 年代以后,又以 90 年代最为集中,与欧盟在 90 年代从经济联盟转向政治联盟的历史进程相吻合。欧盟的一体化和欧盟国家的智库发展二者互相促进、相辅相成。这类智库群体有些分散在各成员国内,有些在欧盟总部所在地布鲁塞尔。其中,英国智库兴衰与党派命运关联密切,二者在英国政治生活中起着互补作用，这是由于英国文官系统采取威斯敏斯特模式（Westminster Model）而较少依赖于外部资源进行决策咨询。英国智库依据党派倾向可被划分为中左派智库（如费边社）、中右派智库（如亚当·斯密研究所）和中立派智库（如海外发展研究所）。德国智库大多成立于二战之后，只有不到 10% 的智库的历史可追溯到魏玛共和国时期或德意志帝国时期。目前德国智库中学术型智库居多，较为突出的是德国各主要政党都有支持各自政策主张但没有组织隶属关系的"政治基金会"。法国社会对于智库一词的理解较为宽泛，例如，政治俱乐部在其他国家并没有被列入智库的范围，但 Catherine Fieschi 在《法国智库比较研究》一文中明确提出有政党背景的政治俱乐部是法国智库的一种类型[4]。法国现代智库成立时间较短，从成立时起就立足于针对政府决策开展研究，政府对智库研究成果也多有回应，形成了较为良性的互动机制。

从欧盟主要国家的智库发展情况可以看出，对于这些欧洲国家智库进行归类时不可忽视其党派色彩。

1.3　日本智库官民并蓄

日本智库的萌芽阶段始于二战后，为顺应国家重建与发展需要。20 世纪 70 年代后，随着世界经济社会结构的变化，日本急需探求新的发展战略，10 年间就诞生了 100 多家智库，其中最著名的智库是野村综合研究所和三菱综合研究所。进入 90 年代，随着日本经济持续低迷，不少智库因资金链断裂而关门，智库总数较 80 年代减少了 20%[5]。原有智库部分开始转型，如野村综合研究所由公共研究的综合性智库转向"企业性的综合研究机关"[6]；期间也有新智库问世，如由财团支持的 21 世纪政策研究所。目前，日本智库分为两大类：一是具有政府背景，甚至是直接隶属于有关省厅的智库，如日本国际问题研究所、亚洲经济研究所、防卫研究所等；二是民间筹资、独立运营的智库，如日本国际论坛、世界和平研究所等[7]。

由日本智库的发展可以看出，其产生与存在皆取决于政府或企业的战略决策需求，无论是政府部门还是民间企业，只要有重大战略决策的需要，就会有相应的智库保障存在。

2　对智库资金来源的比较

资金来源与运作模式对智库的生存至关重要，它决定了智库的规模和行为方式，也影响着智库的研究成果与影响力。

2.1　美国智库资金来源广泛

美国智库的资金主要来自政府拨款、企业捐助、研究合同款项、会员费、活动收入和出版所得等,各家智库的收入构成各不相同。有些智库对政府拨款的依赖度很大,如和平研究所;有些智库则完全不接受政府资助,如卡托研究所。对于兰德公司这样的机构来说,接受政府研究合同是智库最重要的资金来源之一。会员制也是重要的资金渠道。有些智库将会员划分为机构会员、个人会员,定期举办活动和提供服务。而组织会议、出版刊物或售卖研究成果所获收入在智库总收入中所占的比例则相对较小。在美国,"拉赞助"是智库理事会每年最重要的任务之一,赞助资金来源也体现了智库试图影响的人群与事件。在各大智库的年度报告中,通常会列出提供赞助的机构和个人名单。值得注意的是,在名单中有时能发现外国政府的名字[8]。2014 年纽约时报的一份报告显示,近年来,美国十余家智库接受了外国政府的数千万美金,推动美国政府官员采纳反映其利益的政策[9]。

可见,美国智库的资金来源多头广泛,其业务利益天平的维持亦十分微妙。

2.2 欧洲智库资金主要取决于政府或党派

欧洲国家智库更依赖于政府资金。英国政府就有直接财政拨款用于资助智库发展。如,除了通过研究合同项目资助外,英国政府设有"海外工程基金"以鼓励智库进行国外工程报价,政府还通过驻外使馆、联合国等机构取得有关国外业务的情报,再通过政府相关部门传递给国内的各大智库[10]。德国社会高度期望智库能够与企业特殊利益划清界限,因此受政府财政资金资助的智库比例很高。据统计,德国有 75% 以上的智库接受政府公共资金的资助。德国联邦和州政府对各州学术型智库的资助一般按照 1∶1 的比例均摊。德国政治基金会的资金同样绝大部分来自德国联邦和州的公共预算[11]。但也不可否认,政治基金会与政党的关系更为密切,如罗莎·卢森堡联邦基金会就是 1998 年左翼党进入联邦议会后设立的,基金会获得资助的幅度也与政党在议会选举中所获议席数量挂钩[12]。法国智库中,官办智库的资金大部分来源于财政,独立型智库的资金主要来源于企业赞助与政府项目,其中来自政府的资金主要是用于对政府项目的研究而发生的劳务报酬。在获得捐助方面,影响大的研究机构往往处于有利地位。

欧盟主要国家智库资金的构成情况说明欧洲智库的政治利益倾向性是较为清晰的。

2.3 日本智库资金源于主办机构

日本智库经费来源根据其主办机构的不同可分为五种类型:

① 诸如经济产业研究所的官方或半官方智库的经费大部分源自政府;

② 以企业为股东的民间智库的经费大部分由股东企业承担;

③ 一些 NPO(特定非营利活动法人)智库组织主要通过会费收益来筹措资金;

④ 以一般财团法人为组织形态的地方智库以委托研究费及出版物收益作为经费基础；

⑤ 东京财团等机构则是以基金收益为主要经费来源[13]。

2012 年,日本召开"外交与安保智库问题有识之士恳谈会",认为资金不足的问题是当前外交安保智库的"危机",很多智库就此开始调整。如,2012 年日本发布的省厅版事业甄别报告在"行政事业复查"中决定"取消"向日本国际问题研究所发放政府补助金,试着把该所"推出去",提高其自主性与独立性,以增强竞争力[14]。

由日本智库的情况可以看出,资金问题是制约智库发展的瓶颈,智库资金的准备程度最终取决于主办机构的决心和财力。

3 对智库管理体制的比较

智库作为独立存在的实体,其运转需要合适的管理体制,但其具体形态又依赖于所在国家的法律规定,并受政治体制、文化因素的影响。

3.1 美国智库管理架构完整

美国智库人多设理事会作为决策保障机构,组织机构倾向于扁平化设置,为研究留足宽松的空间。例如,兰德公司的信托基金委员会单列,组织管理架构为:总裁兼首席执行官办公室、研究分析部、国际部、研究生院、对外事务部、财务与行政部、总法律顾问、人力资源部[15]。布鲁金斯学会的总裁与董事会主席是核心领导者,机构设置分为行政管理和政策研究两大块[16]。当然,除了研究和行政管理的之外,美国智库还十分重视组织与宣传工作。例如,美国对外关系委员会和美国传统基金会都实行了会员制。对外关系委员会走的是高端会员路线,目前委员会有 4500 多名会员,包括前总统尼克松、克林顿等;传统基金会走的则是广泛撒网式的会员路线,只要接受其意识形态理念并缴费者均可成为会员[17]。

可见,美国智库虽然源头各异,但在行政、研究和管理运作方面基本上都有一套完整的组织体系。

3.2 欧洲智库依仗多元委员会进行管理和指导

随着欧盟的成立与发展,欧洲形成新的政治机制,以此为契机,一批以欧盟发展为服务对象的智库群体也成长起来,这些智库的管理机制根据其宗旨而各有不同。如位于比利时的布鲁塞尔欧洲与全球经济实验室(Bruegel),成员包括欧盟成员国政府、跨国公司和机构。它是根据比利时法律及公司章程所管辖的非营利性国际组织,董事会由一些直接选举产生的会员任命[18]。而英国皇家国际事务研究所作为女王赞助的研究机构,按研究所章程治理:三位总裁分别来自三个政党,这也反映出该机构强调非党派性与独立性;理事会成员从研究所会员中选出,在主席与执委会的领导下与财务委员会共同管理行政事务;另外设有高级顾问小组[19]。德国外交政策协会(DGAP)是一个独立、超党派和公益性质的对外政策机构,下设研究所、理事会、图书文献中心和《国际政治》杂志。其中,理事会除负责重大决策外,还注重吸纳会员,目前已有会员 2500 多人[20]。法国可持续发展与国际关系研究所(IDDRI)的董事会由创始成员、当然成员与合格成员组成,负责研究所的重要决策,并设执行局负责执行。与此同时,法国内务部还指定专员列席董事会,以确保研究所的活动符合公共利益;此外,在世界范围内遴选的 13 名学者组成了科学委员会,掌握其科学研究的方向,来自社会各阶层的 24 名成员构成顾问委员会,目的则是保证社会科学研究与研究所宗旨的相关性[21]。

形形色色的董事会、理事会和委员会对于欧洲智库的管理运作而言都起到在研究中抵消主观偏见影响、确保客观和准确的作用。

3.3　日本智库重视民主决策和分权管理

日本智库一般也设有理事会来把握大政方针。如三菱综合研究所的理事会成员由政界、商界和学界的名流组成,管理上则实行高度分权和尊重研究员个人创造性的体制,管理部门只负责组织专题研究,实行"课题小组负责制"定期商讨工作。再如,亚洲经济研究所设有"参议会"审议重大业务,设有"评议会"审议事业计划、资金预算;还设有"调查协议会"讨论课题立项等[22]。

从管理方式上可以看出,日本智库运作过程中的重大决策能够通过体现民主的理事会机制予以制定,而在具体的业务管理中则充分重视分权以保证研究的质量和专业性。

4　对智库人员流动情况的比较

作为知识型机构,智库的核心是人。在知识产生意义上,智库像一个封闭的圈子,现有的研究人员即使学识渊博、认识深刻,也难免产生认知偏差。于是,很多智库从人员选用、培训及流动等方面加以调整来抵消这种影响。

4.1　美国智库"旋转门"灵活

美国智库最具特色的是"旋转门"机制,即有些卸任官员到智库从事研究,而智库的研究者也有不少到政府任职,形成双向流动现象。在美国政府的决策过程中,智库其实在政治生活的各个环节都发挥着作用,专业总统竞选团队是其突出表现之一。克林顿竞选总统时期,美国进步中心的专家如波德斯塔等人担任其私人智囊,并因在竞选中的表现进入政府[23]。里根就职总统前,也曾邀请胡佛研究所的 22 名学者参加过渡工作班子,为新政府起草各种政策报告[24]。布鲁金斯学会现任的 200 多名研究员中,有一半的人具有政府工作背景,担任过驻外大使的就有 6 位之多。美国有一些年轻人把智库视为通往权力场的"旋转门",美国智库也为这些年轻人提供各种机会,如传统基金会的"青年领袖计划"和对外关系委员会"面向年轻精英"的会员项目都致力于培养未来的政治人才[25]。美国智库还十分重视高素质研究人员的培养,将"出人才"与"出成果"列为同等重要的地位。如兰德公司早在 1970 年就成立了兰德研究院,给研究人员提供外出兼职、当访问学者和进政府临时工作的便利。

可见,美国智库灵活的人才"旋转门"保证了智库与智库服务对象两方面的人才成长与互动。

4.2 欧洲智库鼓励流动重视培养

一般来说,欧洲国家智库的人员不像美国"旋转门"制度那么明显,但也有不少人员具有政府背景。如布鲁塞尔欧洲与全球经济实验室(Bruegel)董事会主席让-克洛德·特里谢及其下属 11 名成员中有不少具有政府部门工作经验[26]。斯德哥尔摩国际和平研究所定期接待议会和政府的代表团及接受客座研究员,理事会主任 Petersson 曾在瑞典外交部任部长办公室主任及瑞典驻欧盟大使[27]。在英国,与政党建立有效的联系渠道成为智库实现影响力的理性选择。青年费边社被泰晤士报描述为"新工党的未来知识分子之星",卫报则称之为"工党议员的未来",它们的政策主张体现着政党的价值观[28]。皇家国际事务学会不仅向官方决策层敞开,也向财经、法律、传媒等领域开放,形成更大的"旋转门"通道[29]。英国智库鼓励人才流动,海外发展研究所(ODI)的研究人员在职平均工作时间约 5年,人才流动率达 20%,很多研究人员离职后去了国际组织或政府部门[30]。德国法律规定在一个政党中担任领导职位的政治家不允许在基金会中出任类似领导职位,所以政治基金会的领导层大多来自所亲近政党的退职要员,理事会主席通常由该政党的知名代表担任。同时,一些基金会成员也在政党的外交事务部门兼职[31]。法国官办智库对新进人员要求相对严格,以国家科学研究中心为例,只有获得博士学位的人,才有可能被招为研究人员,享受国家公务员待遇。而独立智库硬性规定则少些。如,法国国际与战略关系研究所"向公众开放",有针对全球学生的培训项目,正式研究人员欢迎政府背景人员或对公共政策感兴趣的人[32]。

由人才管理做法可以看出,欧洲智库虽然没有建立美国智库那样灵活的人才"旋转门",但在对待人才流动的态度上是十分积极的,而在对于人才的培养尤其是对于青年人才的培养方面,欧洲智库更是表现出特殊的积极性。

4.3 日本智库人才流动相对沉寂

日本智库和政府部门间不存在类似美国的那种"旋转门"式人员交流。政府公务员相对来说是一个比较封闭的群体。例如,日本的外交智库中目前有不少退职外交官挑大梁甚至担任一把手,而逆向的流动就比较罕见。智库作用受限的根本原因,是日本二战后在外交和安保问题上追随依附美国,没有多少自由发挥的余地。近年来,日本国内围绕要不要拟定对外战略的议论日益高涨。但日本外交智库的市场需求还未真正激活,在很大程度上制约了其发展[33]。

从智库的表现和生存环境出发,不难理解日本智库在人才管理方面与欧美智库比起来处于一个相对封闭和沉寂的状态。

5 对智库发声平台的比较

智库的研究针对国家政治外交问题提出分析建议,影响政府决策是其发挥效果最为直接的方式,通过多种途径影响舆论也是智库工作价值实现的有效做法。因此,搭建良好的发声平台推广传递建议、观点与思想是智库成功的关键。

5.1 美国智库拥有完备的发声平台体系

美国智库主要通过提交研究报告、组织研讨会、出版刊物、发表评论等方式对决策层及媒体和大众产生影响力。例如,兰德公司自成立以来已发表研究报告20 000多篇,在期刊上发表论文3100篇,出版书籍近200部。在每年300多篇的研究报告中,95%是公开的,其余5%的保密报告也会随着时间推移而不断解密[34]。布鲁金斯学会发挥其政策影响力的一个重要表现是其研究人员会到国会作证,提出负责任的分析和建议[35]。而对外关系委员会则注重每年不定期举办全国性的大型研讨会,开展全国读书俱乐部系列活动,并积极邀请地方媒体宣传报道[36]。20世纪70年代以来,美国智库专家们频频亮相于大众媒体,引导社会舆论以及政治政策。例如,战略与国际研究中心的专家每个月在电视与电台的出现频率高达100次左右,传统基金会则专门设立了两个无线电演播室并开设专门的政治谈话节目在电视台播出[37]。目前,各大智库的官方网站上不但有邮件信息订阅服务,还有Facebook和Twitter等社交媒体交流方式,俨然一站式服务的媒体超市。正如美国外交关系委员会的凯·金所说,“我们要花时间来营销自己的这些观点,要把它变成一个用户友好的界面,不要让它特别复杂和看不懂。我们总是想办法进行创新,使我们的思想能够影响到决策者。”[38]

可见,美国智库充分利用一切可能的传播工具搭建起了有效、完备的发声平台体系。

5.2 欧洲智库充分重视媒体渠道

欧洲智库发挥影响力的方式与美国类似,但在表现上则各有千秋。英国国际战略研究所比较注重举办各种论坛,目前其举办的IISS安全峰会已成为众多国家首脑、外交部部长、国防部部长和高层官员讨论政策的平台,香格里拉对话自从

2002 年在新加坡推出后已经获得了"军事达沃斯"的美誉,"麦纳麦对话"则在中东地区发挥了类似的影响力[39]。英国皇家国际事务研究所通过发布政府简报、举办高级别圆桌会议、在议会委员会提供证词、建立"媒体每日报送"制度及时发布研究成果等方式,为全球决策者提供决策意见[40]。德国智库与媒体的联络则更为紧密。据统计,一半的德国智库编写并发布新闻,三分之一的智库举办会议和研讨会,仅有 14% 的研究机构为报纸专栏写作或是出版政策简报[41]。一些独立的宣传型智库和学术研究机构在政策选择和制定阶段为其宣传联盟提供材料证据及智力支持。法国国际关系研究所的活动主要有举办研讨和演讲、出版刊物等,还与中国国际问题研究院合作定期举办中法智库年度政策对话[42]。斯德哥尔摩国际和平研究所每年在全世界出版发行 SIPRI 年鉴,并将其研究成果定期出版,分送到世界各地,以换取大约 350 种期刊[43]。布鲁塞尔欧洲和全球经济实验室则通过出版物、活动、社交媒体及更新博客塑造了独特的讨论空间,打造充满活力的经济政策研究实验室[44]。

由以上诸多表现可以看出,论坛、会议、出版、新闻等传统、正式信息交流渠道是欧洲智库构建发声平台最为倚重的成分,对新媒体的关注也已经在发声平台建设中逐步体现出来。

5.3　日本智库发声相对微弱

日本的智库并不直接参与外交决策。它主要通过两大途径对外交决策施加影响。一是适时发表有关的政策建议和研究报告,用引导舆论、塑造民意的方式来影响政府的决策过程。如日本较大的 4 家外交智库(日本国际问题研究所、和平安全保障研究所、世界和平研究所和日本国际论坛)近年来就热衷于将自己的政策报告公之于世。二是由智库代表充当首相顾问或参与政府组织的各种恳谈会、顾问委员会及首相、官房长官的私人咨询机构,以此推介自己的主张[45]。总体而言,日本智库的影响和地位还不能与欧美同行相比。其中既有其官僚系统过于强大的因素,也与政府部门垄断信息影响智库信息来源有关。

从成果转化过程可以发现,日本智库在搭建所谓的发声平台方面并不积极,对外发声较为微弱,而这与其机构性质和所需资金的来源不无关系。

6　总结与分析

通过对这些国家智库体制的梳理,可以发现各国智库的起源与发展虽然有所不同,但是有一些共同的特点。主要有以下五个方面:

6.1　智库兴起源于参与式的决策体系

智库的基本目标是对公共政策建言献策,这在古代国家政治中也有所体现,比如我国古代就有谋士、幕僚、师爷,但基本上是个体的、短时期的、为某一人服务的,也有学者提出"战国时期的门客集团、东晋时期的自由清谈组织及明代的东林党可称为古代中国的三大智库"[46],之所以没有形成常态,是因为当时的政治决策体系还不够程序化,法律上也没有符合智库常态存在的组织机制,在资金、人员甚至学科分工方面都未形成完整的配套体系。智库自产生以来有效地融入了当代政治决策体系,成为其中令人侧目的一环。这不仅因为在实质上,现代政治决策需要多元的声音以防止出现大的失误,毕竟专业人员独立研究得出的结论值得认真对待;而且从形式上看,智库研究使决策过程显得公开透明,符合民众对参与政治的期待,这种"程序正义"能够给结论不确定的政策披上合法与合理的外衣,一旦结果不利,智库研究成果也可以成为一种"挡箭牌",在事实上起到分散政治风险、化解舆论压力的作用。

6.2　智库发展赖于充足的资金保障

完善的筹款机制是保障智库持续发展的重要物质条件,只有这样才能真正脱离政党、财团或某一个人的附庸地位,否则就不成其为智库,而可能沦为可有可无的摆设。智库资金不仅取决于一国的财税金融法律,还受到文化传统的潜在影响,这种差异造成了当前世界各国智库的财务实力的不同。美国各大智库的资金较为充裕,在组织形式上大都是以非营利组织或慈善组织的名义注册的,在法律上属公司法规范的范围,在资金上受税法调控(如 501(c)(3) 免税条款[47]),形成了规范有效的"吸金"体系,而丰富的捐赠资源与普遍的慈善观念,也使得赞助智库成为更多人认同的选择。德、法等国为了保证智库的独立研究,由政府对部分智库予以资助,也为智库发展解决了后顾之忧,同时化解了民众由于传统经验而产生的对智库被财团干涉的担心。日本政府则担忧智库依赖财政预算会带来活力不足,推动一些智库进入市场竞争去自己"化缘",这也与日本的经济现状与文化传统背景相关。总之,即使在经济普遍发达的美、日及欧洲等国,智库资金的充盈情况也各有不同,多元的资金来源当然更有利于智库的健康发展,但这不仅仅是国家公司法或税法所能引导形成的,智库资金的来源布局还会受到经济格局、思想文化以及社会心理的综合影响与制约。

6.3　智库灵魂基于独立的研究立场

政策的制定是各种利益群体之间斗争与妥协的结果。各种参与力量的博弈存在着不确定性,需要一种基于客观独立的、能为各方所接受的调查研究来为咨询和辩论提供基础信息,这是智库存续的关键。立场偏颇、观点倾斜的研究只能沦为引导舆论的工具或佐证决策的道具,不具有普遍的说服力,难以产生廓清形势、促进共识的效果。因此,为了保证研究独立,西方智库大多通过完善治理结构来实现。具体就是,无论名称是学会还是研究所,现代智库在法律组织形式上一般采用法人治理结构,设有"理事会"作为最高决策机构。在理事会之下,智库日常运行管理一般由智库行政部门负责,而研究项目推进则略有差异:规模较小的智库可能由研究人员带领团队开展研究,规模较大的智库目前流行矩阵研究机制(Matrix Structure),还有的成立顾问委员会来保证研究的方向与智库宗旨相符。当然也有些欧洲智库引入政府部门官员或者赞助机构人员参与研究项目立项过程,由于资金来源与智库管理机构信息公开透明,这些引入一般不会影响智库研究成果的可信度。

6.4 智库活力在于开放的思想市场

智库受政治体制尤其是政党体制影响巨大,这是因为智库主要为政治决策服务,虽然决策机构也有自己的研究部门,但规模偏小、专业受限,且容易受到利益影响,难以形成客观独立的建议。对分立的利益诉求的制衡需要站在不同的立场,从不同的角度给出不同的选项,多元化的需求为智库提供了生机。目前美、日及欧洲等国智库的类型多样,且发展基本均衡,体现了背后支持智库的现代国家体系中各方势力的共生状态,而各个智库的不同观点开放式地争论,使得有关利益各方均得以发出声音,构成了合理碰撞、有序交流的思想市场。在这种思想市场中,有利益关切者的大力支持,也有各种基金会的持续投入;有政治决策机制对各种论调的需求,也有法律对言论自由的保障。诸多因素的共同作用,激发了智库话题的发起与后续人群的关注,从而形成了理论构想与实践验证之间的良性循环,为开放的思想市场提供了动力与活力。

6.5 智库前途寄于国家的发展进步

全球化时代加强了沟通与共识,但也没有阻碍多元化发展。智库发展存在放之四海而皆准的模式吗?美国智库"旋转门"移植到别处还那么有效吗?这涉及智库发展如何利用本土资源问题。美、日及欧洲等发达国家依靠各自的经济与政治制度为智库的发展提供了条件,智库的发展反过来进一步提升了西方话语主导权,加剧了本已不平衡的国家间力量对比。伴随着经济体制西方化的潮流,众多发展中国家也难免模仿美欧智库模式,希望达到类似的效果。但是也要看到,美、日及欧洲智库的发展是有其生长土壤的,既有经济的支撑,也有制度的保障,还有文化的熏陶。比如,美国智库的经济保障中既有强大的企业赞助,也有党派或政府的合作资金;"旋转门"制度既反映出基于政治与行政分离原则下的决策人群的流动,也受到《政府道德法》对行政官员任后操守的规范制约[48]。德国的科学技术与思想文化一直处于世界发展前沿,为本国智库的发展奠定了"不跟随"的底气,德国智库运作较多地依赖国家财政支持,也不避讳与政党的关系,但这并不影响德国智库研究的独立性与结论的可信度。而日本近年来由于政治外交的影响与经济低迷的冲击,智库发展遇到了困境,探索适合本国情况的智库转型也成为日本研究的热点。可见,成功的智库无不依赖于本国独特的体制与强大的影响力,如果脱离国情一味模仿,难以真正成为有世界影响的智库。智库的生机与活力寓于国家的发展与进步之中。各国智库在发展过程中都需要在借鉴他国智库成功经验的同时,有效融入本国现有的体制与发展趋势,"走自己的路"。

参考文献

[1] [美]安德鲁·里奇.智库、公共政策和专家治策的政治学[M].上海:上海社会科学院出版社,2010:11—12.

[2] James Smith,The Idea Broker:Think-Tanks and the Rise of the New Policy Elite[M].New York:The Free Press,1991,p. xv.

[3] [美]斯蒂芬·奥尔森.美国智库的发展或可供中国借鉴[J].开放导报,2014,(175)4:17—23.

[4] Think Tank Traditions:Policy Ranalysis Across Nations[C].Diane Stone, Andrew Denham.Manchester:Manchester University Press,2004,p. 108.

[5] 王志章.日本智库发展经验及其对我国打造高端新型智库的启示[J].思想战线,2014,40(2):144-151.

[6] About NRI,[EB/OL].[2015-1-20].http://www. nri. com/cn/company/history. html.

[7] 吴寄南.浅析智库在日本外交决策中的作用[J].日本学刊,2008,(3):16—28.

[8] 褚鸣.美欧智库比较研究[M].北京:中国社会科学出版社,2013:80.

[9] Eric Lipton,Brooke Williams,Nicholas Confessore. Foreign Powers Buy Influence at Think Tanks[J].The New York Times. 2014,(12):6.

[10] 陈心晖,陈葵花.现代西方思想库建设及中国的现状[J].中共福建省委党校学报,2002,(2):23.

[11] [德]马丁·W·蒂纳特,杨莉译.德国智库的发展与意义[J].德国政策研究. 2006,(3):35.

[12] 袁峰.政治基金会:德国政府与政党的公共智库[N].学习时报,2012-11-19(6).

[13] 程永明.日本智库经费来源渠道研究[J].人民论坛,2014,(3):240—243.

[14] 孟晓旭.日本外交安保智库及其对"中国威胁"的认知[J].人民论坛,2014,451(8):228—231.

[15] Rand at a Glance[EB/OL].[2015-1-18].http：//www. rand. org/about. html.

[16] Brookings Leadership[EB/OL].[2015-1-18].http：//www. brookings. edu/about/leadership.

[17] 褚鸣.美欧智库比较研究[M].北京：中国社会科学出版社,2013：22.

[18] About Bruegel[EB/OL].[2015-1-18].http：//www. bruegel. org/.

[19] Charter and Bye-laws[EB/OL].[2015-1-18].http：//www. chathamhouse. org/about/governance.

[20] About us [EB/OL].[2015-1-18].https：//dgap. org/en/think-tank/about-us.

[21] Governance[EB/OL].[2015-1-18].http：//www. iddri. org/Iddri/.

[22] 刘少东.智库建设的日本经验[J].人民论坛,2013,426(12)：18—23.

[23] 张敏娇.智库对美国外交决策的影响方式及原因探究[J].洛阳师范学院学报,2012,(12)：21.

[24] 胡征庆.里根依靠的思想库[J].世界知识,1981,(15)：9.

[25] 王莉丽.美国智库的旋转门机制[J].国际问题研究.2010,(2)：13—18.

[26] About Bruegel[EB/OL].[2015-1-18].http：//www. bruegel. org/.

[27] About SIPRI：Organization[EB/OL].[2015-1-18].http：//www. sipri. org/about/staff.

[28] 张新霞,梁瑞英.英国思想库的传统、特点和类型[J].前沿,2010,(4)：49.

[29] 忻华,杨海峰.英国智库对英国对华决策的影响机制[J].外交评论,2014,(4)：121—138.

[30] 戴慧.英国智库考察报告[J].中国发展观察,2014,(2)：34—38.

[31] 袁峰.政治基金会：德国政府与政党的公共智库[N].学习时报,2012-11-19(6).

[32] Get Involved[EB/OL].[2015-1-21].http：//www. ifriresearch. net/outreach/training/

[33] 吴寄南.浅析智库在日本外交决策中的作用[J].日本学刊,2008,(3)：16—28.

[34] 崔树义.国外思想库的媒体推广术及其启示[J].传承,2012,(5)：22—25.

[35] 李婧.美国智库决策研究的运行机制[J].社会科学管理与评论,2013(3)：103—112.

[36] 王远胜.美国对外关系委员会对我国民间高层智库建设的启示[D].武汉：湖北大学,2012：32.

[37] 王莉丽.全球第一智库：布鲁金斯学会[N].学习时报,2012-12-17(6).

[38] 凯·金.美国智库的特点及运营方式[EB/OL].[2015-1-17].
http：//finance.sina.com.cn/hy/20090704/16236440563.shtml.

[39] About us[EB/OL].[2014-12-30].http：//www.iiss.org/en/about-s-us.

[40] Government Relations[EB/OL].[2015-1-17].http：//www.chatham-house.org/about/government-relations.

[41] [德]马丁·W·蒂纳特,杨莉译.德国智库的发展与意义[J].德国政策研究,
2006,(3)：20.

[42] 中国国际问题研究院与法国国际关系研究所签署合作备忘录[EB/OL].
[2015-1-18].http：//www.ciis.org.cn/chinese/2014-06/24/content_
7003527.htm.

[43] 张利军.和平与安全研究的权威机构——瑞典斯德哥尔摩国际和平研究所
[J].世界知识,2000,(6)：14.

[44] About us.[EB/OL].[2014-12-30].http：//www.bruegel.org/.

[45] 吴寄南.浅析智库在日本外交决策中的作用[J].日本学刊,2008,(3)：
16—28.

[46] 徐晓虎,陈圻.智库发展历程及前景展望[J].中国科技论坛,2012,(7)：
63—68.

[47] IRS,Tax-Exempt Status For Your Organization[EB/OL].[2015-1-17].ht-
tp：//www.irs.gov/pub/irs-pdf/p557.pdf.

[48] 18 U.S.C.§ 207：Restrictions on former officers,employees,and elected
officials[EB/OL].[2015-1-18].http：//www.oge.gov/DisplayTemplates/
StatutesRegulationsDetail.aspx? id＝309.

（原文来源：闫志开,王延飞.智库运转机制比较分析[J].情报理论与实践,
2015,05：5—11.）

点评提示：

这篇文章是对"机构"这一情报研究工作对象的学术剖析。文中选取美、欧、日等国主要智库为对象,从性质类别、资金来源、管理体制、人员流动及发声平台等方面进行了梳理与比较。通过分析当代智库的不同特点及其制度与文化原因,总结出：智库兴起源于参与式的决策体系,智库发展赖于充足的资金保障,智库灵魂基于独立的研究立场,智库活力在于开放的思想市场,智库前途寄于国家的发展进步。

关键词汇：智库；运转机制；比较分析

附　　录

　　附录Ⅰ和附录Ⅱ为学生在《信息分析与决策》课程上的实习报告。学生们通过运用文献计量、地平线扫描等方法对全球著名的人工智能技术研究机构的重点项目、研究人员等进行了跟踪分析，并在此基础上对未来人工智能发展趋势做了一定的预测分析。

附录Ⅰ "人工智能发展趋势及欧美部分高校科研院所项目进展专题研究" 工作过程及质量控制说明

1　专题研究工作过程概述

　　人工智能领域发展趋势及欧美部分高校科研院所项目进展专题研究是典型的情报工作,其特点是内容繁多、来源广泛、缺乏明确的分析路径和评价标准,然而,为了保证研究分析工作能够体现针对性、科学性、时效性和有用性,我们需要对整个研究工作进行合理规划和适当分解,并实施良好的质量管理,保证研究工作能出成果、有成效、易传播。从总体上看,研究工作可以分为五个主要的阶段,即:规划与定向、信息收集、信息加工、情报分析、产品呈现与传播,这五个过程相互影响、相互作用,前一个步骤的产出是后一步骤的投入,而后一步骤的反馈又直接影响着前一工作的优化与提升,因此需要借助质量控制,保证步骤内部以及不同步骤之间相互协调、卓有成效。具体工作过程如图 1-1:

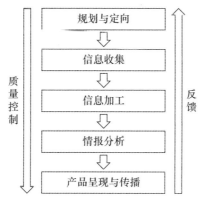

图 1-1　专题研究工作框架

2　具体工作过程及质量控制描述

2.1　规划与定向阶段

2.1.1　工作内容描述

　　规划与定向是整个专题研究工作的起点与基础,它决定着之后的研究工作是否能顺利开展。规划与定向工作主要包含四个方面的工作:

　　(1)确定研究目的

　　对于专题研究来说,研究的目的、范围及对象的确定较为容易,在任务需求的基础上,我们选择了可行性较高的研究方向。研究组将研究目的确定为"厘清现阶段人工智能的发展状况,命中领域内的研究重点和热点,发现研究前沿,跟踪有实力的机构、团体和个人,判断这些相关技术项目的研发情况"。

（2）确定研究的范围

在确定研究目的的基础上,小组对相关文献进行了收集和阅读,对人工智能的发展历史与研究背景进行了汇总和讨论,并以此指导接下来的工作。

根据前期文献调研和基础计量分析,我们确定了研究的范围,这里的范围包含时间范围和地域范围。时间范围确定为2005年至2015年,根据发文量、总被引和本地被引情况,确定了研究的国家范围是美国、英国、德国、法国四国。

（3）确定研究对象

我们确定了具体的研究对象。通过文献检索,我们获得了美国、英国、德国、法国四国主要高校和机构在WOK中的发文情况,经过对发文量、总被引和本地被引量的综合排名,挑选出具体的研究对象高校和机构。

（4）确定研究方法和路径

针对研究目的、研究范围和研究对象的特点,我们进行了综合考虑,决定采用文献计量和地平线扫描的方式来收集、整理、分析美、英、德、法四国的高校和机构在人工智能方面的研究现状及热点。同时我们对整个研究工作的路径进行了规划和设计,对任务进行了分解,对时间进行了控制。

2.1.2 工作质量控制

（1）任务分解

在规划与定向阶段,我们对整体研究框架和研究任务进行了分解,形成了基础的工作体系,以规划和定向阶段的工作为例,如表2-1（完整版请见附表）:

表 2-1　任务分解体系示例（规划与定向部分）

一级工作	二级工作	三级工作
规划与定向	确定研究目的	文献调研与综述
		情报任务内涵分解
		头脑风暴
	确定研究范围	基础文献计量
		权威排名信息收集
	确定研究对象	基础文献计量
		综合排序
	任务分解	工作清单梳理
		构建工作体系架构
		工作调整与补充
	分工与时间进度控制	基于任务体系和时间形成甘特图
		基于人员和任务形成分工对照表

（2）人员分工与时间进度控制

作为一项耗时较长的项目，本研究的顺利开展离不开对时间的管理和控制。在建立任务分解体系的基础上，结合每个人的研究特长和精力分布，对研究时间进行了划分，建立了时间控制甘特图和人员分工对照表，如表 2-2，表 2-3 所示。

表 2-2　时间控制甘特图（简化版）

	第 10 周	第 11 周	第 12 周	第 13 周	第 14 周	第 15 周	第 16 周
研究规划							
数据收集							
数据处理							
数据分析							
数据可视化							
报告撰写							
PPT 制作							

表 2-3　人员分工对照表（简化版）

	组员 A	组员 B	组员 C	组员 D	组员 E
研究规划					
数据收集					
数据处理					
数据分析					
数据可视化					
报告撰写					
PPT 制作					

（3）研究方向中期调整

在研究过程中，小组进行了中期研究成果汇报，获得了一些非常有价值的反馈，例如"某些高校院所规模较小，在发文情况上无法与老牌名校相比，但是这些高校院所在人工智能方面研究实力较强，也值得关注"，因此在最终版本中，对研究方向和对象进行了调整，增加了以下内容：

"根据研究我们发现，部分高校在发文数量上表现并不突出，但是其在人工智能领域的同行评价及某些特定研究方向中表现突出，例如美国伦斯勒理工学院、英国爱丁堡大学等，其中伦斯勒理工学院在 US. NEWS 上的专业排名仅仅为全美 42 名，然而它在美国理工院校中又有重要地位，从该院校走出的学生在理工领域多有建树，伦斯勒理工学院还被誉为美国理工科教育的基石。因此我们在研究中也将对这一所高校进行调查和分析。"

在进行文献计量和机构分析时，研究小组增加了第十个对象"伦斯勒理工学院"。

2.2　信息收集阶段

2.2.1　工作内容描述

巧妇难为无米之炊。信息收集工作是整个情报分析工作的支持与保障,没有坚实的信息和数据基础,情报分析工作就无从展开,从总体上看,数据收集工作主要涉及以下几个部分:

（1）数据来源选择

针对研究目的和研究对象,小组进行了数据来源的控制。这一阶段的主要工作包括：① 以维基百科为数据源,利用其"see also"功能,以"人工智能"为起点,滚雪球式地扩展检索词；② 以汤森路透旗下的权威数据库 Web of Knowledge（WOK）为数据源,检索和下载了相关文献数据；③ 以各高校院所、项目主页和个人主页为数据源,收集了高校、项目和研究人员的信息；④ 在研究的中期,针对某些在 WOK 中发文较少的重要主体,我们在工程索引数据库（EI Compendex）进行了检索。

（2）分析工具选择

分析工具代表着研究的分析能力,左右着研究的分析方式,决定和限制着信息收集阶段的工作。如果收集的数据能够容易地处理成分析工具能够处理的格式,则研究工作的工作量将大大降低,因此在信息收集阶段就必须考虑选用何种分析工具,并在数据下载时有意识地将数据处理成适合的格式。例如,在中期汇报后,小组使用了 EI 数据库进行了检索,相应的,我们在网上获取了将 EI 数据库导出数据格式转换成 Citespace 可以分析的格式的小程序。

（3）检索词筛选与扩充

由于人工智能是多学科交叉的研究领域,为了保证检索结果尽可能地覆盖人工智能领域的主要内容,研究组对检索词进行了拓展（详见附表一）,例如对于机器翻译（machine translation）,研究组扩展了机器辅助翻译和翻译记忆（computer-assisted translation and translation memory）等词,对于语义检索（semantic search）我们拓展了语义网（semantic web）、语义查询（semantic query）和语义转换（semantic unification）等关键词。

在中期报告中,我们并未将检索用词进行展示,为了提高研究的科学性和可信度,我们将所有检索用词制成列表进行展示,并将列表放置在最终报告附录中,供读者参考。

（4）检索结果优化

最初检索所得的数据是十分粗糙的,如果能在检索时利用检索工具提供的功能进行结果的优化,则能够在数据清理时节省大量时间和精力。

在中期报告中,小组并未对检索结果进行精炼,在后来的版本中,小组对"检索库""国家""学科"和"机构类型"进行了明确限制,获得了更为精确的数据,有效缩减了数据集。

2.2.2　工作质量控制

信息收集是整个研究中最需要进行质量控制的步骤之一。由于数据收集工作的分散和数据的时效性特征,在进行信息收集之前,我们需要做到"立规矩",除了对检索词和检索式进行统一控制以外,信息收集阶段主要采用的质量管理方法有以下几种:

（1）制定信息采集模板

在信息收集工作的初期,特别是在收集机构、项目和研究人员等信息时,我们发现,不同成员使用的检索途径和方法差别很大,检索结果类型繁多,冗余信息较多,使用难度很大。因此,小组制定了机构、项目和人员信息收集的模板（详见附录二）。在模板中,我们对收集数据的类型及要求进行了最基本的限定,使小组成员在收集信息时能够做到有所取舍,有章可循。

（2）定期收集情况汇报

在信息收集的过程中,我们建立了定期收集情况汇报制度,即每个周末通过书面的方式提交一页纸的信息收集情况汇报,主要汇报的是目前信息收集工作的进展、预期剩余的工作量、收集过程中遇到的主要问题以及设想的解决方法等。这些书面汇报会在小组内部进行传阅,其他成员需要针对这些问题提出自己的想法,并总结自己的经验和教训。当发现大家共同面临的问题时,小组会通过讨论确定解决办法,如转变信息收集方式、对信息收集目标进行取舍等。

2.3　信息加工阶段

2.3.1　工作内容描述

在完成信息收集计划之后就要进入信息加工的阶段。信息加工是本研究中最耗时的阶段,其目的是将得到的原始信息和数据进行清理和整序,使信息达到可以进行分析的状态。同时,为了方便之后的分析工作,在信息加工的过程中,我们需要"重管理",在信息加工之后要做到"善保存"。

（1）数据清理

数据清理是保证分析结果准确性的重要防线,也是小组花费最多精力的工作。引文数据的清理与数据挖掘中的数据处理在原理上是相近的,但是在形式上有所不同。例如,在引文数据的清理中,小组经常遇到的问题有作者重名问题、论文主题与研究主题不相关等问题。解决这些问题,需要进行人-机协作,花费一定的精力进行不相关的噪声记录的去除以及同名作者去重。

（2）信息分类管理

早在信息收集的过程中，信息加工就开始了。研究小组对数据进行了下载和分类整理，不同的数据涉及不同的分类管理方法。一方面是针对结构化数据我们要处理其格式，使其可以在计算机中进行分析，如在 WOK 中检索获得的文献数据；另一方面是针对定性的非结构化数据信息，我们要根据之前制定的模板，分门别类地将其填充到模板之中。对于整理好的数据，我们建立了分类文件夹，所有的文档都有其明确的去处。

2.3.2　工作质量控制

针对信息加工的质量控制主要是版本控制。由于信息加工是一个动态的过程，随着数据源、检索条件的改变和检索过程的推进，针对同样一个对象，数据在不断地变化、完善或精简。然而，我们在工作的过程中发现，不一定是越新的数据越好，某些时候我们需要使用时间上较旧的数据，但是，如果不进行有意识的存储，旧数据通常会被新数据覆盖，因此有必要建立版本管理机制。对于所有的数据，研究小组会建立分类体系，如按照高校、成品、半成品、文献数据和机构数据等建立相应的文件夹，在不同的文件夹中，文件的命名都需要加上版本号。当某一数据集将要发生大的改动时，小组会先保存一版旧数据，再建立新的文档，并赋予其版本号。其次，每当小组中有人改动了数据或发布了新的版本，他必须对整个小组进行提示和报告，并说明数据改动的情况和旧版本存在的问题。

2.4　情报分析阶段

2.4.1　工作内容描述

情报分析是整个研究最核心的阶段，通过情报分析，我们要揭示被初步处理过的信息的意义和含义，通过各种情报分析工具和方法，对信息进行分析、综合、联系、推断，形成对欧美高校院所在人工智能领域相关研究状况的判断和评估，为形成最终的情报产品做准备。在情报分析阶段，小组的主要工作包含以下几部分：

（1）国家及院校排名分析

由于世界范围内，参与人工智能研究的国家众多，即使将研究范围缩小为欧美国家，其国家数量也不在少数。进一步的，我们还要对欧美国家的具体高校院所进行扫描，因此聚焦扫描范围，挑选重点国家和高校院所是情报分析的头等大事。一方面，我们根据先前获得的文献数据，挑选出其中被引次数较高的 12 000 篇，按照国家进行分类排序，挑选出高被引文献中，发文数量较多的几个国家；另一方面，针对挑选出来的国家，我们对其发表的文献按照院校机构进行分类排序，选取该国发文较多的高校院所。由于我们用于排名的数据集是高被引数据集，因此能在一定程度上排除发文较多但发文质量不佳的国家和高校院所。

（2）关键词分析

关键词分析是整个情报分析工作的核心，是发现研究前沿和研究热点的重要途径。关键词分析包含三个方面的内容：第一，我们用 Citespace 软件工具对关键词词频和关键词的突现度进行了分析，选取了高频关键词和高突现度关键词进行分析，这部分的分析涉及世界范围内的总体情况和针对具体国家高校院所的个体情况；第二，我们用 Citespace 对关键词进行了聚类分析，将众多关键词缩减为若干关键词类群，并用类群中的核心关键词作为类群标签，以显示人工智能方面研究的核心；第三，我们利用"文献计量分析平台"对具体高校院所的研究重点时间演进情况进行了分析。

（3）重点机构、项目及人员分析

在对高校院所进行分析时，我们将分析工作分为三个层级：第一个层级是机构层级，即对重点研究机构的背景、实力和研究方向进行总结概述；第二个层级是项目层级，即对具体研究机构下的重点研究项目进行跟踪分析，对该项目的研究方向和研究重点进行分析概述；第三个层级是人员层级，即分析机构、项目的主要负责人，对其研究成果、专长研究领域进行分析。

2.4.2　工作质量控制

（1）构建评价体系与相关阈值

在进行情报分析之前，小组根据信息加工的情况，对现有数据集形成较完整的认知，在此基础上提出相关评价方法，并确定相关阈值。例如，如何对国家的研究水平进行排名、如何对高校的研究实力进行排名，如何评价一个关键词是高频关键词或突现关键词。

例如，在进行高频关键词的分析时，我们的选取标准是：① 非泛用词，某次关键词如"Artificial Intelligence"等，虽然出现的词频很高，但是这些关键词绝大多数文献中都会出现，因此缺乏区分度，属于高频泛用词汇，我们通过词频和拟文档频率的方式对这些泛用高频词进行了剔除；② 绝对词频高于 100 次，对于绝对词频高于 100 次的非泛用词汇，我们进行了选取。

（2）双人交替分析

为了避免单人分析带来的主观性和片面性，在情报分析的过程中，我们采用了双人交替分析的方法。所谓双人交替分析，是指针对每一个分析对象和分析任务，由小组内成员随即组成分析对子，每项任务由两个不同的人负责，每个人负责若干项分析任务，使人与人之间的任务错开。在进行分析时，同一个分析对子中的两个人不进行交流，单独进行分析，并将分析结果用书面的形式固定下来。

（3）集体评价

在双人交替分析的基础上，我们对分析结果进行了集体评价。对于不同的情报分析对象和分析任务，形成了两套分析成果，我们将两套分析成果放在一起进行对比，总结每套分析结果的长处与不足，对站不住脚的结果进行了剔除，对相同的分析观点进行了合并，对不同但有价值的分析观点进行了相互补足。

2.5　产品呈现与传播阶段

2.5.1　工作内容描述

产品呈现与传播阶段是整个研究工作的产出和收尾阶段，是整个研究工作的表现，决定着整个研究工作的成败。在产品呈现阶段，小组对每阶段的研究产出进行整序，对情报分析的结果进行归纳和总结，并通过情报用户喜闻乐见的方式将情报分析成果呈现出来，方便情报用户的理解和使用。在产品传播阶段，小组主要是通过 PPT 的方式进行研究成果报告，这一阶段最能够考验小组对用户需求的理解和在信息呈现方面的创造力。

（1）报告大纲撰写

根据研究目标和情报分析状况，我们在撰写报告之前构建了报告大纲，用于指导整个报告写作的工作。

（2）报告内容撰写

小组成员分工合作，根据拟定的大纲和每一部分的撰写要求，对分散的研究成果进行汇总、表述和展现，最终交由专门的成员进行合稿。这个阶段主要是对报告格式进行统一，对报告风格进行控制。

（3）报告展示

为了提高研究工作和研究内容的显示度，还应对报告的核心观点及整个工作流程进行提炼、总结，并制作成精简的 PPT，用于向情报用户展现工作要点和主要成果。

2.5.2　工作质量控制

（1）报告大纲控制

在报告撰写过程中，报告大纲经历了数次修改，形成了数个版本。在最终版本中，我们对中期报告的大纲进行了调整，两个版本的大纲对比见附录三。从大纲的角度看，最终版相比于中期报告有了明显的调整和扩充，同时也体现出研究方向和研究思路的转变。

（2）报告内容补充

相比于中期版本，最终版报告的内容有了明显的完善和补充，主要体现在以下几个方面：

① 增加了对"伦斯勒理工学院"的调查研究。

在报告第四章的第十部分,我们增加了对伦斯勒理工学院的研究。虽然伦斯勒理工学院在文献计量的排名中表现不突出,但是伦斯勒理工学院是美国历史上第一所理工学院,也是美国 25 所"新常青藤盟校"之一。二战期间该校是美国军队的重要研究和教育机构。伦斯勒理工学院被誉为美国理工科教育的基石,从这儿走出来的学生后来建立了包括麻省理工学院,耶鲁大学雪菲尔德科学学院,以及几乎后来美国所有的科学学术研究机构。该学院在人工智能领域的研究中占据重要地位,因此我们也对其进行了研究。这体现了我们研究思想的转变,即不仅要关注那些"看得到"的信息,还要关注"看不到"的信息,这些看不到的信息隐藏在从业者的经验和背景中,因此整个研究需要更深入的挖掘。

② 增加了对每一部分的总结。

在中期报告中,我们就不同机构、院校、项目研究的关键词来分析,并没有进行整体研究状况的总体评述。然而,对于许多情报用户来说,时间是宝贵的,我们需要在最短的时间内,提供最精炼的情报产品。因此我们综合每一部分的研究,对其进行了适当的总结,例如,国家发文情况总结、文献计量情况总结、机构研究状况总结等。

③ 增加了关键词聚类分析和时间演变分析。

在中期报告中,小组对国家和机构的发文情况、高频关键词和突现关键词进行了分析,这些都属于对关键词的横向分析,展现特定时期内人工智能领域发展的一种静止的状态分布。然而,仅仅进行横向分析是不够的,对不同机构的研究,我们还进行了关键词的时间演变分析,展现某一关键词或者机构的研究重心在一段时间内的变化(图 2-1)。

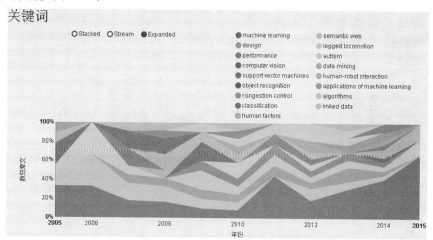

图 2-1　MIT 计算机科学与人工智能实验室 2005~2015 年研究关键词变化趋势

此外,小组对数量众多的关键词进行了聚类处理,通过核心的类别来分析人工智能领域的研究现状(图 2-2)。

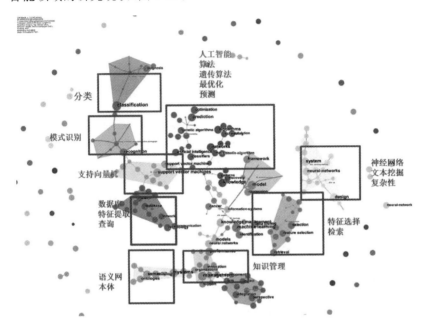

图 2-2　关键词共现及聚类情况分析

④ 增加了来源网址和提炼的关键词。

为了保障调查的可信度,便于后期检验和复查,在最终版中,小组为机构、项目和人员信息标注了来源网址。同时,针对不同的研究项目,小组提炼了关键词,并采用结构化的方式进行了展现。例如:

"关键词:神经信息、场景识别、机器学习"

"来源网址:http://www.csail.mit.edu/node/2482"

(3)呈现方式调整

为了提高报告的可读性和易读性,小组对报告的呈现方式进行了调整,主要体现在两个方面:

① 将大段文字描述转变为表格、图片,例如,在中期报告中,进行国家(地区)排名时采用的是文字叙述,而在最终报告中,则将呈现方式转变为文字与图片相结合,如图 2-3 所示:

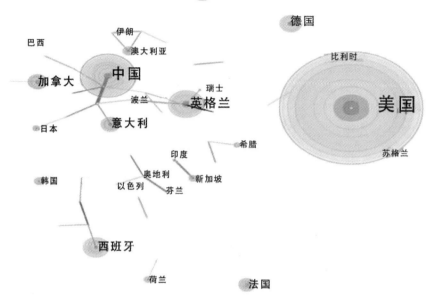

图 2-3　各国(地区)发文情况示意图

② 将较长的表格调整为附录。中期报告中并没有设置附录,检索用词、检索类别列表、各机构研究排名等表格都直接附在原文中,导致报告正文过于冗长,不利于阅读,因此在最终报告中,小组将较长的表格都放入附录中,一方面保证了信息的完整性,另一方面精简了正文内容。

(4) 报告版式控制

最终报告篇幅较长,在撰写过程中采用了分工的方式,为了减轻最终合稿时格式控制的工作量,在撰稿之前小组就制定了格式要求模板,并向标准的学术论文格式看齐,格式要求如下:

1) 全文暂按照 1.5 倍行距

2) 标题格式:

第 1 章　××××(黑体三号字,居中书写)

1.1　××××(黑体四号字 14pt 居左书写)

1.1.1　(黑体 13pt 居左书写)

1.1.1.1　(黑体小四号字 12pt 居左书写)

尽量不要使用三级及以上节标题,下面统一用(1),然后再用①……

3) 段落文字:

小四号 12pt,宋体,英文和阿拉伯数字用 Times New Roman 体

4）脚注：

文中注释用①、②……数字编号，上标注释，宋体小五号字，不同页的脚注序号不需要连续

5）参考文献：各章的参考文献统一写在文章末尾处，中英文分别按字顺排列

6）图表：

图和表分别标号，"图 2-1""表 2-1"，-前数字为章序号，-后数字为图表顺序号。不同章之间不要连续。图表序号和名称都是宋体 11pt 字居中书写，表格中的字体是 11pt

3 附录

附录一 研究任务分解体系

一级工作	二级工作	三级工作
规划与定向	确定研究目的	文献调研与综述
		情报任务内涵分解
		头脑风暴
	确定研究范围、对象	基础文献计量
		权威排名收集与综合排序
	任务分解	工作清单梳理
		构建工作体系架构
		工作调整与补充
	分工与时间进度控制	基于任务体系和时间形成甘特图
		基于人员和任务形成分工对照表
信息收集	文献数据收集	数据源筛选
		分析工具选择
		检索词筛选与扩充
		检索式构建
		检索结果优化
		数据下载与分类整理
	机构、项目及人员数据收集	搜索任务分工
		搜索模板构建
		多源数据汇总

续表

一级工作	二级工作	三级工作
信息加工	文献数据处理	评价体系与阈值选择
		数据清理
		国家发文数据处理
		机构发文数据处理
		关键词数据处理
	机构、项目及人员数据整理	按照模板处理零散数据信息
情报分析	文献数据分析	国家排名分析
		机构排名分析
		高频关键词分析
		突现关键词分析
		关键词聚类分析
		机构关键词时间演变分析
		机构研究重点及其变化总结
	机构、项目及人员	重点研究机构分析
		重点项目分析
		重点研究人员分析
产品呈现与传播	数据可视化	表格处理与汇总管理
		图谱生成与汇总管理
	报告撰写	报告大纲撰写
		报告内容分工撰写
		报告内容汇总
		报告格式统一修改
		报告细节修改调整
	PPT 制作与展示	报告观点提炼
		PPT 制作与美化
		反馈意见记录与讨论

附录二　机构、项目及人员调查模板

1.1　××学校或院所
　　学校或院所的简介(简介即可,字数不要多)
1.1.1　××机构,例如 MIT 人工智能实验室
　　机构简介
1.1.1.1　机构主要小组(如有)
　　×××小组简介,(简介过后加上网址 www.×××××××××)
　　×××小组简介,(简介过后加上网址 www.×××××××)
1.1.1.2　机构主要负责人(如有)
　　主要负责人一,简介,简介过后加上网址 www.×××××××
　　主要负责人二,简介,简介过后加上网址 www.×××××××

1.1.1.3　主要项目 　　1.1.1.3.1　项目一 　　时间或时间段： 　　所属项目组： 　　负责人及简介： 　　项目简介： 　　项目涉及的关键词： 　　项目网址： 　　1.1.1.3.2　项目二 　　时间或时间段： 　　所属项目组： 　　负责人及简介： 　　项目简介： 　　项目涉及的关键词： 　　项目网址： 　　……

附录三　中期报告大纲与最终报告大纲对比

中期报告大纲	最终报告大纲
第1章　研究背景概述	第1章　研究背景概述
1.1　人工智能概念	1.1　人工智能概念简述
1.2　人工智能的研究历程	1.2　人工智能的研究历程
1.3　人工智能领域主要的研究方向的相关研究	1.3　人工智能领域主要的研究方向的相关研究
第2章　研究目的、对象与方法	第2章　研究目的、对象与方法
2.1　研究目的	2.1　研究目的
2.2　研究对象	2.2　研究对象
2.3　研究方法	2.3　研究方法
2.3.1　数据来源	2.3.1　数据来源
2.3.2　研究工具	2.3.2　研究工具
2.3.3　检索策略	2.3.3　检索策略
2.3.4　数据整理	2.3.4　数据整理
第3章　文献计量结果分析	第3章　文献计量结果分析
3.1　国家文献发表情况分析	3.1　国家文献发表情况分析
3.2　机构分析	3.2　机构分析
3.3　研究热点与研究前沿分析	3.3　研究热点与研究前沿分析
3.3.1　高频关键词分析	3.3.1　高频关键词分析
3.3.2　高突现度关键词分析	3.3.2　高突现度关键词分析
第4章　重要机构及项目介绍	3.4　关键词聚类及时间分布分析
4.1　麻省理工学院计算机科学与人工智能实验室	3.5　文献计量结果总结
4.1.1　机构简介	第4章　重要机构及项目介绍
	4.1　麻省理工学院计算机科学与人工智能实验室

中期报告大纲	最终报告大纲
4.1.2　相关人工智能项目介绍	4.1.1　机构简介
4.1.3　MIT 近年发文关键词变化趋势	4.1.2　主要小组介绍
4.2　卡内基梅隆大学(CMU)	4.1.3　重要研究人员介绍
4.2.1　主要机构介绍	4.1.4　相关人工智能项目介绍
4.2.2　主要研究小组	4.1.5　MIT 近年发文关键词变化趋势
4.2.3　主要的研究项目	4.1.6　机构研究重点的变化趋势及特点总结
4.2.4　CMU 近年发文关键词变化趋势	4.2　卡内基梅隆大学(CMU)
4.3　斯坦福大学(Standford University)	4.2.1　主要机构介绍
4.3.2　斯坦福视觉实验室	4.2.2　主要研究小组
4.3.3　硅脑(Brains in Silicon)	4.2.3　主要的研究项目
4.3.4　斯坦福计算机科学系	4.2.4　CMU 近年发文关键词变化趋势
4.3.5　斯坦福计算机系近年的研究的关键词变化趋势	4.2.5　机构研究重点的变化趋势及特点总结
4.3.6　斯坦福大学研究重点的变化趋势及特点总结	4.3　斯坦福大学(Standford University)
4.4　牛津大学(计算机科学系 Department of Computer Science)	4.3.2　斯坦福视觉实验室
4.4.1　机构介绍	4.3.3　硅脑(Brains in Silicon)
4.4.2　主要研究项目	4.3.4　斯坦福计算机科学系
4.4.3　牛津大学近年发文关键词变化趋势	4.3.5　斯坦福计算机系近年的研究的关键词变化趋势
4.5　剑桥大学工程系(Department of Engineering)	4.3.6　斯坦福大学研究重点的变化趋势及特点总结
4.5.1　机构介绍	4.4　牛津大学(计算机科学系 Department of Computer Science)
4.5.2　主要研究项目	4.4.1　机构介绍
4.5.3　剑桥大学近年发文关键词变化趋势	4.4.2　主要研究项目
4.6　曼彻斯特大学(The University of Manchester)	4.4.3　牛津大学近年发文关键词变化趋势
4.6.1　计算机科学学院(School of Computer Science)	4.5　剑桥大学工程系(Department of Engineering)
4.6.2　机构近年的研究的关键词变化趋势	4.5.1　机构介绍
4.6.3　机构研究重点的变化趋势及特点总结	4.5.2　主要研究项目
4.7　法国国家信息与自动化研究所(INRIA)	4.5.3　剑桥大学近年发文关键词变化趋势
4.7.1　组织结构以及位置	4.6　曼彻斯特大学(The University of Manchester)
4.7.2　主要研究领域	4.6.1　计算机科学学院(School of Computer Science)
4.7.3　INRIA 近年发文关键词变化趋势	4.6.2　机构近年的研究的关键词变化趋势
4.8　亚琛工业大学(RWTH Aachen)	4.6.3　机构研究重点的变化趋势及特点总结
4.8.1　亚琛工业大学计算机科学系(Computer Science Department)	4.7　法国国家信息与自动化研究所(INRIA)
4.8.2　亚琛工业大学计算机系主要研究课题组	4.7.1　组织结构以及位置
4.8.3　亚琛大学近年研究方向	4.7.2　主要研究领域

中期报告大纲	最终报告大纲
4.7.3　INRIA 近年发文关键词变化趋势 4.7.4　机构研究重点的变化趋势及特点总结 4.9　德国人工智能研究中心（German Research Center for Artificial Intelligence，DFKI） 4.9.1　主要研究团体和研究项目 4.9.2　德国人工智能研究中心今年研究方向 参考文献	4.8　亚琛工业大学（RWTH Aachen） 4.8.1　亚琛工业大学计算机科学系（Computer Science Department） 4.8.2　亚琛工业大学计算机系主要研究课题组 4.8.3　亚琛工业大学计算机系主要研究项目 4.8.4　亚琛工业大学近年研究方向 4.8.5　机构研究重点的变化趋势及特点总结 4.9　德国人工智能研究中心（German Research Center for Artificial Intelligence，DFKI） 4.9.1　主要研究机构 4.9.2　主要研究项目 4.9.3　德国人工智能研究中心主要研究方向 4.9.4　机构研究重点的变化趋势及特点总结 4.10　伦斯勒理工学院计算机科学系（Department of Computer Science，Rensselaer Polytechnic Institute） 4.10.1　数据科学组 4.10.2　基于逻辑的人工智能-伦斯勒人工智能与推理实验室（Logic-Based Artificial Intelligence） 4.10.3　计算机视觉小组（Computer Vision） 4.10.4　机构近年的研究的关键词变化趋势 4.10.5　机构研究重点的变化趋势及特点总结 第 5 章　研究总结 参考文献 附表 附表一：检索用词集合 附表二：Web of Science 学科类别 附表三：人工智能领域新兴研究国家分布 附表四：EI 数据库中美意德法人工智能领域机构排名 附录五：各高校人工智能研究领域主要下属机构

附录 Ⅱ　人工智能发展趋势及欧美部分高校科研院所项目进展研究报告

第1章　研究背景概述

1.1　人工智能概念简述

人工智能(Artificial Intelligence,AI)是研究用于模拟、延伸和扩展人的智能的理论、方法、技术及应用系统的一门新兴技术科学。人工智能是计算机科学的一个分支，它试图了解智能的实质，并生产出一种新的能以人类智能相似的方式做出反应的智能机器，该领域的研究包括机器人、语言识别、图像识别、自然语言处理和专家系统等。约翰·麦卡锡（John McCarthy,1955）将人工智能定义为"制造智能机器的科学与工程。"现在对人工智能研究的一般理解是智能代理（intelligent agent）的研究开发，智能代理是指一个可以观察周遭环境并作出行动以达成目标的系统①。人工智能的研究极富挑战性，除了计算机科学，人工智能还涉及信息论、控制论、自动化、仿生学、生物学、心理学、数理逻辑、语言学、医学和哲学等多门学科。

1.2　人工智能的研究历程

随着技术的进步和人们对于智能理解的加深，人工智能的研究不断演进。人工智能的发展历史是和计算机科学以及技术的发展史联系在一起的。人工智能学科研究的主要内容包括：知识表示、自动推理和搜索方法、机器学习和知识获取、知识处理系统、自然语言理解、计算机视觉、智能机器人、自动程序设计等方面。人工智能的发展大致经历了算数运算、数学运算、逻辑推理、专家系统、模式识别、情感计算、情感理解等阶段②。

算术运算和数学运算的阶段主要指20世纪四五十年代，当时人工智能被人们理解为代替人工进行高速的数值运算的工具，其发展时期大致与计算机的发展相同。这个时期，研究者的主要精力集中于机器装置、编码等方面。

1950年，图灵发表了一篇划时代的论文《计算机与智能》引起了巨大震动，对于人工智能的逻辑推理学逐渐发展起来③。1956年，纽厄尔、赫伯特和西蒙等人合作编制了《逻辑推理机》数学定理证明程序，迈出了机器逻辑推理的第一步④。进入六十年代，洛克菲勒大学教授王浩用他首创的"王氏算法"，向罗素的《数学原理》

---

① Poole D L,Mackworth A K,Goebel R. Computational Intelligence：A Logical Approach[M]. New York：Oxford University Press,1998.

② The quest for artificial intelligence：A history of ideas and achievements[J]. Kybernetes,2011,40 (9)：1553—1553.

③ Harnad S. The annotation game：On Turing (1950) on computing,machinery,and intelligence[J]. The Turing Test Sourcebook：Philosophical and Methodological Issues in the Quest for the Thinking Computer,2006.

④ Newell A,Simon H A. GPS,a program that simulates human thought[M]. Defense Technical Information Center,1961.

发起挑战,并成功将其中的三百多条定理一一证明了。这一时期,人工智能的研究主要以机器推理为中心。

1977 年,费根鲍姆(E. Feigenbaum)在第五届人工智能大会上提出了"知识工程"的概念,标志着人工智能研究从传统的以推理为中心转变为以知识为中心。在会上,他介绍了"专家系统"的概念,即"是一个已被赋予知识和才能的计算机程序,从而使这种程序所起到的作用达到专家的水平",这种"专家的水平"意味着医学教授做出诊断的水平、高级工程师从事工程技术研究开发的水平等。随后,各种专家系统如雨后春笋般涌现,如数学专家 MACSYMA、农业专家 PLANT、军事专家 ACES 和 ANALYST 等①。

20 世纪七十年代中期到八十年代初期,人工智能的发展遭遇瓶颈,早期研究者对于人工智能的前景预测过于乐观,但是由于计算机运算能力的限制和计算复杂性的指数级增长,人工智能的研究陷入低潮。对于一些运算和几何证明问题,计算机很擅长,但是对于图像识别、语音识别、自然语言处理等人类很容易完成的工作,计算机却很难实现。此外,对于 AI 进行资助的机构,如英国政府和 DARPA 等也逐渐停止向研究机构提供赏助。

1980 年,卡内基梅隆大学为 DEC(Digital Equipment Corporation,数字设备公司)设计了一个名为 XCON 的专家系统,这是一个巨大的成功。专家系统的能力来自于它们存储的专业知识,研究者认识到智能可能需要建立在对分门别类的大量知识的多种处理方法之上,随之而来的是知识库系统和知识工程的迅速发展。

20 世纪 90 年代到 21 世纪初,"智能代理(intelligent agents)"的新范式被广泛接受。同时,经济学中的"理性代理(rational agent)"与计算机科学中的"对象"或"模块"相结合,"智能代理"范式逐渐地完善。

1.3　人工智能领域主要的研究方向的相关研究

人工智能是一个多学科交叉的领域,所涉及的研究纷繁复杂,也涌现出众多的研究成果。例如演绎、推理和问题解决、知识表示与组织、规划、机器学习、机器感知、情感处理、自然语言处理多元智能等。

张春博等人通过对国际人工智能领域的权威会议 AAAI 自 2002 至 2011 年的所有会议文章的计量发现,人工智能领域以 Artificial Intelligence 为中心分为了不同的主题群。

---

① 　Feigenbaum E A,McCorduck P. The Fifth Generation[M]. Addison-Wesley Pub,1983.

在智能规划领域,约束理论、约束问题满足条件、马尔科夫过程是研究的热点。

其次,在自然语言理解领域,自然语言的处理、数据的精简处理和计算机的仿真模拟出现的频次较高。

此外,算法始终是人工智能研究的重要基础,其中,启发式算法被广泛运用于搜索策略优化和组合最优化问题的求解,同时遗传算法、神经网络和计算复杂性理论也是研究的前沿。

在机器人工程领域,仿生学和多智能体系是网络中的重要连接点。

值得注意的是,推理机及其基础研究在所有的关键词中呈现明显的集群趋势,推理机的知识基础主要是知识表示和推理方法,其中一阶谓词逻辑表示是知识表示的重要理论,多项式时间近似和贝叶斯网络则是不确定性推理中的重要方法。

第 2 章　研究目的、对象与方法

2.1　研究目的

人工智能的发展经历了一个曲折的过程,在今天,大数据、云计算等方面的相关技术的发展为人工智能的研究和应用带来了新的契机。本研究希望通过对权威数据库中的文献数据的调查分析,厘清现阶段人工智能的发展状况,命中该领域的研究重点和热点,判断该领域的研究前沿,并通过文献计量和各种渠道确定有实力的机构、团体和个人,运用灵活的手段判断这些主体相关技术项目的研发情况,为相关情报使用者提供有关这一领域较为清晰的信息。

2.2　研究对象

本研究的研究对象是欧美在人工智能方面具有顶尖研究实力的高校和科研院所,通过对世界各国在人工智能领域的发文数量(Recs)和本地被引(TLCS)总量情况的统计我们发现,美国、英国、德国、西班牙和法国等国家的高校及科研院所发文总量和本地总被引次数较高,因此我们将研究的国家限定为美、英、德、法四国。

表 2-1　WOK 中人工智能领域文献数量和本地被引前五名国家情况

	国家	发文数量	百分比	本地被引次数
1	美国	3535	29.5	3888
2	中国	1520	12.7	2234
3	英国	1251	10.4	1422
4	德国	744	6.2	492
5	法国	694	5.8	1249

2.3　研究方法

　　本研究采用的主要方法是文献计量,在可视化呈现方面则主要采用知识图谱的相关方法。一方面,本研究的对象是美、英、德、法四国的高校和科研机构,其中部分高校的实力是获得世界普遍认可的,然而由于高校和科研机构数量众多,仅凭经验判断并不能准确地命中能代表研究前沿的高校和院所,因此通过需要文献计量,将定性的专家经验与定量的数据分析相结合,从中甄别出有实力的研究主体,对其进行跟踪和扫描。

2.3.1　数据来源

　　由于本研究的目的和主题需要尽可能充分和全面的数据,同时要能够多方印证,因此研究的数据来源较为多样,在研究的不同阶段,数据的来源也有所不同。

　　(1)确定检索词阶段

　　主要参考了维基百科和相关的中文期刊文献,借助维基百科的"see also"功能对与基础检索词有密切关系的检索词进行拓展。同时,对于英文翻译不确定的检索词,研究团队通过谷歌学术等学术搜索工具,查找相关专业文献来进行验证。

　　(2)文献信息收集的阶段

　　数据来源为汤森路透旗下的权威数据库 WOK 数据库,同时对于个别重要的检索词,小组还用工程索引数据库(EI Compendex)进行了检索。

　　(3)调查高校和科研院所的阶段

　　数据来源主要是各高校及其下属机构的主页、WOK 数据库以及第三方组织的报告和网页等(如新闻、科技论坛)。

2.3.2 研究工具

本研究使用的工具主要有三种：

（1）文献资源收集阶段

在收集文献资源时，研究组主要借助了北京大学图书馆提供的数据库，例如WOK 数据库以及 EI Compendex 等。同时，借助 WOK 数据库本身的文献分析功能研究组对研究的目标机构的排名形成初步认识，通过 EI 所提供的主题词功能研究组对检索用词进行了规范。

（2）文献计量分析阶段

在文献计量分析阶段，研究组灵活地采用了多种文献计量工具，相互取长补短，以发挥各种工具的优势功能。

在对文献进行基础词频分析、机构分析和研究者分析时，小组主要使用汤森路透公司的 Histcite 以及文献计量在线分析平台等工具。

Histcite＝history of cite，意味引文历史，或者叫引文图谱分析软件。该软件能够用图示的方式展示某一领域不同文献之间的关系。可以帮助我们快速绘制出一个领域的发展历史，定位出该领域的重要文献，以及最新的重要文献。

文献计量在线分析平台①是 2013 年中国科学院国家科学图书馆"科研教育开放信息创新应用大赛"获奖作品，借助这个平台我们可以对文献集合的总量、合作关系、影响力和引用关系进行分析。

在进行热点分析、前沿分析以及可视化处理时，我们采用了德克赛尔大学的陈超美教授开发的信息可视化软件——Citespace Ⅲ，该软件主要应用于探测和分析学科研究前沿随时间的变化趋势以及研究前沿与其知识基础之间的关系，并探索不同研究前沿之间的内部联系。

2.3.3 检索策略

（1）检索词选择与拓展

由于人工智能是多学科交叉的研究领域，为了保证检索结果尽可能地覆盖人工智能领域的主要内容，研究组对检索词进行了拓展（详见附表一），例如对于机器翻译（machine translation），研究组扩展了机器辅助翻译和翻译记忆（computer-assisted translation and translation memory）等词，对于语义检索（semantic search）我们拓展了语义网（semantic web）、语义查询（semantic query）和语义转换（semantic unification）等关键词。

---

① 文献计量在线分析平台：http://www.bibliometric.com/

（2）检索式构建、检索时间确定、检索库选择

在 WOK 数据库中，研究组首先确定检索词，同类型或相关的检索词用 OR 连接；类别限定为"COMPUTER SCIENCE ARTIFICIAL INTELLIGENCE""COMPUTER SCIENCE INFORMATION SYSTEMS""ENGINEERING ELECTRICAL ELECTRONIC" 等 13 个与计算机科学、信息科学、工程等密切相关的学科（详见附表二）；

时间跨度限定为 2005 年至 2015 年这 11 年，考虑到 2015 年文章数量可能较少，因此在分析时一般不考虑；

索引库限定为：SCI-EXPANDED。

最后按照相关性排序，取每个人精炼检索后的前 30％ 的文章，综合之后调整为 12 000 篇文献。同时我们要求每个人检索时还需用国家条件进行精炼，最后汇总大家的文献总数为 14 585 篇，我们取相关性排名前 5000 篇作为我们分析的文献集。

此外，由于我们研究的领域是人工智能，因此研究组还专门以 Artificial Intelligence 为检索词在 WOK 和 EI 数据库中进行检索（限定为美、英、德、法四国），以期获得更有针对性的文献信息，分别获得 1080 篇和 4000 篇文献。

2.3.4　数据整理

在获得文献数据之后，研究组对所得数据进行了整理。一方面，研究组根据 Histcite 能够处理的文献格式，将自 WOK 数据库中获得的文档中的相关字段替换为所需字段；另一方面，由于研究组所使用的文献均无法分析 EI 输出格式的引文数据，因此研究组借助了 EI 数据转换工具①完成了数据格式的转换。

第3章　文献计量结果分析

3.1　国家文献发表情况分析

经统计可知，12 000 篇文献中共涉及 98 个国家和地区（图 3-1）。从世界范围

---

① 　http://blog.sciencenet.cn/blog-260374-667400.html.

来看,美国在人工智能领域的研究实力远超其他国家(地区),无论是发文数量还是被引频次均为第一;其次,中国(含台湾、香港)在该领域的研究数量也较多,为1520篇,总体位居第二;英国以1251篇文献位居第三。从前20名国家(地区)来看,世界上的研究力量主要集中在欧美国家如美国、英国等;亚洲国家中则主要以中国、日本、韩国、新加坡和印度为代表。伊朗、葡萄牙、马来西亚、巴基斯坦等国的突现值较高,说明这些国家作为该领域的新兴国家地位在逐渐上升(见附件三)。从欧美国家整体来看,西班牙和意大利在发文总量上超过法国,德国,位于二者之间。此外,北美的加拿大发文量也相当可观。

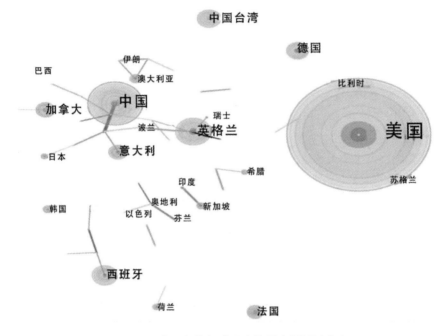

图 3-1　人工智能领域研究的国家(地区)分布

3.2　机构分析

机构分析的目的是帮助我们找到美、英、德、法四国在人工智能领域研究的重点机构和团队,在利用WOK数据库的文献信息的同时,小组还结合EI数据库相关主题文献的机构排名以及第三方机构的排名来对我们的结果进行综合分析。

首先,我们将分析所得的机构数据进行了去重合并,对于排名比较靠前30所院校的下属机构的发文数量和引文数量进行了加总,由于法国和德国在数据集中

的排名较靠后,因此我们对两个国家进行了单独计算。前几名的数据如下(表3-1):

表 3-1　美、英、德、法四国人工智能研究排名靠前的院校及机构(按记录数排序)

	机构	Rec	LCS	GCS
美国	斯坦福大学	112	36	2217
	卡内基梅隆大学	101	38	3679
	麻省理工学院	98	110	3733
	加州大学伯克利分校	55	22	1924
	南加州大学	52	40	1523
	哈佛大学	50	18	1746
英国	剑桥大学	92	32	2264
	牛津大学	90	36	2091
	曼彻斯特大学	82	81	2398
	南安普顿大学	51	39	1488
法国	CNRS	129	88	3758
	INRIA	52	31	2020
	Univ Toulouse	29	3	780
德国	Univ Aachen	23	17	625
	卡尔斯鲁厄理工学院	19	9	370

　　从结果来看,美国高校和企业的排名普遍靠前,其中计算机领域的老牌名校卡内基梅隆大学(Carnegie Mellon University)、麻省理工学院(Massachusetts Institute of Technology)、斯坦福大学(Stanford University)排名非常靠前;此外,加州大学作为一个大学系统,其各个分校研究成果总数较高,其中,加州大学伯克利分校(University of California-Berkeley)的表现较为突出;此外,哥伦比亚大学(Columbia University)、哈佛大学(Harvard University)、伊利诺伊-香槟分校(University of Illinois--Urbana-Champaign)、佐治亚理工学院(Georgia Institute of Technology)、南加州大学(University of Southern California)和马里兰大学(University of Maryland)等排名也相对靠前。

　　英国相对于美国来说稍有逊色,然而在欧美国家整体中的领先地位仍然比较明显。牛津大学(University of Oxford)和剑桥大学(University of Cambridge)排名靠前,数据也较为接近;南安普顿大学(University of Southampton)和曼彻斯特大学(University of Manchester)紧随其后,此外排名比较靠前的还有伦敦大学学院(University College London)、伦敦帝国理工学院(Imperial College London)、伯明翰大学(University of Birmingham)等。

　　德国和法国的高校在本数据集中相比于美英排名较为靠后。法国高校普遍排名较低,排名最高的图卢兹大学记录数仅为 29 条,相比之下,法国的相关科研机构,如法国国家科学研究院(Centre national de la recherche scientifique)、法国国家信息与自动化研究所(Institut national de recherche en informatique et en automatique)由于其下属实验室以及合作高校众多,总体上排名较高。德国亚琛工业大学(Rheinisch-Westfaelische Technische Hochschule Aachen)和卡尔斯鲁厄理工学院(Karlsruhe Institute of Technology)在德国人工智能研究机构中排名相对靠前。他们已经将人工智能技术应用到德国工业 4.0 上,并取得了一些研究成果。

考虑到人工智能与工程技术的联系比较紧密,因此研究小组专门以人工智能(Artificial Intelligence)为检索词在 EI 数据库中进行了检索,取按相关性排序的前 4000 篇文章(EI 数据库提供的机构排名请见附表四),所得结果排除企业机构后的前 30 所高校和科研院所中,除了之前分析结果中的系列院校外,美国约克大学计算机系,英国利物浦大学计算机系、伯明翰大学计算机学院、爱丁堡大学信息学院以及德国人工智能研究中心等院校机构的排名也较为靠前。

根据研究我们发现,部分高校在发文数量上表现并不突出,但是其在人工智能领域的同行评价及某些特定研究方向中表现突出,例如美国伦斯勒理工学院、英国爱丁堡大学等,其中伦斯勒理工学院在 US. NEWS 上的专业排名仅仅为全美 42 名,然而它在美国理工院校中又有重要地位,从该院校走出的学生在理工领域多有建树,伦斯勒理工学院还被誉为美国理工科教育的基石。因此我们在研究中也将对这一所高校进行调查和分析。

综合考虑 WOK 和 EI 数据库中所得文献的院校排名信息以及小组收集的其他院校信息,我们将研究目标对象限定为以下 10 所院校:

表 3-2　研究的目标高校与院所

序号	所在国家	院校或机构
1	美国	卡内基梅隆大学(Carnegie Mellon University)
2	美国	麻省理工学院(Massachusetts Institute of Technology)
3	美国	斯坦福大学(Stanford University)
4	美国	伦斯勒理工学院(Rensselaer Polytechnic Institute)
5	英国	牛津大学(University of Oxford)
6	英国	剑桥大学(University of Cambridge)
7	英国	曼彻斯特大学(University of Manchester)
8	法国	法国国家信息与自动化研究所(Institut national de recherche en informatique et en automatique)
9	德国	亚琛工业大学(Rheinisch-Westfaelische Technische Hochschule Aachen)
10	德国	德国人工智能研究中心(German Research Center for Artificial Intelligence)

事实上,根据 US. NEWS 2014 年计算机学科院校的排名,麻省理工学院、卡内基梅隆大学、斯坦福大学均名列前三名,这证明本研究选择的高校有一定的现实意义。

从各院校下属的具体机构来看(详见附表五),各高校的计算机科学学院及计算机实验室是研究贡献的主力军;其次,各类型的人工智能实验室、工程科学学院、机器人研究所、机器学习实验室、多媒体实验室、多语言研究实验室等也占据重要地位,各类型的机构形成了强大的集团优势。从科研院所来看,法国国家科学研究院 CNRS 下属多个实验室和合作机构,发文较为分散,但是集合优势明显,其中机械工程实验室、系统分析与构建实验室在人工智能研究方面有一定的实力。德国人工智能研究中心的研究更加贴近实际应用,下属有先进驾驶辅助系统实验室、不莱梅环境辅助实验室、智能城市实验室等。

3.3　研究热点与研究前沿分析

文献计量的方法一般是首先从数据库中下载某研究领域的数据,对数据进行共被引分析、共词分析、耦合分析等,之后进行聚类,根据聚类结果分析研究热点。

文献的关键词是对文献内容的高度概括和集中描述,因此在进行研究热点和研究前沿分析时,需要重点对关键词的突现情况和共现情况进行分析。关键词的共现是指一组词中两两在同一篇文献中出现,这种共现能够在一定程度上体现两个词的亲疏关系,若一个词与多个词的共现频率都很高,则说明这个词很有可能是这个研究领域中的研究中心。当然,若一个词普遍在文献中出现,则这个词可能过于平凡,就失去了区分度,对于我们判断研究热点反而有干扰作用,因此在分析时要排除过于普通的词汇。在聚类时,共现程度越高越容易被聚为一类。

关键词的突现(burst)表示一个变量的值在短期内有很大波动。这个变量可以是施引文献所用的单词或短语的频次,也可以是施引文献本身(如作者、机构、文献名)的频次。在一定的阈值之上,一个关键词的突现率越高代表它越有可能是某一时段研究前沿,因此很可能出现词频不高,但是突现率很高的词汇,这种词汇可能预示着该学科研究方向的转变,对于这样的词汇我们需要重点关注。

应用 Citespace III 可视化软件,基于我们文献集合的规模选择阈值为 TOP100,(即每一年共现频率最高的前 100 个关键词),时间跨度选择 1 年,主题词来源选择标题、摘要、关键词和拓展关键词,采用 Log-likelihood ratio(LLR)的抽词排序的法则来抽取名词短语。Modularity Q 指标和 Si-lhouette 指标对聚类结果和抽词结果进行计量,以选取最合适的结果。采用最小生成树的修剪算法对 12 000 篇文献中的关键词进行共词分析,绘制出了人工智能领域的关键词网络。

本次聚类的 Modularity Q 值为 0.8826,Si-lhouette 的值为 0.1567。Modularity Q 介于 0 到 1 之间,越接近 1 代表网络越具有模块性,可以很好地进行聚类,聚类之间的关系也越紧密;Si-lhouette 值介于-1 到 1 之间,越接近 1 说明聚类的主题越明确,聚类中文章的相似性就越高。由此看来,本研究所使用的文献集合的聚类效果较好,但是聚类的主题并不明确,聚类内部的文献主题较为分散。

对文献进行可视化分析的结果如图 3-2 所示:

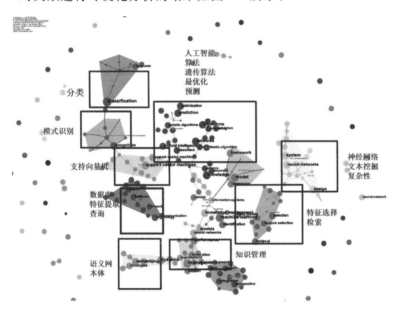

图 3-2　关键词聚类图

从图 3-2 可以看出,当选取关键词出现次数不小于 120 次时,不同的关键词可以形成明显的聚类。从图 3-2 中可以看出,高频关键词往往出现在同类关键词的中心以及不同类关键词的转折处。"人工智能"位于整个网络的核心,以人工智能为中心,分散出不同的学科。通过对关键词进行进一步的梳理,并对于常见的没有实际意义的高频关键词进行剔除,小组得到了高频以及高中心性的关键词。

3.3.1 高频关键词分析

表 3-3　高频关键词分析

序号	高频关键词	
	关键词	频次
1	classification	1098
2	machine learning	803
3	support vector machines	629
4	neural-networks	585
5	semantic web	483
6	algorithm	452
7	knowledge management	451
8	optimization	295
9	data mining	278
10	genetic algorithm	180
11	feature selection	165
12	natural language processing	116
13	locomotion	114
14	pattern recognition	108
15	segmentation	100

　　从高频关键词首次被共引的年份来看,大部分都集中在 2005 年,即检索的起始年份,说明这些关键词并非新出现的词汇,而是以往研究中的热点词汇,它们形成人工智能领域知识基础,因此在 2005 年至 2015 年这 10 年的跨度中依然保持着生命力。

　　首先,分类(classification)出现频次最高,分类是信息管理领域的重要概念,也是构建知识体系、进行知识管理的基础,众多的研究都需要公认可靠的分类法作为基础,此外,在语音识别和图像识别领域,对于语音和图像的分类也成为研究的热点。可见,classification 并不仅仅是人工智能领域的研究热点,也是多个学科研究的基础性问题。

　　其次,机器学习(machine learning)的出现频次排在第二位。Langley(1996)定义的机器学习是:"机器学习是一门人工智能的科学,该领域的主要研究对象是人工智能,特别是如何在经验学习中改善具体算法的性能",计算机通过模拟或实现人类的学习行为,以获取新的知识或技能,重新组织已有的知识结构使之不断改善自身的性能。机器学习是人工智能技术的核心,在今天的数据挖掘、计算机视觉、自然语言处理、生物特征识别、搜索引擎等方面已经有了众多应用。在机器学习领域,学者提出了支持向量机(Support Vector Machine,SVM),它在解决小样本、非线性及高维模式识别中表现出许多特有的优势,并能够推广应用到函数拟合等其他机器学习问题中。

同时,语义网(semantic web)及其相关词汇如本体(Ontology)等出现的频率也很高,语义网是对未来网络的一个设想,现在与 Web 3.0 这一概念结合在一起,作为 3.0 网络时代的特征之一。简单地说,语义网是一种智能网络,它不但能够理解词语和概念,而且还能够理解它们之间的逻辑关系,可以使交流变得更有效率和价值。语义网的建立极大地涉及了人工智能领域的部分,与 Web 3.0 智能网络的理念不谋而合,因此语义网的初步实现也作为 Web 3.0 的重要特征之一。

再者,算法(algorithms)是网络中出现的高频词汇,围绕着算法关键词的是各种具体的算法,例如遗传算法(genetic algorithm)、神经网络算法(neural-networks)等。"遗传算法"是一种搜索启发式的算法,它是模拟进化论的自然选择和遗传学机理的生物进化过程的计算模型,是一种通过模拟自然进化过程搜索最优解的方法。采用概率化的寻优方法,能自动获取和指导优化的搜索空间,自适应地调整搜索方向,不需要确定的规则。遗传算法的这些性质,已被人们广泛地应用于组合优化、机器学习、信号处理、自适应控制和人工生命等领域。它是现代有关智能计算中的关键技术。"神经网络算法"应用于人工神经网络,它是由众多的神经元可调的连接权值连接而成,具有大规模并行处理、分布式信息存储、良好的自组织自学习能力等特点,在优化、信号处理与模式识别、智能控制、故障诊断等许多领域都有着广泛的应用前景。

同时,在大数据相关技术不断发展的今天,如何有效地管理知识和应用知识是摆在研究者面前的重大问题,知识管理(knowledge management)指的是知识获取、发展、分享和有效利用的组织方法,人工智能中的专家系统、模式识别等技术的基础是巨大的常识库,这些技术只有在良好的知识管理的情况下才能发挥最大的作用。此外,随着信息资源的日益膨胀,我们需要更好的信息利用技术,数据挖掘(data mining)一般是指从大量的数据中通过算法搜索隐藏于其中信息的过程。数据挖掘通常与计算机科学有关,并通过统计、在线分析处理、情报检索、机器学习、专家系统和模式识别等诸多方法来实现。

此外,在智能规划问题上,约束理论(constraint theory)又是一个重要的方面,尤其是约束满足问题(constraint satisfaction problem,CSP)。现实中大量组合优化问题(optimization)都可以通过约束满足问题来建模求解。在图像和语音识别领域,特征选择(feature selection)和模式识别(pattern recognition)是两种重要的技术。在信息检索和人机交互的过程中,自然语言的处理(natural language processing)能力极为重要。在机器人领域,机器人的运动(locomotion)研究是热点之一。

3.3.2　高突现度关键词分析

表 3-4　高突现度关键词分析

序号	高突现度关键词	
	关键词	突现度
1	extreme learning machine	12.96
2	particle swarm optimization	11.03
3	extreme learning-machine	8.74
4	swarm intelligence	8.13
5	knowledge management	8.02
6	knowledge-based systems	7.46
7	cloud computing	7.15
8	image classification	7.03
9	artificial bee colony algorithm	5.66
10	optimization	5.07
11	decision support systems	4.7
12	feature-selection	4.33
13	neural networks	4.25
14	fusion	3.76
15	nonlinear dimensionality reduction	3.55

从高突现度的关键词来看,极限学习机(extreme learning machine,ELM)的中心性最高,极限学习机由南洋理工大学黄广斌教授提出,主要用于求解神经网络算法。ELM 最大的特点是对于传统的神经网络,尤其是单隐层前馈神经网络(SLFNs),ELM 比传统的学习算法速度更快。对于人工智能领域中神经网络的运用有着推动作用。此外,粒子群算法(particle swarm optimization)和集群智能(swarm intelligence)的发展相辅相成,这些研究提供了在去中心化的情况下,分布式的简单个体通过简单合作体现出来智能的一种思路。与该思路类似的还有蜂群算法(artificial bee colony algorithm),人工蜂群算法是模仿蜜蜂行为提出的一种优化方法,是集群智能思想的一个具体应用,它的主要特点是不需要了解问题的特

殊信息,只需要对问题进行优劣的比较,通过各人工蜂个体的局部寻优行为,最终在群体中使全局最优值突现出来,有着较快的收敛速度。

同时可以看出新兴的云计算技术(cloud computing)、图像分类技术(image classification)的突现度也较高,说明在较短期内,人们研究的中心向这些技术进行了转移。此外还可以发现,高频词的关键词如: knowledge management、optimization、feature-selection、neural networks 等在高频次的词汇中再次出现,说明这些主题是近些年来的新研究方向和研究热点。

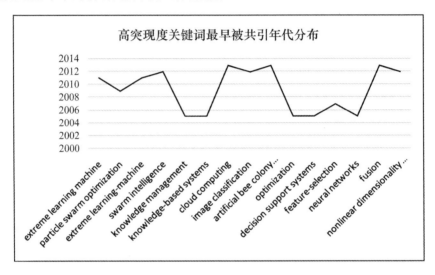

图 3-3　高突现度关键词最早被共引年代分布

总体来看,当前的人工智能研究领域的前沿还是主要集中于搜索、算法、推理和优化理论的机器思维研究,以专家系统和数据发掘为代表的机器学习也是重要的研究领域,以多智能体系统为核心的机器行为则是人工智能研究的热门分支。然而我们也发现一种与过去不一样的思想,即在云计算环境下的分布式的智能的研究,通过粒子群算法和集群智能来达到我们所希望的人工智能水平。此外,各种新的更高效的算法在不断涌现,这些算法也成为研究者研究的重点。

此外,除了在高频词汇中重复出现的词汇,其他的高突现度词汇的首次共被引年份都在 2010 年左右,部分关键词首次共被引年份为 2012 年至 2013 年,说明这部分高突现度的词汇很可能是现阶段研究的前沿,部分高突现度的词汇首次共被引的年份为 2005 年,从现阶段的研究来说,很难确定它们是研究的前沿,但是可以基本肯定的是,这些研究领域是前一阶段的研究前沿,而且在这一阶段仍然保持着相当的研究热度。

然而我们应该认识到,突现度只能代表一个词汇出现的波动程度,对于具体的词汇是否是能够代表一个学科的发展前沿还需要该领域的专家通过经验进行判断。

3.4 关键词聚类及时间分布分析

小组通过 Citespace 对文献集中的关键词进行了聚类,并从摘要中提取关键词作为聚类的标示(聚类标示在一定程度上能够反映聚类中研究方向的集中趋势,但是标示本身并不一定存在实际意义或者对文献主题的区分能力)。聚类情况如下(表 3-5):

表 3-5 关键词聚类情况

聚类号	聚类内关键词数	聚类标签
♯0	19	retrieving gene 检索基因
♯1	17	single-machine scheduling 单机调度
♯2	16	modern industry 现代工业
♯3	16	forecasting 预报
♯4	16	classfication 分类
♯5	14	organization 组织
♯6	15	terminal solution 终端解决方案
♯7	15	using unordered daily construction 使用日常无序的建构
♯8	15	class 类别
♯9	13	learning 学习
♯10	13	system 系统
♯11	13	innovation 创新
♯12	13	learning machine 学习机器
♯13	11	description logic 描述逻辑
♯14	10	rat 鼠

聚类及其时间跨度如下(图 3-4):

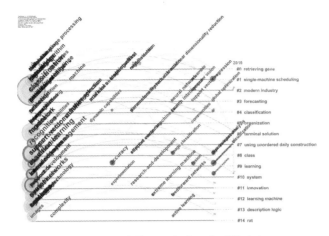

图 3-4　聚类情况及各类研究时间跨度

　　由聚类结果和时间跨度分析可知,文献集中的文献大致可以分为 14 个较为明显的类(具体每个类别对应的关键词请见附件"关键词聚类结果"),其中♯2、♯6和♯10 类研究时间跨度较长,而其余研究的时间跨度较短,说明这三类中更可能包含研究前沿的内容。然而,考虑到文献集本身的情况,造成这种现象的原因可能是 2014 及 2015 年文献量不足,因此无法断言这三类谁更能代表研究前沿。

　　图中黑色外圈的节点代表高中心性的关键词,由此可见,♯1 单机调度、♯4 分类、♯8 类别、♯9 学习、♯10 系统以及♯12 学习及机器等类别中的关键词中心性较高,相应的也代表这些类别是研究的中心和热点。

　　关键词及聚类平均年代分布如下(图 3-5):

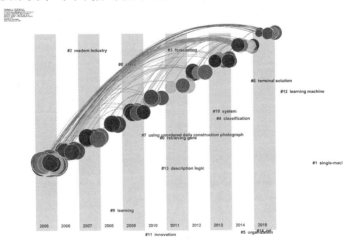

图 3-5　关键词及聚类时间分布

从图中可以看出,人工智能领域的研究普遍时间跨度都比较长,这与该领域知识的积累和渐进式的发展方式有关。图中关键词反映了该关键词首次被共引的时间,聚类的相对位置反映了聚类内部关键词的平均首次被引时间,由此可见♯6终端解决方案、♯12学习机器以及♯1单机调度等类别是该领域中较为新颖的研究方向。从聚类内部的关键词来看,♯6终端解决方案更注重智能设备的实际应用,关键词中包括无线网络、企业信息系统、设备服务的融合、物联网、医院环境和智能药盒等;♯12学习机器中的关键词更偏向于机器学习,例如极端学习机、神经网络、文本挖掘、信息提取、基因表达和前馈网络等;♯1单机调度,调度问题(scheduling),又称排序问题。"单机调度"问题所提到的调度,指的是作业和机器作业顺序的调度。不包括车辆、人员、路径和时间等方面的调度。它指将若干工件(job)在一些机器上进行加工,合理安排机器和工件,以使目标函数最优的过程。该类中包含的关键词有知识、遗传算法、机器模仿、模式、学习效果、单机、联合网络等,可见这里的单机调度实质上指的是人工智能中有关机器学习以及机器学习在现实中应用的内容。

3.5　文献计量结果总结

从研究的数量来看,当前的人工智能还是主要集中于理论研究,例如基于搜索、算法、推理和优化理论的机器思维研究,此外,以专家系统和数据发掘为代表的机器学习也是重要的研究领域。同时我们能看出人工智能领域不同学科相互融合的特点,例如,信息科学、计算机科学、机器人学等学科在整个人工智能领域的研究中是相辅相成的。

同时我们也发现人工智能领域传统理论和新技术的结合,例如,云计算环境下的智能的研究,物联网的研究和分布式智能的研究。此外,各种新的更高效的算法在不断涌现,例如南洋理工大学的极限学习机、蜂群算法等,这些算法也成为研究者研究的重点。

再者,我们可以明显地看出人工智能领域理论和实际相结合的趋势,例如人工智能和现代工业及企业管理的结合、人工智能在医药领域的应用、人工智能在机器翻译和语音图像识别等领域的应用等。

第4章　重要机构及项目介绍

仅从宏观上把握人工智能的发展状况是远远不够的,我们需要将有实力的机构、团队及个人发掘出来,近距离地观察和分析某些重点的代表性机构的研究成果和研究方向,通过这些领域中的领跑者的行为来判断未来人工智能发展的大趋势。根据之前对机构的分析,研究组对部分表现突出的实验室和项目组进行了信息搜集和整理。

4.1 麻省理工学院计算机科学与人工智能实验室

4.1.1 机构简介

MIT 计算机科学与人工智能实验室(MIT Computer Science and Artificial Intelligence Laboratory,CSAIL)是 MIT 最大的研究实验室,也是世界上最为重要信息科学研究中心之一。该实验室的人员一直致力于研究分时共享、大规模并行计算、公共密钥加密、机器人大规模商业化等重要议题。

CSAIL 下设的 AI 实验室成立于 1959 年。这个实验室在外科手术导航和基于自然语言的网络连接方面提出了开创新的方法。在这个实验室中诞生了新一代的微型显示器,开发出触觉接入功能、微生物机器人和基于行为的机器人。

AI 实验室的使命是理解智能的本质,了解人类意识的工作模式,并建立能展示智能的工程系统。鉴于语言、视觉、机器人是理解智能的关键,因此它们成为实验室的主要研究方向。

该实验室下有包括生物和计算学习中心、医学临床决策科学组、计算认知科学组、计算基因科学组、动态语言科学组、交互式机器人科学组、智能系统科学组、机器学习科学组等 30 多个研究小组。

4.1.2 主要小组介绍

生物和计算学习中心:项目组带头人托马索 A. 波焦(Tomaso A. Poggio),MIT 大脑与认知科学系教授。他是计算神经科学的创始人之一,他开创的视觉系统动态模型,引入正则化理论,为计算界和生物物理学的理论学习做出了关键贡献。该项目组的主要工作是研究生物的认知功能,理解人的大脑的工作原理,为制造智能机器人作支持。

来源网址:http://cbcl.mit.edu/cbcl/index.html

计算认知科学组:项目组带头人为乔什·特南鲍姆,MIT 大脑与认知科学系教授。该项目组主要研究人类学习和推理的计算基础。通过数学建模,用计算机模拟的方式,解释人们跳跃性思维的奥秘。通过了解人类在学习方面的计算功能,试图构建接近人类思维模式的计算机系统。

来源网址：http://cocosci.mit.edu/

分布式机器人实验室：该项目的带头人是丹妮拉·罗斯，MIT 电气工程与计算科学系教授。该实验室的主要研究包括分布式机器人的开发、机器人运动计算和编程问题。其主要的项目有：基于传感器网络的机器人控制项目、结构模块化的自适应机器人和网络环境下分布式移动机器人控制算法研究等。

来源网址：http://groups.csail.mit.edu/drl/wiki/index.php? title＝Main _Page

4.1.3　重要研究人员介绍

哈尔·阿伯尔森(Hal Abelson)，MIT 电气工程与计算机科学系教授，主要的研究领域是生物与人工智能。

来源网址：http://www.csail.mit.edu/user/1535

爱德华·阿德尔森(Edward Adelson)，MIT 大脑与认知科学系教授，主要研究领域是人类视觉、机器视觉和计算机图形学。阿德尔森建立了第一台全光照相机。他在运动知觉的神经机制的研究中做出了重大贡献。他最近的一项研究是名为 Gelsight 的触觉技术，通过 3D 技术可以触摸图片。

来源网址：http://www.csail.mit.edu/user/806

里贾纳·巴兹李(Regina Barzilay)。CSAIL 实验室教授，主要研究领域是自然语言处理，主要项目有：命令式语言基础项目、无监督的多语言学习项目等。

来源网址：http://www.csail.mit.edu/user/765

兰德尔·戴维斯(Randall Davis)，MIT 电气工程与计算机科学系教授，主要研究领域是人工智能和人机交互，主持的项目有动态构建贝叶斯网的多域扫描理解，基于 HMM 高效图像识别。

来源网址：http://www.csail.mit.edu/user/805

托马斯洛萨诺·佩雷斯(Tomás Lozano-Pérez)，MIT 电气工程与计算机科学系教授，主要研究领域是机器人动态规划、计算机视觉、计算机辅助医学等。

来源网址：http://www.csail.mit.edu/user/810

4.1.4　相关人工智能项目介绍

(1) 机器人场景识别项目

项目时间：2015 年 5 月

2014 年 12 月，MIT 在神经信息处理系统国际会议上宣布其研究人员完成了依据场景类型编制的全球最大的图像数据库，其中包含了 700 万个实体。研究人员通过机器深度学习技术来训练场景识别器,希望实现场景识别和物体识别的协同工作。研究人员通过数以百万计的图像实例测试识别器,使识别器的图像标签识别准确率达到 50％,而人类的识别在 80％左右。

关键词：神经信息、场景识别、机器学习

来源网址：http://www.csail.mit.edu/node/2482

（2）装配线机器人学习项目

项目时间：2015 年 3 月

在美国国家科学基金会的支持下,CSAIL 研究人员正在开发下一代智能装配线机器人。这个团队开发的人工智能机器人能够感知到和它们一起工作的工人,从工人的经验中学习,从而使机器人更能适应人类的行为,根据周围人的行为而做出调整,从而提高工作的效率。

关键词：智能机器人、系统感知、工业

来源网址：http://www.csail.mit.edu/node/2437

（3）自动录音跟踪系统

项目时间：2013 年 10 月

2013 年 10 月,CSAIL 研究人员开发出一种无监督的语音分类系统。在口语语言系统研究中,语音分类是一个重要的领域。当前主要的分类技术是一种有监督的机器学习,即需要样本录音进行训练。而 CSAIL 开发出一种不需要事先样本训练,语音分类与之前的方法效果相当的系统。原先要创建一个扬声器的声音模型,计算机需要分析 2000 多个不同类型的声音。为了描述不同频带的声音信号性质,系统大约需要 60 个变量。而 CSAIL 研究人员发明一种新的信息轴,在万维空间中描述声音特征。他们通过这种新技术将描述声音的变量减少至 3 个。该技术首先捕获语音变化最大的信息,建立第一个信息坐标轴,然后捕获其他语音中变化最大的信息,建立第二个信息轴。因此信息量通过每一条加入的信息轴而逐渐减少。该系统可以在很短时间内提取声音的特征,并且这种技术可以应用到其他口语语言的计算工作中。

关键词：语音分类、机器学习、信息轴

来源网址：http://www.csail.mit.edu/node/2109

（4）人脑对物体大小识别的研究

项目时间：2012 年 6 月

这项研究由 CSAIL 与 MIT 大脑与认知科学学院共同承担。研究人员发现,人类大脑会根据事物的物理尺寸将其存储在大脑的不同区域。通过 3D 大脑扫描,研究发现,大脑对于一个小物体的反映出现在大脑皮层,对于大物体的反映出现在大脑的海马区。这项研究有助于了解大脑的"地理构造",这对智能机器人处理不同的事物有重要作用。该项研究指出，当前的许多机器识别并不关注物体大小，但是识别物体大小就可以限定物体的数量，这有助于机器认识外部世界。同时，该研究中设计人的识别系统，这对于开发机器人的场景识别技术有重要作用。

关键词：大脑认知、场景识别、识别系统。

来源网址：http://www.csail.mit.edu/node/1764

（5）基于模型的嵌入式机器人系统项目

项目时间：2011 年 9 月

该项目的研究重点是开发一种新的控制算法，使机器人与人类更好地协同工作。同时，研究人员希望研究的机器人在未知环境中可以自主地进行探索，智能地进行恢复和自我诊断。研究人员认为实现这样的目标，需要开发一种新的自动推理算法。基于这种推理模型的自主系统可以接受人类的常识性的知识。再加上其感知周围环境的硬件设备，机器人就可有计划地执行任务。在 MERS 中，CSAIL 研究人员与波音公司合作开发一个自主飞行出租车的系统。乘客与车辆的交互就像是与出租车司机对话一样。出租车会将目的地信息、期望到达的时间和路线、天气情况和特殊情况进行整合分析，给出来客最佳回答。MERS 研究的另一个方向是机器人搜救。他们通过开发风险敏感控制算法，让机器人可以自主评估风险的大小，以确定完成预期的目标可采用的最安全和可操作方案。研究人员已经开始对无人潜艇深海探测、水下测绘等进行探索。

关键词：控制算法、自动推理、风险预测。

来源网址：http://www.csail.mit.edu/csailspotlights/mers

（6）基于人工智能的医疗保健

项目时间：2011 年 8 月

基于人工智能的医疗保健项目是对电子健康信息进行二次利用，对临床数据进行研究以支持公众健康。在这个研究中，工作人员对电子护士报告和重症监护病房的报告进行扫描。利用自然语言处理方法，使计算机自动提取临床数据、事件和推理其中的关系。依托医学语言系统，该小组已经通过编程识别了关键术语和概念。到目前为止，这种技术已经被应用到临床的研究中。例如，该技术已经被用来收集一种治疗方的病人数据，来帮助医生分析判断，发现遗传、药物或是个人习惯是否对患者有影响。同时，这项技术被应用到医患监护过程中，系统可以用语音处理系统将对话处理成文本，然后通过自然语言分析撰写报告。

关键词：人工智能、自然语言处理、数据分析、医疗。

来源网址：http://www.csail.mit.edu/csailspotlights/health_care_of_the_future

（7）智能轮椅项目

项目时间：2010 年 4 月

智能轮椅项目由 CSAIL 的机器人、视觉与网络传感器科学组承担。这个项目的目标是通过使用传感器使轮椅感知周围环境，通过语音来实现命令操控。机器人轮椅可以应用到医院、康复中心、家庭等环境中。轮椅可以根据用户语音指令，带领用户去任何已存储的目的地。同时，该机器人可以使用遥控杆以加强安全性。这个机器人轮椅适用于那些肢体损伤但是可以讲话的患者。

开发智能轮椅的人员来自多个领域，包括机器人技术、人工智能、机器学习、人机交互等。赞助该项目的企业有微软和诺基亚公司。

关键词：传感器、语音命令、机器学习、人机交互。

来源网址：http://rvsn.csail.mit.edu/wheelchair/

（8）人机对话项目

这个项目由 CSAIL 口语语言系统科学组（LSL）承担。当前 LSL 的主要研究是通过将手写和手势等其他类型的自然输入方式与语音输入相结合，来改进人类语言核心技术。研究人员正在提高针对特定对话的应用程序的效率以及语音识别过程针对新词检测和学习的能力。

关键词：语音输入、语音识别、自然语言处理。

来源网址：http://groups.csail.mit.edu/sls/research/interface.shtml

4.1.5 MIT 近年发文关键词变化趋势

研究组在 WOK 上检索在 2005 到 2015 年这个时间段内 MIT 发表的有关人工智能的文献获取共计 403 篇。我们对这些文献的关键词字段进行计量分析。如图 4-1 所示：

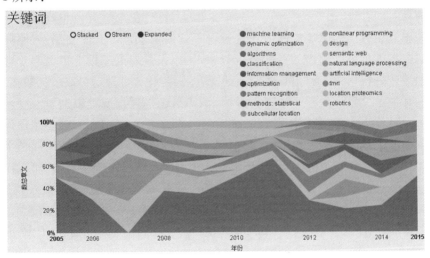

图 4-1　MIT,CSAIL 近年所发文献关键词分析

我们选取了从 2005 年到 2015 年间出现频次 ≥4 的词语，总共 18 个高频词语。从图表中可以看出，2012 年是一个重要的节点，主要的关键词出现较大增幅。例如"linked data""applications of machine learning""machine learning"等。其中"machine learning"从 2005 年到 2015 年每年的持续度都较高，特别是在 2011 年之后，呈现出急剧上升态势。近年来，表现突出的关键词有"machine learning""classification""congestion control"等。

4.1.6　机构研究重点的变化趋势及特点总结

从我们查找的项目来看，关键词主要集中在"机器学习""自然语言处理""语音识别""人机交互"等方面。从研究项目的内容来看，MIT 的研究领域是较为广泛的。从纯理论研究到工业机器人的研究都会涉及。而且近年来，MIT 重视对医疗人工智能的研究，比如说医疗大数据的挖掘、智能轮椅。

4.2　卡内基梅隆大学(CMU)

针对卡内基梅隆大学(Carnegie Mellon University)的人工智能研究，我们从该校的计算机科学学院下设的计算机系、机器人研究所、人机交互研究所、语言技术研究所、机器学习系等五个机构入手。

4.2.1　主要机构介绍

(1) 计算机系(SCD)

CMU 的计算机系是全球顶尖的计算机系之一。SCD 专门设置了人工智能实验室。根据其官网的介绍，SCD 的人工智能研究的重点在于智能数字图书馆、数据表示、数据算法和复杂的嵌入式机器人的应用。

来源网址：https://www.csd.cs.cmu.edu/

(2) 机器人研究所(RI)

RI 成立于 1979 年，其主要任务是进行机器人的基础性开发和相关产业的应用研究。这个机构也是国家机器人工程中心，用于开发和测试机器人系统。这个研究所的主要研究领域是机器人的运动与控制、机器学习、计算机视觉和图形处理等。

RI 下设多个子实验室，包括高级机电一体化实验室、移动机器人控制实验室、生物机器人实验室、计算机视觉实验室、人脸识别实验室、人体识别实验室、人体感应实验室等 50 个实验室和小组。

来源网址：http://www.ri.cmu.edu/

（3）人机交互实验室（HICC）

HICC 成立于 1994 年，是 CMU 第一所研究人机交互的机构。该研究所的主要研究方向包括：交互界面的软件开发、认知模式研究、语音识别、自然语言理解、计算机图形学、手势识别、数据可视化、计算机协同工作等。当前 HICC 进行的研究包括：机器学习、机器人救援、机器人艺术和娱乐。比较著名的研究项目有 ACT-R 项目、Stepgreen 项目。

在人机交互研究所下设用户研究实验室、D 型工作室、Devlab 物理样机实验室、匹兹堡学习中心。

来源网址：http://www.hcii.cmu.edu/

（4）机器学习系

CMU 机器学习系是全球唯一的机器学习系。该机构主要的研究方向是如何让系统自动学习和改进它们的经验。研究人员让系统从多种体验开始学习，比如，通过在线分析医疗记录，学习预测哪些病人会对药物治疗有反应。为了实现机器更好的学习，研究人员开发新的算法，从具体的数据中提取一般的假设和知识。

来源网址：http://www.ml.cmu.edu/

4.2.2　主要研究小组

（1）3D 视觉与智能系统科学组

该组的带头人：丹尼尔·哈伯（Daniel Huber），CMU 机器人研究所高级系统科学家，他主要研究的领域是计算机 3D 视觉，机器人场景识别。该小组主要有两个研究领域：① 建筑工程的 3D 传感器的应用；② 自主汽车和移动机器人的 3D 传感器的应用。该小组希望通过 3D 技术，对大量的三维数据进行分析，从而对物体进行建模与识别，实现可视化。

来源网址：

www.ri.cmu.edu/research_lab_group_detail.html? lab_id＝86&menu_id＝263

（2）人脸识别科学组

该小组的带头人：金出武雄（Takeo Kanade）。他主要研究的方向是计算机视觉。目前进行的研究主要是计算机视觉的基础研究和系统开发，包括物体运动识别，面部表情识别、虚拟现实、医疗机器人等。该小组的主要项目有三维头部运动模型、科恩-金出武雄表情编码数据库等。

来源网址：

www.ri.cmu.edu/research_lab_group_detail.html? lab_id＝51&menu_id＝263

4.2.3　主要研究项目

（1）脑图像分析项目

脑图像分析项目主要的研究方向包括脑成像数据分析和机器学习。其主要的研究问题有：如何理解大脑神经活动中常用词的含义、如何通过磁共振成像测量大脑的活动及预测人的认知状态等。项目团队开发了一种新的算法来分析脑成像的数据。在磁共振成像研究中，研究人员用开发的算法去分析被测试者所阅读的词的含义。

项目负责人：汤姆·米切尔（Tom Mitchell），CMU 计算机学院教授，现在主要的研究领域有：计算机阅读网页和机器分析大脑活动成像。项目科学家布莱恩·墨菲（Brian Murphy），研究领域为机器学习、语义学，当前的研究主要是机器学习与神经影像学。

关键词：神经活动、磁共振、认知预测。

来源网址：缺失。

（2）灵活学习的自然语言处理项目

项目时间：2013 年 8 月。

该项目指出统计学习是自然语言处理的核心。在该项目中研究人员要处理的三个主要问题有：① 如何通过建立模型，实现自然语言处理的自动化；② 如何细化语言处理的任务；③ 基于计算模型，对语言数据进行分析，如何进行语言预测。在该项目中，研究人员完成了对 Twitter 消息的词标注，并发了开源语义解析器和开源机器翻译工具。

项目负责人：诺亚·史密斯（Noah Smith），CMU 计算机学院教授，主要研究领域为自然语言处理、机器学习、机器无监督的语言学习、机器翻译等，曾在自然语言处理核心算法上做出巨大贡献。

关键词：自然语言处理、计算模型、语言预测。

来源网址：http://www.cs.cmu.edu/~ark/Flexible/

（3）知识表示项目（Scons）

Scons 是一个高效的开源知识库系统，是众多应用软件的组成部分。Scons 专门用来支持自然语言理解和生成内容。在这项研究中，Scons 通过利用背景知识提高了搜索引擎和文件分类的性能。同时 Scons 也被用于从文本中提取出事件与时间的关系。该项目的目标是将 Scons 作为自然语言处理和推理的基础与发展工具。

项目负责人：斯科特·法尔曼（Scott Fahlman），其研究领域主要是人工智能、知识表示和推理、自然语言处理。

关键词：自然语言处理、推理。

来源网址：http://www.lti.cs.cmu.edu/projects/knowledge-representation-reasoning-and-acquisition/scone-symbolic-knowledge-base

（4）索尼克探测显像项目

该项目属于人机交互的医学项目。研究人员的目的是在可视化的超声图像的引导下，实现手眼协调配合，完成手术。他们提出一种通过超声对病人的内部进行扫描，通过一个平板显示器精确将病人的病变处显示出来。这个装置不需要特殊的设备，操作员可以独立操作。利用这种方法，手术针和手术刀可以在超声图像的引导下直接使用，增加了手术的安全性。

项目负责人：乔治 D. 斯特滕（George D. Stetten）。其研究领域主要有两个：① 基于图像引导的介入方法研究，例如声波手电筒，会在患者体内实时生成超声图像；② 自动识别、分析人体解剖结构的运动图像技术，例如心脏结构、动静脉的成像分析。

关键词：人机交互、可视化、医疗。

来源网址：http://www.ri.cmu.edu/research_project_detail.html？project_id＝438&menu_id＝261

4.2.4 CMU 近年发文关键词变化趋势

研究组在 WOK 上检索在 2005 到 2015 年这个时间段内 CMU 发表的有关人工智能的文献，共获取 441 篇文献。研究组对这些文献的关键词字段进行计量分析。如图 4-2 所示：

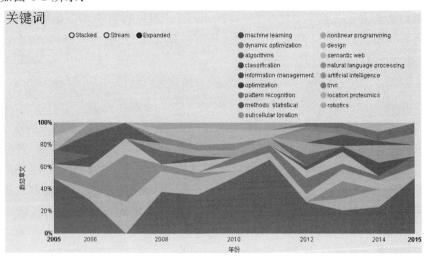

图 4-2 CMU 近年所发文献关键词分析

我们选取了从 2005 年到 2015 年间出现频次≥4 的词语,总共 33 个高频词语。从图表中可以看出,"natural language processing""nonlinear programming""machine learning"等是高频关键词。其中"machine learning"从 2005 年到 2015 年每年的持续度都较高,特别是在 2011 年,呈现出急剧上升态势。近年来,表现突出的关键词有"machine learning""methods：statistical""classification""robotics"等,这说明 CMU 在这些领域内的研究成果相对较多,这些领域成为 CMU 重点研究方面。

4.2.5　机构研究重点的变化趋势及特点总结

从我们查找的项目来看,关键词主要集中在"可视化""自然语言处理""语音识别""人机交互"等方面。从研究项目的内容来看,CMU 的研究方向是广泛的,包括人机交互实验室、机器人实验室等,设计的研究项目从理论层面的算法、认知科学到应用层面的图像识别、自然语言处理、3D 识别等。近年来,CMU 重视对智能机器人研究,比如说仿真机器人,自主汽车机器人等。

4.3　斯坦福大学(Standford University)

斯坦福大学,是坐落于美国加利福尼亚州斯坦福市的私立研究型大学。成立于 1891 年,迄今已培养超过 30 名富豪,17 名太空飞行员以及众多美国国会成员。

来源网址：http://www.stanford.edu/

4.3.1　斯坦福人工智能实验室

4.3.1.1　机构介绍

斯坦福人工智能实验室(The Stanford Artificial Intelligence Laboratory, SAIL)成立于 1962 年,它已经占据了人工智能研究、教学、理论、实践领域的中心地位超过 50 年。

来源网址：http://ai.stanford.edu/

4.3.1.2　机构负责人

李飞飞(Fei Fei Li),斯坦福大学计算机科学系副教授,在普林斯顿大学取得了物理学士学位,在加州理工大学取得了博士学位,现任斯坦福人工智能实验室和斯坦福视觉实验室主任,主要从事智能算法的建立,通过研究计算机和机器人的视觉和思维模式,反过来探究人类大脑的运作和认知。

来源网址：http://vision.stanford.edu/feifeili/

4.3.1.3 主要项目

高速公路自动驾驶(Autonomous Highway Driving)

高速公路自动驾驶项目是一个仅通过单摄像头的图像就能获得道路标志和周围车辆位置的深度学习模型。

关键词：自动驾驶、深度学习、计算机视觉。

4.3.2 斯坦福视觉实验室

4.3.2.1 机构介绍

斯坦福视觉实验室专注于计算机视觉和人类视觉的相关研究,该实验室初次发文始于1999年,旨在通过研究人类大脑的视觉形成来建立计算机视觉所需的算法和理论,并反过来启发对人类大脑视觉的研究。

来源网址：http://vision.stanford.edu/

4.3.2.2 机构负责人

李飞飞(Fei Fei Li)。

来源网址：http://vision.stanford.edu/feifeili/

4.3.2.3 主要项目

(1) 图片网络(ImageNet)

项目时间：2009年。

图片网络项目的目的是一个依据WordNet层次体系进行组织的图片数据库。每一个节点都使用成百上千张图片来描绘。该数据库被提供给研究者、教育工作者、学生等对图片感兴趣的人进行研究。

关键词：语义网、图像识别。

来源网址：http://image-net.org/index

(2) 深度视觉-语义绑定的图像描述生成(Deep Visual-Semantic Alignments for Generating Image Descriptions)

项目时间：2015年。

该项目研究者试图在识别图像中的物体的基础上更进一步,使计算机能够生成对于图片的自然语言描述语句。这一项目综合了计算机视觉和自然语言处理两个领域的研究成果。

关键词：语义网、图像识别、自然语言处理。

来源网址：http://cs.stanford.edu/people/karpathy/deepimagesent/

4.3.3 硅脑(Brains in Silicon)

4.3.3.1 机构介绍

硅脑是一个旨在利用已有的对大脑工作的研究成果来设计模拟大脑工作模式

的超级计算机,并以此反过来帮助我们理解大脑是如何工作的项目组。其成果支持了诸多其他项目的进行。

来源网址:http://web.stanford.edu/group/brainsinsilicon/index.html

4.3.3.2　主要项目

(1)神经形态学(Neuromorphics)

项目时间:2012 年。

神经形态学研究项目始于 2012 年,旨在学习大脑的高效计算特性设计超级计算机,以控制自动机器人,使它们能有自己的知觉,进行自己的决定,并做出自己的行动。

关键词:人工智能、神经科学。

来源网址:http://web.stanford.edu/group/brainsinsilicon/neuromorphics.html

(2)计算机视觉(Vision)

计算机视觉项目旨在模拟人的视网膜和视觉中枢工作的方式,让计算机有识别图像的能力。相比现有的对像素点属性进行测试的方法,效率更高,消耗更少。

关键词:计算机视觉、人工智能、图像识别。

来源网址:http://web.stanford.edu/group/brainsinsilicon/vision.html

(3)模拟知觉(Attention)

计算机模拟知觉项目试图通过人造神经元网络来探究人脑的知觉是如何产生的。

关键词:计算机视觉、人工智能、图像识别。

来源网址:http://web.stanford.edu/group/brainsinsilicon/attention.html

(4)模拟学习(Learning)

模拟学习项目旨在通过模拟人脑神经元改变神经连接来学习模式的方法,改进机器学习算法。

关键词:计算机视觉、人工智能、图像识别。

来源网址:http://web.stanford.edu/group/brainsinsilicon/learning.html

4.3.4　斯坦福计算机科学系

4.3.4.1　机构介绍

成立于 1965 年的斯坦福计算机科学系一直在引领世界计算机科学研究和教育的前沿。在过去的 40 年中,斯坦福计算机科学系对社会和学术领域都产生了深远影响。许多世界级学术机构和研究院的带头人都曾在斯坦福计算机科学系求学。

来源网址:http://cs.stanford.edu/

4.3.4.2　主要项目

（1）全场景理解（Total Scene Understanding）

全场景理解项目旨在通过一张图片，给出该场景所属的类别，发现并分离出每一个物体，并用一系列标签来给该图片做注解。这是世界上第一个能同时进行以上三项工作的模型。在使用 Flicker.com 网站的图片进行的测试中，该模型的效果远胜于现在最先进的算法。

关键词：计算机视觉、人工智能、图像识别、语义网。

来源网址：https://cs.stanford.edu/content/total-scene-understanding

（2）大脑计算（Brain-Inspired Computing）

大脑计算项目旨在利用受大脑工作方式启发的算法和方法来进行信息处理。目前使用了相变记忆体和金属氧化 RRAM 来进行模拟灰阶的电阻值编程。这些电子模拟的突触被连接到一个神经网络上，来处理数据并进行简单的学习行为。

关键词：人工智能、机器学习、神经网络。

来源网址：http://cs.stanford.edu/research/brain-inspired-computing

（3）深度学习（Deep Learning）

深度学习是机器学习的一个极速增长的领域，并且被广泛应用于学术和商业活动。尽管机器学习是一个非常成功的技术，目前使用它仍然经常需要花费人工亲自设计其功能来供算法使用，例如对于计算机视觉、音频识别、自然语言处理的应用。为了解决这个问题，学者提出了深度学习算法，即可以自动学习特征，从而解决占据绝大多数开发时间的问题。

关键词：人工智能、机器学习

来源网址：http://cs.stanford.edu/research/deep-learning

4.3.5　斯坦福计算机系近年研究的关键词变化趋势

由图 4-3 可知，machine learning 的热度一直较高，data mining 的热度则逐年减少，在 2009～2011 年间出现了大量衍生研究的高峰。

具体分析来看，机器学习（machine learning）的热度虽有波动但一直保持，而且观察可以发现，该关键词的起落同合计的起落基本同步；数据挖掘（data mining）在 2012 年以前均有较高热度，甚至可以与机器学习相媲美，但从 2012 年起，数据挖掘的文章量就突然陷入了低谷期。分类（classification）的发文量也较为稳定，但在 2011 年以后发文量转少。文本挖掘（text mining）、本体（ontology）、自然语言处理（natural language processing）的发文量集中在 2010 年以后，可能是研究的趋势所在。

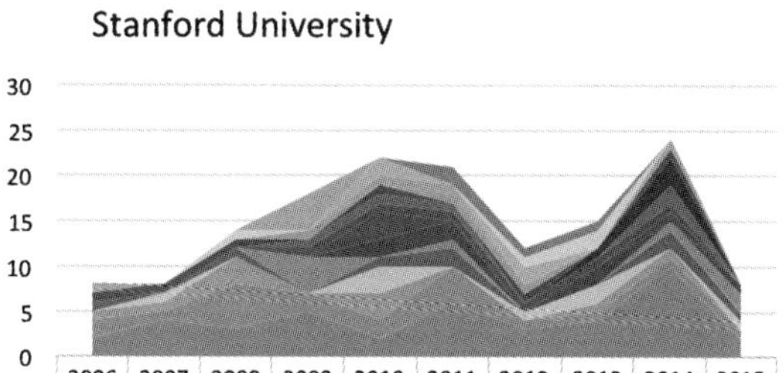

	2006	2007	2008	2009	2010	2011	2012	2013	2014	2015
Cognitive Computing	0	0	0	4	0	0	0	0	0	0
Decision Support	0	0	0	0	0	2	1	1	0	0
Image Analysis	0	0	1	0	0	0	1	2	0	0
Information Extraction	0	0	0	0	2	0	2	0	0	0
Support Vector Machine	1	0	0	0	1	1	0	0	1	0
Support Vector Machines	0	0	0	1	0	1	1	0	0	0
Data Integration	0	1	1	0	1	0	1	0	1	0
Fmri	0	0	0	0	0	0	0	1	3	0
Performance	0	0	0	1	1	1	0	0	2	0
Algorithms	0	0	0	1	1	1	1	1	1	0
Bioinformatics	1	0	0	0	3	0	0	0	1	0
Natural Language Processing	0	0	0	0	2	2	0	2	0	1
Artificial Intelligence	0	0	0	4	0	1	0	0	1	2
Ontology	1	0	1	0	1	2	0	0	2	1
Text Mining	0	1	0	0	3	0	1	2	0	1
Classification	1	1	3	0	3	0	0	1	1	0
Data Mining	2	1	5	2	2	4	1	1	1	1
Machine Learning	2	4	3	5	2	6	3	4	10	2

图 4-3　斯坦福大学近年所发文献关键词分析

4.3.6　斯坦福大学研究重点的变化趋势及特点总结

总体而言，斯坦福大学的智能信息技术研究一直保持以机器学习为基础，在此之上，向深度神经网络、计算机视觉、语义网、自然语言处理等方向扩展。值得注意的是，将计算机同人类大脑的研究联系起来进行研究是一种得到研究者青睐的研究路线。

4.4　牛津大学(University of Oxford)

4.4.1　机构介绍

牛津大学计算机科学系是英国历史最悠久的计算机科学系之一，其前身是牛津大学计算实验室。计算机科学系是世界级计算机研究和教学的社区,其研究活动包括核心计算机科学、计算生物学、量子计算、计算语言学、信息系统、软件验证和软件工程。

该院系研究室主要有 8 个研究领域,包括算法、自动验证、计算生物学、基础逻辑和结构、信息系统、编程语言、安全、软件工程。

4.4.2　主要研究项目

4.4.2.1　深度学习项目

该项目的目标是确定大脑中负责计算和统计功能的部分。设法了解不同的记忆和信息流的机制所发挥的作用。

该项目希望能够仿照人脑为计算机建立不同的功能,如图像和语音识别,这对于发现数据是如何塑造脑活动是非常重要的。该项目致力于从数据中建立模型,如图像理解(例如,识别面孔影像,在自动驾驶时认识道路)和语音识别。

关键词:统计学、大脑、识别、图像理解、语音识别。

来源网址:http://www.cs.ox.ac.uk/projects/DeepLearn/index.html

项目负责人:Phil Blunsom,副教授,EPSRC 早期职业院士,圣休学院教程研究员。他的研究重点在于机器学习和计算机语言学的交叉点,将机器学习应用于理解、学习、操作语言。

来源网址:http://www.cs.ox.ac.uk/people/phil.blunsom/

南多·德弗雷塔斯(Nando de Freitas),计算机科学教授,利纳克尔学院研究员。他的研究重点是机器学习、统计、AI,推理和决策、深度学习、随机算法、计算机视觉,机器人技术和语音。

来源网址:http://www.cs.ox.ac.uk/people/phil.blunsom/

4.4.2.2　社交网络上的个性化搜索

个性化搜索是基于兴趣和用户的需要进行检索。该项目想寻找整合网络搜索和社交网络检索的方法,进而提升网络检索和社交网络检索。特别是,为实现构建个性化的用户配置文件,该项目探索挖掘算法,来管理用户的喜好,便于用户在社交网络上的个性化搜索。此外,该项目通过本体来建构相关背景知识模型,然后允许社交网络上的个性化的语义搜索。

从技术上讲,该项目是将人工智能、数据库、Web 上的语义搜索的思想相结合,在社交网络上进行搜索。

关键词:个性化检索、网络检索、社交网络检索、AI、数据库、语义。

来源网址 http://www.cs.ox.ac.uk/projects/PSSW/index.html

项目负责人：Thomas Lukasiewicz,计算机科学教授,雅虎研究员。

来源网址：http://www.cs.ox.ac.uk/people/thomas.lukasiewicz/

贝尔纳多·格劳·昆卡(Bernardo Cuenca Grau),英国皇家学会会士,副教授,奥丽尔学院编外研究员。其主要研究方向是知识表示、本体和本体语言、描述逻辑、自动推理以及在诸如生物医学信息系统和语义网的应用。

来源网址：http://www.cs.ox.ac.uk/people/bernardo.cuencagrau/

4.4.2.3　LogMap：以本体映射逻辑为基础的方法

该项目主要研究假设是基于当前的本体映射技术经常忽略的基于逻辑和语义的输入本体。其结果是,研究者未能利用语义的优势和现代的本体语言高效推理服务。

项目提议重新考虑通过将本体映射方法的每一个步骤中嵌入语义推理技术的方式来重建潜在的艺术意义领域。项目还打算更进一步将技术在实际应用中使用。

来源网址：http://www.cs.ox.ac.uk/projects/LogMap/index.html

项目负责人：贝尔纳多·格劳·昆卡(Bernardo Cuenca Grau)。

来源网址：http://www.cs.ox.ac.uk/people/bernardo.cuencagrau/

迈克尔·贝内迪克特(Michael Benedikt),计算机科学学院教授。主要研究领域是数据库、信息交换、Web 和 Web 2.0 数据管理以及计算机科学的逻辑方法。

来源网址：http://www.cs.ox.ac.uk/people/michael.benedikt/

阿布拉姆斯基·参孙(Samson Abramsky),教授,沃尔夫森学院研究员。

来源网址：http://www.cs.ox.ac.uk/people/Samson.Abramsky/

Anisoara Calinescu,学院讲师。主要研究领域为复杂系统与复杂性系统、分布式系统、基于 Agent 的建模、信息的成本与价值、计划、调度与控制等。

来源网址：http://www.cs.ox.ac.uk/people/ani.calinescu/

4.4.3　牛津大学近年发文关键词变化趋势

从关键词计量结果来看(图 4-4),牛津对于语义网络、机器学习、逻辑描述的研究最多。但近年来语义网络的研究有所减少。牛津大学对于系统评估、OWL 本体语言、分类算法等方面的研究比较稳定;而逻辑描述虽然总量较多,但持续时间较短。

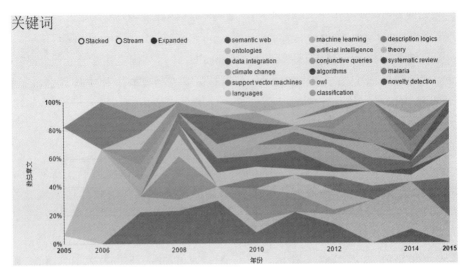

图 4-4　牛津大学近年发文关键词变化趋势

4.5　剑桥大学(University of Cambridge)

4.5.1　机构介绍

剑桥大学工程学院是世界上最好的工程学院之一,拥有世界上最优秀的老师、工作人员和学生。

剑桥大学工程学院与 AI 领域相关的学部是信息工程部。该学部研究主要集中在发电、配电、分析和利用信息工程系统。因此,它跨越传统的计算机科学和工程部门之间的界限。学部负责人是比尔·伯恩教授。

该学部分为四个主要的研究组:

① 对照组主要研究在理论与控制工程的实践与应用,包括汽车和航空航天控制。

② 机器智能实验室的研究主要是语音识别系统,计算机视觉和医疗成像等领域。

③ 信号处理和通信组进行了广泛的、不同应用领域的信号和图像处理项目。

④ 计算和生物学习小组主要利用工程方法来了解大脑和开发人工学习系统。

4.5.2　主要研究项目

4.5.2.1　计算机视觉和机器人组

计算机视觉和机器人组探讨机器自主性和不确定的、非结构化的现实环境的智能。研究领域涉及广泛的主题，如和真实世界中的对象识别模型，通过人机交互的主动感知，人机界面和增强现实，移动导航，视觉引导操作的物理对象，结构设计和施工人力辅助装置及其自治。

关键词：计算机视觉、机器人。

来源网站：http://mi.eng.cam.ac.uk/Main/CVR

项目负责人：罗伯托·奇波拉（Roberto Cipolla），教授。主要研究方向为基于未标定图像的三维形状，包括从提纲的结构和运动、多视点立体体积图切割、多视角的光度立体视觉、实时的非刚性的光度立体视频、单视图重建；目标检测与识别，包括基于实时目标检测学习轮廓、对象类的检测与分割、从图像集进行的人脸识别；视频分割，包括视频分割和标签传播、典型相关动作识别；人机交互的计算机视觉，包括手工检测和跟踪、人体姿态的检测和跟踪、实时手势识别。视觉引导的机器人，包括视觉定位实时视觉跟踪、计算机视觉中的应用、计算机视觉和 AR 手机、基于内容的图像和视频检索、老化的基础设施的目视检查。

来源网址：http://mi.eng.cam.ac.uk/Main/RC

郁弥饭博士（Fumiya Iida），大学讲师。主要研究领域为机器人运动，进化机器人，人机交互，人工智能。

来源网址：http://mi.eng.cam.ac.uk/Main/FI224

4.5.2.2　医学图像组

该组的目标是开发新技术的医学图像采集和可视化和测量的新算法，协助临床医生在诊断和治疗规划。主要研究三维超声采集和可视化等方面，包括 CT 超声反卷积和刚度成像和骨皮质厚度的估算。

关键词：医学图像、数据采集了可视化

来源网址：http://mi.eng.cam.ac.uk/Main/MedIM

项目负责人：Andrew Gee，安德鲁·吉博士。

来源网址：http://mi.eng.cam.ac.uk/Main/AHG

理查德·普拉格（Richard Prager），教授，主要研究领域为超声成像技术在医学领域的应用。

来源网址：http://mi.eng.cam.ac.uk/Main/RWP

格雷厄姆·特里斯（Graham Treece），博士。主要研究领域为医学影像、计算机图形学、算法和系统设计。

来源网址：http://mi.eng.cam.ac.uk/Main/GMT11

4.5.2.3　三维重建

三维重建组的项目和研究领域包括人体运动分析,光学动作捕捉,几何代数在工程方面的应用,医疗应用的非介入的监测技术,运动学工程等。

关键词：动作、运动、重建、检测

来源网址：http://mi.eng.cam.ac.uk/Main/RC_Research

项目负责人：Joan Lasenby,琼·莱森比。

来源网址：http://sigproc.eng.cam.ac.uk/Main/JL

4.5.2.4　图像理解

该项目主要是将对双树复小波变换(DT-CWT)作为新的图像分析工具。此变换已显示出在模拟人类视觉的早期阶段的巨大作用,它有一定的期望的性质,通常不存在于常规的小波变换,如较强的强方向选择性。

使用DT-CWT,该项目最近开发了新的特征点探测器和描述符。此外,项目能够有效地使用复杂的小波系数来提取精确的运动字段并与真实对象运动高度一致。结合这两种方法的结果,比较有效地来分析,如在路口的交通场景的视频数据,能够同时监控路口的流量,并使用非常详细的统计模型制定行程和道路。然后,这些将允许更准确地预测道路拥堵。

关键词：小波变换、图像分析、视觉模拟。

来源网址：缺失。

项目负责人：尼克·金斯伯里(Nick Kingsbury),教授。主要研究内容为：语音压缩(利用多脉冲和码激励线性预测模型)、抗误码矢量量化技术的语音压缩、合并的编码和调制的 FM 数据传输、最佳的数据解调方法通道相位抖动、图像和视频序列使用子带滤波器组、重叠变换、用于测量编码失真的知名度、使用复杂的重叠变换和小波的运动估计技术、运动估计方法正确而模拟闭塞和多个对象的相对运动、3-D 物体的数据采集方法用于施加到人脸识别、复小波变换技术、复小波去噪、纹理分析/合成、图像分类和分割、压缩应用、在复小波域图像和视频的鲁棒水印、去噪和使用复杂的小波三维数据集分割、地震图像重建、基于内容的图像检索、磁共振和超声图像增强和可视化、等级图像和 3D 数据非刚性物体、强大的关键点检测和局部特征描述符的物体识别。

来源网址：http://sigproc.eng.cam.ac.uk/Main/NGK

4.5.3　剑桥大学近年发文关键词变化趋势

从图 4-5 中我们可以看出,machine learning 是一个时间跨度最广、占比最高的词汇。近年来,剑桥大学对于自然语言处理的研究大幅度减少。而对于本体、知识管理的研究一直保持了一种比较稳定的热度。

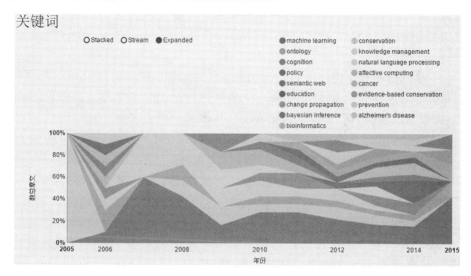

图 1-5　剑桥大学近年发文关键词变化趋势

4.6　曼彻斯特大学(The University of Manchester)

　　曼彻斯特大学是一所著名的英国大学,始建于 1824 年,为人类社会的发展做出了杰出贡献,享有极高学术声誉,培养了 25 位诺贝尔奖得主。计算机科学的创始人和人工智能概念的提出者阿兰·图灵(Alan Turing)曾在该校任教。

　　来源网址:http://www.manchester.ac.uk/

4.6.1　计算机科学学院(School of Computer Science)

　　曼彻斯特计算机科学学院是英国最老牌的计算机科学院系之一。这里发展出了包括第一台存储程序计算机、第一台浮点计算机、第一台晶体管计算机和第一台使用虚拟内存的计算机在内的领先研究成果。

　　来源网址:http://www.cs.manchester.ac.uk/

　　4.6.1.1　机构主要小组

　　(1)文本挖掘(text mining)

　　文本挖掘工作组提供这样一种解决方案:通过使用自动化机器取代人类来阅读分析爆炸性增长的文本,来发现此前未知的信息。这些信息可能是被掩盖在大量文本中的潜在模式或关系。

该技术可以被应用到生物信息学、系统性生物学、系统性医药学、药品研发、临床试验、医学记录、微博分析、社交网络分析和出版研究中。

来源网址：http://www.cs.manchester.ac.uk/our-research/groups/text-mining/

（2）机器学习和优化（machine learning and optimization）

机器学习和优化组领导了全球范围内的广泛的关于机器学习、优化、数据挖掘、概率模型、模式识别、计算机知觉方面的技术和应用的研究。

来源网址：http://www.cs.manchester.ac.uk/mlo/

4.6.1.2　机构负责人

Sophia Ananiado，曼彻斯特大学计算机科学学院教授，多个项目的带头人，是医学文献的高级文本挖掘方面的技术专家。

来源网址：http://www.nactem.ac.uk/staff/sophia.ananiadou/

Ross King，曼彻斯特大学计算机科学学院和曼彻斯特生物科技研究院的教授，专注机器智能领域，因开发了机器人科学家"Adam"和"Eve"而著名。

来源网址：http://www.mib.ac.uk/people/staffprofile/KingR.aspx

4.6.1.3　主要项目

（1）国家文本挖掘中心

时间或时间段：2006～至今。

所属项目组：文本挖掘。

项目负责人：Sophia Ananiadou。

项目简介：世界上第一个众筹的文本挖掘中心，应英国学术界的要求而提供文本挖掘服务，由曼彻斯特大学负责运营。

关键词：文本挖掘，自然语言处理。

来源网址：http://www.nactem.ac.uk/index.php

（2）REUNITE

时间或时间段：2010～2011。

所属项目组：机器学习和优化。

项目负责人：不明。

项目简介：利用众包技术来革新救灾工作。在重大自然灾害中，许多人流离失所，通讯通道阻塞，该技术能帮助人们找到走失的亲人朋友。

关键词：众包，数据挖掘。

来源网址：http://mlo.cs.man.ac.uk/reunite/

4.6.2　机构近年的研究的关键词变化趋势

在2005～2015年间，机器学习一直保持较为稳定的热度。从每一年来看，

2005 年的核心关键词是代谢组学(metabolomics),2006、2010 年没有核心关键词,2007、2009、2011、2013 年是机器学习,2008、2014 年是数据挖掘,而 2012 年数据挖掘和机器学习共同成为核心关键词。

Manchester University	2005	2006	2007	2008	2009	2010	2011	2012	2013	2014	2015
■ Natural Language Processing	0	1	0	0	0	0	1	0	0	2	0
■ Quantum Chemical Topology	0	0	0	0	0	0	1	1	1	1	0
■ Ontology	1	0	0	0	0	1	0	0	1	1	0
■ Asthma	0	0	0	0	0	1	0	0	2	1	0
■ Force Field	0	0	0	0	0	0	1	1	0	2	0
■ Genetic Programming	3	1	0	0	0	0	0	0	0	0	0
■ Kriging	0	0	0	0	0	0	0	1	1	1	1
■ Multipole Moment	0	0	0	0	0	0	1	1	1	1	0
■ Information Extraction	1	0	0	0	1	0	1	1	0	0	0
■ Clustering	1	1	0	0	0	0	1	0	1	0	0
■ Classification	2	0	0	0	0	1	1	0	1	0	0
■ Metabolomics	4	0	0	0	1	0	0	0	1	0	1
■ Bioinformatics	0	1	1	1	2	0	0	0	1	1	0

图 4-6　曼彻斯特大学近年发文关键词变化趋势

4.6.3　机构研究重点的变化趋势及特点总结

从关键词分析的角度来看,可以预见机器学习将继续保持智能信息技术的基石地位,稳定产生研究成果。而从项目的角度来看,曼彻斯特大学的智能信息技术的实用化工作做得较好,将科研和技术应用到解决实际问题中去,值得借鉴。

4.7　法国国家信息与自动化研究所(INRIA)

法国国家信息与自动化研究所(或称法国国立计算机及自动化研究院),其重点研究领域为计算机科学,控制理论及应用数学。该研究院于 1967 年在巴黎附近的罗克库尔创立,是法国国家科研机构,直属于法国研究部和法国经济财政工业部。法国国家信息与自动化研究所是世界著名的科研机构,其计算机学科在世界科研机构学科竞争力排行榜中排名全球第七(前十名分别为:麻省理工学院,斯坦福大学,加州大学伯克利分校,德克萨斯大学,伊利诺伊大学,宾夕法尼亚大学,法国国家信息与自动化研究所,卡耐基-梅隆大学,马里兰大学和加州大学圣迭戈分校）。

来源网址：http://www.inria.fr/en/

4.7.1 组织结构以及位置

法国国家信息与自动化研究所主要有 8 个研究中心：

INRIA Bordeaux-西南

来源网址：http://www.inria.fr/centre/bordeaux

INRIA Grenoble-Rhône-Alpes 地区

来源网址：http://www.inria.fr/centre/grenoble

INRIA Lille-北欧

来源网址：http://www.inria.fr/centre/lille

INRIA Nancy-东部

来源网址：http://www.inria.fr/centre/nancy

INRIA Paris-Rocquencourt 地区（在巴黎郊区,在巴黎市内也有分部）

来源网址：http://www.inria.fr/centre/paris-rocquencourt

INRIA Rennes 雷恩-Bretagne Atlantique 地区

来源网址：http://www.inria.fr/centre/rennes

INRIA Saclay-Île-de-France 法兰西岛地区

来源网址：http://www.inria.fr/centre/saclay

INRIA Sophia Antipolis-地中海（尼斯附近）

来源网址：http://www.inria.fr/centre/sophia

4.7.2 主要研究领域

INRIA 进行计算机科学的理论与应用研究,在这过程中,他们研究出了很多被人们广泛使用的应用程序。

下面详细地列举 INRIA 的主要研究成果。

（1）Contrail

Contrail 是一个云计算项目,该项目始于 2010 年,结束于 2014 年。Contrail 开发出了开源云栈软件,包括安全、PaaS 组件、分布式文件系统、应用程序生命周期管理软件和 SLA 管理软件。Contrail 可以支持 OVF 标准,而且能运行在 OpenStack 和 OpenNebula。Contrail 软件是一个完整的 IaaS ＋ PaaS 云栈,它的主要功能是实施云计算联盟。

（2）XtreemFS

XtreemFS 是一个以对象为基础的，针对广域网的分布式文件系统。XtreemFS 的突出特点是充分的（所有的组件）和现实（所有故障的情况下，包括网络分区）的容错性，同时保持 POSIX 文件系统语义的要求。其容错性是通过谈判算法 Paxos 的租聘实现的，用于复制文件和元数据。SSL 和 X.509 证书的支持使得 XtreemFS 可用于公共网络。

XtreemFS 自 2007 年初开始研发，首次公开发布是在 2008 年 8 月。XtreemFS 1.0 在 2009 年 8 月发布。1.0 版本包括只读复制的故障转移的支持功能、数据中心的复制图、并行读写和原生的 Windows 客户端。1.1 添加了自动关闭复制和 POSIX 咨询锁。在 2011 年中期，1.3 版本增加了读/写复制文件。1.4 版本进行了广泛的测试。一种改进的 Hadoop 的集成和支持固态硬盘出现在 1.5 版本。

（3）XtreemOS

XtreemOS 是一个基于 Linux 的操作系统内核，支持网格计算平台的虚拟组织。XtreemOS 的发展，作为综合项目，按照第六框架计划（FP6），赞助方案得到了欧洲委员会的资助。该项目开始于 2006 年 6 月，并且持续了 48 个月，但这个计划被延长到 2010 年 9 月。

（4）Bigloo（计划实施软件）

Bigloo 是法国研究院 INRIA 开发编程语言的一种实现方案。它的方向朝着提供有效和多样化的代码生成工具，可以配合手工编写的 C 或 C++ 的性能。系统可以把本身的研究方案与 igloo 编译器结合起来，生成 C 代码和 JVM 字节码。跟其他的 Lisp 语言一样，它包含自己的一个解释器（称为 Read-Eval-Print-Loop）。

（5）CAML（一种机器语言）

CAML（分类抽象机语言的缩写）是 ML 编程语言家族中的一种语言。跟 ML 的众多子孙语言一样，CAML 是个静态类型的、严格的评估软件，并且可以使用自动内存管理。

（6）Coq（辅助证明软件）

在计算机科学中，Coq 是一种交互式定理证明工具。它支持表达数学语言，这种数学语言检查证明功能有助于找到规范的证据，并从其规范的构造证明注册程序中提取证据。Coq 的主要功能可以归纳为构造演算理论，构造演算导数。Coq 是一种自动定理证明器，还包括证明策略和各种决策程序的自动定理。

（7）CADP（异步并发系统验证工具盒）

CADP 是一个工具箱式的通信协议设计和分布式系统。CADP 由 CONVECS 团队（以前的 VASY 队）开发出来，其研发地点在 INRIA Rhone-Alpes。CADP 保持定期的改进,并且被应用于许多工业项目。

CADP 工具箱的目的是利用形式化描述技术与仿真软件工具进行方便可靠的系统设计、快速应用开发和测试生成。

CADP 可以适用于任何系统,包括异步并发系统。它们的行为可以被建模为一组平行的、由语义系统交错的过程。因此,CADP 可以用来设计硬件架构、分布式算法、通信协议等计数验证(也被称为显式状态验证)。

4.7.3　INRIA 近年发文关键词变化趋势

法国国家信息与自动化研究所 INRIA 作为国家级的科研院所,其研究成果很大一部分来自于各个合作或分属的研究机构。机构的分散可能是导致该研究所相关研究主题分散的原因。从图 4-7 我们可以看出,INRIA 的研究并没有特别明显的脉络和中心,但是其覆盖的领域范围较为广阔。

图 4-7　INRIA 近年发文关键词聚类图

表 4-1　INRIA 近年发文高频关键词

关键词	频次
semantics	19
computer vision	18
multi	16
cryptography	13
automata theory	13
computational linguistics	13
lecture notes	11
optimization	11
image processing	11
learning systems	11

从 INRIA 在 EI 中发文所包含的高频关键词我们可以看出(表 4-1),计算机语言学(computational linguistics)、语义网(semantics)、计算机视觉(computer vision)、密码学(cryptography)、自动化理论(automata theory)、学习系统(learning systems)等主题是该院系的研究重点。

4.7.4　机构研究重点的变化趋势及特点总结

INRIA 作为法国重要的科研院所,与众多的高校和机构有着合作,因此其研究没有明显的中心,但是其研究的广泛性又是其他机构所难以企及的,总体来说,INRIA 在人工智能和计算机科学的各个方面均有涉及,而其中计算机视觉、人机交互、虚拟现实、脑机接口、机器学习等相关的项目是该机构的重点研究项目。除了各种软件的开发,INRIA 还注重与硬件的结合,同时关注软硬件在实际场景中的使用。

4.8　亚琛工业大学(RWTH Aachen)

亚琛工业大学(德语:Rheinisch-Westfälische Technische Hochschule Aachen (RWTH Aachen),英语:RWTH Aachen University)为德国最大的理工大学之一,也是欧洲著名的理工大学。亚琛工业大学在 2007 年德国第一轮第二批精英大学评选中成为德国九所精英大学之一,同时是 TU9、IDEA League、TIME、UNITECH 等一系列学术联合体的成员。

来源网址:https://www.rwth-aachen.de/

4.8.1 亚琛工业大学计算机科学系(Computer Science Department)

计算机科学系成立于1986,该系由30个研究单位的专业知识团队组成,与众多学科和研究机构紧密联系在一起。

亚琛工业大学计算机科学系大约30个研究组同时在不同研究领域里工作。这些问题中的大多数都是跟特定的社会和全球相关联,如国际气候或航空航天研究等。

高水平的研究、国际项目和跨学科的合作塑造了他们的学术形象和形式,同时也是他们在德国联邦和州政府卓越计划成功的基础。计算机科学几乎是每一个技术发展的驱动力。计算机系利用与多学科的交叉,与跨学科论坛、公司和机构进行密切合作。

4.8.2 亚琛工业大学计算机系主要研究课题组

(1)人类语言技术和模式识别组

项目负责人:Prof. Dr. Hermann Ney。

主要研究方向:统计分类和机器学习、自动语音识别、统计机器翻译、文本图像识别、识别标志语言、图像和对象识别等。

人类语言技术和模式识别组的研究活动包括以下应用:语音识别、词汇识别、多语言语音识别、独立扬声器和自适应语音识别、健壮性语音识别、机器翻译口语和书面语、自然语言处理、文档分类、语言理解、文本和音频文件的信息检索、口语对话系统、图像识别。

(2)EU-BRIDGE

EU-BRIDGE是由联盟资助的,目的是在开发自动转录和翻译技术的同时,推动欧洲和非欧洲语言的多媒体文件翻译服务的创新和发展。该项目将提供流媒体技术,并且可以将语音从讲座、会议、电话和对话的文本转换成另一种语言。

(3)Quaero自动多媒体内容处理

Quaero是一种开发信息提取的工具。它以多媒体等应用的自动分析、分类多语种索引和管理工具的开发为主。研究的目的是促进在无限量的多媒体和多语种的文档中提取信息,包括文本、语音和音乐的音频文件,还有图像和视频。Quaero是为了应对新的需求,在多媒体内容分析过程中,让每个人都可以通过个人电脑、电视和手持终端,以数字方式接收各种类型的信息。

(4)BOLT广泛的业务语言翻译

DARPA BOLT计划旨在准确翻译普通话和多种方言,包括阿拉伯语、英语类多媒体语言,以及针对非正式的会话语言任务、邮件和即时通讯。

4.8.3　亚琛工业大学计算机系主要研究项目

（1）可扩展的基础设施并行代码的自动性能分析（SILC）

可扩展的基础设施的自动性能分析目前在高性能计算领域内有成百上千的应用，它能有效地利用现代的计算架构。各种性能分析工具可以用来帮助程序员编制应用程序。这些不同的分析工具可以收集资料，对其进行分析并用不同的方式把性能数据呈现给程序员。

关键词：并行仿真代码。

来源网址：缺失。

（2）人类脑计划—交互式可视化

人类脑计划（HBP）开始于 2013 年 10 月，是虚拟现实集团领导的一个项目集合，包括"交互式可视化，分析和控制"。

关键词：人类脑计划、交互式可视化。

来源网址：缺失。

4.8.4　亚琛工业大学近年研究方向

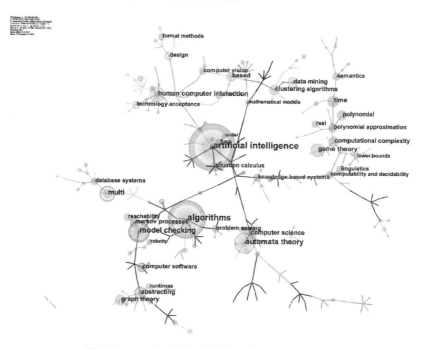

图 4-8　亚琛工业大学近年发文关键词聚类情况

研究组对亚琛工业大学计算机系的研究成果进行了收集和计量,由于 WOK 中相关文献资料较少,因此我们选择在 EI 中进行检索,获得文献 500 篇。由关键词知识图谱(图 4-8)可以看出,亚琛工业大学的研究有着清晰的脉络。人工智能(artificial intelligence)、模型检查(model checking)、算法(algorithms)、自动化理论(automata theory)等关键词出现频次较高,此外,该机构对于人机交互有着相当的关注,出现频次达到 22 次。同时从该机构近期的研究来看,其重点是攻克计算机语音识别的难题,包括计算机语言识别和翻译,实现多语言翻译模式的优化和效果的改进。

表 4-2　亚琛大学近年发文高突现度关键词

关键词	出现频次	突现度
game theory	21	6
linguistics	12	4.01
computational complexity	16	3.94
problem solving	12	3.18
technology acceptance	12	2.95
formal methods	11	2.73
design	13	2.67
application programming interfaces (api)	8	2.51

从突现词角度来看(表 4-2),博弈论(game theory)、语言学(linguistics)、计算复杂性(computational complexity)、问题解决(problem solving)等词的突现度较高,说明这些主题可能是该机构的研究前沿和研究方向。

4.8.5　机构研究重点的变化趋势及特点总结

根据前面的项目描述我们可以看出,计算机语言识别正是该机构研究的重点项目,这与文献计量反映出来的情况是吻合的。此外,技术可接受性(technology acceptance)和应用程序编程接口(application programming interfaces)出现时间相对较晚,相比于其他关键词,这两个关键词更可能是近期研究的前沿领域。

4.9　德国人工智能研究中心(German Research Center for Artificial Intelligence,DFKI)

德国人工智能研究中心(DFKI)成立于 1988 年。DFKI 致力于软件技术的创新、人工智能技术的研发,它是德国最大的非营利性研究机构。

DFKI 主要的研究领域包括工业 4.0 与创新工场系统、虚拟世界和 3D 互联网、智能城市、语言理解、移动机器人系统、语义记忆、驾驶辅助系统、多语言技术等21 个领域。DFKI 包含的实验室和科学组众多,有知识管理科学组、赛博物理系统、机器人创新中心、基于控制的机器人计划、嵌入式智能、智能分析海量数据、虚拟现实科学组、增强视觉科学组、智能交互界面科学组等。

参与到 DFKI 中的研究人员众多。目前,457 高素质的研究人员和来自 60 多个国家的 371 名研究生正在从事 DFKI 180 个研究项目的研究。

4.9.1　主要研究机构

4.9.1.1　语言技术实验室(LT)

(1) 机构简介

该实验室的使命是简化机器对人类语言的使用和提升、改善各种解决方案,使人们从语言的使用中获益。实验室主要从事语言技术方面的先进研究,提供新颖的计算处理文本、语言和知识的技术。实验室的目标是更深入地理解人类的语言和思想,研究最终用户的真实需求和市场的需求。实验室还在尝试开发新的有关信息和知识管理、文档生产和自然交流技术。实验室研究的关键领域包括对大数据的文本分析、机器翻译和人机交互。

来源网址:http://www.dfki.de/lt/♯

(2) 机构负责人

汉斯·艾思科瑞特(Prof. Dr. Hans Uszkoreit)是萨尔大学计算机语言学的教授。他主要的研究兴趣是人类理解和产品的计算机模型、先进的语言和知识技术的实际应用,如语义信息系统、机器翻译、认知基础以及语言和信息技术在社会中的角色等。

来源网址:http://www.dfki.de/~hansu/

约瑟夫·范甘比斯(Prof. Dr. Josef van Genabith)是自然语言处理方面的专家,其主要的研究方向是自然语言处理(NLP)、计算机语言(CL)、人类语言技术(HLT)和语言本土化。

来源网址：http://www.computing.dcu.ie/~josef/

4.9.1.2 机器人创新中心（Robotics Innovation Center）

（1）机构简介

该研究团队致力于通过仿生学技术和特殊材料合成技术开发适应复杂任务环境下的海陆空机器人。该研究中心主要研究四、六、八足机器人，蛇形水下车辆等。

（2）机构负责人

该研究中心的带头人是弗兰克·基什内尔（Frank Kirchner）。他的主要研究领域是人工智能、机器学习、机器自动化。主要研究项目有：用于增强自主机器人太空任务的载板仿真器研究；多任务的机器学习研究；星球探测机器人的主动悬挂系统研究等。

来源网址：http://robotik.dfki-bremen.de/de/ueber-uns/mitarbeiter/frki01.html

4.9.1.3 视觉增强科学组

（1）机构简介

视觉增强科学组是 DFKI 与德国 Kaiserslautern 大学共同主办的。这个科学组主要的研究领域有：① 计算机视觉与图像理解。目前的研究主题是 3D/4D 场景重构，文字和物体的识别、跟踪录像。② 智能传感器网络。该小组的研究课题是将先进的算法融入传感器的软件中，使软件和硬件更好地配合。③ 可视化技术。在摄像头、传感器网络获取信息的范围内对数据进行建模，开发出新的人机交互界面。

来源网址：http://www.dfki.de/web/research/av/staff? uid=dist01

（2）机构负责人

这个科学组的带头人是狄迪特·斯崔克（Didier Stricker），德国 Kaiserslautern 大学计算机系教授。他主要研究的领域是认知界面、用户监控、穿戴式传感器、计算机视觉、视频/图像分析和人机交互。

来源网址：http://www.dfki.de/web/research/av/staff? uid=dist01

4.9.1.4 智能用户界面科学组（Intelligent User Interfaces）

（1）机构简介

该科学组对人机交互和个性化的人机对话系统进行基础性研究。在这个过程中，研究人员设计的任务和模型以理解自然语言对话为目标。该小组整合人的感情、社会行为等数据实现系统功能的准确发挥。同时，该小组的研究也适用于安全防护和自动防御网络。

来源网址：http://www.dfki.de/web/research/iui

（2）机构负责人

沃尔夫冈·瓦尔斯特（Prof. Dr. Wolfgang Wahlster），是德国人工智能研究中心的主任和首席执行官,同时也是萨尔州大学计算机系的教授。发表了大量与用户建模、口语对话系统、移动和多通道用户界面、语义网和物联网等主题有关的论文。

来源网址:http://www.dfki.de/~wahlster/

4.9.1.5　创新零售实验室(Innovative Retail Laboratory)

(1) 机构简介

这个项目的目的是准确地挖掘用户的需求和自主商店的潜力。在实验过程中,研究人员将开发的智能购物顾问连接到商店的各个地方,范围从负责饮料和食品安全的虚拟助理,到数字化的侍酒师,再到个性化的推销师,然后是室内提供导航和地位物流。在这其中,研究人员开发和实施了一个会说话的个人购物助理和智能购物车,以此显示用户购物情况,经过的路线等,同时分析用户购买数据进行个性化推荐。

来源网址:http://www.dfki.de/web/research/irl

(2) 机构负责人

安东尼奥·克吕格(Antonio Krüger)德国萨尔州大学计算机学院教授,主要的研究领域是空间辅助系统、智能用户界面、认知科学和计算机。

来源网址:http://www.dfki.de/web/research/iui/projects/base_view? pid=425

4.9.2　主要研究项目

(1) 在机器翻译中分析和评估语料贫乏的数据库

项目时间:2012 年 6 月。

这个项目的主要目的是开发一种新的研究方法,克服机器翻译中的核心问题,即语料的缺乏问题。该项目的带头人是斯蒂芬·布泽曼(Stephan Busemann)。他是 DFKI 语言技术实验室首席研究员,其主要研究的领域包括人工智能、计算语言学、语言技术和自然语言生成。目前他的研究项目是在工业环境中开发基于多文档信息提取和多语言解决方案的浅层语言。这个项目得到欧盟的赞助,同时与英国谢菲尔德大学、英国现代语言和文化学院、语言和口语处理研究所相合作。

关键词:机器翻译、多语言技术、自然语言处理。

来源网址:http://www.dfki.de/lt/project.php? id=Project_574&l=en

(2) 交互式手动装配机器人项目

项目时间:2013 年 10 月。

这个项目的目的是生产一种灵活的数字化工具,它能够利用工人的知识进行手动组装配件。这个项目关注的工作有:① 将工人工作的数据低成本地纳入到传感器中;② 如何自动对传感器收集的数据进行识别和分类;③ 通过语言控制对机器组装仿真进行修改。

这个项目的带头人是斯蒂芬·布泽曼(Stephan Busemann),赞助商是欧盟。合作伙伴有奔驰公司,伊莱克斯公司,INTRASOFT 国际,IMK 汽车有限公司等。

关键词:数据采集、机器感知、数据挖掘。

来源网址:http://www.dfki.de/lt/project.php? id=Project_840&l=en

(3) 水下机器人手臂精准控制研究

该项目的研究重点是使工作人员借助开发的装置能够精准地控制机械手臂末端所在的空间位置。通过模拟运算,来控制机械手臂的关节和末端执行器的位置。在这个过程中,针对外部环境的变量,如水流等,对控制变量进行修正。这项技术可以应用到水下探测和航天航空领域。

这个项目的带头人是弗兰克·基什内尔(Frank Kirchner)。赞助商为德国航空航天中心(DLR)与联邦经济与技术部(BMWi)。

关键词:水下机器人、机器感知、机器学习、机械臂控制等。

来源网址:http://robotik.dfki-bremen.de/en/research/projects/prima-1.html

(4) 三维人体模型的移动重建和分析

在该项目中,研究人员开发了一种新的全身扫描的仪器,相对于其他的扫描仪器,它更加精准、稳定和可管理。这个设备非常简单,用于捕捉数据的硬件包括单个的摄像机和一个移动设备。可视化的人体三维模型重建依赖于摄像机拍摄的不同视图。这种带有滤波和相应算法的深度相机可以将捕获的数据进行处理,合成三维模型。

来源网址:http://av.dfki.de/en/body-analyzer

(5) 数字现实技术项目:OrcaM

这个项目的目的是将现实世界中的物体高质量的数字化。该项目组研究人员开发的 OrcaM 支持家里虚拟对象的数据库存储,支持数字化世界,而且还支持精确到亚毫米级的数字模拟。研究人员将被数字化的物体放置到特质玻璃板上,用特殊的光投射到物体上,用多个相机从不同的角度拍摄,从而建立物体的数字化影像。这个系统的优势在于对黑色或是光吸收较强物体的"描绘"非常准确。

关键词:数字化、图像处理、增强现实。

来源网址:http://av.dfki.de/en/orcam

4.9.3　德国人工智能研究中心主要研究方向

研究小组对德国人工智能研究中心(DFKI)的研究成果进行了收集和计量(图4-9),由于 WOK 中相关文献资料较少,因此我们选择在 EI 中进行检索,获得文献

1080 篇。由关键词知识图谱可以看出，DFKI 的研究能够较为清晰地分为几个不同的类别，如图 4-10：

图 4-9　德国人工智能研究中心近年研究关键词聚类

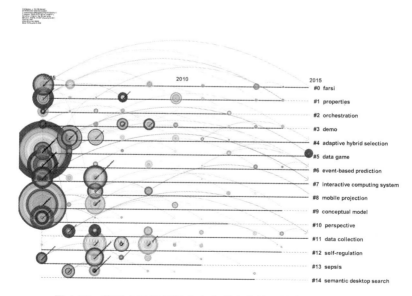

图 4-10　德国人工智能研究中心研究关键词聚类及时间跨度

其中，♯0波斯文(farsi)、♯4适应性混合选择(adaptive hybrid selection)、♯5数据游戏(data game)、♯6基于事件的预测(event-based prediction)、♯7互动性计算机系统(interactive computing system)、♯8移动项目(mobile project)、♯11数据采集(data collection)等时间跨度较大，说明这些类别的研究项目涉及前沿的研究领域，此外，结合每一个类别中的关键词我们发现，德国人工智能研究中心围绕着语义网、信息系统、人机交互、智能代理等研究主题展开了大量的研究(表4-3)，同时其发表的论文有大量与信息科学有关的内容，例如语义网、信息检索等。

表4-3 德国人工智能研究中心研究高频关键词

关键词	频次	年份
artificial intelligence	93	2005
semantics	91	2005
semantic web	57	2005
multi	52	2006
ontology	50	2007
information systems	49	2005
based	49	2007
human computer interaction	45	2007
user interfaces	44	2009
algorithms	43	2005
intelligent agents	41	2005
knowledge management	38	2005
learning systems	38	2005
knowledge based systems	34	2007
information services	33	2006

之前的推论在高频关键词的情况中也可以得到印证。首先，与语义网有关的关键词出现频次较高；其次，与信息科学有关的关键词是该机构的研究重点；此外，人机交互和用户界面也是该机构关注的重点内容。

表4-4 德国人工智能研究中心高突现度关键词

关键词	频次	突现度	年份
mathematical models	26	9.48	2005
ontology	50	8.37	2007
information services	33	5.22	2006
international conferences	12	5.17	2006
problem solving	22	4.77	2005

关键词	频次	突现度	年份
computer science	20	4.52	2005
mobile devices	30	4.39	2007
data structures	14	4.11	2006
information technology	19	3.98	2006
data sets	20	3.97	2009
internet of things	10	3.88	2010
research	19	3.81	2009
tracking	15	3.79	2012
learning	19	3.77	2008
semantic web	57	3.68	2005
forecasting	11	3.66	2013
pattern recognition	17	3.64	2013
internet of things (iot)	7	3.45	2012
based user interface development	9	3.42	2011
design	24	3.38	2009

从突现度较高的词汇来看,近些年来,数据集(data sets)、物联网(internet of things)、追踪(tracking)、预报(forecasting)、模式识别(pattern recognition)、基础用户界面开发(based user interface development)等关键词表现突出,可能为近年来的研究前沿和新热点。

4.9.4　机构研究重点的变化趋势及特点总结

相比于其他机构,德国人工智能研究中心的研究项目更加注重人机协作和人机交互,在人机界面和语义理解方面,该机构投入了大量的研究力量。同时,该机构发表的论文主题也与其正在进行的研究项目有着较高的相关度。此外,该研究机构的研究更注重实际场景中的应用,例如人机协作灾难预警系统、水下机器人、智能零售商店等。

4.10　伦斯勒理工学院(Rensselaer Polytechnic Institute)

伦斯勒理工学院是美国历史上第一所理工学院,也是美国 25 所"新常青藤盟校"之一。二战期间该校是美国军队的重要研究和教育机构。伦斯勒理工学院被誉为美国理工科教育的基石,从这儿走出来的学生后来建立了包括麻省理工学院,耶鲁大学雪菲尔德科学学院,以及几乎后来美国所有的科学学术研究机构。它把科学技术和管理完美结合,使它成为美国第一个科技孵化中心。它也是美国现有的五百多个孵化器中的最好的一个,许多毕业生在伦斯勒理工学院孵化器中实践他们所学的理论,开创和发展自己的事业。

来源网址:http://www.rpi.edu/

伦斯勒计算机科学系拥有 20 名国际著名学者,主要研究领域涉及生物信息学、计算机科学与工程、计算机视觉、数据库系统、网络、并行计算、普适计算、机器人、语义网、软件设计、理论计算机科学。

来源网址:https://www.cs.rpi.edu/

4.10.1 数据科学组

4.10.1.1 机构简介

这个研究领域主要解决从数据中自动提取信息的理论和应用方面的问题。除了数据管理本身以外还强调对于大数据集的高效、可伸缩、并行的数据挖掘技术。例子包括关联规则、分类、聚类和序列挖掘。对于小数据集,重点是发展强健的计算学习系统(监督、非监督和强化)。应用领域包括组合优化、计算生物学(生物信息学、计算基因组学)、生物医学工程、公共卫生信息学、化学信息网络挖掘、地理信息系统和计算融资。

4.10.1.2 机构负责人

Kristin Bennett,伦斯勒理工学院数学系和计算机系教授,主要研究方向:数学规划、机器学习、数据科学、支持向量机、神经网络、人工智能、并行优化、自动化药物发现、数据挖掘、生物信息学、化学信息学、分子流行病学、种群生物学。

来源网址:http://homepages.rpi.edu/~bennek/

4.10.1.3 主要项目介绍

数据科学小组项目众多,主要项目如下:

● 计算机视觉,机器人学、机器与计算机学习 Computer Vision, Robotics, Machine and Computational Learning。

● 计算机科学与工程,算法与理论 Computational Science and Engineering, Algorithms and Theory。

● 计算机图形学,可视化,计算机几何学 Computer Graphics, Visualization, Computational Geometry。

● 数据挖掘,大数据算法 Data Mining, Algorithms for Massive Data Sets。

● 普适算法与网络 Pervasive Computing and Networking。

● 编程语言与软件工程 Programming Languages and Software Engineering。

- 数据库系统 Database Systems。
- 安全 Security。

4.10.2　基于逻辑的人工智能——伦斯勒人工智能与推理实验室(Logic-Based Artificial Intelligence)

4.10.2.1　机构简介

伦斯勒理工学院人工智能和推理实验室(RAIR)位于温斯洛大楼的四层。其研发范围跨越许多应用项目,以及提高人工智能许多基本问题,如形式、工具、技术、系统等。由于基础实验室的研发总是基于推理,因此,逻辑在该实验室扮演核心角色。

4.10.2.2　机构负责人

Selmer Bringsjord,伦斯勒人工智能和推理实验室主任,认知科学、逻辑与哲学教授。

来源网址：http://rair.cogsci.rpi.edu/team/selmer-bringsjord/

4.10.2.3　主要项目介绍

(1) 道义事件认知演算(The Deontic Cognitive Event Calculus ,DCEC)

项目时间：2014 年。

该项目是建立在一级事件演算上的一个量化模型。事件演算已经在对众多现象的建模上取得了成功,即使是完全通过自然语言表达的那些叙述。事件演算也是天然的获取自然语言语义的平台。然而,它有一个缺点,即它是完全延伸的,因此不支持捕获内涵概念,例如未明确界定或持续的知识和信念。该项目的目的就是克服这种缺点,并在理论上寻找解决方案。

关键词：知识,信念,事件演算。

来源网址：

http://rair.cogsci.rpi.edu/projects/the-deontic-cognitive-event-calculus-dcec/

4.10.3　计算机视觉小组(Computer Vision)

4.10.3.1　机构简介

该机构主要研究方向为图像匹配、跟踪、分割、三维建模和几何算法,2004 年,该实验室搬入在特洛伊建造的新校园,2006 年,计算机图形学和机器人学的研究也加入到该实验室。

4.10.3.2　机构负责人

Charles V. Stewart,主要研究兴趣：动态三维模型构建,医学图像配准和分割,应用计算机视觉技术来辅助视网膜诊断和治疗。

来源网址：http://www.cs.rpi.edu/～stewart/

Daniel Freedman，主要研究兴趣：计算机视觉，图像矩阵跟踪，基于模型的分割、学习、图形削减，医疗应用程序，几何算法等。

来源网址：http://www.cs.rpi.edu/～freedd/

4.10.3.3　主要项目介绍

动态场景及 3D 变化监测项目（Dynamic scenes and 3D change detection）：通过不同视角和不同时间的 3D 扫描来构建场景模型是非常困难的，一个重要的问题是场景中的对象在不同的扫描时点可能会发生移动，对于这些对象的扫描结果应该进行突出显示或者进行删除，最后只保留场景中的静态部分，该项目的目的是克服这种问题并完成这种功能。

关键词：3D 建模、场景构建、机器视觉。

来源网址：

https://www.cs.rpi.edu/research/groups/vision/research/research1.htm

4.10.4　机构近年研究的关键词变化趋势

通过对伦斯勒理工学院在 EI 数据库中的文献进行检索，我们发现，伦斯勒理工学院总体上发文较少，因此我们对检索年限进行了拓展，选取了伦斯勒理工学院自 2000 年至 2015 年在相关领域的研究的文献，共获得 234 篇文献，通过分析我们得到了以下结果（表 4-5）：

表 4-5　伦斯勒理工学院近年研究高频关键词

关键词	频次	年份
algorithms	37	2000
learning systems	22	2003
semantic web	19	2008
cognitive systems	17	2003
mathematical models	12	2003
data mining	12	2000
problem solving	12	2003
semantics	11	2009
data sets	11	2005
ontology	10	2009
feature extraction	10	2008
graph theory	10	2004
human computer interaction	9	2000

关键词	频次	年份
education	9	2007
computer vision	9	2005
information technology	8	2000
inference engines	8	2008
information theory	8	2007
pattern recognition	8	2006

　　通过对高频词的分析可知，与其他院校一样，算法（algorithms）是伦斯勒理工学院研究的重中之重；此外类似的还有学习机器（learning systems）等。然而，伦斯勒理工学院突出的特点是对于数据技术和信息技术的重视程度较高，数据挖掘（data mining）、数据集（data set）、信息技术（information technology）和信息理论等与数据处理和信息有关的关键词频次较高；同时，与图像处理有关的关键词，如感知系统（cognitive systems）、图形理论（graph theory）、计算机视觉（computer vision）、模式识别（pattern recognition）等关键词频次较高；最后，与语义网相关的词汇如语义网（semantic web）、语义（semantic）、本体（ontology）等关键词表现也很突出。

表 4-6　伦斯勒理工学院近年研究高突现度关键词

关键词	频次	突现度	年份
semantic web	19	5.41	2008
semantics	11	3.31	2009
ontology	10	3.07	2009
linked datum	7	2.99	2011
problem solving	12	2.9	2003

　　从高突现度关键词来看，近年来，该机构的研究前沿主要是与语义网有关的主题以及与数据处理有关的主题，如关联数据（linked datum）等。

4.10.5　机构研究重点的变化趋势及特点总结

　　与前 9 所高校相比，伦斯勒理工学院在发文数量和学科排名上表现并不突出，但是伦斯勒理工学院的研究能够独树一帜，显现出鲜明的特点，首先，伦斯勒理工学院计算机系虽然规模不大，但是研究覆盖面大而全，下属 16 个研究小组几乎覆盖了人工智能领域的大部分主题，如网络、数据、机器人、计算机视觉、编程语言和软件工程等；此外，伦斯勒理工学院在研究时更注重基础理论，例如数据处理、信息科学、逻辑和推理等，这与其他院校重视理论与实践相结合的特点有所不同；再者，伦斯勒理工学院在数据处理、语义网、计算机视觉和图像处理等方面有着突出的优势。

第5章 研究总结

总体来说,文献计量的结果显示,全世界在人工智能领域的研究还主要集中在基础理论方面,然而通过对 10 所高校的研究我们发现,欧美高校普遍注重理论与实践相结合,其研究的前沿也大部分与实际应用的学科有关。说明欧美高校走在了人工智能领域研究的前列。

从高校内部来看,各高校和院所也呈现不同的特点,部分高校更加注重窄而精,专注于这些特定的领域进行深度研究,例如曼彻斯特大学;另一部分高校院所追求大而全,例如 INRIA、伦斯勒理工学院等。部分高校追求理论与实际相结合,例如 MIT、卡内基梅隆大学和德国人工智能研究中心;而另一部分高校则更注重理论探索,如伦斯勒理工学院等。因此情报使用者应该根据使用情报的不同目的,有区别地对不同院校进行考察,以获得更加切合实际和研究目的的结果。

本研究仍存在明显的不足,主要表现在以下几方面:

① 在确定检索策略时,对关键词的拓展过度,导致重要的研究领域的文献被大量文献稀释,代表性减弱。

② 由于时间问题和检索工具的问题,没有将不同主题的文献分开计量,一方面,文献计量工具很容易将不同主题的文献根据摘要中的某些词汇分为一类,可能导致研究结论与实际情况出现一定偏差;另一方面导致文献分析工具不堪重负,每次运行都面临崩溃的危险,即使可以顺利运行,也需要耗费大量的时间。

③ 对于重点关键词随时间变化的趋势分析不够,这一方面是由于文献不同,文献计量工具所要求的文档格式的复杂性造成的;另一方面是研究小组的研究能力不足造成的;同时也是数据集过大,不同年份的数据分布不均匀造成的。

④ 在开始进行分机构研究时,没有设定好规范的模式,导致每位小组成员上交的文档内容和格式都不同,在制作初稿时耗费了大量无意义的时间。

⑤ 某些具体机构的项目数量巨大,由于时间问题我们无法一一进行阅读、分析和展示,在判断要收录哪些项目时,主要依靠的是文献检索中关键词的情况,另一方面依靠的是小组成员的直觉和经验,这就可能会带来与实际情况的偏差,如果需要进一步了解某一机构的实际情况,需要报告使用者根据我们提供的链接进入该机构主页,再根据自身的经验来判断。

参考文献

[1] Feigerbaum E A,McCorduck P. The Fifth Generation:Artificial Intelligence and Japan's Computer Challenge to the World[M]. Pan Books,1984.

［2］Harnad S. The annotation game：On Turing (1950)on computing，machinery，and intelligence［J］. The Turing Test Sourcebook：Philosophical and Methodological Issues in the Quest for the Thinking Computer，2006.

［3］McCorduck P. Machines Who Think［J］. Boca Raton：CRC Press，2004.

［4］Newell A，Simon H A. GPS，a program that simulates human thought［M］. Defense Technical Information Center，1961.

［5］Poole D，Mackworth A，Goebel R. Computational intelligence：a logical approach. Oxford：Oxford University Press，1998.

［6］Cohen P，Feigenbaum E. The Handbook of Artificial Intelligence［M］. Oxford：Butterworth-Heinemann，2014.

［7］Hutton Diu：The Quest for Artificial Intelligence：A History of Ideas and Achievements［J］. Kybernetes，2011，40(9/10)：1553—1553.

［8］陈超美，陈悦，侯剑华，等. CiteSpace II：科学文献中新趋势与新动态的识别与可视化［J］. 情报学报，2009，(3)：401—421.

［9］王磊. 基于文献计量的某高校作者发文、合著及学科发展情况可视化分析［J］. 科技情报开发与经济，2014，02：123—128｜141.

［10］张春博，丁堃，贾龙飞. 国际人工智能领域计量与可视化研究——基于 AAAI 年会论文的分析［J］. 图书情报工作，2012，22：69—76.

（课题小组成员：王伟　张帆　庞江舸　王伟佳）

附　表

附表一　检索用词集合

affective computing	intelligent data engineering	natural language search engine
artificial intelligence	knowledge discovery	robot locomotion
augmented cognition or intelligence amplification	knowledge management	semantic query
biomedical text mining	language technology	semantic search
comparison of machine translation applications	latent semantic indexing	semantic unification
compound term processing	Ire map	semantic web
computer-assisted reviewing	machine learning	sensemaking
computer-assisted translation and Translation memory	machine translation	situational awareness
controlled natural language	natural language processing	spoken dialogue system
deep linguistic processing	natural language programming	translation memory

附表二　Web of Science 学科类别

COMPUTER SCIENCE ARTIFICIAL INTELLIGENCE
COMPUTER SCIENCE INFORMATION SYSTEMS
ENGINEERING ELECTRICAL ELECTRONIC
COMPUTER SCIENCE INTERDISCIPLINARY APPLICATIONS
COMPUTER SCIENCE THEORY METHODS
COMPUTER SCIENCE SOFTWARE ENGINEERING
OPERATIONS RESEARCH MANAGEMENT SCIENCE
MATHEMATICAL COMPUTATIONAL BIOLOGY
AUTOMATION CONTROL SYSTEMS
ENGINEERING INDUSTRIAL
INFORMATION SCIENCE LIBRARY SCIENCE
ONCOLOGY
COMPUTER SCIENCE HARDWARE ARCHITECTURE

附表三　人工智能领域新兴研究国家分布

频次	突现值	国家
117	14.81	IRAN
75	9.96	MALAYSIA
98	5.41	PORTUGAL
14	3.09	PAKISTAN
32	2.62	SERBIA

附表四　EI 数据库中美意德法人工智能领域机构排名

	机构	数量
1	Microsoft Research	1101
2	University of California	668
3	Computer Science and Artificial Intelligence Laboratory, Massachusetts Institute of Technology	622
4	Carnegie Mellon University	604
5	Department of Computer Science, University of York	425
6	Inria	399
7	Department of Computer Science, University of Liverpool	379
8	Department Of Computing, Imperial College London	325
9	Ibm T. J. Watson Research Center	310
10	MIT Computer Science and Artificial Intelligence Laboratory	296
11	School of Computer Science, University of Birmingham	294
12	Stanford University	293

	机构	数量
13	School of Informatics, University of Edinburgh	292
14	German Research Center for Artificial Intelligence (Dfki)	282
15	School of Computer Science, University of Manchester	271
16	Max-Planck-Institut fur Informatik	271
17	Massachusetts Institute of Technology	269
18	Department of Computer Science, University of California	261
19	University of Illinois	260
20	Technische Universitat Munchen	247
21	Computer Laboratory, University of Cambridge	232
22	School of Electronics And Computer Science, University of Southampton	230
23	University of Maryland	230
24	Department of Computer Science, University of Oxford	230
25	Saarland University	220
26	Ieee	219
27	School of Computer Science, Carnegie Mellon University	214
28	Georgia Institute of Technology	213
29	Computer Science Department, Carnegie Mellon University	208
30	Robotics Institute, Carnegie Mellon University	206
31	University of Southern California	202
32	German Research Center for Artificial Intelligence	201
33	Imperial College London	197

附表五　各高校人工智能研究领域主要下属机构

院校	具体机构	Recs	LCS	GCS
Carnegie-Mellon University 卡内基梅隆大学	Sch Comp Sci	27	12	789
	Inst Robot	13	9	739
	Dept Elect & Comp Engn	6	0	155
	Machine Learning Dept	4	0	96
	Human Comp Interact Inst	3	2	141
	Robot Inst & Machine Learning	3	2	141
	Language Technol Inst	2	0	25
Massachusetts Institute of Technology 麻省理工学院	MIT, Comp Sci & Artificial Intelligence Lab	34	64	1858
	MIT, Dept Elect Engn & Comp Sci	10	5	300
	MIT, Media Lab	8	5	170
	MIT, Dept Mech Engn	4	1	51
	MIT, Dept Brain & Cognit Sci	4	0	104
	MIT, World Wide Web Consortium	2	1	33
	MIT, Digital Libs Res Grp	2	4	38

院校	具体机构	Recs	LCS	GCS
Stanford University 斯坦福大学	Stanford Univ, Dept Comp Sci	56	10	998
	Stanford Univ, Artificial Intelligence Lab	13	2	160
	Stanford Univ, Stanford Ctr Biomed Informat Res	6	4	130
	Stanford Univ, Stanford Med Informat	5	6	178
	Stanford Univ, Ctr Study Language & Informat	5	3	57
University of Oxford 牛津大学	Univ Oxford, Comp Lab	47	22	1023
	Univ Oxford, Dept Engn Sci	17	0	191
	Univ Oxford, Dept Comp Sci	22	0	345
University of Cambridge 剑桥大学	Univ Cambridge, Dept Engn	35	13	1135
	Univ Cambridge, Comp Lab	26	7	503
University of Manchester 曼彻斯特大学	Univ Manchester, Sch Comp Sci	62	77	1898
	Univ Manchester, Sch Informat	3	1	65
	Univ Manchester, Sch Elect & Elect Engn	2	0	17
Centre national de la recherche scientifique 法国国家科学研究院	CNRS, LIMSI	3	8	186
	CNRS, LAAS	3	1	34
Institut national de rechercheen informatique et en automatique 法国国家信息与自动化研究所	INRIA, ENS	1	3	324
	INRIA Rhone Alpes	2	1	227
	INRIA Rennes Bretagne Atlantique	2	7	136
Rheinisch-Westfälische Technische Hochschule Aachen 亚琛工业大学	Department Of Computer Science, Rwth Aachen University	10	8	384
	Knowledge-Based Systems Group, Rwth Aachen University	4	11	212
	Data Management and Data Exploration Group, Rwth Aachen University	2	0	30
German Research Center for Artificial Intelligence 德国人工智能研究中心	Advanced Driver Assistance Systems Living Lab	——	——	——
	Bremen Ambient Assisted Living Laboratory-BAALL	——	——	——
	Innovative Retail Laboratory-IRL	——	——	——
	Robotics Exploration Laboratory	——	——	——
	Smart City Living Lab	——	——	——
	Smart Factory Laboratory	——	——	——